漢字 字源 解說

한자 자원 해설

한자 8급~2급

우리말로 알기 쉽게 풀어서 설명한
국민 학습서 한자 자원 해설

-머 리 말-

한자(漢字)는 사물의 타고난 형상(形狀)이나 성질(性質)을 그림으로
나타내거나 형상(形狀)과 성질(性質)을 서로 결합하여 만든 글자입니다.
한자(漢字)에는 삼라만상(森羅萬象)이 들어 있습니다. 그래서 한자(漢字)를
알면 세상의 이치(理致)를 깨달을 수 있습니다.
표의문자(表意文字)는 뜻을 단위로 만들어진 글자이고 표음문자(表音文字)는
소리를 단위로 만들어진 글자입니다. 표음문자(表音文字)는 한 글자가
한 단위의 소리에 해당할 뿐이고 그것만으로는 뜻을 나타내지는 못합니다.
그러나 표의문자(表意文字)는 한 글자가 한 단위의 뜻을 나타낼 뿐만 아니라
그 뜻에 해당하는 소리까지도 아울러 나타냅니다. 즉 한자(漢字)는 한 글자가
한 음절(音節)이고 한 단어(單語)입니다. 저는 한자(漢字)를 공부하면서
한자(漢字)가 옛 중국의 한(漢)나라 사람들이 사용한 글자가 아니라
우리 조상들이 사용한 우리말을 간단히 그려서 만든 글자라는 것을
확신하게 되었습니다. 문자(文字) 이전에 말이 먼저 있었고 우리말을
간단히 그려서 만든 글자가 한자(漢字)입니다. 한자(漢子)는 중국말로는
올바르게 풀이 할 수 없으며 우리말로 풀어야 한자(漢字) 본래의
올바른 의미를 알 수 있습니다. 조선시대에 한자(漢字)를 읽을 줄 모르는
까막눈의 백성을 위하여 한자(漢字) 본래의 뜻을 우리말로 알기 쉽게 풀어
쓰고 읽을 수 있게 세종대왕이 정인지, 성삼문, 신숙주 등의 도움으로
창제(創製)한 훈민정음(訓民正音)이 지금의 우리글 한글입니다.
그런데 국어대사전에 실린 낱말 중에서 반 이상(약 70%)이 한자어입니다.
우리말 반 이상은 한자어인 셈입니다. 우리말에서 한자어는 교양 어휘로서의
성격이 강하고 특히 추상적인 개념이나 전문 용어에 한자어가 많이 쓰입니다.
우리 글(한글)을 읽거나 쓸 줄을 모르는 문맹률(文盲率)은 2.1%로 매우 낮은
편이지만 한글을 읽고 이해하는 문해율(文解率)은 97.90%로 매우 높은 편입니다.
쉽게 말해서 법원의 판결문이나 보험사의 약정서를 읽을 수는 있어도 그 뜻을
이해하지는 못하는 것입니다. 예를 들어서 현재 초등학교 4학년 수학과목에
나오는 이상(以上)·이하(以下)·초과(超過)·미만(未滿)이나 초등학교 5학년
수학과목에 나오는 기약분수(旣約分數) 같은 한자 수학 용어(用語)를
우리 초등학생들이 읽고 바로 그 뜻을 이해할 수 있을까요? 우리나라의
문해율(文解率)이 높은 까닭은 바로 한자어(漢字語) 때문입니다. 그러므로
우리는 한자 교육이 필요하고 교육을 통하여 한자 본래의 올바른 의미를
정확히 알아야 합니다. 한자를 처음 배우는 분들에게 공부 팁을 드리자면
이 책을 소설책 읽듯이 처음부터 끝까지 최소한 2번 이상 꼭 읽어 주십시오.
그리고 이 책 내용의 일부는 국어사전을 참고하였습니다.
감사합니다.

著者 金奭龍

자음 색인(字音 索引)

비

匕 189
比 191
批 191
妣 191
琵 192
非 228
悲 228
賁 88
費 96
沸 96
鼻 203
卑 257
婢 257
碑 257
妃 158
肥 81
秘 9
備 212
飛 176
畐 20
否 75
丕 75

빈

貧 85
賓 119
頻 122

빙

氷 1
聘 277

사

厶 194
私 194
士 155
仕 155
巳 159
祀 159
四 20
史 25
使 26
事 26
思 166

司 293
祠 293
詞 293
飼 293
乍 129
詐 130
社 36
寺 36
卸 218
舍 204
捨 204
死 190
沙 156
砂 156
糸 31
絲 31
笥 260
盾 66
循 66
純 246
脣 185
舜 217
瞬 217
奮 103
似 296
斯 280
邪 212
査 288
赦 225
射 225
謝 226
斜 269
賜 267
師 48
獅 48
它 190
蛇 190
寫 139
辭 115

삭

朔 66
削 156
索 32

산

山 94
散 47
産 202
算 42
傘 297
酸 6

살

殺 236
薩 202

삼

三 73
彡 173
森 12
參 174
蔘 174

상

上 74
床 16
尙 24
常 24
賞 24
償 24
裳 24
嘗 24
商 86
相 67
想 67
箱 67
霜 67
狀 200
桑 111
祥 152
詳 153
傷 267
喪 20
象 169
像 169

쌍

雙 107

새

塞 294

색

色 82
索 32
嗇 20
塞 294

생

生 201
省 68

서

西 185
序 254
庶 249
徐 269
絮 269
恕 44
尋 90
審 222
暑 182
署 182
緖 182
書 219
誓 147
黍 52
犀 2
鼠 296

석

夕 139
石 102
碩 59
析 147
昔 247
惜 247
席 249
釋 171
舄 139

선

仙 94
先 4

宣 34
善 17
膳 17
繕 17
鮮 153
線 150
船 224
旋 122
禪 251
選 197

설

舌 204
泄 89
設 160
說 23
雪 82

섭

涉 121

성

性 201
姓 201
星 201
成 101
城 101
盛 101
誠 101
省 68
聖 282
聲 162

세

世 88
貰 88
細 54
洗 4
稅 23
說 23
勢 279
歲 100

소

小 156
少 156
肖 156

消 156
召 45
昭 45
疋 122
所 146
素 39
笑 63
梟 18
訴 146
巢 55
疏 9
蔬 9
掃 78
騷 180
蘇 52
燒 39

속

束 14
速 14
俗 224
粟 186
續 43
屬 136

손

孫 32
遜 32
損 243
巽 197

솔

率 30

송

松 195
訟 195
頌 195
誦 213
送 270
悚 14

쇄

刷 81
碎 235

殺 236
鎖 157

수

水 1
手 10
首 60
囚 3
夌 160
守 91
狩 91
戍 100
受 114
授 114
收 250
須 174
殊 14
帥 47
愁 51
修 284
粹 235
秀 249
誰 105
雖 105
豕 168
遂 168
需 203
樹 210
數 256
輸 165
壽 295
獸 79
垂 39
睡 39
隋 142
隨 142
髓 206
宿 151

숙

朮 157
叔 157
淑 157
菽 157

(水氺氵氺)(氷冰氺)(永氺)
(泳氺)(詠詠)(泰泰)(尿尿)
(犀犀)(遲遲)(求求求)
(攴攴攵)(救救)(球球)

물 수(水)-물이 흐르는 물줄기 모양을 본뜬 것으로 물을 의미.
氵(삼수변)은 글자의 왼쪽인 변에 쓰일 때의 자형이고 氺(아랫물수발)은
글자의 밑인 발에 쓰일 때의 자형. 水道(수도) 水泳(수영) 水路(수로)
水脈(수맥) 水晶(수정) 藥水(약수) 水深(수심) 水溫(수온) 水害(수해)
冷水(냉수) 香水(향수) 湖水(호수) 洪水(홍수) 水族館(수족관)
水蒸氣(수증기) 水平線(수평선) 分水嶺(분수령) 背水陣(배수진)
海水浴場(해수욕장) 我田引水(아전인수) 明鏡止水(명경지수)

얼음 빙(氷)-옛 글자(冰)를 보면 물(水물 수)이 얼어 굳어서 덩어리
(冫=氵얼음 빙→丶)로 변한 것으로 얼음을 의미. 氷菓(빙과) 氷山(빙산)
解氷(해빙) 結氷(결빙) 氷河(빙하) 氷庫(빙고) 流氷(유빙) 氷點(빙점)
薄氷(박빙) 氷壁(빙벽) 氷板(빙판) 碎氷船(쇄빙선)

길·멀 영(永)-옛 글자를 보면 지류(支流)가 본류(本流)로 흘러 들어 길고
멀리 흘러가는 물줄기 모양을 본뜬 것으로 길다·멀다 라는 의미.
永訣(영결) 永劫(영겁) 영원(永遠) 永眠(영면) 永續(영속) 永久齒(영구치)
永住權(영주권) 永訣式(영결식)

헤엄칠 영(泳)-물(氵=水물 수)을 헤치고 멀리(永멀 영) 가는 것으로
헤엄치다 라는 의미. 水泳(수영) 泳法(영법) 游泳(유영) 蝶泳(접영)
背泳(배영) 繼泳(계영) 平泳(평영)

읊을 영(詠)-말(言말씀 언) 소리를 길게(永길 영) 내어 운에 맞춰 시를
읽거나 외는 것으로 읊다 라는 의미. 詠歌(영가) 詠歎法(영탄법)

편안할·너그러울·클·심할 태(泰)-옛 글자를 보면 물(氺=水물 수) 위에
양손으로 받들어(廾받들 공) 올리고 있는 것처럼 사람(大큰 대)이 누워있는
모습으로 편안하다·너그럽다·심하다(심히·대단히)·크다 라는 의미.
泰然(태연) 泰山(태산) 國泰民安(국태민안) 泰然自若(태연자약)

오줌 뇨(尿)-몸(尸몸 시) 밖으로 배출되는 물(水물 수) 같은 액체로 오줌을
의미. 尿道(요도) 尿素(요소) 糞尿(분뇨) 排尿(배뇨) 放尿(방뇨) 要綱(요강)
利尿劑(이뇨제) 糖尿病(당뇨병) 泌尿器科(비뇨기과) 凍足放尿(동족방뇨)

1

물소·무소 서(犀)-몸(尸몸 시)을 물(氵=水물 수) 속에 담그기를 좋아하는 소(牛소 우)로 물소·무소(코뿔소)를 의미. 犀角(서각) 犀帶(서대)

더딜·천천할·오래·기다릴 지(遲)-물 속에서 움직이는 물소(犀물소 서)같이 느리게 걸어가는(辶=辵쉬엄쉬엄갈 착) 것으로 더디다·천천하다·오래다· 기다리다 라는 의미. 遲刻(지각) 遲延(지연) 遲滯(지체) 遲攻(지공) 遲進兒(지진아) 遲遲不進(지지부진) 陵遲處斬(능지처참)

구할·빌 구(求)-옛 글자를 보면 털이 붙은 짐승의 가죽옷을 본뜬 것으로 털가죽 옷은 누구나 갖기를 바라고 찾는 것으로 구하다·빌다(구걸하다) 라는 의미. 求人(구인) 要求(요구) 促求(촉구) 渴求(갈구) 慾求(욕구) 欲求(욕구) 求乞(구걸) 求職(구직) 求愛(구애) 請求(청구) 求婚(구혼) 追求(추구) 懇求(간구) 求心點(구심점) 求道者(구도자) 求償權(구상권) 緣木求魚(연목구어) 實事求是(실사구시) 刻舟求劍(각주구검)

칠·똑똑두드릴 복(攴=攵)-옛 글자를 보면 막대기(卜)를 손(又오른손 우)에 쥐고 있는 모양으로 치다·똑똑 두드리다 라는 의미. 攵(둥글월문)은 글자의 오른쪽인 방에 쓰일 때의 자형. 支(지탱할 지)자와 비슷.

건질·구원할·도울·호위할 구(救)-물속에 빠져 살려달라고 비는(求빌 구) 사람을 손에 든 막대기(攵=攴칠 복)로 건져주는 것으로 건지다· 구원하다·돕다·호위하다 라는 의미. 救援(구원) 救助(구조) 救恤(구휼) 救國(구국) 救濟(구제) 救命(구명) 救出(구출) 救荒(구황) 自救策(자구책) 救急車(구급차) 救世軍(구세군) 救護品(구호품)

아름다운옥·구슬·공·둥글 구(球)-옥(玉옥 옥→王)이 털가죽 옷(求)을 두른 것처럼 아름다운 것으로 아름다운 옥·구슬·공·둥글다 라는 의미. 地球(지구) 球形(구형) 卓球(탁구) 眼球(안구) 電球(전구) 野球(야구) 投球(투구) 半球(반구) 打球(타구) 赤血球(적혈구) 北半球(북반구)

(人尺亻)(从从)(從𧾷)(縱緃)
(久𠳵)(灸𤓹)(介介)(界𤰉)
(囚囗)(盈 盈)(溫溫)

사람 인(人)-옛 글자를 보면 구부정한 자세로 팔을 내리고 서 있는 사람의 옆 모습을 본뜬 것으로 사람을 의미. 亻(사람인변)은 글자의 왼쪽인 변에 쓰일 때의 자형. 人間(인간) 人類(인류) 人權(인권) 人體(인체) 軍人(군인) 婦人(부인) 人脈(인맥) 聖人(성인) 人蔘(인삼) 人情(인정) 老人亭(노인정) 人種差別(인종차별) 寸鐵殺人(촌철살인) 絶世佳人(절세가인) 弘益人間(홍익인간) 天人共怒(천인공노)

따를 종(从)-앞사람(人사람 인)의 뒤를 뒷사람(人사람 인)이
따라 가는 모양으로 따르다 라는 의미.
좇을 종(從)-자축거리며(彳자축거릴 척) 앞사람의 뒤를 따라(从따를 종)
몸을 움직여(止거동 지) 가는 모습으로 좇다(따르다) 라는 의미.
服從(복종) 順從(순종) 追從(추종) 從前(종전) 從屬(종속) 從業員(종업원)
類類相從(유유상종) 白衣從軍(백의종군) 合從連橫(합종연횡)
세울·놓을·세로 종(縱)-피륙을 짤 때 실(糸가는실 멱)을 뒤를
따르는(從좇을 종) 것처럼 길게 줄지어 세로 방향으로 베틀에
걸어 놓은 종사(縱絲)를 나타낸 것으로 세우다·놓다·세로를 의미.
放縱(방종) 縱隊(종대) 操縱(조종) 縱橫無盡(종횡무진)
오랠 구(久)-옛 글자를 보면 엎드린 사람(ク=人사람 인)의 등에
뜸(乀파임 불)을 뜨는 모양으로 원래는 뜸뜨다 라는 의미로 뜸을 뜨는
것같이 시간이 길게 걸리는 것에서 오래다·(오래)기다리다 라는 의미가
파생 됨. 永久(영구) 悠久(유구) 恒久(항구) 長久(장구) 陳久(진구)
耐久性(내구성) 持久力(지구력) 永久齒(영구치) 日久月深(일구월심)
지질·불사를·뜸뜰 구(灸)-오래(久오랠 구) 동안 약쑥에 불(火불 화)을
붙여서 그대로 두어 열기가 살 속으로 퍼지게 하는 것으로 뜸뜨다
라는 의미. 鍼灸術(침구술)
갑옷·맬·낄·도울 개(介)-옛 글자를 보면 사람(人사람 인)의 앞뒤
양쪽에(八나눌 팔) 쇠나 가죽의 조각을 이어 붙인 갑옷을 매고
있는 모양으로 갑옷·매다(묶다)·끼다·소개하다·돕다 라는 의미.
중개(仲介) 개입(介入) 紹介(소개) 介在(개재) 介意(개의)
媒介體(매개체) 仲介業者(중개업자)
지경 계(界)-밭(田밭 전) 사이에 끼어(介낄 개)있는 밭둑처럼 땅의 경계를
나타내는 것으로 지경(地境)을 의미. 境界(경계) 臨界(임계) 限界(한계)
世界(세계) 業界(업계) 視界(시계) 社交界(사교계)
가둘·갇힐·죄수 수(囚)-사방을 빙 에워싼(囗=圍에울 위의 옛 글자)
담장이 있는 감옥에 죄지은 사람(人사람 인)을 집어넣어 자유로이
드나들지 못하게 하는 것으로 가두다·갇히다·죄수를 의미.
因(인할인) 困(곤할곤)자와 비슷. 罪囚(죄수) 囚衣(수의) 良心囚(양심수)
旣決囚(기결수) 未決囚(미결수) 死刑囚(사형수) 脫獄囚(탈옥수)
온화할 온(溫)-사람을 가둘(囚갇힐 수) 수 있을 정도로 그릇(皿그릇 명)이
큰 사람의 성품같이 온순하고 부드러운 것으로 온화하다 라는 의미.
따뜻할·화할·부드러울 온(溫)-물(氵=水물 수)이 성품이 온화한(溫온화할 온)
사람같이 훈훈한 것으로 따뜻하다·화하다·부드럽다 라는 의미.
氣溫(기온) 溫度(온도) 溫泉(온천) 溫純(온순) 溫暖(온난) 溫和(온화)
溫情(온정) 溫柔(온유) 溫室(온실) 溫湯(온탕) 溫故知新(온고지신)

(先先)(洗洗)(贊贊)(讚讚)

먼저·앞설 선(先)-옛 글자를 보면 사람(儿어진사람 인)이 어떤 일이
생기기 전에 시간적으로 앞서서 나아가는(之갈 지) 것으로 먼저·앞서다
라는 의미. 先生(선생) 先祖(선조) 先輩(선배) 先頭(선두) 于先(우선)
先烈(선열) 率先(솔선) 最優先(최우선) 先進國(선진국) 急先務(급선무)
先公後私(선공후사) 先見之明(선견지명) 率先垂範(솔선수범)

씻을 세(洗)-흐르는 물(氵=水물 수)에 가서(之갈 지) 다리를 굽히고 앉은
사람(儿어진사람 인)이 발을 깨끗하게 닦는 것으로 씻다 라는 의미.
洗手(세수) 洗腦(세뇌) 洗禮(세례) 洗眼(세안) 洗面臺(세면대)
洗濯機(세탁기) 洗劍亭(세검정) 洗車場(세차장)

도울 찬(贊)-어떤 일이 있는 곳에 나가서(兟나갈 신) 잘되도록
재물(貝재물 패)을 주어 힘을 보태는 것으로 돕다 라는 의미.
協贊(협찬) 贊反(찬반) 贊成票(찬성표) 贊助金(찬조금)

칭찬할·기릴 찬(讚)-좋은 점이나 잘하는 일을 들어 훌륭하고
뛰어나다고 말하여(言말할 언) 더 잘되게 돕는(贊도울 찬) 것으로
칭찬하다·기리다 라는 의미. 稱讚(칭찬) 讚揚(찬양) 讚辭(찬사)
極讚(극찬) 讚美(찬미) 讚頌歌(찬송가) 自畵自讚(자화자찬)

(元元)(完完)(院院)(冠冠)

으뜸·처음·근원 원(元)-첫째(一첫째 일)같이 우뚝한(兀우뚝할 올) 것으로
으뜸·처음·근원을 의미. 元首(원수) 元旦(원단) 元祖(원조) 元素(원소)
復元(복원) 次元(차원) 元來(원래) 還元(환원) 元老(원로) 紀元前(기원전)

튼튼히얽을·완전할·마칠 완(完)-집(宀집 면)을 흠이나 결점이 없이
으뜸(元으뜸 원)으로 지은 것으로 튼튼히 얽다(수선하다)·완전하다·
마치다(끝나다) 라는 의미. 完璧(완벽) 補完(보완) 完決(완결)
完了(완료) 完成(완성) 完快(완쾌) 完全無缺(완전무결)

담·집·절·학교·관서 원(院)-원래는 언덕(阝=阜언덕 부)처럼 높고
튼튼하게(完튼튼할 완) 쌓아 올려 일정한 공간을 둘러 막은 담(담장)을
의미하는 것으로 나중에 주위에 담장을 두른 집·절·학교·관서라는
의미가 파생됨. 寺院(사원) 病院(병원) 學院(학원) 法院(법원)
退院(퇴원) 開院(개원) 登院(등원) 韓醫院(한의원) 陶山書院(도산서원)

관·갓 관(冠)-사람의 머리(元으뜸 원) 위에 법도(寸법도 촌)에 따라
덮어(冖덮을 멱) 쓰는 것으로 관·갓을 의미. 冠禮(관례) 衣冠(의관)
弱冠(약관) 花冠(화관) 冠婚喪祭(관혼상제)

(先 光)(坴 坴)(陸 陸)(睦 睦)
(夌 夌)(陵 陵)(凌 凌)

버섯·두꺼비 록(先)–옛 글자를 보면 움이 돋아나(屮움날 철→十)듯이
우뚝하게(兀우뚝할 올) 돋아난 것으로 버섯·(등에 버섯 같은 돌기가
돋아난)두꺼비를 의미.

언덕 륙(坴)–땅(土땅 토)이 움이 돋아나(屮움날 철)듯이 우뚝하게(兀우뚝할 올)
솟아올라 주변보다 조금 높고 경사진 곳으로 언덕을 의미.

뭍·땅 륙(陸)–많은(阝=阜많을 부) 언덕(坴언덕 륙)이 있는 곳으로
뭍·땅(육지)을 의미. 陸地(육지) 陸路(육로) 大陸(대륙) 陸橋(육교)
上陸(상륙) 連陸橋(연륙교) 離着陸(이착륙) 陸海空軍(육해공군)

눈매고울·온화할·친목할·화목할 목(睦)–원래는 눈(目눈 목)의 생김새가
나지막한 언덕(坴언덕 륙)같이 온순(溫順)한 것으로 눈매가 곱다 라는
의미로 눈매를 곱게 하고 화기롭고 부드럽게 이야기하는 것으로
온화(穩話)하다·친목하다·화목하다 라는 의미가 파생됨.
親睦(친목) 和睦(화목) 親睦會(친목회) 親睦契(친목계)

넘을·범할 릉(夌)–움이 돋아나(屮움날 철)듯이 우뚝하게(兀우뚝할 올)
솟은 높은 언덕을 천천히 걸어서(夊천천히걸을 쇠) 지나가는 것으로
넘다·범하다 라는 의미.

큰언덕·능·짓밟을 릉(陵)–언덕(阝=阜언덕 부)이 움이 돋아나(屮움날 철)듯이
우뚝하게(兀우뚝할 올) 솟아서 천천히 디디면서 걸어(夊천천히걸을 쇠)
넘어가야 하는 높은 곳으로 큰 언덕·(큰 언덕같이 생긴 왕의 무덤)능·짓밟다
라는 의미. 丘陵(구릉) 山陵(산릉) 泰陵(태릉) 貞陵(정릉) 光陵(광릉)
江陵(강릉) 陵園(능원) 陵遲處斬(능지처참) 武陵桃源(무릉도원)

업신여길 릉(凌)–얼음(冫얼음 빙)같이 싸늘하게 남의 권리나 인격, 위신
따위를 짓밟거나 빼앗는(夌범할 릉) 것으로 업신여기다·(짓밟고 넘어서는
것으로)능가하다 라는 의미. 凌蔑(능멸) 凌辱(능욕) 凌駕(능가)

(允 允)(夋 夋 夋)(俊 俊)(酸 酸)

믿을·진실로·옳게여길 윤(允)–팔을 자기 쪽으로 끌어 당기고(厶사사 사)
다리를 굽히고 앉아 있는 사람(儿어진사람 인)의 모습으로 믿다(미쁘다)·
진실로·옳게 여기다 라는 의미. 充(채울 충)자와 비슷. 允許(윤허)

갈 준(夋)–옛 글자(夋)를 보면 믿음직하게(允믿을 윤)
한결같이 천천히 걷는(夊천천히걸을 쇠→夊뒤에올 치) 것으로
(편안하게 천천히)가다 라는 의미. 夌(넘을 릉)자와 비슷.

5

준걸 준(俊)-사람(亻=人사람 인)이 믿음직하게(允믿을 윤) 한결같이 천천히 걸어가는(夊천천히걸을 쇠→夂뒤에올 치) 것처럼 사람이 재주와 슬기가 매우 뛰어나다는 것으로 준걸하다 라는 의미. 俊秀(준수) 俊傑(준걸)

실·아플·슬플 산(酸)-술 단지(酉술 단지 모양)에 담긴 술이 믿음직하게 (允믿을 윤) 한결같이 천천히 걷는(夊천천히걸을 쇠→夂뒤에올 치) 것처럼 오래되면 자연 발효되어 술이 초(醋초 초)로 변하여 맛이 시다·아프다· 슬프다 라는 의미. 酸素(산소) 鹽酸(염산) 炭酸(탄산) 酸化物(산화물)

(尢 ᛟ)(沈 ᛟ)(枕 ᛟ)

나아갈 임(머뭇거릴 유)(尢)-목에 칼을 쓴(冖덮을 멱) 죄인이 머무적거리며 천천히 걸어가는(儿어진사람 인) 모습으로 나아가다·머뭇거리다 라는 의미.

가라앉을·잠길 침(성씨 심)(沈)-물(氵=水물 수)에 떠 있는 것이 목에 칼을 쓴(冖덮을 멱) 죄인이 머무적거리며 천천히 걸어가는(儿어진사람 인) 것처럼 이리저리 자꾸 흔들리며 밑바닥으로 내려앉는 것으로 가라앉다·잠기다 라는 의미. 성씨의 의미로 쓰일 때는 심으로 읽음. 沈沒(침몰) 沈默(침묵) 沈着(침착) 沈滯(침체) 沈降(침강) 沈淸歌(심청가) 意氣銷沈(의기소침)

베개·베개벨 침(枕)-나무(木나무 목)를 죄인이 목에 쓰고 있는(尢머뭇거릴 유) 칼처럼 깎아서 누워 잠을 잘 때에 머리 아래를 받치는 것으로 베개·베개를 베다 라는 의미. 木枕(목침) 高枕短命(고침단명)

(旡 ᛟ ᛟ)(先 ᛟ)(兓 兟 ᛟ)

(朁 替)(潛 潜)(蠶 ᛟ)

목에차게먹을·목멜·숨막힐 기(旡)-옛 글자를 보면 목에 차게 먹고 뒤돌아 앉아 입을 벌리고 트림을 하고 있는 모습으로 목에 차게 먹다·목메다·숨막히다 라는 의미.

비녀·꽃다·섞·빠를 잠(先)-옛 글자를 보면 옛날에 결혼을 허락 받은 처녀가 무릎을 꿇고 앉아 쪽진 머리에 비녀를 가로질러 꽂고 있는 모양으로 비녀·꽂다·섞·빠르다 라는 의미.

도울·기릴 찬(날카로울 침)(兓)-결혼을 허락받은 무릎을 꿇고 앉은 처녀의 머리에 무릎을 꿇고 뒤에 앉은 부인이 비녀를 꽂아 주고 있는 모양으로 돕다·기리다 라는 의미. 여자들의 쪽진 머리에 꽂은 비녀처럼 끝이 뾰족한 것으로 날카롭다 라는 의미.

거듭·일찍이 참(朁)-예전 일을 기리어(兓기릴 찬) 되풀이하여 말하는(曰말할 왈) 것으로 거듭·일찍이 라는 의미.

잠길·감출 잠(潛)-물(氵=水물 수)이 거듭되어(朁거듭 참) 속에 가라앉아
있는 것으로 잠기다·감추다 라는 의미. 潛伏(잠복) 潛跡(잠적)
潛龍(잠룡) 潛在力(잠재력) 潛水艦(잠수함) 微服潛行(미복잠행)
누에 잠(蠶)-몸 뒤쪽 등에 날카로운(兓날카로울 침) 뿔이 있고 입으로
소리를 내어 말하듯이(曰말할 왈) 입에서 실을 토해 고치를 짓는
벌레(蚰벌레 곤)로 누에를 의미. 蠶食(잠식) 養蠶(양잠) 蠶室(잠실)

(免ヤ兔)(勉勑)(晚晩)
(兔兎兔)(逸逸)

벗어날·면할·내칠 면(免)-옛 글자를 보면 사람의 머리에 씌워진 굴레를
벗어 던지고 자유롭게 되는 것으로 벗어나다·면하다·내치다 라는 의미.
謀免(모면) 罷免(파면) 免除(면제) 免疫(면역) 減免(감면)
放免(방면) 免責(면책) 免許證(면허증) 免稅店(면세점)
힘쓸·권면할 면(勉)-부족함을 벗어나기(免벗어날 면) 위해
힘(力힘 력)을 다하는 것으로 힘쓰다·권면하다 라는 의미.
勤勉(근면) 勸勉(권면) 勉學(면학)
저물·늦을 만(晚)-해(日해 일)가 하늘에서 벗어나(免벗어날 면) 어두워지는
것으로 저물다·늦다 라는 의미. 晚秋(만추) 晚鍾(만종) 晚福(만복)
晚婚(만혼) 早晚間(조만간) 大器晚成(대기만성) 晚時之歎(만시지탄)
토끼 토(兔)-옛 글자를 보면 쫑긋한 귀와 몸통, 짧은 꼬리,
다리가 있는 토끼의 모양을 본뜬 것으로 토끼를 의미.
兎자는 속자. 兔死狗烹(토사구팽)
달아날·숨을·뛰어날·편안할 일(逸)-위험을 피하여 빨리 뛰어가(辶=辵뛸 착)
몸을 감추는 토끼(兔토끼 토)같이 달아나다·숨다·뛰어나다·편안하다 라는
의미. 獨逸(독일) 逸話(일화) 逸脫(일탈) 逸品(일품) 無事安逸(무사안일)

(去去)(充亢)(銃銃)(統統)
(育育)(徹徹徹)(撤撤)(棄棄)

해산할때에아이돌아나올 돌(去)-옛 글자를 보면 해산(解産)할 때
엄마 뱃속의 아이가 머리부터 나오기 위해 스스로 몸을 돌려
머리를 아래쪽으로 향하고 있는 모양으로 해산할 때 아이가
돌아 나오다 라는 의미.

채울·가득할·막을 충(充)-옛 글자를 보면 해산(解産)할 때 엄마
뱃속의 아이가 머리부터 나오기 위해 스스로 몸을 돌려 머리를
아래쪽으로 향하고 있는(云해산할때에아이돌아나올 돌) 만삭(滿朔)의
임신부(儿어진사람인)를 나타낸 것으로 기한·분량·수효가 한도에
이르는 것으로 채우다·가득하다(차다)·막다(막히다) 라는 의미.
充分(충분) 補充(보충) 充當(충당) 充滿(충만) 充實(충실)
充電(충전) 充塡(충전) 充血(충혈) 充足(충족)

총 총(銃)-쇠(金쇠 금)로 만든 총구 속에 채운(充채울 충) 탄환이 나가게
하는 무기로 총을 의미. 拳銃(권총) 銃聲(총성) 銃殺(총살) 銃彈(총탄)

합칠·거느릴·벼리·줄·대이을 통(統)-누에고치에서 뽑은 가느다란 실을
이어서 한데 감아 놓은 실타래(糸가는실 멱-실타래 모양)같이 한데
채워서(充채울 충) 모으는 것으로 합치다→거느리다→벼리→줄(계통)→
대를 잇다 라는 의미. 傳統(전통) 統計(통계) 統合(통합) 統制(통제)
統治(통치) 統率(통솔) 正統(정통) 系統(계통) 血統(혈통)
統帥權(통수권) 統廢合(통폐합) 大統領(대통령)

자랄·기를 육(育)-해산(解産)할 때 엄마 뱃속의 아이가 머리부터
나오기 위해 스스로 몸을 돌려 머리를 아래쪽으로 향하고 있는
(云해산할때에아이돌아나올 돌) 아이의 몸(月=肉몸 육)처럼 점점
커지게 하는 것으로 자라다(생장하다)·기르다(키우다) 라는 의미.
敎育(교육) 育成(육성) 體育(체육) 保育(보육) 養育(양육) 育種(육종)
育苗(육묘) 育兒(육아) 飼育(사육) 發育(발육) 薰育(훈육)

관철할·통할·통달할 철(徹)-옛 글자(徹)를 보면 자축거리며(彳자축거릴 척)
나아가 앞을 가로막은(鬲막을 격→育기를 육) 것을 손에 든 몽둥이로
쳐서(攵=攴칠 복) 뚫고 기어이 목적을 이루는 것으로 관철하다·통하다·
통달하다 라는 의미. 微(가늘 미) 徵(부를 징)자와 비슷. 徹底(철저)
貫徹(관철) 冷徹(냉철) 透徹(투철) 徹夜(철야) 徹頭徹尾(철두철미)

거둘·뺄·폐할 철(撤)-손(扌=手손 수)으로 기르던(育기를 육) 것을
쳐내는(攵=攴칠 복) 것으로 거두다(치우다)·빼다(뽑다)·폐하다
라는 의미. 撤回(철회) 撤收(철수) 撤去(철거) 撤廢(철폐)
撤市(철시) 撤軍(철군) 撤兵(철병) 不撤晝夜(불철주야)

버릴 기(棄)-엄마 뱃속에서 스스로 몸을 돌려 머리를 아래쪽으로 향하고
나온 아이(云해산할때에아이돌아나올 돌)를 얇은 나무 조각(枼모진나무 엽)
으로 만든 상자에 넣어 내다 버리는 것으로 버리다 라는 의미.
棄權(기권) 棄却(기각) 遺棄(유기) 廢棄物(폐기물) 自暴自棄(자포자기)

(充㐬𠫓)(流㳅)(疏㳅)(蔬䟽)

흘러나올 류(㐬)-옛 글자를 보면 해산(解産)할 때 엄마 뱃속의 아이가
머리부터 나오기 위해 스스로 몸을 돌려 머리를 아래쪽으로 향하고
(云해산할때에아이돌아나올 돌) 내(巛=川내 천) 같은 산도(産道)를 빠져

나오는 것으로 흘러나오다 라는 의미. 充(채울 충)자와 비슷.

물흐를·번질·퍼질·무리·귀양보낼 류(流)-물(氵=水물 수)이 흘러나와(充흘러
나올 류) 낮은 곳으로 내려가는 것으로 물이 흐르다·번지다·퍼지다·무리·
귀양 보내다 라는 의미. 流行(유행) 交流(교류) 流出(유출) 流入(유입)
氣流(기류) 物流(물류) 流星(유성) 合流(합류) 流布(유포) 放流(방류)
急流(급류) 流配(유배) 流浪(유랑) 電流(전류) 暖流(난류) 寒流(한류)
非主流(비주류) 靑山流水(청산유수) 流離乞食(유리걸식)

소통할·상소할·성길·멀·거칠 소(疏)-발(疋=疋발 소)이 움직여 나가는 길이
흘러나오는(充흘러나올 류) 물처럼 막힘이 없이 잘 통하는 것으로
소통하다·상소하다·성기다·멀다·거칠다 라는 의미. 疏通(소통) 疏外(소외)
疏脫(소탈) 疏忽(소홀) 生疏(생소) 疏遠(소원) 疏明(소명) 上疏文(상소문)

풋나물 소(蔬)-풀(++=艸풀 초)로 만들어 먹는 거친(疏거칠 소) 반찬으로
풋나물(푸성귀)을 의미. 菜蔬(채소) 蔬飯(소반)

(心 ψ忄忄)(必 ㇏)(祕 祕)
(宓 宓)(密 宻)(蜜 蜜)

염통·속·가운데·마음 심(心=忄=小)-사람의 몸속 가운데에 있는 심장의
모양을 본뜬 것으로 염통(심장)·속·가운데·마음을 의미. 忄(심방변)은
글자의 왼쪽인 변에 쓰일 때의 자형. 小(밑마음심)은 글자의 밑인 발에
쓰일 때의 자형. 核心(핵심) 眞心(진심) 關心(관심) 疑心(의심)
慾心(욕심) 心亂(심란) 心情(심정) 心境(심경) 心琴(심금) 心臟(심장)
銘心(명심) 決心(결심) 寒心(한심) 首丘初心(수구초심) 切齒腐心(절치부심)

반드시·오로지 필(必)-옛 글자를 보면 말뚝(弋주살 익)을 박아 양쪽으로
경계를 나누는(八나눌 팔) 모양으로 말뚝을 박아 경계를 분명히 하는
것으로 반드시·오로지 라는 의미. 必須(필수) 必勝(필승) 必要(필요)
必然(필연) 必是(필시) 期必(기필) 必殺(필살) 何必(하필) 必讀書(필독서)
生必品(생필품) 事必歸正(사필귀정) 女必從夫(여필종부)

숨길·비밀할·신비할 비(祕)-귀신(示귀신 기)같이 보이지 않게
꼭(必반드시 필) 감추는 것으로 숨기다·비밀히 하다·신비하다
라는 의미. 秘자는 속자(俗字). 祕訣(비결) 祕境(비경) 祕記(비기)
祕藏(비장) 祕話(비화) 祕密(비밀) 祕策(비책) 神祕(신비) 祕法(비법)
極祕(극비) 祕書室(비서실) 祕資金(비자금) 默祕權(묵비권)

잠잠할 밀(宓)-집(宀움 면) 안이 아무 소리도 없이 오로지(必오로지 필)
조용한 것으로 잠잠하다 라는 의미.

비밀할·친밀할·빽빽할 밀(密)-아무 소리도 없이 조용한(宓잠잠할 밀)
산(山뫼 산)같이 비밀하다·친밀하다·빽빽하다 라는 의미. 秘密(비밀)
綿密(면밀) 隱密(은밀) 精密(정밀) 機密(기밀) 緊密(긴밀) 密着(밀착)

親密(친밀) 密接(밀접) 密度(밀도) 密集(밀집) 嚴密(엄밀) 細密(세밀)
密告(밀고) 密輸(밀수) 密使(밀사) 密室(밀실) 密航(밀항)
꿀 밀(蜜)-집(宀움 면) 안에 오로지(必오로지 필) 꿀벌(虫벌레 충)이
저장하는 것으로 꿀을 의미. 蜜語(밀어) 採蜜(채밀)
口蜜腹劍(구밀복검) 蜜月旅行(밀월여행)

(手 ﹅ 才)(拜 ﹅)(才 十 ﹅)
(材 ﹅)(財 ﹅)(在 ﹅)(存 ﹅)

손·잡을 수(手)-다섯 손가락을 펼치고 있는 손 모양을 본뜬 것으로
손·잡다 라는 의미. 才(재방변)은 글자의 왼쪽인 변에 쓰일 때의 자형.
才(바탕 재)자와 비슷. 手段(수단) 着手(착수) 失手(실수) 拍手(박수)
手術(수술) 洗手(세수) 助手(조수) 手配(수배) 選手(선수) 手記(수기)
手話(수화) 束手無策(속수무책)
절·예할 배(拜)-옛 글자를 보면 남에게 공경하는 뜻으로 양손(手手)을
하나(一하나 일)로 모아 잡고 몸을 굽히는 것으로 절·예하다 라는 의미.
拜禮(배례) 歲拜(세배) 參拜(참배) 崇拜(숭배)敬拜(경배) 禮拜(예배)
拜金主義(배금주의) 百拜謝罪(백배사죄)
바탕·재주 재(才)-옛 글자를 보면 초목의 싹이 땅을 뚫고 나온
모양으로 타고난 바탕·재주를 의미. 才能(재능) 天才(천재)
英才(영재) 秀才(수재) 才質(재질) 才媛(재원) 才致(재치)
才幹(재간) 多才多能(다재다능) 才德兼備(재덕겸비)
재목·재료 재(材)-나무의 곧은(木나무·곧을 목) 부분을 잘라 집을
지을 때 기본적인 바탕(才바탕 재)으로 쓰이는 것으로 재목·재료를
의미. 村(마을 촌)자와 비슷. 材木(재목) 人材(인재) 材料(재료)
材質(재질) 資材(자재) 取材(취재) 敎材(교재) 素材(소재)
骨材(골재) 惡材(악재) 建材商(건재상) 適材適所(적재적소)
재물 재(財)-옛날에 돈으로 쓰던 조개(貝조개 패)같이 모든 일의
바탕(才바탕 재)이 될 수 있는 값나가는 모든 물건으로 재물을 의미.
財産(재산) 財閥(재벌) 財物(재물) 財貨(재화) 財政(재정) 財源(재원)
財務(재무) 財團(재단) 財數(재수) 橫財(횡재)
있을·곳 재(在)-옛 글자를 보면 사물의 바탕(才바탕 재)이 되는 것이
땅(土땅 토) 위에 실제로 존재하는 것을 나타낸 것으로 있다·곳(장소)을
의미. 現在(현재) 存在(존재) 潛在(잠재) 駐在(주재) 散在(산재)
在位(재위) 在任(재임) 在職(재직) 在籍(재적) 實在(실재)
不在中(부재중) 在庫量(재고량) 所在地(소재지) 自由自在(자유자재)

보존할·있을 존(存)-옛 글자를 보면 사물의 바탕(才바탕 재)이 되는 것을 자식(子자식 자)같이 보살피고 키우고 있는 것으로 보존하다·(보존하고)있다 라는 의미. 旣存(기존) 現存(현존) 保存(보존) 依存(의존) 共存(공존) 存立(존립) 存亡(존망) 存廢(존폐) 存續(존속) 生存(생존) 溫存(온존) 適者生存(적자생존)

(木 米)(林 林)(禁 禁)(焚 樊 樊)

(森 森)(本 米)(鉢 鉢)(未 米)

(味 味)(妹 妹)(魅 魅)(昧 昧)

(制 剎 剎)(製 製)(朱 朱 米)

(株 株)(珠 珠)(殊 殊)(未 末)

(抹 抹)(束 米)(速 速)(勅 勅)

(悚 悚)(賴 賴)(柬 柬)(揀 揀)

(諫 諫)(練 練)(鍊 鍊)(闌 闌)

(欄 欄)(蘭 蘭)(束 米)(棘 棘)

(棗 棗)(策 策)(刺 刺)(困 困)

(保 保)(褓 褓)(休 休)(沐 沐)

(床 床)(麳 麳)(漆 漆)(采 采)

(採探)(菜茉)(彩彩)

나무·곧을·질박할·무명 목(木)-땅 속에 뿌리를 내리고 똑바로 서 있는
나무의 줄기와 가지 모양을 본뜬 것으로 나무·곧다(자연스럽게 자란
나무처럼 꾸민 데가 없이 수수한 것으로)질박하다·(목화(木花)의 솜을 자아
만든 실로 짠 베)무명을 의미. 木材(목재) 伐木(벌목) 苗木(묘목)
木造(목조) 木刻(목각) 巨木(거목) 樹木園(수목원) 植木日(식목일)
草根木皮(초근목피) 山川草木(산천초목) 緣木求魚(연목구어)

수풀·빽빽할·많을 림(林)-木(나무 목)자 두 개를 나란히 써서 나무들이
무성하게 우거진 숲을 나타낸 것으로 수풀(숲)·빽빽하다·(빽빽하게)많다
라는 의미. 密林(밀림) 林野(임야) 儒林(유림) 造林(조림) 山林浴(산림욕)
防風林(방풍림) 原始林(원시림) 處女林(처녀림) 酒池肉林(주지육림)

금할·금지할·대궐 금(禁)-옛날에 특정한 숲(林숲 림)을 보호하기 위해서
민간인 출입을 금지한다는 글을 적어 숲(林숲 림) 앞에 보이게(示보일 시)
세운 통행 금지 표지(禁標)를 나타낸 것으로 금하다(금지하다)·(민간인
출입을 금하는)대궐을 의미. 監禁(감금) 禁忌(금기) 禁食(금식) 禁煙(금연)
禁酒(금주) 禁慾(금욕) 嚴禁(엄금) 出入禁止(출입금지) 通行禁止(통행금지)

불사를 분(焚)-옛 글자(燓)를 보면 나무(木나무 목)와 나무(木나무 목)를
엇걸리게(爻형상 효) 쌓아 놓고 불(火불 화)에 태워 없애 버리는 것으로
불사르다 라는 의미. 焚香(분향) 焚身自殺(분신자살)

나무빽들어설·삼엄할 삼(森)-나무(木나무 목)가 빽빽하게(林빽빽할 림)
들어선 모양을 나타낸 것으로 나무가 빽빽하다·(빽빽이 들어선
나무처럼 빈틈이 없는 것으로)삼엄하다 라는 의미.
森林(삼림) 森嚴(삼엄) 森羅萬象(삼라만상)

밑·근본·장본 본(本)-나무(木나무 목) 줄기의 아랫부분에 一(같을 일)을
그어서 나무의 뿌리를 표시한 것으로 나무의 뿌리와 같은 밑·근본·
장본(張本)을 의미. 根本(근본) 基本(기본) 本論(본론) 本疾(본질)
本性(본성) 本籍(본적) 資本(자본) 本來(본래) 本始(본시) 本館(본관)
本能(본능) 本部(본부) 本然(본연) 見本(견본) 本色(본색)
拔本塞源(발본색원) 本末顚倒(본말전도)

바리때 발(鉢)-금(金금 금)같이 소중한 근본(本근본 본)이 되는 것으로
승려들이 공양(供養)할 때 사용하는 식기인 바리때를 의미. 원래 이름은
발우(鉢盂)이고 매우 소중하고 깨끗하게 다루는 그릇으로 대를 이어
사용하며 승려들이 발우를 가지고 돌아다니며 밥을 비는 것을
탁발(托鉢)이라 함. 鉢盂(발우) 沙鉢(사발) 藥沙鉢(약사발) 托鉢僧(탁발승)
沙鉢通文(사발통문) 三衣一鉢(삼의일발)

아닐·여덟째지지 미(未)-나무(木나무 목) 줄기의 끝 부분에 一(같을 일)을
그어서 아직 다 자라지 않은 어린 나뭇가지를 표시한 것으로
어떤 사실을 부정할 때 쓰는 말로 아니다·못하다·아직~하지 않다·

아직~하지 못하다 라는 의미와 양(羊)을 상징하는 여덟째지지를 의미.
未(끝 말)자와 비슷. 未熟(미숙) 未來(미래) 未滿(미만) 未納(미납)
未達(미달) 未練(미련) 未然(미연) 未盡(미진) 未婚母(미혼모)
未知數(미지수) 未決囚(미결수) 未曾有(미증유) 未完成(미완성)
己未年(기미년) 前代未聞(전대미문) 前人未踏(전인미답)
맛·맛볼 미(味)-입(口입 구)으로 아직 말하지 않고(未아닐 미) 느끼는
감각으로 맛·맛보다 라는 의미. 味覺(미각) 趣味(취미) 興味(흥미)
珍味(진미) 意味(의미) 妙味(묘미) 吟味(음미) 調味料(조미료)
無味乾燥(무미건조) 山海珍味(산해진미)
손아래누이 매(妹)-여자(女계집 녀)로 아직 다 자라지 않은(未아닐 미)
어린 여동생으로 손아래 누이를 의미. 姉妹(자매) 男妹(남매)
妹弟(매제) 妹兄(매형) 妹氏(매씨) 祭亡妹歌(제망매가)
호릴·매혹할·허깨비 매(魅)-도깨비(鬼도깨비 귀)같이 참이 아닌(未아닐 미)
것을 참인 것처럼 속여서 남을 유혹하여 정신을 흐리게 하는 것으로
호리다·매혹하다·(없는 것이 있는 것처럼 보이는)허깨비를 의미.
魅惑(매혹) 魅力(매력) 魅了(매료)
밝을녁·어두울·탐할 매(昧)-해(日해 일)가 아직 뜨지 않은(未아닐 미)
밤이 샐 무렵으로 밝을녁·어둡다·탐하다 라는 의미.
愚昧(우매) 三昧境(삼매경) 讀書三昧(독서삼매) 無知蒙昧(무지몽매)
금제할·마를·지을·제도 제(制)-옛 글자(㓞)를 보면 아직 다 자라지
않은(未아닐 미) 어린 나무의 겉모양을 고르게 하고 웃자람을 막기
위해 곁가지(ㄐ털자랄 삼)를 칼(刂=刀칼 도)로 자르는 것으로 금제하다·
마름질하다·짓다·제도를 의미. 刷(인쇄할 쇄)자와 비슷. 制度(제도)
規制(규제) 體制(체제) 制裁(제재) 强制(강제) 抑制(억제) 統制(통제)
制約(제약) 節制(절제) 制動(제동) 從量制(종량제) 以夷制夷(이이제이)
마름질할·지을·법제 제(製)-옷감을 마르어(制마를 제) 옷(衣옷 의)을
만드는 것으로 마르다·짓다·법제를 의미. 裂(옷터질 렬)자와 비슷.
製作(제작) 製造(제조) 製鐵(제철) 製粉(제분) 創製(창제) 製菓店(제과점)
手製品(수제품) 複製品(복제품) 製鍊所(제련소) 製藥會社(제약회사)
붉을 주(朱)-옛 글자를 보면 나무(木나무 목) 줄기 중간에 점(丶)을 찍어서
나무 줄기 한가운데의 심(고갱이)을 표시한 것으로 심(고갱이)의 빛깔같이
붉다 라는 의미. 失(잃을 실)자와 비슷. 朱黃(주황) 紫朱(자주) 朱丹(주단)
朱雀(주작) 印朱(인주) 朱錫(주석) 朱子學(주자학)
줄기·뿌리·그루·주식 주(株)-나무(木나무 목)에서 붉은(朱붉을 주)
심(고갱이)이 있는 줄기·뿌리·그루·주식을 의미. 株價(주가) 株式(주식)
優良株(우량주) 配當株(배당주) 公募株(공모주) 株式會社(주식회사)
진주·구슬 주(珠)-옥(王=玉옥 옥)처럼 광택이 나고 단단하며 속에
나무 줄기의 한가운데에 있는 붉은(朱붉을 주) 심(고갱이) 같은
핵이 있는 둥근 구슬 모양의 진주를 의미.
珠玉(주옥) 念珠(염주) 珍珠(진주) 如意珠(여의주)

뛰어날·다를 수(殊)-살을 바른 뼈(歹살바른뼈 알) 속을 나무 줄기의
한가운데에 있는 붉은(朱붉을 주) 심(고갱이)같이 채우고 있는
골수(骨髓)를 나타낸 것으로 뛰어나다·다르다 라는 의미.
殊勳(수훈) 殊常(수상) 特殊(특수) 文殊菩薩(문수보살)

끝·다할·가루 말(末)-나무(木나무 목) 줄기의 가느다란 쪽 마지막 부분에
一(같을 일)을 길게 그어서 나무의 끄트머리를 표시한 것으로 끝→다하다
→가루를 의미. 未(아닐 미)자와 비슷. 週末(주말) 年末(년말) 末世(말세)
終末(종말) 顚末(전말) 末葉(말엽) 結末(결말) 末端(말단) 粉末(분말)
綠末(녹말) 年末年始(연말연시) 本末顚倒(본말전도) 微官末職(미관말직)

지울·없앨 말(抹)-손(扌=手손 수)으로 흔적이 다 없어지게(末다할 말)
문질러 보이지 않게 하는 것으로 지우다·없애다 라는 의미.
抹消(말소) 抹殺(말살) 一抹(일말)

묶을·뭇·단속할·약속할 속(束)-옛 글자를 보면 나무(木나무 목)를 한데
모아서 중간을 끈으로 둘러 잡아맨(口끈으로 둥글게 잡아맨 모양)
모양으로 다발로 묶다·뭇·단속하다·약속하다 라는 의미. 結束(결속)
約束(약속) 團束(단속) 拘束(구속) 檢束(검속) 束手無策(속수무책)

빠를 속(速)-발걸음을 한데 모아서 묶은(束묶을 속) 것처럼 뛰는(辶=辵뛸 착)
것으로 빠르다 라는 의미. 低速(저속) 速報(속보) 減速(감속) 速度(속도)
加速(가속) 速成(속성) 拙速(졸속) 速斷(속단) 急速(급속) 過速(과속)
速射砲(속사포) 快速艇(쾌속정) 速讀法(속독법) 速戰速決(속전속결)

칙서·경계할·다스릴 칙(勅)-옛날에 황제가 권계(勸戒)의 뜻이나
알릴 일을 종이나 천을 가로로 길게 이은 뒤 양쪽 끝에 나무막대를
달은 두루마리에 글로 적어 둥글게 말아 끈으로 묶어서(束묶을 속)
내리는 명령과 같은 힘(力힘 력)이 있는 칙서를 의미.
勅命(칙명) 勅令(칙령) 勅書(칙서) 勅使(칙사)

두려워할·송구할 송(悚)-마음(忄=心마음 심)이 묶여(束묶을 속)
있는 것처럼 겁을 내는 것으로 두려워하다·송구하다 라는 의미.
悚懼(송구) 罪悚(죄송) 悚然(송연)

힘입을·믿을·자뢰할·의뢰할 뢰(賴)-남에게 당부하여(束단속할 속) 재물을
관리하도록 맡겨서 도움을 받는(負입을 부) 것으로 힘입다·믿다·자뢰하다·
의뢰하다 라는 의미. 依賴(의뢰) 信賴(신뢰) 無賴漢(무뢰한)

편지·가릴·분별할 간(柬)-옛날에 글자를 적은 대나무 조각을
순서에 따라 나누어(八나눌 팔) 묶어(束묶을 속) 놓은 것으로
편지(서찰書札)·가리다·분별하다 라는 의미. 發柬(발간) 書柬(서간)

가릴·선볼 간(揀)-손(扌=手손 수)으로 분별하여(柬분별할 간) 골라내는
것으로 가리다·선보다 라는 의미. 分揀(분간) 揀擇(간택) 揀選(간선)

간할·비유하여나무랄 간(諫)-임금께 옳지 못하거나 잘못된 일을
분별하여(柬분별할 간) 고치도록 말하는(言말할 언) 것으로 간하다
라는 의미. 諫言(간언) 諫勸(간권) 司諫院(사간원)

누일·겪을·익힐·단련할 련(練)-누에고치에서 뽑은 생실(糸가는실 멱)을
분별되게 하기(束분별할 간) 위해 잿물에 삶아 희고 부드럽게 하는 것으로
누이다·겪다·익히다·단련하다 라는 의미. 練習(연습) 訓練(훈련) 修練(수련)
調練(조련) 試鍊(시련) 洗練味(세련미) 練兵場(연병장) 熟練工(숙련공)

쇠불릴·단련할 련(鍊)-쇠(金쇠 금)를 분별되게 하기(束분별할 간) 위해
불에 달구어 단단하게 하는 것으로 불리다·단련하다 라는 의미.
鍊磨(연마) 老鍊(노련) 鍛鍊(단련) 精鍊(정련) 對鍊(대련)
製鍊所(제련소) 鍊金術(연금술)

가로막을·차면·난간 란(闌)-문(門문 문)에 드리워 내부가 드러나
보이지 않도록 가리어 안과 밖을 분별하여(束분별할 간) 나누는
것으로 가로 막다·차면·난간을 의미.

난간·난 란(欄)-나무(木나무 목)로 가로막아서 차면(闌차면 란)같이
안과 밖을 분별하기 위해 층계나 다리의 가장자리에 세워 놓은
것으로 난간·난(테두리)을 의미. 欄干(난간) 空欄(공란) 本欄(본란)
讀者欄(독자란) 備考欄(비고란) 政治欄(정치란)

난초 란(蘭)-여러해살이 풀(++풀 초)로 꽃은 좌우에 두 개의 문짝이
달려 있는 문(門문 문)처럼 대칭이고 줄기 아래에 나누어져 하나로
묶여(束편지 간) 있는 뿌리가 달린 식물로 난초를 의미. 蘭草(난초)
木蘭(목란) 和蘭(화란) 春蘭(춘란) 佛蘭西(불란서) 金蘭之交(금란지교)

가시 자(가시랭이 치)(束)-옛 글자를 보면 나무(木나무 목)를 온통
덮고 (冖덮을 멱) 돋쳐 있는 가시를 본뜬 것으로 가시·가시랭이를 의미.

가시·가시나무 극(棘)-가시(束가시 자)가 무성하게 돋쳐 있는
모양으로 가시·가시나무를 의미. 荊棘(형극) 棘皮動物(극피동물)

대추나무·대추 조(棗)-나무 가지의 마디마디에 가시(束가시 자)가
돋쳐 있는 대추나무·대추를 의미.
棗栗(조율) 棗栗梨柿(조율이시) 棗東栗西(조동율서)

채찍·꾀·지팡이 책(策)-대나무(竹대나무 죽)의 끝 부분을 가시랭이
(束가시랭이 치)처럼 가늘게 쪼개서 만든 것으로 말이나 소를 모는
데에 쓰는 채찍을 의미. 말이나 소를 모는 데에 쓰는 채찍같이
어떤 일을 잘 해결해 나가기 위해 쓰는 것으로 꾀를 의미. 말이나
소를 모는 데에 쓰는 채찍같이 걸을 때에 도움을 얻기 위해 쓰는
것으로 지팡이를 의미. 政策(정책) 對策(대책) 策定(책정) 劃策(획책)
策略(책략) 散策(산책) 妙策(묘책) 術策(술책) 計策(계책) 施策(시책)
強硬策(강경책) 收拾策(수습책) 蕩平策(탕평책) 浮揚策(부양책)
解決策(해결책) 豫防策(예방책) 束手無策(속수무책) 窮餘之策(궁여지책)

찌를 자(찌를 척)(수라 라)(刺)-끝이 뾰족한 가시(束가시 자)처럼 날카로운
칼(刂=刀칼 도)을 속으로 들이 미는 것으로 찌르다 라는 의미. 刺客(자객)
亂刺(난자) 刺戟(자극) 諷刺(풍자) 刺創(자창) 刺殺(척살) 水刺床(수라상)

곤궁할·곤할·노곤할 곤(困)-사방이 삥 에워싸여(口=圍에울 위의 옛 글자)
있는 곳의 나무(木나무 목)는 자라기가 어렵다는 것으로 곤궁하다·곤하다·
노곤하다 라는 의미. 困難(곤란) 困境(곤경) 困辱(곤욕) 困窮(곤궁)
困惑(곤혹) 貧困(빈곤) 疲困(피곤) 勞困(노곤) 食困症(식곤증)

기를·지킬·보전할 보(保)-옛 글자를 보면 사람(亻=人사람 인)이
아기(子자식 자)를 양 팔(八양 팔 모양)로 안고 돌보는 것으로
기르다·지키다·보전하다 라는 의미. 保全(보전) 保存(보존) 保佐(보좌)
保險(보험) 保育(보육) 保守(보수) 保留(보류) 保溫(보온) 留保(유보)
保護(보호) 保管(보관) 保證(보증) 保障(보장) 保安(보안) 確保(확보)
擔保(담보) 保健所(보건소) 保菌者(보균자)

포대기·보자기 보(褓)-어린아이를 안전하게 보호하기(保지킬 보)
위해 옷(衤=衣옷 의)처럼 두르는 것으로 포대기→보자기를 의미.
床褓(상보) 食卓褓(식탁보) 褓負商(보부상)

쉴 휴(休)-사람(亻=人사람 인)이 하던 일을 잠시 그만두고 나무(木나무 목)
아래에 머무르는 것으로 쉬다 라는 의미. 休息(휴식) 休暇(휴가)
連休(연휴) 休業(휴업) 休職(휴직) 休學(휴학) 休校(휴교) 休講(휴강)
休紙(휴지) 休戰(휴전) 休養(휴양) 休診(휴진) 休務(휴무) 休憩所(휴게소)

머리감을·다스릴 목(沐)-물(氵=水물 수)로 뻣뻣한(木뻣뻣할 목) 머리카락을
적시어 씻는 것으로 머리를 감다→다스리다 라는 의미.
沐浴(목욕) 沐浴湯(목욕탕) 沐間桶(목간통) 沐浴齋戒(목욕재계)

평상 상(床)-집(广돌집 엄) 안에서 앉거나 누워 쉴 수 있도록
나무(木나무 목)를 쪼개어 만든 것으로 평상을 의미.
平床(평상) 溫床(온상) 病床(병상) 起床(기상) 冊床(책상)
酒案床(주안상) 飯床器(반상기) 同床異夢(동상이몽)

옻나무 칠(桼)-나무(木나무 목)의 껍질에 양쪽으로 나누듯이(八나눌 팔)
상처를 내면 수액(水=水물 수)이 흘러나오는 옻나무를 의미.
黍(기장 서)자와 비슷.

옻 칠(漆)-물(氵=水물 수) 같은 액체가 옻나무(桼옻나무 칠)에서 흘러나오는
것으로 옻을 의미. 漆器(칠기) 漆板(칠판) 漆黑(칠흑) 色漆(색칠)

캘·가릴 채(采)-옛 글자를 보면 손을 아래쪽으로 오므려
손톱(爫=爪손톱 조)으로 나무(木나무 목)의 가지 끝에 돋은 새싹을
따는 모양으로 캐다·가리다 라는 의미. 喝采(갈채) 風采(풍채)

가려낼·딸·캘 채(採)-손(扌=手손 수)으로 필요한 부분을 골라내는(采가릴 채)
것으로 가려내다·따다·캐다 라는 의미. 採取(채취) 採鑛(채광) 採用(채용)
採擇(채택) 公採(공채) 採點(채점) 採集(채집) 採擇(채택) 特採(특채)

나물 채(菜)-풀(++=艸풀 초)이나 나무의 어린 싹 중에서
먹을 수 있는 부분을 골라낸(采가릴 채) 것으로 나물을 의미.
菜蔬(채소) 野菜(야채) 菜食(채식)

채색·무늬·빛날 채(彩)-그림에 여러 가지 색을 가리어(采가릴 채) 터럭을
그리듯이(彡터럭그릴 삼) 색칠한 것으로 채색·무늬·빛나다 라는 의미.
色彩(색채) 彩色(채색) 多彩(다채) 光彩(광채) 彩度(채도) 文彩(문채)

(言𦉘畜)(信俌)(善譱𦎍)

(繕繒)(膳𦠝)(罯𦉢)(罰𠛬)

말씀·말할 언(言)-옛 글자를 보면 나팔을 입으로 불어서 소리를 내는
모양으로 나팔을 불어 소리를 내는 것같이 사람의 생각이나 느낌을
목구멍을 통하여 입 밖으로 나타내는 소리로 말·말하다 라는 의미.
言語(언어) 言論(언론) 失言(실언) 言及(언급) 宣言(선언) 遺言(유언)
言約(언약) 發言(발언) 證言(증언) 妄言(망언) 格言(격언)
甘言利說(감언이설) 言中有骨(언중유골) 巧言令色(교언영색)
믿을 신(信)-사람(亻=人사람 인)이 하는 말(言말씀 언)을 의심하지 않고
꼭 그렇게 여기는 것으로 믿다 라는 의미. 信念(신념) 信義(신의)
背信(배신) 信任(신임) 信號(신호) 通信(통신) 書信(서신) 信仰(신앙)
確信(확신) 迷信(미신) 盲信(맹신) 信賴(신뢰) 自信感(자신감)
受信者(수신자) 半信半疑(반신반의) 朋友有信(붕우유신)
착할·착하게여길·좋을·좋아할·길할 선(善)-옛 글자(譱)를 보면 온화하고
양순한 양(羊양 양)같이 서로 다투어 말하듯이(誩말다툼할 경→言말할 언)
사이 좋게 말하는 것으로 착하다·착하게 여기다·좋다·좋아하다(친하다)·
길하다 라는 의미. 善良(선량) 善惡(선악) 積善(적선) 善隣(선린)
親善(친선) 善戰(선전) 改善(개선) 獨善(독선) 僞善(위선) 最善(최선)
善處(선처) 慈善(자선) 善導(선도) 積善(적선) 勸善懲惡(권선징악)
改過遷善(개과천선) 多多益善(다다익선) 止於至善(지어지선)
기울·다스릴 선(繕)-실(糸가는실 멱)로 떨어지거나 해어진 곳을
좋게(善좋을 선) 꿰매는 것으로 깁다(꿰매다)·다스리다 라는 의미.
修繕(수선) 營繕(영선) 修繕工(수선공)
반찬·먹을·선물 선(膳)-고기(月=肉고기 육)를 먹기 좋게(善좋을 선)
만든 것으로 반찬·반찬을 올리다·먹다·선물을 의미.
膳物(선물) 膳賜品(선사품) 問安視膳(문안시선)
꾸짖을 리(罵)-죄를 저질러 법의 그물(网그물 망=罒)에 걸린 사람에게
잘못을 지적하여 말하는(言말할 언) 것으로 꾸짖다 라는 의미.
벌줄 벌(罰)-죄를 저지른 사람을 꾸짖고(罵꾸짖을 리) 죄의 대가로
칼(刂=刀칼 도)로 베인 것 같은 고통을 내리는 것으로 벌주다
라는 의미. 處罰(처벌) 嚴罰(엄벌) 刑罰(형벌) 體罰(체벌) 懲罰(징벌)
信賞必罰(신상필벌) 一罰百戒(일벌백계)

(口 ㅂ)(叩 吅)(品 品)(桑 桑)

(操 操)(燥 燥)(藻 藻)(躁 躁)

(品 品)(癌 癌)(區 區)(鷗 鷗)

(驅 驅)(骨 骨)(絹 絹)(喪 喪)

(呂 呂)(宮 宮)(口 口)(四 四)

(回 回)(廻 廻)(徊 徊)(向 向)

(嗇 嗇)(牆 牆)(薔 薔)

(呂 呂)(圖 圖)

입·인구·어귀·구멍·말할 구(口)-입을 벌리고 있는 모양을 본뜬 것으로
입·인구·어귀·구멍·먹다(마시다)·말하다 라는 의미. 家口(가구) 港口(항구)
口號(구호) 窓口(창구) 突破口(돌파구) 口舌數(구설수) 非常口(비상구)
口尙乳臭(구상유취) 衆口難防(중구난방) 異口同聲(이구동성)

부르짖을 훤(叩)-입(口입 구)으로 소리를 크게 내서
말하는(口말할 구) 것으로 부르짖다 라는 의미.

물건·가지·온갖·차례··품수·법·평할 품(品)-여러 사람(口인구 구)이 모여서
소리 높여 말하는(叩부르짖을 훤) 세상에 존재하는 여러 종류의 것으로
물건·가지·온갖·차례·품수·법·평하다 라는 의미. 製品(제품) 食品(식품)
作品(작품) 品詞(품사) 眞品(진품) 品質(품질) 商品(상품) 品切(품절)
品格(품격) 品位(품위) 品階(품계) 品種(품종) 品評會(품평회)
必需品(필수품) 進上品(진상품) 品行方正(품행방정)

새떼지어울 소(操)(桑)-여러 사람(口인구 구)이 모여서 소리
높여 말하는(叩부르짖을 훤) 것처럼 나무(木나무 목) 위에 앉은
새가 떼지어 울다 라는 의미.

잡을·부릴·지조 조(操)-손(扌=手손 수)으로 나무 위에서 떼지어 우는
새(喿새떼지어울 조)처럼 요란한 사람들을 자신의 의도대로 움직일 수
있게 틀어잡는 것으로 잡다·부리다(조종하다)·(틀어잡고 있는)지조를 의미.
操心(조심) 操作(조작) 志操(지조) 貞操(정조) 體操(체조) 操弄(조롱)
操身(조신) 操縱士(조종사)

불에말릴 조(燥)-불(火불 화) 옆에 젖은 물건(品물건 품)을 나무(木나무 목)
위에 널어놓고 마르게 하는 것으로 말리다·마르다 라는 의미.
乾燥(건조) 燥渴(조갈) 焦燥(초조) 無味乾燥(무미건조)

마름 조(藻)-한해살이풀(++=艸풀 초)로 물(氵=水물 수) 위에 잎이 나무
위에서 떼지어 우는 새(喿새떼지어울 조)처럼 떼지어 떠 있는 수생 식물인
마름을 의미. 綠藻(녹조) 水藻(수조) 詞藻(사조) 海藻類(해조류)

조급할·빠를 조(躁)-발걸음(足발·걸을 족)을 나무(木나무 목) 위에 떼지어
앉아 요란하게 우는 새(喿새떼지어울 조)처럼 요란하게 움직이는 것으로
조급하다·빠르다 라는 의미. 躁急(조급) 躁症(조증) 躁鬱病(조울병)

바위 암(嵒)-진흙·모래·자갈 등이 차례로(品차례 품) 층층이 쌓여서
굳어진 큰 돌이 산(山뫼 산) 위에 있는 것으로 바위를 의미.

암종 암(癌)-바위(嵒바위 암)같이 단단한 덩어리가 자라나는
병(疒병 녁)으로 암종(암)을 의미. 肝癌(간암) 胃癌(위암) 肺癌(폐암)
抗癌劑(항암제) 癌細胞(암세포) 子宮癌(자궁암) 發癌物質(발암물질)

나눌·작은모양·지경 구(區)-울타리를 둘러 가려서(匸감출 혜) 경계를
자잘하게(品가지 품) 구분해 놓은 것으로 나누다·작은 모양(자잘하다)·
지경을 의미. 區域(구역) 區分(구분) 區別(구별) 區間(구간) 區劃(구획)
區廳(구청) 區民(구민) 區區(구구) 自治區(자치구) 選擧區(선거구)
經濟特區(경제특구) 商業地區(상업지구)

갈매기 구(鷗)-자기 영역의 경계를 갈라 나누고(區지경·나눌 구)
무리를 지어 사는 새(鳥새 조)로 갈매기를 의미.
白鷗(백구) 海鷗(해구) 鷗鷺(구로) 狎鷗亭(압구정)

몰 구(驅)-말(馬말 마)을 이리 저리 분별하게(區나눌 구) 하여 앞으로
나가게 하는 것으로 몰다·몰아내다 라는 의미. 驅迫(구박) 驅步(구보)
驅使力(구사력) 先驅者(선구자) 驅逐艦(구축함) 驅蟲劑(구충제)
驅動力(구동력) 乘勝長驅(승승장구)

작은벌레·요동할 연(肙)-옛 글자를 보면 물속에서 온 몸을
꿈틀거리는 장구벌레(모기의 애벌레)의 모양을 본뜬 것으로
작은 벌레·요동하다 라는 의미.

명주·비단 견(絹)-실(糸가는실 멱)을 토하여 장구벌레처럼 온 몸을
꿈틀대며 누에(肙요동할·작은벌레 연)가 고치를 짓듯이 누에고치에서
뽑은 명주실로 짠 피륙으로 명주·비단을 의미.
絹絲(견사) 絹綿(견면) 人絹(인견) 絹織物(견직물)

죽을·잃어버릴·상사·상복입을 상(喪)-옛 글자를 보면 개(犬개 견)가 짖듯이
부르짖으며(吅부르짖을 훤) 죽은(亡죽을 망) 사람 곁에서 울고(哭울 곡) 있는
것으로 죽다·잃어버리다·상사(喪事-초상이 난 일)·상복을 입다 라는 의미.
喪家(상가) 喪服(상복) 喪失(상실) 問喪客(문상객) 冠婚喪祭(관혼상제)
등마루뼈·음률 려(呂)-위아래로 이어져 있는 사람의 등뼈 모양을
본뜬 것으로 등마루뼈·음률을 의미. 律呂(율려)
궁궐·집 궁(宮)-집(宀움집 면)이 사람의 등뼈(呂등마루뼈 려)처럼
이어져 있는 곳으로 궁궐·집을 의미. 宮殿(궁전) 子宮(자궁)
宮闕(궁궐) 景福宮(경복궁) 九重宮闕(구중궁궐)
에울·둘러쌀 위(나라 국)(囗)-圍(에울 위)자와 國(나라 국)자의 옛 글자로
주위를 빙 둘러싼 모양으로 에우다·둘러싸다·나라를 의미.
넉(넷) 사(四)-네 개의 선분으로 둘러싸인(囗둘러쌀 위) 선분을 갈라
나눈(八나눌 팔) 개수(個數)인 넷(4)을 의미. 四寸(사촌) 四方(사방)
四季(사계) 四君子(사군자) 四角形(사각형) 四面楚歌(사면초가)
朝三暮四(조삼모사) 文房四友(문방사우) 四顧無親(사고무친)
三寒四溫(삼한사온) 四端七情(사단칠정)
돌·돌아올 회(回)-옛 글자를 보면 소용돌이 모양으로 가운데에 생긴
구멍(口구멍 구)을 둘러싸고(囗둘러쌀 위) 빙빙 움직이는 것으로
돌다·돌아오다 라는 의미. 回轉(회전) 回復(회복) 回甲(회갑) 回歸(회귀)
回想(회상) 回收(회수) 回答(회답) 回春(회춘) 回避(회피) 回還(회환)
回顧錄(회고록) 起死回生(기사회생)
돌아올 회(廻)-먼 길을 걸어(廴길게걸을 인) 빙 돌아서(回돌 회) 오는
것으로 돌아오다 라는 의미. 巡廻(순회) 輪廻(윤회)
어정거릴·배회할 회(徊)-자축거리며(彳자축거릴 척) 길을 빙빙 돌아(回돌 회)
다니는 것으로 어정거리다·배회하다 라는 의미. 徘徊(배회) 低徊(저회)
곳간·넉넉할 름(靣)-옛날에 볏집을 엮어서 지붕(亠돼지해머리 두)을
씌우고 주위를 빙 돌려서(回돌 회) 둥글게 만들어 곡식을 담아 두는
두대통(나락두지)의 모양으로 곳간·넉넉하다 라는 의미.
거둘·아낄·인색할·탐낼 색(嗇)-옛 글자를 보면 보리의 모양을 본뜬
來(올 래)자와 곳간의 모양을 본뜬 靣(곳간 름)자를 합친 글자로
수확한 보리를 곳간에 담아 둔 모양으로 거두다·아끼다·인색하다·
탐내다 라는 의미. 吝嗇(인색) 偏嗇(편색)
둘러막을·담 장(牆)-통나무를 세로로 쪼갠 조각(爿조각널 장)을
빙 돌아가며 세워서 거둔(嗇거둘 색) 보리의 주위를 가려 막은
것으로 둘러막다·담(담장)을 의미. 越牆(월장) 壁牆(벽장)
장미 장(薔)-쌍떡잎식물(++=艸풀 초)로 탐내게(嗇탐낼 색) 아름다운
꽃이 피는 장미를 의미. 薔薇(장미) 薔花紅蓮傳(장화홍련전)
마을 비(啚)-사람들이(口인구 구) 곳간(靣곳간 름)을
짓고 사는 마을을 의미.

그림·도모할·헤아릴 도(圖)-원래는 나라(口나라 국)의 마을(몸마을 비)
위치를 평면상에 그려서 나타낸 지도를 의미하는 것으로 지도같이
그린 그림·도모하다(꾀하다)·헤아리다 라는 의미가 파생됨.
地圖(지도) 圖章(도장) 圖形(도형) 試圖(시도) 意圖(의도) 圖謀(도모)
構圖(구도) 圖案(도안) 圖書館(도서관) 圖畫紙(도화지)

(右司)(佑侑)(若😊嚃)(諾譜)

오른쪽·높일 우(右)-옛날부터 오른쪽 손을 주로 사용하는 사람이
훨씬 많았는데 수가 많으면 옳다고 생각하는 유교사상의 영향으로
손(ナ=손 모양)으로 음식을 집어 먹는(口먹을 구) 쪽으로 오른쪽·
높이다(숭상하다) 라는 의미. 右側(우측) 右翼(우익) 右便(우편)
座右銘(좌우명) 右傾化(우경화) 左衝右突(좌충우돌)
도울 우(佑)-사람(亻=人사람 인)에게 손(ナ=손 모양)으로 음식을
집어서 입(口입 구)에 넣어주는 것으로 돕다 라는 의미.
保佑(보우) 天佑神助(천우신조)
만약·같을·좇을 약(반야 야)(若)-옛 글자를 보면 풀(++=艸풀 초)의
잎과 꽃에서 강한 향기를 풍겨 군자같이 높이(右높일 우) 여겼던
향등골나물(지금의 난초)을 의미하는 것으로 나중에 ~과 같다·만약·
좇다(따르다) 라는 의미로 가차됨. 문장의 첫머리에서는 만약이라는
의미로 문장의 가운데서는 ~과 같다 라는 의미로 씀.
범어(梵語=산스크리트 어) 빤냐(paññā-지혜(智慧)을 의미)의 음역으로
반야(般若)를 의미. 苦(괴로울 고)자와 비슷. 萬若(만약) 若干(약간)
有若無(유약무) 明若觀火(명약관화) 泰然自若(태연자약)
傍若無人(방약무인) 門前若市(문전약시) 般若心經(반야심경)
대답할·허락할 낙(諾)-남이 묻는 말(言말씀 언)을 좇아(若좇을 약)
응답하는 것으로 대답하다·허락하다 라는 의미.
許諾(허락) 承諾(승낙) 受諾(수락) 應諾(응낙) 唯唯諾諾(유유낙낙)

(加𠕪)(架𣕒)(嘉嘉)(賀賀)

더할·들 가(加)-힘을 쓸 때(力힘쓸 력) 입(口입 구)으로 소리를 질러 기운을
돋우는 것처럼 더하다·(이미 있는 것에 새로 더 넣으니)들다(가입하다) 라는
의미. 增加(증가) 加工(가공) 追加(추가) 參加(참가) 添加(첨가) 加減(가감)
加重(가중) 倍加(배가) 加入者(가입자) 加算稅(가산세) 加害者(가해자)
加速度(가속도) 加盟店(가맹점) 雪上加霜(설상가상) 走馬加鞭(주마가편)
시렁·지을·세울 가(架)-물건을 얹기(加더할 가) 위해 두 개의 굵고 긴
나무(木나무 목) 막대기를 가로질러 만든 것으로 시렁·(시렁을 만들듯이)
짓다·세우다 라는 의미. 架空(가공) 架橋(가교) 架設(가설) 書架(서가)
十字架(십자가) 高架道路(고가도로) 屋上架屋(옥상가옥)

즐거울·아름다울 가(嘉)-경사로운 일에 악기(효악기이름 주) 연주를
더하니(加더할 가) 흐뭇하고 기쁜 것으로 즐겁다·아름답다 라는 의미.
喜(기쁠 희)자와 비슷. 嘉納(가납) 嘉禮(가례) 嘉尙(가상) 嘉俳日(가배일)
하례할 하(賀)-경사로운 일에 더하여(加더할 가) 재물(貝재물 패)로
축하하는 예의를 보이는 것으로 하례하다 라는 의미.
祝賀(축하) 致賀(치하) 賀客(하객) 賀禮(하례) 敬賀(경하) 賀詞(하사)
年賀狀(연하장) 謹賀新年(근하신년)

(只 🦵)(兄 🦵)(況 🦵)(祝 🦵)
(競 🦵)(克 🦵)(剋 🦵)(兌 🦵)
(說 🦵)(稅 🦵)(脫 🦵)(悅 🦵)
(銳 🦵)(閱 🦵)

다만 지(只)-말할(口말할 구) 때에 앞의 말과 뒤의 말이 나누어져
(八나눌 팔) 앞의 말과 반대되는 말을 할 때에 뒤의 말 앞에 쓰는
접속 부사인 다만을 의미. 兄(형 형)자와 비슷. 但只(단지) 只今(지금)
형·맏이 형(클·불을 황)(兄)-제사 때 무릎을 꿇고(儿어진사람 인) 축문을
읽어 신명(神明)께 고하는(口말할 구) 나이 많은 사람으로 형·맏이·크다·
붇다(불어나다) 라는 의미. 兄夫(형부) 妻兄(처형) 老兄(노형) 師兄(사형)
姉兄(자형) 學父兄(학부형) 兄弟姉妹(형제자매) 難兄難弟(난형난제)
상황·하물며 황(況)-물(氵=水물 수)이 점점 불어나고(兄불을 황) 있는
상태를 나타내는 것으로 상황·하물며 라는 의미. 情況(정황) 不況(불황)
好況(호황) 作況(작황) 活況(활황) 近況(근황) 何況(하황) 況且(황차)
盛況裏(성황리) 狀況室(상황실) 實況中繼(실황중계)
빌·축원할 축(祝)-제단(示−제단 모양) 앞에 무릎을 꿇고(儿어진사람 인)
축문을 읽어 신명께 고하는(口말할 구) 것으로 빌다·축원하다 라는 의미.
祝賀(축하) 祝祭(축제) 祝福(축복) 祝願(축원) 祝杯(축배) 祝歌(축가)
感祝(감축) 祝電(축전) 祝文(축문) 祝儀金(축의금) 慶祝辭(경축사)
다툴 경(競)-서로 대어 보며(竝견줄 병) 두 형들이(兟형 곤) 우열을 겨루는
것으로 다투다 라는 의미. 競爭(경쟁) 競技(경기)競走(경주) 競馬(경마)
競演(경연) 競賣(경매) 競選(경선) 競合(경합) 競步(경보) 競輪(경륜)
능할·이길 극(克)-부족함이 없이(十완전할 십) 맡은 바 책임이나 사명을
익숙하게 해내는 맏이(兄맏이 형)같이 능하다·이기다 라는 의미.
克服(극복) 克明(극명) 克己復禮(극기복례)

제할·이길 극(剋)–상대를 이기기(克이길 극) 위해 칼(刂=刀칼 도)로 해치어 없애는 것으로 제하다·이기다 라는 의미.
相剋(상극) 剋減(극감) 下剋上(하극상)
곧을·바꿀·통할·기꺼울·괘이름 태(兌)–똑같이 나누어(八나눌 팔) 공평하게 말을 하는(口말할 구) 어진 사람(儿어진사람 인)을 나타낸 것으로 곧다·바꾸다·통하다·기꺼워하다·괘이름을 의미. 兌卦(태괘) 兌換券(태환권)
말할·말씀·글 설(달랠 세)(기쁠 열)(說)–말(言말씀 언)을 사물의 이치를 들어 통하게(兌통할 태) 하는 것으로 말하다·말씀·글 이라는 의미는 '설'자로, 말(言말씀 언)을 사람의 마음이 바뀌게(兌바꿀 태) 하는 것으로 달래다 라는 의미는 '세'자로, 말(言말씀 언)을 사람이 기꺼워하게(兌기꺼울 태) 하는 것으로 기쁘다 라는 의미는 '열'자로 씀.
說明(설명) 演說(연설) 論說(논설) 說得(설득) 逆說(역설) 社說(사설) 解說(해설) 說敎(설교) 說話(설화) 甘言利說(감언이설) 遊說(유세)
學而時習之不亦說乎(학이시습지불역열호)
부세·구실·거둘 세(稅)–옛날에 나라에서 국민에게 강제적으로 부과하는 조세를 돈 대신 곡식(禾곡식 화)으로 바꾸어(兌바꿀 태) 거두어 들이는 것으로 부세·구실(조세)·거두다 라는 의미. 稅金(세금) 租稅(조세) 稅制(세제) 課稅(과세) 賦稅(부세) 納稅(납세) 稅收(세수) 關稅(관세) 脫稅(탈세) 稅務署(세무서) 免稅店(면세점)
벗을·벗어날 탈(脫)–몸(月=肉몸 육)의 낡은 껍질을 버리고 새것으로 바꾸기(兌바꿀 태) 위해서 떼어 내는 것으로 벗다·벗어나다 라는 의미.
離脫(이탈) 脫出(탈출) 虛脫(허탈) 脫落(탈락) 脫皮(탈피) 脫稅(탈세) 疏脫(소탈) 脫盡(탈진) 脫走犯(탈주범) 脫衣室(탈의실) 脫營兵(탈영병)
기뻐할 열(悅)–마음속(忄=心마음·속 심)으로 기꺼워하는(兌기꺼울 태) 것으로 기뻐하다 라는 의미. 喜悅(희열) 悅樂(열락)
날카로울·날쌜 예(銳)–쇠로 만든 병장기(金쇠·병장기 금)처럼 끝이 곧은(兌곧을 태) 것으로 날카롭다·날쌔다 라는 의미.
尖銳(첨예) 銳敏(예민) 銳利(예리) 銳角(예각) 精銳部隊(정예부대)
점고할·볼·읽을 열(閱)–문(門문 문) 앞에서 지나가는(兌통할 태) 사람의 수를 조사하는 것으로 점고(點考)하다·보다·읽다 라는 의미.
檢閱(검열) 査閱(사열) 閱覽(열람) 閱兵式(열병식)

(向 向)(尙 尙)(常 常)(裳 裳)
(賞 賞)(償 償)(嘗 嘗)(掌 掌)
(堂 堂)(當 當)(黨 黨)

향할·나갈 향(向)-집(宀움 면)의 벽에 연기나 냄새가 빠져 나가게
뚫어놓은 창문(口구멍 구)을 본뜬 것으로 향하다·나가다 라는 의미.
方向(방향) 意向(의향) 向上(향상) 向後(향후) 風向(풍향) 向背(향배)
動向(동향) 趣向(취향) 偏向(편향)

위·높일·귀히여길·숭상할 상(尙)-허공을 가르고(八나눌 팔) 연기나
냄새가 위를 향해(向향할 향) 올라가는 것으로 위·높이다·귀히 여기다·
숭상하다 라는 의미. 崇尙(숭상) 高商(고상) 尙存(상존) 嘉尙(가상)
時機尙早(시기상조) 口尙乳臭(구상유취)

항상·범상할 상(常)-늘 머리 위(尙위 상)에 두르는 두건(巾두건 건)같이
보통으로 있는 것으로 항상·범상하다 라는 의미. 恒常(항상) 常識(상 식)
常時(상시) 常用(상용) 常習(상습) 非常口(비상구) 常綠樹(상록수)
常備藥(상비약) 人之常情(인지상정) 變化無常(변화무상)

치마 상(裳)-몸의 아랫부분 위(尙위 상)에 입는 옷(衣옷 의)으로
치마를 의미. 衣裳(의상) 同價紅裳(동가홍상) 綠衣紅裳(녹의홍상)

칭찬할·상줄·구경할 상(賞)-공로를 높이(尙높일 상) 여겨 재물(貝재물 패)을
내려주는 것으로 칭찬하다·상주다·구경하다(즐기다) 라는 의미.
賞品(상품) 受賞(수상) 賞狀(상장) 賞牌(상패) 賞春客(상춘객)
懸賞金(현상금) 賞與金(상여금) 觀賞用(관상용) 皆勤賞(개근상)
信賞必罰(신상필벌) 農功行賞(농공행상)

갚을 상(償)-사람(亻=人사람 인)에게 받은 은혜나 원한에 합당하게
상(賞상줄 상)을 주는 것같이 보답하는 것으로 갚다 라는 의미. 無償(무상)
辨償(변상) 償還(상환) 補償金(보상금) 求償權(구상권) 損害賠償(손해배상)

맛볼·시험할 상(嘗)-김이 위(尙위 상)로 솟아오르는 음식을
숟가락(匕숟가락 비)으로 떠서 맛(甘맛 감→旨)을 보는 것으로
맛보다·시험하다 라는 의미. 嘗試(상시) 嘗味(상미) 未嘗不(미상불)
臥薪嘗膽(와신상담) 嘗糞之徒(상분지도)

손바닥·맡을·주장할 장(掌)-숭상하듯이(尙숭상할 상) 떠받들고 있는
손(手손 수)의 안쪽을 나타낸 것으로 손바닥·맡다·주장하다(주관하다)
라는 의미. 管掌(관장) 兼掌(겸장) 如反掌(여반장) 仙人掌(선인장)
孤掌難鳴(고장난명) 拍掌大笑(박장대소) 合掌拜禮(합장배례)

집·전각·당당할·동조친 당(堂)-흙(土흙 토)을 쌓아 올린 토대 위에
번듯하게 높이(尙높일 상) 지은 건물로 집·전각·당당하다·동조친(同祖親)을
의미. 草堂(초당) 明堂(명당) 食堂(식당) 書堂(서당) 殿堂(전당)
堂堂(당당) 堂叔(당숙) 講堂(강당) 聖堂(성당) 議事堂(의사당)
堂上官(당상관) 堂狗風月(당구풍월) 威風堂堂(위풍당당)

마땅할·당할·맞을·전당할 당(當)-밭(田밭 전)을 귀히 여기는(尙귀히여길 상)
것은 당연하다는 것으로 마땅하다·당하다·맞다(뽑히다)·전당하다 라는
의미. 當然(당연) 該當(해당) 當時(당시) 當面(당면) 堪當(감당)
當惑(당혹) 適當(적당) 當番(당번) 合當(합당) 當初(당초) 當選(당선)
當事者(당사자) 典當鋪(전당포) 擔當者(담당자)

무리·편백될 당(黨)-위(尙위 상)로 솟아오르는 검은(黑검을 흑) 연기처럼
새카맣게 떼로 모여 있는 사람들로 무리·편백되다(치우치다·기울다)
라는 의미. 政黨(정당) 黨員(당원) 黨規(당규) 黨爭(당쟁) 黨舍(당사)
黨利黨略(당리당략) 不偏不黨(불편부당)

(中中)(仲仲)(忠忠)(衷衷)
(串串)(患患)(史史)(吏吏)
(使使)(事事事)

가운데·맞힐 중(中)-사물(口)의 중간을 위아래로 통하게(ㅣ위아래로통할 곤)
그은 부분으로 가운데·맞히다 라는 의미. 中央(중앙) 中心(중심)
中間(중간) 中止(중지) 中斷(중단) 集中(집중) 的中(적중) 途中(도중)
五里霧中(오리무중) 自中之亂(자중지란) 中傷謀略(중상모략)
버금·중간 중(仲)-형과 아우의 사이에 있는 가운데(中가운데 중)
사람(亻=人사람 인)으로 버금·중간을 의미.
仲介(중개) 仲裁(중재) 仲媒(중매) 伯仲之勢(백중지세)
충성·정성껏할 충(忠)-어느 한쪽으로 치우치지 않은 가운데(中가운데 중)
마음(心마음 심)에서 우러나는 진정한 정성으로 충성·정성껏 하다 라는
의미. 忠誠(충성) 忠告(충고) 忠實(충실) 忠孝(충효) 忠情(충정) 忠直(충직)
顯忠院(현충원) 忠武公(충무공) 爲國忠節(위국충절) 事君以忠(사군이충)
속마음·정성·절충할 충(衷)-옷(衣옷 의)으로 가리고 있는 몸
가운데(中가운데 중)에 깊이 품고 있는 속마음·정성·절충하다(알맞다) 라는
의미. 哀(슬플 애)자와 비슷. 折衷(절충) 苦衷(고충) 憂國衷情(우국충정)
꼬챙이·땅이름 곶(꿸 관)(꿰미 천)(串)-물건을 끈으로 줄줄이 꿰어
놓은 모양을 본뜬 것으로 꿰다·꿰미·꼬챙이(꼬치)·땅이름을 의미.
虎尾串(호미곶) 長山串(장산곶)
근심·병들 환(患)-꼬챙이(串꼬챙이 곶)로 심장(心염통 심)을
꿰는(串꿸 관) 것처럼 괴로운 것으로 근심·병들다 라는 의미.
患難(환난) 憂患(우환) 疾患(질환) 病患(병환) 老患(노환)
宿患(숙환) 應急患者(응급환자) 有備無患(유비무환)
사기·역사·사관 사(史)-어느 한쪽으로 치우치지 않은 가운데(中가운데 중)
입장에서 역대 왕조의 사적을 손(ナ)으로 바르게 기록한 것으로
사기·역사·사관을 의미. 史記(사기) 歷史(역사) 史官(사관)
史觀(사관) 國史(국사) 史劇(사극) 古代史(고대사)
관원 리(吏)-어느 한쪽으로 치우치지 않은 가운데(中가운데 중) 입장에서
손(ナ)에 연장(一)을 들고 관청에서 일을 하는 사람인 관원을 의미.

官吏(관리) 鄉吏(향리) 獄吏(옥리) 淸白吏(청백리) 貪官汚吏(탐관오리)
부릴·사신·하여금 사(使)-다른 사람(亻=人사람 인)을 시켜서 손에 연장을
들고 관청에서 일을 하는 관원(吏관원 리)같이 일을 하게 하는 것으로
부리다·사신·하여금을 의미. 行使(행사) 노사(勞使) 使臣(사신) 使節(사절)
特使(특사) 天使(천사) 驅使(구사) 設使(설사) 使用者(사용자)
使命感(사명감) 大使館(대사관) 咸興差使(함흥차사)
일·섬길 사(事)-옛 글자(叓)를 보면 손에 연장을 들고 업으로 삼아 하는
모든 활동으로 일·섬기다 라는 의미. 事務(사무) 事件(사건) 事故(사고)
事業(사업) 行事(행사) 工事(공사) 事緣(사연) 事案(사안) 茶飯事(다반사)
不祥事(불상사) 事大主義(사대주의) 好事多魔(호사다마) 事必歸正(사필귀정)

(同同)(洞洞)(銅銅)(桐桐)

한가지·같을·모일·무리 동(同)-여러(冂여러 모) 사람이 같은 말을 사용
하는(口인구·말할 구) 것으로 한가지·같다·모이다·무리를 의미. 同伴(동반)
同胞(동포) 同參(동참) 同盟(동맹) 協同(협동) 동거(同居) 同乘(동승)
共同體(공동체) 同窓會(동창회) 同苦同樂(동고동락) 同床異夢(동상이몽)
골·마을 동(통달할 통)(洞)-물(氵=水물 수)이 모여(同모일 동) 흐르는
곳으로 골·(물이 흐르는 곳에 사람들이 모여 사는)마을·통달하다 라는 의미.
洞里(동리) 洞長(동장) 空洞化(공동화) 邑面洞(읍면동) 洞察力(통찰력)
구리·동전 동(銅)-광택이 나고 연성(延性)이나 전성(展性)이
금(金금 금)과 같은(同같을 동) 금속으로 구리·(구리로 만든)동전을 의미.
銅錢(동전) 銅像(동상) 銅版(동판) 銅鏡(동경) 黃銅(황동) 銅劍(동검)
靑銅器(청동기) 金銀銅(금은동)
오동 동(桐)-꽃이 무리(同무리 동)를 지어 피는 나무(木나무 목)로
오동나무를 의미. 梧桐(오동) 碧梧桐(벽오동)

(僉僉)(檢檢)(劍劍)(儉儉)
(險險)(驗驗)

다 첨(僉)-모인(亼모일 집) 사람들이 모두 부르짖으며(吅부르짖을 훤)
따르는(从따를 종) 것으로 다(모두)을 의미.
僉知(첨지) 僉意(첨의) 僉尊(첨존)
조사할·검속할·금제할·봉할 검(檢)-나무(木나무 목)를 목재로 사용할 수
있는지 판단하기 위하여 빠짐 없이 모두 다(僉다 첨) 살펴 보는 것으로
조사하다(검사하다)·검속하다·금제하다·봉하다 라는 의미. 檢査(검사)
檢事(검사) 點檢(점검) 檢擧(검거) 檢算(검산) 檢察(검찰) 檢診(검진)
檢閱(검열) 檢證(검증) 不審檢問(불심검문)

칼 검(劍)-양쪽에 다(僉다 첨) 칼(刂=刀칼 도)의 날이 있는 것으로
칼을 의미. 寶劍(보검) 劍道(검도) 劍客(검객) 劍舞(검무)
銃劍術(총검술) 刻舟求劍(각주구검)
검소할 검(儉)-사람마다(亻=人사람마다 인) 다(僉다 첨) 따라
해야 하는 것으로 검소하다 라는 의미.
儉素(검소) 勤儉節約(근검절약) 檀君王儉(단군왕검)
험할·위태할·음흉할 험(險)-비탈진 언덕(阝=阜언덕 부)이 모두 다(僉다 첨)
모여있는 것같이 땅의 형세가 울퉁불퉁하고 가파른 것으로 험하다·
위태롭다·음흉하다 라는 의미. 險難(험난) 險惡(험악) 保險(보험)
探險(탐험) 險談(험담) 危險(위험) 險狀(험상)
시험할·증험할·보람 험(驗)-말(馬말 마)의 능력이나 성질 등을 모두
다(僉다 첨) 실지로 경험하여 보는 것으로 시험하다·증험하다·
보람(효능)을 의미. 試驗(시험) 實驗(실험) 經驗(경험) 效驗(효험)
體驗(체험) 靈驗(영험) 受驗生(수험생)

(幺) (幼) (幻)

(奚) (溪) (鷄)

(後) (絲) (幽) (茲)

(慈) (磁) (幾) (機)

(畿) (樂) (藥) (鑾)

(繼) (斷)

작을·어릴 요(幺)-옛 글자를 보면 누에가 머리를 이리저리 돌리면서
가느다란 실을 토하여 고치를 짓는 모양을 나타낸 것으로 고치를
짓는 가느다란 실같이 작다·어리다 라는 의미. 幺麽匹夫(요마필부)
어릴 유(幼)-작은(幺작을 요) 아이같이 힘(力힘 력)이 약한 것으로
어리다 라는 의미. 幼兒(유아) 幼弱(유약) 幼蟲(유충) 幼齒(유치)
幼年期(유년기) 幼稚園(유치원) 長幼有序(장유유서)

변화할·허깨비·미혹할 환(幻)-옛 글자를 보면 나뭇가지(丁)에 누에가
가느다란 실(幺작을 요)을 토하여 고치를 짓고 그 속에서 번데기가 되는
변태과정을 거치는 것처럼 변화하다·허깨비·(허깨비에 홀린 것같이)미혹하다
라는 의미. 幻覺(환각) 幻影(환영) 幻聽(환청) 幻想(환상) 幻生(환생)
夢幻(몽환) 變幻(변환) 幻滅(환멸)
종족이름·종·어찌 해(奚)-옛 글자를 보면 손(爫=爪)으로 누에가 가느다란
실(幺작을 요)을 토하여 고치를 짓는 것처럼 머리카락을 어긋나게 엮어서
땋고 있는 사람(大)의 모습으로 변발(辮髮)을 하는 몽골계 유목 민족을
의미하는 글자였는데 나중에 종족의 이름→종→어찌 라는 의미로 가차됨.
奚琴(해금) 奚奴(해노) 奚必(해필) 奚特(해특)
시내 계(溪)-물(氵=水물 수)이 한 가닥으로 길게 땋은 머리(奚종족이름 해)
같은 산골짜기에 한데 모여 흐르는 자그마한 내로 시내를 의미.
溪谷(계곡) 溪川(계천) 退溪(퇴계) 碧溪水(벽계수) 清溪川(청계천)
닭 계(鷄)-머리에 한 가닥으로 길게 땋은 머리(奚종족이름 해) 같은
볏(벼슬)이 달린 새(鳥새 조)처럼 생긴 닭을 의미. 鷄卵(계란) 鷄肋(계륵)
養鷄場(양계장) 蔘鷄湯(삼계탕) 烏骨鷄(오골계) 群鷄一鶴(군계일학)
늦을·뒤질·뒤 후(後)-자축거리며(彳자축거릴 척) 걷는 어린(幺어릴 요)
아이처럼 더디게 걸어 뒤처져 오는(夊뒤에올 치) 것으로 늦다·뒤지다·
뒤 라는 의미. 午後(오후) 最後(최후) 後悔(후회) 後退(후퇴)
後半戰(후반전) 後遺症(후유증) 前後左右(전후좌우) 幕後交涉(막후교섭)
작을·은미할 유(幺)-누에고치에서 뽑은 가느다란 실(幺작을 요)
두 가닥을 나타낸 것으로 겉으로 그리 드러나지 않을 정도로
작아서 알기 어려운 것으로 작다·은미(隱微)하다 라는 의미.
깊을·어두울·그윽할·숨을·가둘·귀신 유(幽)-산(山뫼 산) 속의 겉으로 그리
드러나지 않을 정도로 작아서 알기 어려운(幺幺은미할 유) 곳을 나타낸
것으로 은미(隱微)한 곳은 깊어서 어둡고 희미해 피하여 숨거나 밖으로
나오지 못하게 가둘 수 있고 귀신이 살것 같은 곳으로 깊다·어둡다·
그윽하다·숨다·가두다·귀신을 의미. 幽閉(유폐) 幽冥(유명) 幽靈(유령)
幽宅(유택) 深山幽谷(심산유곡)
돗자리·거듭·불을·무성할 자(茲)-한해살이풀(艹풀 초)인 왕골이나 골풀의
줄기를 잘게(幺幺작을 유) 쪼개서 줄로 엮어 짠 자리로 돗자리→거듭→
불어나다→무성하다 라는 의미. 兹는 간체자. 玆(검을 자)자와 비슷.
사랑할·어질·어머니 자(慈)-앉거나 눕도록 바닥에 펴거나 까는
돗자리(茲=兹돗자리 자)같이 베풀어 주는 마음(心마음 심)으로
사랑하다·어질다·어머니를 의미. 慈悲(자비) 仁慈(인자)
慈愛(자애) 慈善(자선) 慈堂(자당)
지남석 자(磁)-천연의 철광석(石돌 석)으로 철을 거듭(茲거듭 자)하여
끌어 당기는 성질이 있는 지남석(指南石=자석)을 의미.
磁極(자극) 磁力(자력) 磁針(자침) 電磁波(전자파) 磁氣場(자기장)

기미·몇·얼마·거의·가까울 기(幾)-옛 글자를 보면 베틀의 날실을 잉아와
바디의 구멍에 끼우고 잉아를 위 아래로 움직여서 벌어진 날실 사이로
북을 왔다갔다하게 하여 베를 짜고 있는 사람의 모습을 본뜬 것으로
피륙의 품질은 날실이 얼마나 촘촘하냐에 따라 달라지는데 그 촘촘한
정도를 '새'라고 하며 한 새는 실구멍이 40개인 바디에서 나오는
날실로 짠 피륙을 말함. 피륙이 짜인 촘촘한 정도가 몇 새인가를
나타낸 것으로 낌세·기미·얼마·몇·거의·가깝다 라는 의미.
幾微(기미) 幾何學(기하학) 幾望(기망) 幾日(기일)
베틀·기계·고동·기회 기(機)-나무(木나무 목)로 만든 베를 짜는 베틀(幾)의
모양을 본뜬 것으로 베틀·기계·고동·기회를 의미. 機密(기밀) 危機(위기)
機會(기회) 機械(기계) 機敏(기민) 契機(계기) 機能(기능) 投機(투기)
飛行機(비행기) 機動力(기동력) 臨機應變(임기응변)
경기·지경 기(畿)-서울을 중심으로 하여 얼마 떨어지지 않은
가까운 (幾얼마·가까울 기) 주위를 밭 모양(田밭 전)처럼 경계를 갈라
정한 땅으로 경기(京畿)·지경(地境)을 의미. 京畿(경기) 京畿道(경기도)
풍류 악(즐길 락)(좋아할 요)(樂)-옛 글자를 보면 나무 받침대 위에
올려 놓은 악기의 모양을 본뜬 것으로 악기를 연주할 때 흘러 나오는
조화로운 소리와 같은 것으로 풍류(음악)·즐기다·좋아하다 라는 의미.
音樂(음악) 樂器(악기) 農樂(농악) 樂譜(악보) 娛樂(오락) 樂園(낙원)
快樂(쾌락) 享樂(향락) 祭禮樂(제례악) 喜怒哀樂(희로애락)
智者樂水(지자요수) 安貧樂道(안빈낙도) 極樂往生(극락왕생)
약 약(藥)-풀(++=艸풀 초)과 나무(木나무 목)의 뿌리나 껍질을
잘게(糸작을 유) 썰어 적절히 합하여 병을 깨끗하게(白깨끗할 백)
고치는 것으로 약을 의미. 藥局(약국) 農藥(농약) 補藥(보약)
藥師(약사) 齒藥(치약) 醫藥品(의약품) 百藥無效(백약무효)
이을 계(㡭)-실의 끝(糸실 사)과 실의 끝(糸실 사)을 위아래로 통하게
(ㅣ위아래로통할 곤) 맞대어 붙여 하나로 만드는 것으로 잇다 라는 의미.
이을·맬 계(繼)-실을 한데 감아 놓은 실타래(糸가는실 멱)같이 실의
끝(糸실 사)과 실의 끝(糸실 사)을 위아래로 통하게(ㅣ위아래로통할 곤)
동여 묶어서 이어나가는 것으로 잇다·매다 라는 의미. 繼續(계속)
繼承(계승) 繼走(계주) 繼統(계통) 後繼者(후계자) 引受引繼(인수인계)
끊을·끊어질·결단할 단(斷)-이어진(㡭이을 계) 것을 도끼(斤도끼 근)로
찍어 따로 떨어지게 하는 것으로 끊다·끊어지다·결단하다 라는 의미.
判斷(판단) 診斷(진단) 裁斷(재단) 斷絶(단절) 斷切(단절) 斷罪(단죄)
斷念(단념) 分斷(분단) 決斷(결단) 斷食(단식) 獨斷(독단) 斷乎(단호)
斷面(단면) 斷熱材(단열재) 橫斷步道(횡단보도) 優柔不斷(우유부단)

(玄 ⿰)(弦 ⿰)(絃 絃)

(眩 ⿰)(玆 ⿰)(畜 ⿱)

(蓄 ⿱)(率 率)(牽 ⿱)

아득할·하늘·오묘할·검을 현(玄)-옛 글자를 보면 누에고치에서 뽑아내는
가느다란 실같이 보일 듯 말 듯 희미한 것으로 아득하다→(아득한)하늘→
오묘하다→(희미해서 잘 보이지 아니하니 어두운 것같이)거무스름하다→검다
라는 의미가 파생 됨. 玄妙(현묘) 玄孫(현손) 玄米(현미) 玄關(현관)
深玄(심현) 玄祖(현조-五代祖) 北玄武(북현무) 天地玄黃(천지현황)
활시위·반달 현(弦)-활(弓활 궁)의 양 끝에 걸어서 활을 반원형의
하늘(玄하늘 현) 모양으로 만드는 줄로 활시위·반달을 의미.
上弦(상현) 下弦(하현) 弦月(현월)
악기줄 현(絃)-누에고치에서 뽑아낸 가느다란 실(糸가는실 멱) 여러 가닥을
꼬아 만든 끈을 악기에 걸어 문지르거나 튕기거나 두드리거나 뜯어서
오묘한(玄오묘할 현) 소리를 내는 현악기의 줄을 의미.
調絃病(조현병) 絃樂器(현악기) 管絃樂(관현악) 伯牙絶絃(백아절현)
어찔어찔할·어둘·미혹할 현(眩)-눈(目눈 목)이 누에고치에서 뽑아낸
가느다란 실같이 보일 듯 말 듯 희미한(玄아득할 현) 것으로 어찔하다·
어둡다·미혹하다 라는 의미. 眩惑(현혹) 眩亂(현란) 眩氣症(현기증)
검을·이 자(玆)-검고(玄검을 현) 검으니(玄검을 현) 시꺼먼 것으로 아주
검다 라는 의미. 나중에 가까운 사물을 가리키는 '이'라는 의미로 가차됨.
茲(무성할 자)자와 비슷. 來玆(내자) 今玆(금자) 玆山魚譜(자산어보)
기를·가축 축(畜)-옛 글자를 보면 하늘이 내려준 오묘한
벌레(天蠶천잠)인 누에고치에서 가느다란 실(玄하늘·오묘할·아득할 현)을
뽑아내기 위해 밭(田밭 전)에 뽕나무를 심어 누에를 키우는 것으로
기르다(치다)·(집에서 기르는)가축을 의미.
牧畜(목축) 家畜(가축) 畜舍(축사) 畜産業(축산업)
쌓을·모을·저축할 축(蓄)-풀(++=艸풀 초)을 베어 누에를 한곳에 모아
기르는(畜기를 축) 것처럼 한곳에 겹겹이 포개어 얹어 놓는 것으로
쌓다·(쌓아 두다)모으다·저축하다 라는 의미. 蓄財(축재) 貯蓄(저축)
含蓄(함축) 蓄妾(축첩) 蓄積(축적) 備蓄(비축) 電蓄(전축) 蓄音機(축음기)
거느릴·좇을·대강·다·경솔할 솔(셈·헤아릴·표할 률)(率)-옛 글자를 보면
짚을 꼬아 만든 새끼줄 사이에 볏짚을 잘게 썰어 끼운 누에섶(蠶簇잠족)을
발 위에 세우고 익은누에(熟蠶숙잠)들을 올려 누에섶(蠶簇잠족) 속에 고치를
지은 모양을 나타낸 것으로 누에섶에 줄줄이 붙어 있는 누에고치같이

거느리다·(뒤를 따르다)좇다·대강·(모두)다·경솔하다·헤아리다·셈·표하다
라는 의미. 率先(솔선) 統率(통솔) 引率(인솔) 眞率(진솔) 率直(솔직)
食率(식솔) 輕率(경솔) 比率(비율) 能率(능률) 效率(효율) 確率(확률)
圓周率(원주율) 百分率(백분율)
잡아당길·이끌·연할·속할 견(牽)-옛 글자를 보면 누에고치에서 뽑은
실을 물레의 가리장나무 끝에 달린 소(牛소 우) 뿔 모양의 괴머리에
꽂은 물렛가락에 걸고 물레를 돌려 실을 잣는 모양을 나타낸 것으로
잡아당기다·이끌다·연(連)하다·속(速)하다 라는 의미.
牽引(견인) 牽制(견제) 牽牛(견우) 牽强附會(견강부회)

(糸 糸)(絲 絲)(絲 絲)(戀 戀)

(變 變)(系 系)(係 係)

(孫 孫)(遜 遜)(索 索)

(縣 縣)(顯 顯)(濕 濕)

가는실 멱(사)(糸)-누에고치에서 뽑아낸 가느다란 실을 한데
감아 놓은 실타래 모양을 본뜬 것으로 가는 실을 의미.
비단실·실 사(絲)-누에고치에서 뽑아낸 가느다란 씨실(糸가는실 멱)과
날실(糸가는실 멱)을 얽어서 비단을 만드는 비단실(명주실)·실을 의미.
絹絲(견사) 綿絲(면사) 鐵絲(철사) 菌絲(균사) 一絲不亂(일사불란)
말잇대일·어지러울·다스릴 련(絲)-말(言말씀 언)을 누에고치에서
실(絲실 사)이 나오듯이 끊어지지 않게 계속 이어 하는 것으로
말을 잇대다·어지럽다·다스리다 라는 의미.
연연할·생각할·사모할 련(戀)-말을 잇대어(絲말잇대일 련) 하는 것같이
끊임없이 생각하며 잊지 못하고 그리워하는 마음(心마음 심)으로
연연하다·생각하다(그리워하다)·사모하다 라는 의미. 戀愛(연애) 戀歌(연가)
戀慕(연모) 悲戀(비련) 戀情(연정) 失戀(실연) 戀戀不忘(연연불망)
변할·재앙·난리·죽을·수단 변(變)-어지러운(絲어지러울 련) 것을
손에 든 몽둥이로 져서(攵=攴칠 복) 올바르게 고쳐서 바뀌는
것으로 변하다·재앙·난리·죽음·수단을 의미. 變更(변경) 變動(변동)
變數(변수) 變質(변질) 變身(변신) 變亂(변란) 激變(격변) 變形(변형)
臨機應變(임기응변) 天災地變(천재지변) 突然變異(돌연변이)
맬·이을·계통 계(系)-옛 글자를 보면 손(爪손톱 조→丿)으로 두 가닥의
실(糸가는실 멱) 끝을 잡고 동여매어 하나로 잇는 모양으로 매다·잇다·

(하나로 이어진)계통(혈통)을 의미. 系譜(계보) 傍系(방계) 系統(계통)
系列(계열) 體系(체계) 系派(계파) 血統(혈통) 直系(직계) 生態系(생태계)
맬 계(係)-사람(亻=人사람 인)이 서로 이어져 마주 닿아 있는(系계통 계)
것처럼 연결되어 관계를 짓는 것으로 맺다 라는 의미.
關係(관계) 係長(계장) 係員(계원) 係數(계수)
손자·자손 손(孫)-아들(子아들 자)의 뒤를 잇대어 하나로
이어진 혈통(系계통 계)으로 손자를 의미.
後孫(후손) 子孫(자손) 長孫(장손) 世孫(세손) 曾孫子(증손자)
겸손할 손(遜)-차례대로 이어져 가는(辶=辵쉬엄쉬엄갈 착)
자손(孫자손 손)같이 앞에 나서지 않고 남을 존중하는
태도로 겸손하다 라는 의미. 謙遜(겸손) 恭遜(공손)
不遜(불손) 遜色(손색) 傲慢不遜(오만불손)
더듬을·찾을 색(새끼·얽힐 삭)(索)-옛 글자를 보면 짚을 양손으로
비벼 실타래처럼 꼬아 만든 줄로 새끼·꼬다·얽히다 라는 의미와
얽혀 있는 실태래를 풀기 위해 양손으로 더듬고 있는 것으로
더듬다·찾다 라는 의미. 思索(사색) 檢索(검색) 探索(탐색)
搜索(수색) 索引(색인) 索漠(삭막) 索道(삭도) 暗中摸索(암중모색)
누에고치·미묘할·빛날·뚜렷할·드러날 현(㬎)-해(日해 일)같이 둥글고
흰빛이 나는 명주실(絲비단실 사)을 뽑아내는 누에가 만든 집으로
누에고치·미묘하다·빛나다·뚜렷하다·드러나다 라는 의미.
나타날·통달할·높을 현(顯)-누에고치(㬎누에고치·드러날 현) 속에 숨어 있던
번데기의 껍질이 갈라지면서 누에나방이 머리(頁머리 혈)를 드러내고
밖으로 나오는 것으로 나타나다·통달하다·높다 라는 의미. 顯著(현저)
顯考(현고) 顯妣(현비) 顯微鏡(현미경) 顯忠日(현충일) 破邪顯正(파사현정)
축축할·젖을 습(濕)-따뜻한 물(氵=水물 수)에 실을 뽑아내기 쉽게
누에고치(㬎누에고치 현)를 불린 것으로 축축하다·젖다 라는 의미.
濕氣(습기) 濕度(습도) 濕地(습지) 陰濕(음습) 高溫多濕(고온다습)

(日☉)(且㫔)(但㒀)(坦坦)

(得㝵)(早杲)(草艸)(卓皁帛)

(悼幬)(晶晶)(杳杳)(亘回回)

(恒恒)(桓桓)(宣宣)(冥冥)

해·낮·날·하루 일(日)-옛 글자를 보면 해의 모양을 본뜬 것으로
해·낮·날·하루를 의미. 日課(일과) 日記(일기) 日刊(일간) 休日(휴일)
來日(내일) 日常(일상) 每日(매일) 日程(일정) 連日(연일) 日沒(일몰)
日照量(일조량) 日就月將(일취월장) 日氣豫報(일기예보)
아침 단(旦)-날이 새어 해(日해 일)가 지평선(一같을 일) 위로 떠오르는
무렵으로 아침을 의미. 元旦(원단) 一旦(일단) 一旦停止(일단정지)
다만 단(但)-사람(亻=人사람 인)이 아침(旦아침 단)에 해가 한쪽
방향에서 뜨는 것처럼 오직 한 곳으로 나갈 뿐이라는 것으로
다만이라는 의미. 但書(단서) 但只(단지) 非但(비단)
평탄할·편편할·넓을 탄(坦)-땅(土땅 토)이 아침(旦아침 단)에 해(日해 일)가
뜨는 지평선(一같을 일)처럼 평평한 것으로 평탄하다·편편하다·넓다
라는 의미. 平坦(평탄) 順坦(순탄) 平坦地(평탄지) 坦坦大路(탄탄대로)
얻을·취할 득(得)-옛 글자를 보면 걸어가서(彳자축거릴 척) 찾는 것을
살펴보고(見볼 견→旦) 손에 넣는(寸) 것으로 얻다·취하다 라는 의미.
所得(소득) 利得(이득) 取得(취득) 獲得(획득) 說得(설득) 得失點(득실점)
旣得權(기득권) 一擧兩得(일거양득) 利害得失(이해득실) 得意揚揚(득의양양)
새벽·일찍·이를 조(早)-옛 글자를 보면 日자 아래에 甲자가 있는 것으로
해(日해 일)가 씨앗의 껍질을 뚫고 싹이 돋아나기(甲껍질·떡잎날 갑→十)
시작하는 것처럼 해가 움트기 시작하는 무렵으로 이른 새벽·일찍·
이르다(빠르다) 라는 의미. 旱(가물 한)자와 비슷. 早期(조기) 早速(조속)
早熟(조숙) 早急(조급) 早退(조퇴) 早産(조산) 早漏(조루) 早晚間(조만간)
時機尙早(시기상조) 早朝割引(조조할인) 早失父母(조실부모)
풀·비로소·초할·초솔할 초(草)-풀(++=艸풀 초)이 해가 움트기 시작하는
무렵의 새벽(早새벽 조)같이 돋아나기 시작하는 것으로 풀·비로소(처음으로)·
시작하다·초하다(초잡다)·초솔하다(초잡는 것처럼 거칠다) 라는 의미.
草原(초원) 雜草(잡초) 藥草(약초) 草堂(초당) 草案(초안) 草稿(초고)
牧草地(목초지) 草書體(초서체) 草創期(초창기) 草綠色(초록색)
結草報恩(결초보은) 草根木皮(초근목피) 綠陰芳草(녹음방초)
높을·멀·탁자 탁(卓)-옛 글자(𣥴→卓)를 보면 날카롭고 뾰족한
비수(匕비수 비)처럼 보통보다 뛰어나게 앞서(𣅼이를 조) 있는
것으로 높다→멀다→탁자를 의미. 卓越(탁월) 食卓(식탁)
卓子(탁자) 卓球(탁구) 圓卓(원탁) 卓上空論(탁상공론)
슬퍼할 도(悼)-마음속(忄=心마음·속 심)에 있는 사람을 멀리(卓멀 탁)
떠나보내고 서러워하는 것으로 슬퍼하다 라는 의미.
哀悼(애도) 追悼(추도) 思悼世子(사도세자)
맑을·빛날·수정 정(晶)-해(日해 일)같이 밝게(昍밝을 훤) 빛나는 맑은 수정을
의미. 結晶(결정) 液晶(액정) 水晶(수정) 水晶體(수정체) 紫水晶(자수정)
어두울·아득할 묘(杳)-나무(木나무 목) 아래로 해(日해 일)가 져서
어두컴컴한 것으로 어둡다·아득하다 라는 의미.
査(사실할 사)자와 비슷. 杳然(묘연) 杳冥(묘명)

뻗칠·닿을 긍(펼·베풀 선)(亘)-옛 글자(回)를 보면 하늘(一)과 땅(一)
사이를 계속하여 도는(回돌 회→日해 일) 해처럼 자리를 움직여 이어
가는 것으로 뻗치다(뻗다)·닿다·펴다·베풀다 라는 의미. 亘古(긍고)

늘·항상 항(恒)-마음속(忄=心마음·속 심)에서 계속하여 뻗쳐(亘뻗칠 긍)
나오는 생각같이 계속하여 언제나 있는 것으로 늘·항상을 의미.
恒常(항상) 恒時(항시) 恒久(항구) 恒星(항성) 恒等式(항등식)
恒河沙(항하사) 恒溫動物(항온동물)

모감주나무·굳셀 환(桓)-꽈리처럼 생긴 열매 속에 들어 있는
둥글고 단단한 종자(種子)로 하늘(一)과 땅(一) 사이를 계속하여
도는(回돌 회→日해 일) 해처럼 염불할 때에 손에 들고 돌리는
염주(念珠)를 만드는 나무(木나무 목)로 일명 염주나무 라고도
하는 모감주나무·(모감주나무의 단단한 종자같이)굳세다 라는 의미.
桓雄(환웅) 桓因(환인) 桓檀古記(환단고기)

베풀·보일·밝을 선(宣)-집(宀움집 면) 안에 넣어 둔 것을 들어내어 보이게
넓게 펴서(亘펼 선) 늘어놓은 것으로 베풀다(펴다)·보이다·밝다·(밝게)밝히다
라는 의미. 宜(마땅할 의)자와 비슷. 宣言(선언) 宣告(선고) 宣布(선포)
宣誓(선서) 宣敎師(선교사) 畵宣紙(화선지) 國威宣揚(국위선양)
黑色宣傳(흑색선전) 宣戰布告(선전포고)

어두울·저승 명(冥)-드러나거나 보이지 않도록 덮은(冖덮을 멱) 것처럼
해가 기울어(昊해기울 측) 빛이 없는 것으로 어둡다·저승을 의미.
冥福(명복) 幽冥(유명) 冥界(명계) 冥府殿(명부전) 冥王星(명왕성)

(東 東)(凍 凍)(棟 棟)(陳 陳)

동녘 동(東)-아침에 뜬 해(日해 일)가 나무(木나무 목)의 중간에 걸려 있는
모양으로 해가 뜨는 쪽으로 동녘(동쪽)을 의미. 東海(동해) 東學(동학)
東軒(동헌) 動態(동태) 胎動(태동) 東向(동향) 東洋畵(동양화)
東西南北(동서남북) 東奔西走(동분서주) 東問西答(동문서답)
馬耳東風(마이동풍) 東醫寶鑑(동의보감) 魚東肉西(어동육서)

얼 동(凍)-얼음(冫얼음 빙)같이 찬 기운을 나무(木나무 목)의 중간에
걸려 있는 해(日해 일)처럼 만나 한데 엉겨 뭉쳐지는 것으로 얼다
라는 의미. 凍傷(동상) 凍土(동토) 凍結(동결) 冷凍(냉동) 解凍(해동)
凍死(동사) 凍破(동파) 凍足放尿(동족방뇨)

들보 동(棟)-해(日해 일)가 나무(木나무 목)의 중간에 걸려 있는
것처럼 서까래나 마룻대가 걸리는 나무(木나무 목)로 들보를 의미.
病棟(병동) 棟梁之材(동량지재)

벌릴·펼·묵을·오랠·고할·나라이름 진(陳)-땅(阝=阜땅 부) 위에 해(日해 일)가
나무(木나무 목)의 중간에 걸려 있는 것처럼 펼쳐 놓은 것으로
벌이다·펴다·묵다·오래다·고하다(말하다)·나라 이름을 의미.
陣(진칠 진)자와 비슷. 陳列(진열) 陳設(진설) 陳腐(진부)

陳述(진술) 開陳(개진) 陳情書(진정서) 新陳代謝(신진대사)

(重重)(動動)(種種)(衝衝)

무거울·무게·중요할·높일·거듭·두번·두터울 중(重)-옛 글자를 보면
사람(亻사람 인)이 나무(木나무 목)의 중간에 해(日해 일)가 걸려
있는 것처럼 등에 무거운 짐을 지고 땅(土땅 토) 위에 서 있는
것으로 무겁다·무게·중요하다·높이다·거듭·두번·두텁다 라는 의미.
重量(중량) 體重(체중) 尊重(존중) 重複(중복) 重要(중요) 重點(중점)
重病(중병) 重厚(중후) 鄭重(정중) 重罪(중죄) 重態(중태) 嚴重(엄중)
愼重(신중) 所重(소중) 重役(중역) 重視(중시) 莫重(막중) 重且大(중차대)
重勞動(중노동) 貴重品(귀중품) 重言復言(중언부언) 愛之重之(애지중지)
움직일·요동할 동(動)-무거운(重무거울 중)것을 힘(力힘 력)으로
흔들어 움직이게 하는 것으로 움직이다·요동하다 라는 의미.
移動(이동) 動搖(동요) 震動(진동) 感動(감동) 動作(동작)
活動(활동) 運動(운동) 暴動(폭동) 變動(변동) 動脈(동맥)
激動(격동) 動靜(동정) 不動産(부동산) 動植物(동식물)
씨·종류·심을 종(種)-앞으로 곡식(禾곡식 화)을 많이 얻기 위해 땅에 묻어서
번식시키려고 소중히(重중요할 중) 여기는 낱알로 씨·종류·심다 라는 의미.
種子(종자) 種苗(종묘) 種類(종류) 種族(종족) 雜種(잡종) 接種(접종)
品種(품종) 播種(파종) 種豚(종돈) 業種(업종) 滅種(멸종) 變種(변종)
某種(모종) 改良種(개량종) 種豆得豆(종두득두)
충돌할·충동일·거리 충(衝)-길이 겹치는 사거리(行-사거리 모양)처럼
서로 부딪쳐 포개어지는(重거듭 중) 것으로 충돌하다(마주치다)·
충동이다(찌르다)·거리를 의미. 衝突(충돌) 衝擊(충격) 衝動(충동)
折衝(절충) 緩衝(완충) 要衝地(요충지) 怒氣衝天(노기충천)
左衝右突(좌충우돌) 宿虎衝鼻(숙호충비)

(土土土)(吐吐)(社社)(杜杜)

(坐坐)(座座)(寺寺)(時時)

(詩詩)(侍侍)(待待)(持持)

(特特)(等等)(圭圭)(佳佳)

(街衞)(桂桂)(閨閨)(厓厓)
(涯涯)(崖崖)(封封)(卦卦)
(掛掛)(垚垚)(堯堯)(曉曉)
(燒燒)(庄庄)(粧粧)

흙·땅·살 토(土)-옛 글자를 보면 땅 위에 흙더미가 수북히 쌓여 있는
모양으로 흙·땅·살다 라는 의미. 士(선비 사)자와 비슷. 領土(영토)
國土(국토) 農土(농토) 鄕土(향토) 土俗(토속) 土壤(토양) 土種(토종)
土臺(토대) 土地(토지) 土砂(토사) 風土(풍토) 黃土(황토) 土質(토질)
凍土(동토) 土器(토기) 土沙(토사) 土着民(토착민) 土曜日(토요일)
焦土化(초토화) 極樂淨土(극락정토) 白骨爲塵土(백골위진토)
토할·펼 토(吐)-입(口입 구) 밖으로 먹었던 것을 땅(土땅 토) 위에
흙더미처럼 수북히 게워 내는 것으로 토하다·펴다(드러내다)라는 의미.
吐露(토로) 實吐(실토) 吐說(토설) 吐出(토출) 甘呑苦吐(감탄고토)
땅귀신·모일·단체·세상 사(社)-제단(示보일 시-제단 모양)에 제물을
바치고 여러 사람이 한 곳에 모여 토지(土흙·땅 토)의 신께 제사를
지내는 것으로 땅귀신·모이다·단체·세상을 의미. 社會(사회)
社交(사교) 社說(사설) 社長(사장) 退社(퇴사) 社員(사원)
出版社(출판사) 言論社(언론사) 社團法人(사단법인)
아가위·막을 두(杜)-원래는 나무(木나무 목)의 잎이 土자 모양으로 갈라져
있는 아가위(산사나무)를 의미하는 것으로 옛날부터 산사나무에 있는
가시가 귀신을 쫓는다고 믿어 벽사(僻邪)의 의미로 울타리로 많이
심었는데 산사나무 울타리처럼 막다 라는 의미가 파생됨. 杜絶(두절)
杜甫(두보) 杜鵑花(두견화) 杜門不出(두문불출) 杜詩諺解(두시언해)
자리·앉을·좌죄할 좌(坐)-옛 글자를 보면 사람들이(从) 차지하고
머물러 사는(土살 토) 곳으로 자리→앉다→좌죄하다 라는 의미.
巫(무당 무)자와 비슷. 좌선(坐禪) 좌시(坐視) 坐板(좌판)
對坐(대좌) 緣坐制(연좌제) 坐不安席(좌불안석)
자리·지위 좌(座)-집(广돌집 엄) 안에 사람들이 앉을(坐앉을 좌) 수 있게
마련해 놓은 것으로 자리→지위를 의미. 權座(권좌) 講座(강좌)
座標(좌표) 座席(좌석) 座談會(좌담회) 座右銘(좌우명)
절 사(관청·내관 시)(寺)-옛 글자를 보면 벼슬아치가 관아에
나가서(生갈 지→土) 나라의 법도(寸법도 촌)에 따라 일하는 곳으로

관청·내관(內官)을 의미. 불교가 전래된 후에 출가하여(出갈 지→土)
불교의 법도(寸법도 촌)를 수행하는 승려들이 거처하는 곳으로 절이라는
의미로 주로 사용함. 寺院(사원) 寺塔(사탑) 山寺(산사) 官寺(관시)

때·철·시간 시(時)-해(日해 일)가 움직여 가면서(出갈 지→土) 변하는
일 년을 춘·하·추·동(春·夏·秋·冬)으로, 한 달을 회·삭·현·망(晦·朔·弦·望)으로,
하루를 단·주·모·야(旦·晝·暮·夜)로 헤아리는(寸헤아릴 촌) 것으로 때·철·
시간을 의미. 時間(시간) 時刻(시각) 當時(당시) 隨時(수시) 同時(동시)
時代(시대) 時期(시기) 時速(시속) 時節(시절) 臨時(임시) 時計(시계)
時急(시급) 時價(시가) 時差(시차) 卽時(즉시) 子時(자시) 適時(적시)
歲時風俗(세시풍속) 時機尙早(시기상조) 今時初聞(금시초문)

시·시경 시(詩)-말(言말씀 언)을 흘러가는(出갈 지→土) 가락처럼
운율(寸법도 촌)이 있게 표현한 것으로 시·시경을 의미. 詩集(시집)
童詩(동시) 詩歌(시가) 序詩(서시) 定型詩(정형시) 敍事詩(서사시)

모실 시(侍)-사람(亻=人사람 인) 옆에서 임금의 시중을 드는
내관(寺내관 시)같이 받들고 함께 있는 것으로 모시다 라는 의미.
內侍(내시) 侍女(시녀) 侍從(시종) 嚴妻侍下(엄처시하)

기다릴·대접할 대(待)-자축거리며(彳자축거릴 척) 길에 나가(出갈 지→土)
사람이 오기를 헤아리고(寸헤아릴 촌) 있는 것으로 기다리다 라는 의미와
마중을 나가 기다리는 것은 찾아오는 사람을 대우하는 것이므로 대접하다
라는 의미. 侍(모실 시)와 비슷. 期待(기대) 待接(대접) 待遇(대우)
賤待(천대) 待望(대망) 歡待(환대) 優待券(우대권) 招待狀(초대장)
待合室(대합실) 待避所(대피소) 寬待(관대) 薄待(박대) 尊待(존대)
忽待(홀대) 鶴首苦待(학수고대)

가질·지킬 지(持)-손(扌=手손 수)에서 빠져나가지(出갈 지→土) 않게
손가락 마디(寸마디 촌)를 구부려 움켜잡고 있는 것으로 가지다·
지키다(지니다) 라는 의미. 維持(유지) 支持(지지) 持續(지속)
持病(지병) 扶持(부지) 住持(주지) 持論(지론) 堅持(견지)
持出(지출) 持參(지참) 所持品(소지품) 持久力(지구력)

수소·우뚝할·특별할 특(特)-옛날 농경시대에 소(牛소 우)는 없어서는
안되는 가축으로 소중히 여겨 소의 수컷 중에서 우량한 씨소를
관청(寺관청 시)에서 소중히 기르는 수소를 의미하는 것으로 관청에서
사육하는 우량한 수소처럼 우뚝하다·특별하다 라는 의미.
特別(특별) 特徵(특징) 特殊(특수) 特性(특성) 特惠(특혜) 特許(특허)
特講(특강) 特異(특이) 特權(특권) 特技(특기) 特色(특색) 特使(특사)
特段(특단) 特攻隊(특공대) 特派員(특파원) 大書特筆(대서특필)

가지런할·같을·무리·등급 등(等)-옛날에 관청(寺관청 시)에서
대나무(竹대 죽) 조각에 기록한 죽간(竹簡)을 엮어 종류에 따라 갈라
놓은 것으로 가지런하다·같다·무리·등급을 의미. 等級(등급) 平等(평등)
均等(균등) 差等(차등) 越等(월등) 等位(등위) 對等(대등) 降等(강등)
等數(등수) 何等(하등) 比等(비등) 劣等感(열등감) 等閑視(등한시)

優等生(우등생) 等高線(등고선) 不等號(부등호) 恒等式(항등식)

홀·서옥·일영표·모서리 규(圭)-옛날에 천자(天子)가 면복(冕服)을 착용하고
권위의 상징으로 옥을 위는 둥글고 아래는 네모지게 만들어 손에 들던
홀의 모양을 본뜬 것으로 홀(笏)·서옥(瑞玉)·(홀처럼 생긴 해시계)
일영표(日影表)·모서리를 의미. 圭田(규전) 圭角(규각) 刀圭家(도규가)

아름다울·좋을 가(佳)-사람(亻=人사람 인)이 홀(圭홀 규)처럼 원만하게
조화되어 예쁘고 고운 것으로 아름답다·좋다라는 의미. 佳客(가객)
佳作(가작) 絶世佳人(절세가인) 百年佳約(백년가약) 漸入佳境(점입가경)

거리 가(街)-길의 가장자리가 모가 진(圭모서리 규) 네거리같이 사람이
많이 다니는 길(行다닐·길 행)로 거리를 의미. 商街(상가) 街路樹(가로수)
街販臺(가판대) 紅燈街(홍등가) 市街地(시가지) 住宅街(주택가)
遊興街(유흥가) 繁華街(번화가)

계수나무 계(桂)-나무(木나무 목)의 잎 모양이 홀(圭홀 규)처럼
생긴 계수나무를 의미. 杜(막을 두)와 비슷.
桂樹(계수) 桂皮(계피) 月桂樹(월계수) 月桂冠(월계관)

도장·색시 규(閨)-집(門집안 문)에 위는 둥글고 아래는 네모진
홀(圭홀 규) 모양의 문이 달려있는 도장(안방)이나 안방에 거처하는
부녀자나 색시를 의미. 閨秀(규수) 閨房(규방) 閨中(규중) 閨怨(규원)
閨閥(규벌) 借廳借閨(차청차규)

언덕 애(厓)-기슭(厂기슭 엄)처럼 비탈지고 흙이 홀(圭홀 규)모양으로
둥글게 쌓여있는 곳으로 언덕을 의미. 西厓 柳成龍(서애 유성룡)

물가·끝 애(涯)-물(氵=水물 수)이 언덕(厓언덕 애)과 맞닿아 있는 물가·
(물이 닿는 가장자리)끝을 의미. 生涯(생애) 無涯(무애) 天涯孤兒(천애고아)

낭떠러지 애(崖)-높은 언덕(屵높은언덕 알)의 가장자리가 깎아지른 듯이
모가 진(圭모서리 규) 것으로 낭떠러지를 의미. 絶崖(절애) 斷崖(단애)
磨崖佛(마애불) 海蝕崖(해식애) 斷層崖(단층애) 河蝕崖(하식애)

봉할·무덤 봉(封)-고대(古代)에 천자(天子)가 신하에게 믿음의 표시로
홀(圭홀 규)과 영지(領地)를 내려 주고 그 영지의 백성을 법도(寸법도 촌)에
따라 다스리는 제후(諸侯)로 삼는 것으로 봉하다 라는 의미. 흙을
홀(圭홀 규) 모양으로 둥글게 법도(寸법도 촌)에 따라 쌓아 올려서
만든 무덤을 의미. 封鎖(봉쇄) 開封(개봉) 封墳(봉분) 封印(봉인)
密封(밀봉) 冊封(책봉) 封窓(봉창) 封建制度(봉건제도)

점괘 괘(卦)-土(흙 토)을 겹쳐 놓은 圭자처럼 음(--)과 양(一)을
겹쳐 만든 팔괘(八卦)을 다시 겹쳐서 만든 육십사괘(六十四卦) 중에서
점(卜점 복)을 쳐서 나온 괘로 길흉화복을 미리 보여 주는 것으로
점괘를 의미. 占卦(점괘) 卦爻(괘효) 卦兆(괘조) 六十四卦(육십사괘)

걸·달아둘 괘(掛)-손(扌=手손 수)으로 물건을 길흉화복을 미리 보여 주는
점괘(卦점괘 괘)같이 드러나 보이게 매어 놓는 것으로 걸다·달아 두다 라는
의미. 掛念(괘념) 掛意(괘의) 掛心(괘심) 掛鐘(괘종) 掛圖(괘도) 掛佛(괘불)

높은모양 요(垚)-흙(土흙 토)을 쌓아 높게 만든 것으로 높은 모양을 의미.

높을·멀·요임금 요(堯)-흙(土흙 토)을 쌓아 높게 만든(垚높은모양 요) 것처럼
우뚝한(兀우뚝할 올) 것으로 높다·멀다·요임금을 의미. 堯舜時代(요순시대)

새벽·밝을·깨달을·달랠 효(曉)-해(日해 일)가 먼(堯멀 요) 지평선 위로
돋아 나오려는 무렵으로 새벽·밝다·깨닫다·달래다(타이르다) 라는 의미.
曉星(효성) 曉天(효천) 元曉(원효) 曉鐘(효종)

사를·태울·구을 소(燒)-불(火불 화)이 붙어서 높이(堯높을 요) 타오르며
없어지는 것으로 사르다·태우다·굽다 라는 의미. 燒酒(소주) 燒失(소실)
燒却(소각) 全燒(전소) 燃燒(연소) 燒身供養(소신공양)

농막 장(庄)-돌집(广돌집 엄)처럼 간단하게 농사일을 하다가
쉴 수 있도록 토지(土토지 토) 근처에 만든 집으로 농막을 의미.

단장할 장(粧)-쌀(米쌀 미)같이 흰 가루분을 발라서 농막(庄농막 장)을
만들듯이 얼굴을 모양이 나게 잘 만드는 것으로 단장하다 라는 의미.
治粧(치장) 丹粧(단장) 化粧室(화장실) 銀粧刀(은장도)

(垂 坐 坐)(睡 睡)(郵 郵)(華 華)
(素 緊 緊)(華 華)(畢 畢)

드리울·변방 수(垂)-옛 글자(坐)를 보면 땅(土땅 토)에 자라난
초목이 가지와 잎을 아래로 길게 늘어뜨리고(坐드리울 수)
있는 모양으로 드리우다·변방을 의미. 垂直線(수직선)
懸垂幕(현수막) 率先垂範(솔선수범) 腦下垂體(뇌하수체)

졸·졸음 수(睡)-눈(目눈 목)을 아래로 드리우고(垂드리울 수)
잠드는 상태가 되려고 하는 것으로 졸다·졸음을 의미.
睡眠(수면) 寢睡(침수) 昏睡狀態(혼수상태)

역말·우편 우(郵)-변방(垂변방 수)에 있는 마을(阝=邑고을 읍)에
서신이나 물품을 보내는 것으로 역말·우편을 의미.
郵票(우표) 郵便物(우편물) 郵政局(우정국)

꽃필·빛날 화(華)-옛 글자를 보면 땅에 뿌리를 내리고 돋아난
풀(++=艸풀 초)이 가지와 잎을 드리우고(垂드리울 수) 피어나는
것으로 꽃이 피다·빛나다 라는 의미. 豪華(호화) 華麗(화려)
昇華(승화) 榮華(영화) 散華(산화) 華燭(화촉) 中華(중화)

흴·본디·바탕·질박할 소(素)-옛 글자(緊)를 보면 아래로 길게
드리우고(坐드리울 수→主) 있는 누에고치에서 뽑은
가는실(糸가는실 멱)같이 희다·본디·바탕·질박다 라는 의미.
要素(요소) 素材(소재) 儉素(검소) 素質(소질) 炭素(탄소) 元素(원소)
簡素(간소) 素數(소수) 素服(소복) 活力素(활력소) 葉綠素(엽록소)

키 필(華)-곡식을 까불러 알곡을 가려내는
키의 모양을 본뜬 것으로 키를 의미.
토끼그물·다할·마칠 필(畢)-옛 글자를 보면 토끼를 사냥할(田사냥할 전) 때
사용하는 그물을 자루 모양으로 씌워서 키(華키 필)처럼 만든 토끼그물을
나타낸 것으로 나중에 다하다·마치다 라는 의미로 가차됨.
畢生(필생) 畢竟(필경) 未畢(미필) 檢査畢(검사필)

(主坣)(住㑣)(注㳠)

(柱柾)(往徎)

주인·임금·주장할 주(主)-옛 글자를 보면 등잔대(土) 위에 있는
등잔(凵)에 불(ヽ불똥 주)이 켜져 있는 모양으로 한 집안의 등불
같은 사람으로 주인·임금·주장(主掌)하다 라는 의미. 君主(군주)
主權(주권) 主婦(주부) 主審(주심) 主要(주요) 主筆(주필) 主觀(주관)
民主(민주) 主掌(주장) 主將(주장) 主張(주장) 主動者(주동자)
主謀者(주모자) 主演俳優(주연배우) 主客顚倒(주객전도)
머무를·살 주(住)-사람(亻=人사람 인)이 집안을 주장하며(主주장할 주)
지내는 것으로 머무르다·살다 라는 의미. 住民(주민) 住居(주거)
移住(이주) 住宅(주택) 安住(안주) 常住(상주) 入住民(입주민)
住所錄(주소록) 衣食住(의식주) 居住地(거주지) 永住權(영주권)
물댈·물건주문할·주의할·주낼 주(注)-흐르는 물(氵=水물 수)을
주장하듯이(主주장할 주) 끌어와서 넣는 것으로 물을 대다·
물건을 주문하다·주의하다·주내다 라는 의미. 注入(주입)
注視(주시) 注目(주목) 注文(주문) 發注(발주) 注意(주의)
脚注(각주) 注射器(주사기) 注油所(주유소) 轉注文字(전주문자)
기둥·버틸·고일 주(柱)-나무(木나무 목)를 세워서 지붕을 받치는 것으로
건물의 주장이(主주장할 주) 되는 것으로 기둥·버티다·고이다 라는 의미.
柱石(주석) 支柱(지주) 電信柱(전신주) 柱礎石(주초석) 水銀柱(수은주)
갈·옛·이따금 왕(往)-옛 글자를 보면 자축거리며(彳자축거릴 척) 덩굴이
뻗어(坣덩굴뻗을 황→主) 나가듯이 이동하는 것으로 가다·옛·이따금을 의미.
往復(왕복) 往來(왕래) 往診(왕진) 旣往(기왕) 已往(이왕) 往年(왕년)
往往(왕왕) 往生極樂(왕생극락) 說往說來(설왕설래) 右往左往(우왕좌왕)

(貝見)(敗敚敗)(負貟)

(責賚賷)(債償)(積穡)(績續)

(蹟蹟)(寶寶)(則財)(側傷)
(測澜)(具具具)(俱俱)(算筭)

자개·재물 패(貝)-옛날에 주화가 사용되기 전에 화폐로 사용된
조개(자패紫貝-마노조개)의 껍질 모양을 본뜬 것으로 자개(조개)·
재물(돈)을 의미. 貝物(패물) 貝塚(패총) 魚貝類(어패류)
깨뜨릴·무너질·패할·썩을 패(敗)-옛 글자를 보면 적이 쳐들어와
나라의 힘과 권력을 상징하는 솥(鼎솥 정→貝재물 패)을 손에 든 몽둥이로
쳐서(攵=攴칠 복) 깨부수는 것으로 깨뜨리다→무너지다→패하다→썩다
라는 의미. 失敗(실패) 敗北(패배) 勝敗(승패) 腐敗(부패) 敗業(패업)
慘敗(참패) 退敗(퇴패) 敗血症(패혈증) 敗殘兵(패잔병) 敗家亡身(패가망신)
짐질·빚질·질·입을·믿을 부(負)-다른 사람(ク=人사람 인)의 재물(貝재물 패)을
지키는 책임을 맡는 것으로 짐을 지다·빚을 지다·지다(패하다)·
입다(의지하다)·믿다 라는 의미. 負擔(부담) 勝負(승부) 負債(부채)
抱負(포부) 負傷(부상) 負役(부역) 自負心(자부심)
꾸짖을·맡을 책(빚 채)(責)-옛 글자(責)를 보면 나무 줄기에 바늘처럼
뾰족하게 돋아 난 가시(束가시 자→主)가 박힌 것 같이 껄끄러운
돈(貝재물 패)을 나타낸 것으로 남에게 꾸어 쓴 돈이나 갚아야 할
돈으로 원래는 빚을 의미하는 글자로 빚→조르다(요구하다·재촉하다)→
꾸짖다→(남에게 갚아야 할 빚처럼 자기가 당연히 하여야 할 일)책임→
(책임 지우다)맡다 라는 의미. 責任(책임) 責務(책무) 免責(면책)
問責(문책) 責望(책망) 自責(자책) 重責(중책) 職責(직책)
빚·빚질 채(債)-다른 사람(亻=人사람 인)에게 빌린 돈이나 갚아야 할
돈(責빚 채)으로 빚·빚지다 라는 의미. 債務(채무) 負債(부채) 私債(사채)
卜債(복채) 外債(외채) 轉換社債(전환사채) 國債報償運動(국채보상운동)
쌓을·모을 적(積)-벼(禾벼 화)를 불어나는 빚(責빚 채)처럼 겹겹이
포개어 놓은 것으로 쌓다(쌓이다)·모으다(저축하다) 라는 의미.
累積(누적) 蓄積(축적) 面積(면적) 山積(산적) 積弊(적폐) 堆積(퇴적)
積載(적재) 積善(적선) 積金(적금) 體積(체적) 積極的(적극적)
積雪量(적설량) 積塵成山(적진성산)
길쌈·공 적(績)-실(糸가는실 멱)을 불어나는 빚(責빚 채)처럼 씨줄과 날줄이
서로 어긋매끼게 엮어 피륙을 만드는 것으로 길쌈·공적을 의미.
實績(실적) 業績(업적) 功績(공적) 戰績(전적) 治績(치적) 成績表(성적표)
자취·사적 적(蹟)-발(足발 족)로 밟고 지나간 뒤에 빚(責빚 채)처럼 남아
있는 흔적으로 자취·사적(事蹟)을 의미. 跡(발자국 적)과 혼용하여 씀.
遺蹟(유적) 史蹟(사적) 行蹟(행적) 古蹟踏査(고적답사) 名勝古蹟(명승고적)

보배·귀할·옥새 보(寶)-집(宀움 면) 안에 옥(玉옥 옥→王)으로 만든
항아리(缶장군 부)에 담겨 있는 재물(貝재물 패)같이 소중한 것으로
보배(보물)·옥새·귀하다 라는 의미. 寶物(보물) 國寶(국보) 家寶(가보)
寶庫(보고) 寶石(보석) 御寶(어보) 金銀寶貨(금은보화) 明心寶鑑(명심보감)
법칙 칙(곧 즉)(則)-몸을 좌우로 싸고 있는 두 장의 조개껍질이
양쪽으로 똑같이 갈라지는 것처럼 재물(貝조개·재물 패)을
칼(刂=刀칼 도)로 공정(公正)하게 가르는 판가름의 본보기로
반드시 지켜야만 하는 법칙·(반드시)곧을 의미.
法則(법칙) 原則(원칙) 規則(규칙) 罰則(벌칙) 反則(반칙) 鐵則(철칙)
必生則死(필생즉사) 壽則多辱(수즉다욕) 言則是也(언즉시야)
곁 측(側)-사람(亻=人사람 인)을 재물(貝재물 패)을 칼(刂=刀칼 도)로
공정(公正)하게 가르듯이 양쪽으로 똑같이 가른 오른쪽이나 왼쪽의
가까운 데인 곁(옆)을 의미. 側近(측근) 側面(측면) 兩側(양측)
右側(우측) 左側(좌측) 側傍(측방)
잴·측량할·헤아릴 측(測)-물(氵=水물 수)의 깊이를 일정한 법칙(則법칙 칙)에
따라 재어 헤아리는 것으로 재다·측량하다·헤아리다 라는 의미. 豫測(예측)
觀測(관측) 測定(측정) 測量(측량) 推測(추측) 罔測(망측) 測雨器(측우기)
갖출·기구 구(具)-옛 글자를 보면 옛날에 돈으로 사용하던
조개(貝조개·재물 패)를 양 손(廾)에 가지고 있는 모양으로 돈같이
필요한 것을 가지고 있는 것으로 갖추다·기구를 의미.
具備(구비) 道具(도구) 具現(구현) 器具(기구) 家具(가구) 工具(공구)
具體的(구체적) 農器具(농기구) 文房具(문방구) 裝身具(장신구)
다·함께 구(俱)-사람(亻=人사람 인)이 필요한 것을 빠짐 없이 다
갖추고(具갖출 구) 있는 것으로 다(모두)·함께를 의미.
俱現(구현) 俱樂部(구락부) 父母俱存(부모구존)
산가지·셈할 산(算)-옛날에 대(竹대 죽)를 젓가락처럼 만들어 셈하는
데에 쓰던 기구(昇-具의 본래 글자)로 산가지(셈대)·셈하다 라는 의미.
計算(계산) 算數(산수) 淸算(청산) 決算(결산) 豫算(예산) 推算(추산)
暗算(암산) 利害打算(이해타산)

(買買)(賣賣)(讀讀)(續續)

살 매(買)-그물(罒=网그물 망)로 물고기를 잡듯이 값나가는
물건(貝재물 패)을 모아 들이는 것으로 사다 라는 의미.
賣買(매매) 買收(매수) 購買(구매) 買入(매입) 豫買(예매)
買集(매집) 仲買人(중매인) 買占賣惜(매점매석)
팔·구할 매(賣)-옛 글자(賣)를 보면 그물(罒=网그물 망)로 잡은 고기를
내어(出내보낼 출→士) 돈(貝재물 패)으로 바꾸는 것으로 팔다·구하다
라는 의미. 販賣(판매) 賣渡(매도) 賣店(매점) 競賣(경매) 賣盡(매진)
賣渡(매도) 豫賣(예매) 賣却(매각) 都賣商(도매상) 賣票所(매표소)

賣國奴(매국노) 薄利多賣(박리다매) 買占賣惜(매점매석)

글읽을 독(귀절 두)(讀)-글을 보고 말하(言말할 언)듯이 소리를 내어서
의미를 구하는(賣구할 매) 것으로 글을 읽다·귀절(구절)을 의미.
讀書(독서) 朗讀(낭독) 速讀(속독) 讀解(독해) 訓讀(훈독)
句讀點(구두점) 晝耕夜讀(주경야독)

계속·이을 속(續)-누에고치에서 실(糸가는실 멱)을 내어(出내보낼 출→士)
만든 그물(罒=网그물 망)로 물고기를 잡아 돈(貝재물 패)으로 바꾸는
것처럼 연속하여 이어지는 것으로 계속하다·잇다 라는 의미.
繼續(계속) 續(연속) 持續(지속) 後續(후속) 相續(상속) 續開(속개)
續編(속편) 接續(접속) 續出(속출) 續行(속행) 勤續手當(근속수당)

(女𡡓)(姦𡙇)(汝𣴧)(好𡥈)
(安𡧗)(案𡥨)(按𢪇)(鞍𡨄)
(宴𡨎)(妻𡜖)(悽𢛖)(妾𡜾)
(接𢭤)(如𡜌)(恕𢙃)

계집·딸 녀(女)-옛 글자를 보면 다소곳이 무릎을 꿇고 손을 앞으로
모으고 앉아 있는 여자의 모양을 본뜬 것으로 계집(여자)·딸을 의미.
女性(여성) 淑女(숙녀) 烈女(열녀) 女流(여류) 孫女(손녀) 孝女(효녀)
修女院(수녀원) 有夫女(유부녀) 無男獨女(무남독녀) 男女老少(남녀노소)

간음할·간사할 간(姦)-여자(女계집 여)를 도리에 어긋나게 범하는(妦범할 난)
것으로 간음하다·간사하다 라는 의미. 姦淫(간음) 姦通(간통) 强姦(강간)

너 여(汝)-원래는 물(氵=水물 수)이 여자(女계집 녀)같이 다소곳이 흐르는
물의 이름을 의미. 나중에 가까이 있는 것을 지시하는 2인칭 대명사인
너라는 의미로 가차됨. 汝等(여등) 汝矣島(여의도) 吾心卽汝心(오심즉여심)

좋을·좋아할·아름다울 호(好)-여자(女계집 녀)가 품에 자식(子자식 자)을
안고 있는 모양으로 좋다·좋아하다·아름답다 라는 의미.
選好(선호) 良好(양호) 絶好(절호) 好轉(호전) 好感(호감) 愛好(애호)
好況(호황) 好意(호의) 好奇心(호기심) 好事多魔(호사다마)

편안할·안정할 안(安)-집(宀움 면) 안에 다소곳이 무릎을 꿇고
여자(女계집 녀)가 앉아 있으면 안전하고 가정이 편안하다
라는 의미. 安全(안전) 安靜(안정) 便安(편안) 安寧(안녕)
安逸(안일) 保安(보안) 安危(안위) 慰安婦(위안부)

책상·생각할·복안할·기안할 안(案)-집(宀움 면) 안에서 여자(女계집 녀)가
편안히(安편안할 안) 일할 수 있게 나무(木나무 목)로 만든 것으로
책상→생각하다→복안하다→기안하다· 라는 의미. 勘案(감안) 方案(방안)
懸案(현안) 案內(안내) 案件(안건) 法案(법안) 代案(대안) 提案(제안)
起案(기안) 腹案(복안) 改正案(개정안) 答案紙(답안지)

어루만질·누를·살필 안(按)-손(扌=手손 수)으로 마음이 편안하(安편안할 안)
도록 쓰다듬어 주는 것으로 어루만지다→누르다→살핀다 라는 의미.
按摩(안마) 按排·按配(안배) 按酒(안주) 按舞家(안무가) 按手祈禱(안수기도)

안장 안(鞍)-가죽(革가죽 혁)으로 말을 편안하게(安편안할 안) 탈 수 있게
만든 것으로 안장을 의미. 鞍裝(안장) 鞍馬之勞(안마지로)

잔치 연(宴)-집(宀움 면) 안에 해(日해 일)같이 환한 여자(女계집 녀)를 맞아
들이는 혼례식을 치를 때에 여러 사람이 모여 즐기는 것으로 잔치를 의미.
壽宴(수연) 稀宴(희연) 宴會(연회) 酒宴(주연) 宴席(연석) 披露宴(피로연)

시집보낼·아내 처(妻)-옛 글자를 보면 머리카락(屮→十)를 손(크)으로
올리고 시집가서 남자의 짝이 되어 사는 여자(女계집 녀)로 시집보내다·
아내를 의미. 妻家(처가) 惡妻(악처) 妻弟(처제) 妻妾(처첩) 喪妻(상처)
愛妻家(애처가) 妻子息(처자식) 賢母良妻(현모양처) 糟糠之妻(조강지처)

슬퍼할 처(悽)-마음(忄=心마음 심)이 딸을 시집보내는(妻시집보낼 처) 것
같은 것으로 슬퍼하다 라는 의미. 悽然(처연) 悽絶(처절) 悽慘(처참)

첩 첩(妾)-옆에 가까이 서서(立설 립) 시중을 드는 여자(女계집 녀)로
첩을 의미. 蓄妾(축첩) 小妾(소첩) 妾室(첩실) 愛妾(애첩) 婢妾(비첩)

이을·접속할·사귈·가까울·모일 접(接)-손(扌=手손 수)으로 옆에 가까이
서서(立설 립) 시중을 드는 여자(女계집 녀)같이 끊어지지 않게 맞대어
서로 붙게 하는 것으로 잇다·접속하다·사귀다·가까이 하다·모이다(만나다)
라는 의미. 接受(접수) 接收(접수) 接戰(접전) 交接(교접) 接合(접합)
接續(접속) 直接(직접) 面接(면접) 接着(접착) 接觸(접촉) 接待(접대)
接近(접근) 應接室(응접실) 接尾辭(접미사) 皮骨相接(피골상접)

같을·만일·어찌·어조사 여(如)-여자가 다소곳이 두 손을 모으고
무릎을 꿇고 앉아(女계집 녀) 복종하는 것같이 남이 말하는(口말할 구)
대로 똑같이 따라하는 것으로 같다·만일(만약)·어찌·어조사로 쓰임.
如前(여전) 缺如(결여) 如實(여실) 如何(여하) 或如(혹여) 如來(여래)
何如歌(하여가) 如反掌(여반장) 如意珠(여의주)

어질·용서할 서(恕)-남의 처지를 자기의 처지 같이(如같을 여)
생각하여 너그럽게 받아들여 주는 마음(心마음 심)으로 어질다·
용서하다 라는 의미. 容恕(용서) 以恕己之心恕人(이서기지심서인)

(刀 刅 刂)(刃 刅)(忍 忞)(認 認)
(七 七)(切 切)(初 初)(召 召)
(昭 昭)(照 照)(招 招)(超 超)

칼 도(刀)-한쪽 면에 날이 있고 끝이 휘어진 칼의 모양을 본뜬 것으로
칼을 의미. 刂(선칼도방)은 글자의 오른쪽인 방에 쓰일 때의 자형.
單刀(단도) 刀劍(도검) 執刀(집도) 銀粧刀(은장도) 笑裏藏刀(소리장도)
單刀直入(단도직입) 快刀亂麻(쾌도난마) 傳家寶刀(전가보도)
칼날 인(刃)-칼(刀칼 도)의 얇고 날카로운 부분을 점을
찍어(丶귀절찍을 주) 나타낸 것으로 칼날을 의미. 刃創(인창)
참을·잔인할 인(忍)-칼날(刃칼날 인)로 심장(心염통 심)을 베는 아픔을
억누르고 견디는 것으로 참다·잔인하다 라는 의미. 忍耐(인내) 殘忍(잔인)
忍苦(인고) 忍冬草(인동초) 隱忍自重(은인자중) 目不忍見(목불인견)
알·허락할 인(認)-상대방이 말하는(言말할 언) 것을 칼날(刃칼날 인)처럼
날카롭게 분별하고 판단하여 마음속(心마음·속 심)으로 인식하거나
인정하는 것으로 알다·허락하다 라는 의미. 確認(확인) 認識(인식)
認定(인정) 承認(승인) 否認(부인) 是認(시인) 容認(용인)
默認(묵인) 認證(인증) 認可(인가) 自他共認(자타공인)
일곱 칠(七)-옛 글자를 보면 하나로 이어진 것을 잘라 내는
모양으로 나중에 숫자 일곱(7) 이라는 의미로 가차 됨.
四端七情(사단칠정) 北斗七星(북두칠성) 七顚八起(칠전팔기)
끊을·가까울 절(온통 체)(切)-칼(刀칼 도)로 하나로 이어진 것을
잘라 내는(七) 것으로 끊다·가깝다(절박하다)·온통을 의미. 온통의
의미로 쓰일 때에는 '체'로 읽음. 切開(절개) 適切(적절) 切實(절실)
懇切(간절) 切迫(절박) 親切(친절) 品切(품절) 切斷機(절단기)
切齒腐心(절치부심) 一切唯心造(일체유심조) 按酒一切(안주일체)
처음 초(初)-옷(衤=衣옷 의)을 만들 때 맨 먼저 옷감을 칼(刀칼 도)로
자르는 것같이 어떤 일의 맨 앞으로 처음을 의미.
最初(최초) 當初(당초) 初期(초기) 初步(초보) 始初(시초)
初級(초급) 初旬(초순) 自初至終(자초지종) 初志一貫(초지일관)
부를 소(召)-칼(刀칼 도)처럼 날카롭게 입(口입 구)으로
소리쳐 남을 오라고 하는 것으로 부르다 라는 의미.
召集(소집) 召命(소명) 國民召還制(국민소환제)
밝을 소(昭)-해(日해 일)가 오라고 부른(召부를 소) 것처럼
나타나 환하게 되는 것으로 밝다 라는 의미.

昭詳(소상) 昭示(소시) 昭陽江(소양강) 昭格署(소격서)
비칠 조(照)-불(灬=火불 화)이 이르러 밝게(昭밝을 소) 되는 것으로
비치다 라는 의미. 照明(조명) 參照(참조) 對照(대조) 觀照(관조)
照準(조준) 照度(조도) 日照量(일조량) 身元照會(신원조회)
손쳐부를·불러올·구할 초(招)-손(扌=手손 수)을 흔들어 오라고
부르는(召부를 소) 것으로 손짓하여 부르다·불러오다(초래하다)·
구(求)하다 라는 의미. 招待(초대) 招請(초청) 招聘(초빙)
自招(자초) 招來(초래) 問招(문초) 招魂祭(초혼제)
뛰어날·뛰어넘을·넘칠·높을 초(超)-달리는(走달릴 주) 것이 부르는(召부를 소)
소리같이 빠른 것으로 뛰어나다·뛰어넘다·넘치다·높다 라는 의미.
超越(초월) 超過(초과) 超然(초연) 超能力(초능력) 超音波(초음파)
超非常(초비상) 超高速(초고속) 超非常(초비상)

(刅 刅)(梁 梁)(粱 粱)

상처입을·다칠·상할 창(刅)-칼날(刃칼날 인)에 베여 피가
떨어지는(丶) 모양으로 상처를 입다·다치다·상하다 라는 의미.
나무다리·들보 량(梁)-물(氵=水물 수)을 칼날에 베인 상처(刅상처 창)처럼
가로질러 놓은 나무(木나무 목)로 나무다리를 의미. 나무다리처럼 두 기둥
사이를 건너지르는 나무로 들보를 의미. 橋梁(교량) 棟梁(동량)
上梁式(상량식) 梁上君子(양상군자) 鳴梁海戰(명량해전)
기장 량(粱)-물(氵=水물 수)과 파쇄한(刅상할 창) 낟알(米낟알 미)을
반죽하여 술을 빚는 데 쓰는 발효제인 누룩을 만드는 기장을 의미.
高粱酒(고량주) 膏粱珍味(고량진미)

(肉 肉)(有 有)(能 能)(熊 熊)
(態 態)(罷 罷)(散 散 散)

고기·살·몸 육(肉)-옛 글자를 보면 지방이 끼여 있는 고깃덩어리
모양을 본뜬 것으로 고기·살·몸을 의미. 月(육달월)은 글자의
부수(部首)로 쓰일 때의 자형. 筋肉(근육) 肉體(육체) 肉身(육신)
肉薄(육박) 片肉(편육) 肉感(육감) 精肉店(정육점) 苦肉策(고육책)
羊頭狗肉(양두구육) 骨肉相殘(골육상잔) 弱肉强食(약육강식)
있을·취할·또·만물 유(有)-옛 글자를 보면 손(ナ)으로 고기(月=肉고기 육)를
쥐고 있는 모양으로 있다·취하다(가지다)·또·만물을 의미.
有利(유리) 保有(보유) 所有(소유) 有名(유명) 固有(고유)
共有(공유) 有效(유효) 有用(유용) 有權者(유권자) 有事時(유사시)
未曾有(미증유) 有備無患(유비무환) 萬有引力(만유인력)

능할·능히할 능(能)-원래는 앞발을 들고 서 있는(머리-厶·몸통-月·앞발톱-匕·
뒷발톱-匕) 곰의 모양을 나타낸 것으로 후에 힘세고 재주가 많은 곰같이
능하다·능히 하다 라는 의미가 파생됨. 能力(능력) 可能(가능) 技能(기능)
無能(무능) 才能(재능) 能率(능률) 知能(지능) 能動(능동) 能熟(능숙)
性能(성능) 藝能(예능) 效能(효능) 本能(본능) 無所不能(무소불능)
能手能爛(능수능란) 全知全能(전지전능) 黃金萬能(황금만능)
곰 웅(熊)-머리(厶마늘 모)와 몸통(月=肉몸 육) 그리고 앞발과 뒷발에
비수(匕비수 비)처럼 날카로운 발톱이 있는 불(灬=火불 화)같이 사나운
짐승으로 곰을 의미. 熊女(웅녀) 熊膽(웅담) 熊州(웅주) 熊津(웅진)
태도·모양 태(態)-매 순간 능하게(能능할 능) 변하는 마음속(心마음·속 심)
생각이 겉으로 드러나는 것으로 자세나 생김새로 태도·모양을 의미.
事態(사태) 態度(태도) 形態(형태) 實態(실태) 醜態(추태) 姿態(자태)
動態(동태) 態勢(태세) 作態(작태) 生態系(생태계) 舊態依然(구태의연)
千態萬象(천태만상) 白紙狀態(백지상태) 非常事態(비상사태)
내칠·파할·마칠 파(罷)-그물(罒=网그물 망)에 걸린 곰(能-곰의 모양)을
놓아주는 것으로 내치다→파하다(그만두다)→마치다 라는 의미.
罷業(파업) 罷免(파면) 革罷(혁파) 罷場(파장) 封庫罷職(봉고파직)
흩을·흩어질·약가루·한산할 산(散)-옛 글자를 보면 삼줄기(枾→廿스물 입)를
몽둥이로 두드려(攵=攴똑똑두드릴 복) 껍질이 나뉘어 따로따로 떨어지게
가르듯이(枾나누어가를 산) 고깃덩어리(月=肉고기 육)를 두드려 따로따로
떨어지게 하는 것으로 흩다·흩어지다·약가루·한산하다 라는 의미.
解散(해산) 霧散(무산) 擴散(확산) 分散(분산) 散在(산재) 散漫(산만)
散會(산회) 閑散(한산) 散髮(산발) 散策路(산책로) 離合集散(이합집산)

(自 戶)(帥 帥)(帀 帀)

(師 師)(獅 獅)(追 追)

(官 官)(管 管)(館 館)

쌓일·흙무더기 퇴(自)-堆(쌓을·흙무데기 퇴)자의 옛 글자로
흙(土흙 토)이 겹겹이 쌓여서 산의 모양(隹산모양 추)을
이룬 것으로 쌓이다·흙무더기를 의미.
거느릴·주장할·장수 수(帥)-흙(土흙 토)이 겹겹이 쌓여서 산의
모양(隹산모양 추)을 이룬 흙무더기(自쌓일·흙무더기 퇴)처럼
무리를 이룬 수많은 군사들을 데리고 수건(巾수건 건)모양의
깃발을 들고 통솔하는 것으로 거느리다·주장하다·장수를 의미.
師(스승 사)자와 비슷. 元帥(원수) 將帥(장수) 統帥權(통수권)

두를·둘릴·두루 잡(帀)-띠(一같을 일)가 달린 수건(巾수건 건)으로 몸을 싸서
가리는 것으로 두르다·둘리다·두루 라는 의미. 市(저자 시)자와 비슷.

스승·본받을·어른·군사 사(師)-흙(土흙 토)이 겹겹이 쌓여서 산의
모양(隹산모양 추)을 이룬 흙무더기(𠂤쌀일·흙무더기 퇴)처럼 무리를
이룬 수많은 사람들에게 둘러싸여(帀둘릴 잡) 본받을 만한 가르침을
주는 사람으로 스승·어른·군사를 의미. 教師(교사) 師父(사부) 師團(사단)
恩師(은사) 師弟(사제) 師祭(사제) 牧師(목사) 師範大學(사범대학)

사자 사(獅)-짐승(犭=犬큰개 견)의 우두머리 어른(師어른 사)으로
사자을 의미. 獅子(사자) 獅子吼(사자후)

따를·쫓을 추(追)-흙이 겹겹이 쌓여(𠂤쌀일 퇴) 있는 것같이 남겨진 흔적을
쫓아가는(辶=辵쉬엄쉬엄갈 착) 것으로 따르다(좇다)·쫓다 라는 의미.
追加(추가) 追跡(추적) 追求(추구) 追慕(추모) 追憶(추억) 追悼(추도)
追窮(추궁) 追越(추월) 追後(추후) 追放(추방) 追從(추종) 追徵(추징)

관청·맡을·벼슬·부릴 관(官)-집(宀움 면) 안에 흙(土흙 토)이 겹겹이 쌓여서
산의 모양(隹산모양 추)을 이룬 흙무더기(𠂤쌀일·흙무더기 퇴→目)처럼
무리를 이룬 많은 사람이 모여서 나랏일을 맡아 하는 곳으로 관청·맡다·
벼슬·부리다 라는 의미. 宮(대궐 궁)자와 비슷. 官廳(관청) 官職(관직)
官吏(관리) 長官(장관) 法官(법관) 官舍(관사) 官僚(관료) 官公署(관공서)
貪官汚吏(탐관오리) 削奪官職(삭탈관직) 滿朝百官(만조백관)

대통·관·피리·붓대·주관할 관(管)-대(竹대 죽)로 어떤 구실이나 작용을 하게
만들어서 사용하는(官부릴 관) 것으로 대통(관)·피리·붓대·주관하다 라는
의미. 血管(혈관) 管理(관리) 保管(보관) 主管(주관) 雷管(뇌관) 管掌(관장)
氣管支(기관지) 下水管(하수관) 送油管(송유관) 管鮑之交(관포지교)

객사·큰집 관(館)-옛날에 외국 사신이나 중앙에서 내려오는 관리들이
밥을 먹고(食밥·먹을 식) 묵어가게 관청(官관청 관)처럼 만든 것으로
객사·큰 집을 의미. 旅館(여관) 會館(회관) 休館(휴관) 別館(별관)
圖書館(도서관) 博物館(박물관) 大使館(대사관) 體育館(체육관)

(火 灬)(炎 炎)(淡 淡)(談 談)
(灰 灰)(炭 炭)(光 光)

불·불사를 화(火)-불꽃을 내면서 타오르는 불의 모양을 본뜬 것으로 불·
불사르다 라는 의미. 火災(화재) 飛火(비화) 鎭火(진화) 風前燈火(풍전등화)

불꽃·불꽃성할·더울 염(炎)-불길이 세차게 타오르는 모양으로 불꽃·
불타오르다·덥다 라는 의미. 肺炎(폐렴) 鼻炎(비염) 炎症(염증) 暴炎(폭염)

물맑을·엷을·싱거울·담박할 담(淡)-물(氵=水물 수)이 불꽃(炎불꽃 염)처럼
선명한 것으로 맑다→엷다→싱겁다→담박하다 라는 의미. 冷淡(냉담)
淡白(담백) 淡泊(담박) 淡水(담수) 濃淡(농담) 雅淡(아담) 淡彩畵(담채화)

이야기할 담(談)-말(言말씀 언)로 불꽃(炎불꽃 염)을 피우니 이야기하다
라는 의미. 會談(회담) 面談(면담) 談判(담판) 怪談(괴담) 談笑(담소)
재 회(灰)-옛 글자를 보면 손(ナ손 모양)으로 불(火불 화)에 완전히 타고
남은 가루를 만지고 있는 것으로 재를 의미. 灰色(회색) 石灰岩(석회암)
숯 탄(炭)-산(山뫼 산) 아래 굴바위(厂굴바위 엄)처럼 생긴 가마 속에 나무를
불(火불 화)에 태워서 만든 것으로 숯을 의미. 石炭(석탄) 炭素(탄소)
煉炭(연탄) 炭鑛(탄광) 木炭(목탄) 炭疽病(탄저병) 炭水化物(탄수화물)
빛·빛날 광(光)-옛 글자를 보면 불(火불 화)이 사람(儿어진사람 인)의 머리
위를 환하게 비치는 것으로 빛·빛나다 라는 의미. 榮光(영광) 光復(광복)
光彩(광채) 光澤(광택) 發光(발광) 觀光客(관광객) 一寸光陰(일촌광음)

(熒 燃)(螢 螢)(榮 榮)
(營 營)(勞 勞)

등불반짝거릴·밝을 형(熒)-바람을 막기 위해 주위를 종이나 투명한 유리로
덮은(冖덮을 멱) 등 속에 켠 불(火불 화)이 반짝거리는(炊불꽃 염) 모양을
본뜬 것으로 등불이 반짝거리다·밝다 라는 의미. 熒燭(형촉)
개똥벌레·반딧불 형(螢)-꽁무니에서 등불같이 반짝거리는(熒등불반짝거릴 형)
빛을 내는 벌레(虫벌레 훼)로 개똥벌레·반딧불을 의미.
螢石(형석) 螢光燈(형광등) 螢雪之功(형설지공)
무성할·빛날·영화 영(榮)-등불같이 반짝거리는(熒등불반짝거릴 형) 꽃이
나무(木나무 목)에 많이 피어 있는 것으로 무성하다·빛나다·영화를 의미.
榮華(영화) 虛榮(허영) 繁榮(번영) 榮譽(영예) 榮枯盛衰(영고성쇠)
지을·다스릴·경영할 영(營)-등불을 밝게(熒밝을 형) 밝히고 법칙(呂법칙 려)을
세워 어떤 일을 해 나가는 것으로 짓다·다스리다·경영하다 라는 의미.
經營(경영) 營業(영업) 運營(운영) 陣營(진영) 榮利(영리) 營農(영농)
營爲(영위) 營業(영업) 野營(야영) 兵營(병영) 營養士(영양사)
일할·수고로울·가쁠·공로·위로할 로(勞)-등불을 밝게(熒밝을 형) 밝히고
힘써(力힘쓸 력) 일하는 것으로 일하다·수고롭다·가쁘다·공로·위로하다
라는 의미. 疲勞(피로) 功勞(공로) 過勞(과로) 勞苦(노고) 慰勞(위로)
勞役(노역) 勞動者(노동자) 勤勞者(근로자) 不勞所得(불로소득)

(金 金)(鍼 鍼)

쇠·금·돈 금(성씨 김)(金)-옛날에 지붕(스지붕 모양)이 있는 집같이
흙(土흙 토)으로 만든 용광로에서 철광석(丷)을 녹이고 있는 것으로
쇠·금·돈·성씨를 의미. 稅金(세금) 金融(금융) 賃金(임금) 資金(자금)
料金(요금) 金庫(금고) 預金(예금) 罰金(벌금) 黃金(황금) 金海(김해)

寄附金(기부금) 金剛山(금강산) 貴金屬(귀금속) 祝儀金(축의금)
金曜日(금요일) 金婚式(금혼식) 金枝玉葉(금지옥엽) 金科玉條(금과옥조)
침 침(鍼)-쇠(金쇠 금)를 모두 다(咸다 함) 가늘게 만든 의료 기구로
바늘귀가 없는 침을 의미. <참고> 針(바늘 침)자는 바늘귀에 실을 꿰어
바느질하는 데에 쓰는 바늘을 의미. 鍼術(침술) 頂門一鍼(정문일침)

(禾) (季) (委) (倭)
(香) (年秊) (利)
(梨) (和) (秋) (愁)
(秉) (兼) (謙) (嫌)
(廉) (簾) (秣) (麻)
(曆) (歷) (囷) (菌)
(黍) (蘇)

벼·곡식 화(禾)-잘 여물어 고개를 숙인 벼의 이삭 모양을 본뜬
것으로 벼·곡식을 의미. 嘉禾(가화) 禾苗(화묘) 禾本科(화본과)
어릴·끝·철 계(季)-벼(禾벼 화)가 어린 자식(子자식 자)처럼 작은
시기로 어리다→막내→끝이라는 의미로 후에 차례대로 정해진
때→시기→철→계절이라는 의미가 파생됨. 季節(계절) 季嫂(계수)
春季(춘계) 冬季(동계) 秋季(추계) 伯仲叔季(백중숙계)
맡길·버릴·위곡할 위(委)-벼(禾벼 화)의 이삭처럼 고개를 숙이고 무릎을
꿇고 앉아있는 여자(女계집 녀)같이 찬찬하고 자세하게 일을 하도록
하는 것으로 맡기다·버리다·위곡하다(찬찬하고 자세하다) 라는 의미.
委員(위원) 委任(위임) 委託(위탁) 委讓(위양) 委棄(위기) 委曲(위곡)
왜나라 왜(倭)-벼(禾벼 화)의 이삭처럼 고개를 숙이고 무릎을
꿇고 앉아있는 여자(女계집 녀) 같은 사람(亻=人사람 인)이 사는
나라로 왜나라(일본)를 의미. 倭敵(왜적) 倭兵(왜병) 倭色(왜색)
倭館(왜관) 倭式(왜식) 倭寇(왜구) 壬辰倭亂(임진왜란)

고소할·향기·향 향(香)-곡식(禾곡식 화)으로 지은 밥에서
말을 하는(曰말할 왈) 것같이 냄새가 밖으로 퍼져 나오는 것으로
고소하다·향기·향을 의미. 香氣(향기) 香臭(향취) 香水(향수)
香爐(향로) 香辛料(향신료) 芳香劑(방향제) 香燭代(향촉대)

해·나이 년(年)-옛 글자(秊)를 보면 곡식(禾곡식 화)이 잘 여물어
수확이 많은(千많을 천) 한 해를 나타낸 것으로 해→나이를 의미.
昨年(작년) 來年(내년) 今年(금년) 年歲(연세) 年輪(연륜) 年鑑(연감)
年輩(연배) 每年(매년) 停年(정년) 靑少年(청소년) 年賀狀(연하장)
年例行事(연례행사) 百年河淸(백년하청) 百年大計(백년대계)

이로울·날카로울 리(利)-잘 여문 곡식(禾곡식 화)의 이삭만 골라 따는
도구로 쓰이는 칼(刂=刀칼 도)같이 이롭다·날카롭다 라는 의미.
權利(권리) 便利(편리) 利用(이용) 有利(유리) 利益(이익) 銳利(예리)
利潤(이윤) 複利(복리) 利尿劑(이뇨제) 利敵行爲(이적행위)
利害得失(이해득실) 甘言利說(감언이설) 利己主義(이기주의)

배나무·배 리(梨)-사람에게 이로움(이로울 리)을 주는 나무(木나무 목)로
배나무·배를 의미. 梨花(이화) 梨花學堂(이화학당) 烏飛梨落(오비이락)

온화할·화목할·곡조·고를 화(和)-잘 여문 곡식(禾곡식 화)의 이삭처럼
고개를 숙이고 말하니(口말할 구) 온화하다·화목하다·곡조·고르다
라는 의미. 溫和(온화) 穩和(온화) 和解(화해) 和暢(화창) 和合(화합)
平和(평화) 和答(화답) 和睦(화목) 飽和(포화) 調和(조화) 共和國(공화국)
斥和碑(척화비) 違和感(위화감) 講和條約(강화조약) 和光同塵(화광동진)
和而不同(화이부동) 不協和音(불협화음) 家和萬事成(가화만사성)

가을 추(秋)-곡식(禾곡식 화)의 열매가 불(火불 화)같이 뜨거운 열기를
받아 익는 계절로 가을을 의미. 秋夕(추석) 秋收(추수) 晩秋(만추)
秋霜(추상) 秋波(추파) 仲秋節(중추절) 秋風落葉(추풍낙엽)
春夏秋冬(춘하추동) 萬古千秋(만고천추) 一刻如三秋(일각여삼추)

근심·염려할 수(愁)-걱정 때문에 곡식(禾곡식 화)의 열매가 불(火불 화)같이
뜨거운 열기를 받아 익는 것처럼 속(心속 심)을 태우는 것으로 근심(근심
하다)· 염려하다 라는 의미. 鄕愁(향수) 憂愁(우수) 愁心(수심) 哀愁(애수)

잡을·벼묶음 병(秉)-옛 글자를 보면 벼(禾벼 화)의 줄기를
손(ㅋ)으로 움켜쥐고 있는 모양으로 잡다·벼묶음(볏단)을 의미.
秉權(병권) 秉筆之任(병필지임)

벼두묶음·겸할 겸(兼)-옛 글자를 보면 두 개의 벼(秝) 줄기를
한 손(ㅋ)으로 움켜쥐고 있는 모양으로 두 개 이상을 아울러
가지는 것으로 겸하다·벼 두 묶음을 의미. 兼備(겸비)
兼床(겸상) 兼任(겸임) 兼職(겸직) 兼行(겸행) 兼用(겸용)

겸손할 겸(謙)-말(言말씀 언)을 두 개의 벼(秝성글 력) 줄기를
한 손(ㅋ)으로 움켜쥐어 하나로 합친 것처럼 줄여 자기를
내세우지 않고 조심하는 태도로 겸손하다 라는 의미. 謙遜(겸손)

謙讓(겸양) 謙虛(겸허) 謙德(겸덕) 恭謙(공겸) 謙受益(겸수익)

싫어할·혐의할·의심둘 혐(嫌)-여자(女계집 녀)를 두 개의 벼(秝) 줄기를
한 손(크)으로 움켜쥐고 있는 것처럼 아울러 가지고 있는(兼겸할 겸) 것은
공평하지 못해 마음이 언짢아 꺼리는 것으로 싫어한다·의심하다·혐의하다
라는 의미. 嫌惡(혐오) 嫌疑(혐의) 嫌惡感(혐오감) 嫌疑者(혐의자)

청렴할·모질·검소할·쌀·살필 렴(廉)-집(广돌집 엄) 하나를 가지고 여러 가지로
겸하여(兼겸할 겸) 쓰니 청렴하다(결백하다)·모지다·검소하다·싸다·살피다
라는 의미. 康(편안할 강)자와 비슷. 淸廉(청렴) 廉探(염탐) 廉價(염가)
低廉(저렴) 沒廉恥(몰염치) 破廉恥(파렴치) 淸廉潔白(청렴결백)

발 렴(簾)-대(竹대 죽)를 가늘게 쪼개서 두 개의 벼(秝) 줄기를
한 손(크)으로 잡아 하나로 합친(兼겸할 겸) 것처럼 줄로 엮어
집(广돌집 엄) 문 앞에 치는 것으로 발을 의미. 珠簾(주렴)
翠簾(취렴) 細簾(세렴) 竹防簾(죽방렴) 垂簾聽政(수렴청정)

성글 력(秝)-심어 놓은 곡식(禾곡식 화)과 곡식(禾곡식 화)의
사이가 배지 않고 뜬것으로 성글다 라는 의미.

다스릴 력(麻)-농부가 언덕(厂언덕 엄)에 심은 곡식의 사이가 배지 않도록
성글게(秝성글 력) 하여 잘 자라도록 바로잡는 것처럼 다스리다 라는 의미.

책력·셀 력(曆)-한 해의 농사일을 관리하고 통제하기(麻다스릴 력) 위해
절기나 기후 변동 등을 날(日날 일)의 순서에 따라 적어 놓은 오늘날
달력과 같은 것으로 책력·세다 라는 의미. 陰曆(음력) 陽曆(양력)
西曆(서력) 舊曆(구력) 冊曆(책력) 曆法(역법) 太陽曆(태양력)
太陰曆(태음력) 萬歲曆(만세력) 西曆紀元(서력기원)

지낼·다닐할·넘을 력(歷)-농부가 농사일을 돌보기(麻다스릴 력) 위해
논밭을 드나들며 남긴 발자국처럼 살아온(止살 지) 과정으로 지내다·
다니다·넘다 라는 의미. 歷史(역사) 經歷(경력) 略歷(약력) 歷任(역임)
歷代(역대) 歷戰(역전) 來歷(내력) 戰歷(전력) 前歷(전력) 遍歷(편력)
涉歷(섭력) 學歷(학력) 履歷書(이력서) 天路歷程(천로역정)

둥근곳집·굽으러질·서릴 균(囷)-둘레를 둥글게 에워싸서(囗=圍에울 위)
곡식(禾곡식 화)을 넣어두는 둥근 곳집·꼬불꼬불 굽으러진 모양·서리다
라는 의미. 困(곤할 곤)자와 비슷. 廩囷(름균) 傾困倒廩(경균도름)

곰팡이·균·버섯 균(菌)-풀(++=艸풀 초)처럼 돋아나와 서려(囷서릴 균)
있는 것으로 곰팡이·균·버섯을 의미. 苗(싹 묘)자와 비슷.
細菌(세균) 病菌(병균) 滅菌(멸균) 殺菌(살균) 菌類(균류)
大腸菌(대장균) 乳酸菌(유산균) 葡萄狀球菌(포도상구균)

기장 서(黍)-곡식(禾곡식 화)을 분쇄한(八나눌 팔) 가루를 물(氺=水물 수)로
반죽하여 술을 빚는 데 쓰는 발효제인 누룩을 만드는 기장을 의미.
桼(옻 칠)자와 비슷. 黍粟(서속) 黍穀(서곡) 黍離之嘆(서리지탄)

차조기·깨날 소(蘇)-물고기(魚물고기 어)의 가시 같은 털이 있고
벼(禾벼 화)의 이삭처럼 생긴 꽃이 피는 풀(++=艸풀 초)인 차조기를
의미하는 글자로 옛날에 차조기의 생즙과 잎을 해독제로 먹은

것에서 깨어나다 라는 의미가 파생됨. 紫蘇(자소) 蘇葉(소엽)
蘇聯(소련) 蘇生(소생) 蘇復(소복) 蘇醒(소성) 蘇塗(소도)
蘇鐵(소철) 蘇東坡(소동파) 心肺蘇生術(심폐소생술)

(竹艸)(馬馬)(篤篤)

대 죽(竹)-가지 끝에 나란히 달린 끝이 뽀족한 대나무 잎의 모양을
본뜬 것으로 대·대나무를 의미. 爆竹(폭죽) 竹簡(죽간) 竹鹽(죽염)
竹槍(죽창) 烏竹軒(오죽헌) 竹細品(죽세품) 梅蘭菊竹(매란국죽)
竹馬故友(죽마고우) 破竹之勢(파죽지세) 雨後竹筍(우후죽순)
말 마(馬)-말의 모양을 본뜬 것으로 말을 의미. 競馬(경마) 乘馬(승마)
馬耳東風(마이동풍) 塞翁之馬(새옹지마) 指鹿爲馬(지록위마)
두터울·도타울·병위독할 독(篤)-대나무(竹대 죽)로 만든 채찍으로 길들인
말(馬말 마)과 사람의 관계같이 서로 사귀어 친해진 정과 믿음과 의리가
많고 깊은 것으로 두텁다·도탑다·병이 굳고 깊어(두터워) 위독하다 라는
의미. 敦篤(돈독) 篤實(독실) 危篤(위독) 篤志家(독지가) 篤信者(독신자)

(力办)(男夻)(肋肺)(筋筋)
(劦劦)(協協)(脅脅)

힘·힘쓸 력(力)-옛 글자를 보면 흙을 파헤치거나 떠서 던지는 농기구인
가래의 모양을 본뜬 것으로 힘·힘쓰다 라는 의미. 努力(노력) 能力(능력)
勢力(세력) 壓力(압력) 暴力(폭력) 權力(권력) 協力(협력) 力量(역량)
實力(실력) 强力(강력) 效力(효력) 力說(역설) 說得力(설득력)
競爭力(경쟁력) 不可抗力(불가항력) 全力投球(전력투구)
사내·아들·남작 남(男)-밭(田밭 전)에서 힘든 가래질을 하는 힘(力힘 력)이
센 남자로 사내·아들·남작을 의미. 男便(남편) 男性(남성) 長男(장남)
男妹(남매) 男爵(남작) 醜男(추남) 同居男(동거남) 男尊女卑(남존여비)
갈빗대 륵(肋)-몸(月=肉몸 육)에서 가래(力가래 모양)처럼 생긴
것으로 갈빗대를 의미. 肋骨(늑골) 鷄肋(계륵) 肋膜炎(늑막염)
힘줄 근(筋)-대나무(竹대 죽)처럼 단단하고 질긴 살(月=肉살 육)로
힘(力힘 력)이 나오는 것으로 힘줄을 의미. 筋肉(근육) 筋骨(근골)
筋力(근력) 鐵筋(철근) 筋組織(근조직)
합할 협(劦)-세 개의 힘(力힘 력)이 한데 모여 하나가 되니
힘을 합하다 라는 의미.
화할 협(協)-여럿(十열 십)이 힘을 하나로 합하여(劦합할 협)
서로 돕는 것으로 화하다(화합하다) 라는 의미. 妥協(타협)
協定(협정) 協助(협조) 協力(협력) 協同(협동) 協商(협상)

協約(협약) 農協(농협) 協奏曲(협주곡) 不協和音(불협화음)
갈비·위협할 협(脅)-원래는 몸(月=肉몸 육)에 가래(力가래 모양)처럼
생긴 뼈가 한데 모여 있는(劦합할 협) 갈비를 의미하는 것으로
강한 힘(劦)으로 상대자의 몸(月=肉)에 해를 가하는 것으로
위협하다 라는 의미로 주로 씀. 威脅(위협) 脅迫(협박)

(田田)(畓畓)(細 細 細)

(累 絫 絫)(螺 螺)(胃 胃 胃)

(謂 謂)(膚 膚)(果 果)

(課 課)(菓 菓)(裸 裸)

(巢 巢 巢)(苗 苗)(描 描)

밭 전(田)-가장자리(囗)에 경계를 나타내기 위하여 흙을 쌓은
두렁(十)이 있는 밭 모양을 본뜬 것으로 밭을 의미. 田畓(전답)
鹽田(염전) 油田(유전) 田園(전원) 井田法(정전법) 火田民(화전민)
丹田呼吸(단전호흡) 桑田碧海(상전벽해) 我田引水(아전인수)
논 답(畓)-물(水물 수)을 밭(田밭 전)에 채우고 벼를 재배하는
농토로 논을 의미. 田畓(전답) 天水畓(천수답)
門前沃畓(문전옥답) 水利安全畓(수리안전답)
세밀할·가늘·잘·작을 세(細)-옛 글자(細)를 보면 실(糸가는실 멱)로
꿰맨 것처럼 여러 개의 뼈가 봉합선으로 연결된 사람의
머리뼈(囟→囟정수리 신→田밭 전)같이 오묘하다 라는 의미의
글자로 세밀하다·가늘다·잘다·작다 라는 의미가 파생됨.
細胞(세포) 零細(영세) 詳細(상세) 微細(미세) 細菌(세균)
細分(세분) 細工(세공) 細心(세심) 細密(세밀) 細部(세부)
明細書(명세서) 極細絲(극세사) 毛細血管(모세혈관)
더할·포갤·여러·얽힐·묶 을 루(累)-옛 글자(絫)를 보면 3개의 밭이
맞닿아 있는(畾밭사이 뢰→田밭 전) 것처럼 가는 실(糸가는실 멱)
여러 가닥을 꼬아 하나로 합치는 것으로 더하다·포개다·얽히다·
묶다 라는 의미. 連累(연루) 累積(누적) 累次(누차) 累計(누계)
累代(누대) 累回(누회) 累進稅(누진세) 累卵之危(누란지위)

소라 라(螺)-벌레(虫벌레 훼)처럼 생긴 연체동물로 껍질이 여러 층으로 포개져(累여러·포갤 루) 소용돌이 모양으로 꼬여 있는 소라를 의미.
螺絲(나사) 螺旋形(나선형) 螺鈿漆器(나전칠기)
밥통 위(胃)-옛 글자(𦜉)를 보면 먹은 음식물이 통(口) 안에 모여(※) 있는 곳으로 몸(月=肉몸 육) 안에 있는 육부(六腑)의 하나인 밥통을 의미. 脾胃(비위) 胃臟(위장) 胃癌(위암)
胃炎(위염) 胃酸(위산) 胃痛(위통) 胃壁(위벽) 胃腸藥(위장약)
이를·고할 위(謂)-말(言말씀 언)로 보고 들은 것을 밥통(胃밥통 위)에 음식물이 모여 있는 것처럼 모아서 일러 주는 것으로 이르다·고하다 라는 의미. 可謂(가위) 所謂(소위)
피부·얕을 부(膚)-무늬가 있는 범(虍범의문채 호)의 외피같이 몸의 겉을 음식물을 담고 있는 밥통(胃밥통 위)처럼 싸고 있는 살갗으로 피부(살갗·껍질)·얕다 라는 의미. 皮膚(피부) 膚學(부학)
皮膚病(피부병) 身體髮膚受之父母(신체발부수지부모)
열매·결과·과연·결단할 과(果)-옛 글자를 보면 열매(ꕥ열매 모양→田밭 전)가 나무(木나무 목)에 달려 있는 모양으로 열매·결과·과연·결단하다 라는 의미.
結果(결과) 效果(효과) 果敢(과감) 成果(성과) 果然(과연) 果實(과실)
果斷性(과단성) 果樹園(과수원) 因果應報(인과응보) 五穀百果(오곡백과)
시험할·매길 과(課)-실력을 실지로 알아보기 위하여 말(言말씀·말할 언)로 물어보고 답하는 결과(果결과 과)에 따라 등수를 정하는 것으로 시험하다·매기다 라는 의미. 課題(과제) 賦課(부과) 課稅(과세) 課外(과외)
課業(과업) 學課(학과) 考課(고과) 課長(과장) 課程(과정)
課徵金(과징금) 公課金(공과금) 庶務課(서무과)
과자 과(菓)-식물(⺾=艸풀 초)의 열매(果열매 과)를 가공하여 여러 모양으로 만든 식품으로 과자를 의미.
菓子(과자) 氷菓(빙과) 茶菓會(다과회) 製菓店(제과점)
벌거벗을 라(裸)-옷(衤=衣옷 의)을 익으면 껍질이 저절로 벌어져 속에 있는 씨가 겉으로 나타나는 열매(果열매 과)처럼 알몸뚱이가 다 드러나도록 죄다 벗은 것으로 벌거벗다 라는 의미.
裸體(나체) 裸身(나신) 全裸(전라) 赤裸裸(적나라)
새깃들일·새집 소(巢)-옛 글자를 보면 새들(巛)이 절구(臼절구 구→田밭 전)처럼 생긴 집을 나무(木나무 목) 위에 지어 깃들여 있는 것으로 새들이 깃들여 사는 새집을 의미. 巢窟(소굴) 卵巢(난소) 歸巢本能(귀소본능)
싹·모 묘(苗)-옮겨 심기 위하여 씨앗을 뿌린 밭(田밭 전)에서 풀(⺾=艸풀 초)처럼 돋아나는 어린잎으로 싹·모를 의미.
種苗(종묘) 苗木(묘목) 育苗場(육묘장) 拔苗助長(발묘조장)
모뜰·그림 묘(描)-손(扌=手손 수)으로 모(苗모 묘)를 옮겨 심는 것처럼 원본 그대로 옮겨 그리는 것으로 모뜨다·그림을 의미.
描寫(묘사) 素描(소묘) 點描(점묘) 描虎類犬(묘호류견)

(里里)(理理)(裏裹)(童畫)
(鐘鐘)(量量)(糧糧)(埋埋)

마을·살·근심할·이수 리(里)−밭(田밭 전)에서 흙(土−흙 토)을 일구며 사람들이
머물러 사는 곳으로 마을·살다·근심하다 라는 의미. 마을과 마을 사이의
거리(약 400m)로 길의 거리를 재는 단위인 이수(里數)를 의미. 里長(이장)
鄕里(향리) 海里(해리) 洞里(동리) 里程標(이정표) 十里(십리−약 4km)
五里霧中(오리무중) 不遠千里(불원천리) 萬里長城(만리장성)

다스릴·이치 리(理)−옥을 다듬어서 만든 구슬(玉옥·구슬 옥→王)을
실에 꿰듯이 마을(里마을 리)을 도리에 맞게 바로잡는 것으로
다스리다·이치(理致)를 의미. 理由(이유) 管理(관리) 處理(처리)
理解(이해) 整理(정리) 非理(비리) 倫理(윤리) 原理(원리) 道理(도리)
理念(이념) 理致(이치) 理性(이성) 眞理(진리) 順理(순리) 料理(요리)
推理(추리) 物理(물리) 心理(심리) 理想鄕(이상향) 黑白論理(흑백논리)

옷속·속·안 리(裏)−옷(衣옷 의)의 안쪽에 마을에 사람들이 머물러
사는(里마을·살 리) 것처럼 몸이 들어가 머무르는 부분으로
옷속·속·안을 의미. 表(겉 표)자와 비슷. 裏面(이면) 腦裏(뇌리)
盛況裏(성황리) 表裏不同(표리부동) 笑裏藏刀(소리장도)

아이 동(童)−밭(田밭 전)에서 흙(土−흙 토)을 뚫고 곧게(立곧을 립)
자라나는 싹같이 어린 사람으로 아이를 의미. 兒童(아동)
童話(동화) 童謠(동요) 童詩(동시) 童心(동심) 牧童(목동)
童顔(동안) 神童(신동) 惡童(악동) 三尺童子(삼척동자)

쇠북 종(鐘)−쇠(金쇠 금)로 만들어 세워(立세울 립)놓고 마을(里마을 리)에
시각을 알리거나 신호를 하기 위해 쳐서 소리를 내는 쇠북(종)을 의미.
鏡(거울 경)자와 비슷. 打鐘(타종) 警鐘(경종) 鐘樓(종루) 晚種(만종)
鐘閣(종각) 弔鐘(조종) 梵鍾(범종) 自鳴鐘(자명종)

헤아릴·휘·국량·부피 량(量)−옛 글자를 보면 곡물의 낱알(曰)을
그릇(冂입벌릴 감→一)에 담아 무게(重무게 중→里)를 되는 것으로
헤아리다·휘(곡식을 되는 그릇)·국량·부피를 의미. 假量(가량)
度量(도량) 物量(물량) 裁量(재량) 測量(측량) 質量(질량)
減量(감량) 容量(용량) 重量(중량) 雅量(아량) 分量(분량)
料量(요량) 降水量(강수량) 從量制(종량제) 感慨無量(감개무량)

곡식·양식 량(糧)−사람의 식량이 되는 곡물의 낱알 (米낱알 미)로
분량을 헤아릴(量헤아릴 량) 수 있는 쌀·보리·콩·조·수수 따위를
총칭하는 것으로 곡식·양식을 의미.
穀食(곡식) 食糧(식량) 糧食(양식) 糧穀(양곡) 軍糧米(군량미)

묻을·감출 매(埋)-흙(土흙 토) 속에 넣어 마을에 사람들이 머물러
사는(里마을·살 리) 것처럼 머물러 있게 덮는 것으로 묻다·감추다
라는 의미. 埋沒(매몰) 埋葬(매장) 埋立(매립) 埋伏(매복)
埋設(매설) 埋藏量(매장량) 暗埋葬(암매장)

(畐) (福福) (富)
(副) (幅幅)

가득할 복(畐)-옛 글자를 보면 배가 볼록하고 목이 긴 술병에
술이 꽉 들어차 있는 모양을 본뜬 것으로 가득하다 라는 의미.
복 복(福)-신(示귀신 기)에게 제물을 가득히(畐가득할 복) 드리니
신이 내려주는 것으로 복을 의미. 祝福(축복) 福券(복권)
福祿(복록) 幸福(행복) 飮福(음복) 冥福(명복) 福音書(복음서)
福祉社會(복지사회) 祈福信仰(기복신앙) 轉禍爲福(전화위복)
부자 부(富)-집(宀움 면) 안에 재물이 가득한(畐가득할 복) 것으로
부자를 의미. 甲富(갑부) 豊富(풍부) 貧富(빈부) 致富(치부)
富豪(부호) 富裕層(부유층) 富國强兵(부국강병) 富貴榮華(부귀영화)
버금·도울 부(쪼갤 복)(副)-술병에 가득 찬(畐가득할 복) 술을
칼(刂=刀칼 도)로 가르듯이 둘로 나누는 것으로 쪼개다·버금·
돕다·알맞다·덧붙다 라는 의미. 副應(부응) 副業(부업) 副詞(부사)
副食(부식) 副次(부차) 副賞(부상) 副題(부제) 副産物(부산물)
副作用(부작용) 副社長(부사장) 副收入(부수입) 副士官(부사관)
폭 폭(幅)-베(巾수건 건)를 짤 때 베틀에 세로로 가득(畐가득할 복)
들어차 있는 날실을 가로로 잰 길이로 폭(너비)을 의미.
步幅(보폭) 大幅(대폭) 增幅(증폭) 全幅(전폭) 振幅(진폭)

(示) (祭祭) (際)
(察) (擦) (宗)
(綜綜) (崇) (奈)

보일 시(귀신 기)(示)-제사(祭祀)를 지낼 때 제물(祭物)을 올려 놓는
제단(祭壇)을 본뜬 것으로 제물을 제단 위에 차려 놓으니 신에게
나타내 보이다·알리다 라는 의미. 提示(제시) 示唆(시사) 示威(시위)
指示(지시) 誇示(과시) 標示(표시) 示範(시범) 暗示(암시) 展示(전시)

告示(고시) 啓示(계시) 豫示(예시) 訓示(훈시) 示達(시달) 示現(시현)
揭示板(게시판) 示方書(시방서) 拈華示衆(염화시중)

제사·제사지낼 제(祭)-옛 글자를 보면 고기(肉고기 육)를 거듭하여(又또 우)
제단(示-제단 모양)에 쌓아 올려놓은 것으로 제사·제사지내다 라는 의미.
祭祀(제사) 祝祭(축제) 祭器(제기) 祭物(제물) 祭壇(제단) 祭典(제전)
司祭(사제) 祈雨祭(기우제) 祭禮樂(제례악) 謝肉祭(사육제)
前夜祭(전야제) 冠婚喪祭(관혼상제) 祭亡妹歌(제망매가)

모일·만날·닿을·사귈·사이·즈음·때 제(際)-여러 사람들이 큰
언덕(阝=阜클·언덕 부)으로 제사를 지내기(祭제사지낼 제) 위해
오는 것으로 모이다→만나다→닿다→사귀다→사이→즈음→때
라는 의미. 實際(실제) 國際(국제) 此際(차제) 交際(교제)

깨끗할·자세할·살필·상고할 찰(察)-집(宀움 면) 안을 제사를 지내기
(祭제사지낼 제) 위해 깨끗이 하고 자세히 살피는 것으로 깨끗하다·
자세하다·살피다·상고(詳考)하다 라는 의미. 檢察(검찰)
警察(경찰) 觀察(관찰) 省察(성찰) 査察(사찰) 巡察(순찰)
洞察(통찰) 考察(고찰) 視察(시찰) 診察(진찰) 監察(감찰)

문지를 찰(擦)-손(扌=手손 수)으로 더러운 것이 깨끗해지게(察깨끗할 찰)
비비는 것으로 문지르다 라는 의미.
摩擦(마찰) 擦過傷(찰과상) 破擦音(파찰음)

사당·높을·마루·근본·일가·겨레 종(宗)-집(宀집 면) 안에 조상(示귀신 기)의
위패를 모셔 놓고 제사를 지내는 곳으로 사당·높다·마루·근본·일가·겨레를
의미. 宗敎(종교) 宗廟(종묘) 禪宗(선종) 宗派(종파) 宗家(종가) 宗孫(종손)
改宗(개종) 宗團(종단) 宗婦(종부) 宗親會(종친회) 宗廟社稷(종묘사직)

모을 종(綜)-실(糸가는실 멱)이 조상의 위패를 한곳에 모셔 놓은
사당(宗사당 종)같이 한곳에 걸려 있는 베틀의 날실을 나타낸 것으로
나중에 여럿을 한곳에 오게 하는 것으로 모으다 라는 의미가 파생됨.
綜合病院(종합병원) 綜合檢診(종합검진) 綜合廳舍(종합청사)

높을·높일·공경할 숭(崇)-산(山뫼 산)의 마루(宗마루 종)같이 높다·높이다·
공경하다 라는 의미. 崇拜(숭배) 崇尙(숭상) 崇高(숭고) 隆崇(융숭)
崇禮門(숭례문) 排佛崇儒(배불숭유) 崇德廣業(숭덕광업)

어찌·어찌할 내(나락 나)(奈)-사람(大큰 대)을 제물로 제단(示-제단 모양)
위에 올려놓은 것으로 느낌과 물음을 나타내는 어찌·어찌하다 라는 의미.
범어(梵語)로 지옥을 의미하는 나라카(Neraka)를 음역(音譯)한 것으로
나락을 의미. 奈落(나락) 奈何(내하) 奈勿王(내물왕) 莫無可奈(막무가내)

(頁𧼙)(煩熖)(碩𥐻)(類𩔖)

(夏夒𩴱)(寡𡧤)(憂𢝊)(優𠍟)

(頁 🐒 𩑋)(擾 擾 𢶍)(首 𩠐 𦣻)

(道 道 𧗟)(導 𨗌)(面 面 𡇢)

(県 𥄉)(縣 縣)(懸 𥄡)

머리·책면 혈(頁)-옛 글자를 보면 사람(儿어진사람 인)의 몸(自몸 자)에서
맨 위(一)에 있는 머리 부분을 나타낸 것으로 머리·책면(페이지)을 의미.
頁巖(혈암-책면처럼 낱장으로 쪼게 지는 암석)

번열증날·번거로울·번민할 번(煩)-불(火불 화)같이 뜨거운 열이
머리(頁머리 혈)에 나서 가슴이 답답하고 괴로운 것으로
번열증이 나다·(번열증이 난 것처럼 귀찮고 짜증스럽다)번거롭다·
(마음이 번거롭고 답답하여 괴로워하다)번민하다 라는 의미.
煩惱(번뇌) 煩悶(번민) 煩雜(번잡) 頻煩(빈번) 煩熱(번열) 煩渴症(번갈증)

충실할·클 석(碩)-굳고 단단한 돌(石돌 석)같이 머리(頁머리 혈)의
속이 꽉 차있는 것으로 충실(充實)하다·크다 라는 의미.
碩士(석사) 碩學(석학) 碩座敎授(석좌교수)

나눌·같을·무리 류(類)-쌀(米쌀 미)처럼 머리(頁머리 혈)의 모양이나
크기가 거의 비슷한(類엇비슷할 뢰) 개(犬개 견)들을 끼리끼리 구별하는
것으로 나누다→같다→무리를 의미. 類似(유사) 種類(종류) 書類(서류)
人類(인류) 類例(유례) 分類(분류) 鳥類(조류) 類型(유형) 類推(유추)
類題(유제) 類義語(유의어) 類類相從(유유상종) 類萬不同(유만부동)

여름 하(夏)-사람이 더위에 지쳐서 머리를(頁머리 혈→百) 숙이고 천천히
걷는(夊천천히 걸을 쇠→夊뒤에올 치) 것으로 여름을 의미. 夏至(하지)
夏服(하복) 夏期(하기) 春夏秋冬(춘하추동) 冬蟲夏草(동충하초)

과부·적을·나 과(寡)-집(宀움집 면)의 머리(頁머리 혈)와 같은 남편과
나누어진(分나눌 분) 것으로 남편과 헤어져 혼자 사는 과부를
의미하는 것으로 혼자 사는 과부는 미약하니 적다 라는 의미와
과부같이 혼자인 '나'라는 의미가 파생됨. 寡默(과묵) 寡婦(과부)
寡守宅(과수댁) 獨寡占(독과점) 衆寡不敵(중과부적)

근심 우(憂)-머리(頁머리 혈)를 뒤덮고(冖덮을 멱) 있는 해결되지 않은
일 때문에 속(心속 심)을 태우며 천천히 걷고(夊천천히걸을 쇠→夊) 있는
것으로 근심(걱정)을 의미. 憂(근심 우)는 정신적인 근심(걱정)을
의미하고 患(근심 환)은 육체적인 근심(걱정)을 의미함. 憂慮(우려)
患憂(환우) 憂愁(우수) 杞憂(기우) 解憂所(해우소) 忘憂草(망우초)
識字憂患(식자우환) 內憂外患(내우외환) 憂國之士(우국지사)

넉넉할·도타울·뛰어날·광대 우(優)-사람(亻=人사람 인)이 갖고 있는
온갖 근심 걱정(憂근심·걱정 우)같이 많고 깊은 것으로 넉넉하다→
도탑다→뛰어나다→광대를 의미. 優秀(우수) 優劣(우열) 優先(우선)
優勢(우세) 優待(우대) 女優(여우) 優位(우위) 優勝(우승)
優越(우월) 優良(우량) 優雅(우아) 優柔不斷(우유부단)
원숭이 노(夒)-옛 글자를 보면 머리(頁)와 발(止)과 꼬리(巳)가
있는 짐승이 두 발로 천천히 걷는(夂천천히걸을 쇠→夊) 원숭이를
본뜬 것으로 원숭이를 의미.
요란할 요(擾)-옛 글자(擾)를 보면 사람의 손에 잡힌(扌=手손·잡을 수)
원숭이(夒원숭이노)같이 시끄럽고 어지러운 것으로 요란하다 라는 의미.
騷擾(소요) 擾亂(요란) 丙寅洋擾(병인양요) 辛未洋擾(신미양요)
머리·우두머리·처음·향할·자백할 수(首)-옛 글자(𩠐)를 보면 내(巛=川내 천)
처럼 구불구불한 머리털 아래에(一) 코(自-코 모양)가 있는 머리를 본뜬
것으로 머리·우두머리·처음·향하다·자백하다 라는 의미. 首都(수도)
首席(수석) 首肯(수긍) 元首(원수) 首班(수반) 匕首(비수) 首相(수상)
首腦(수뇌) 首領(수령) 船首(선수) 魁首(괴수) 自首(자수)
首弟子(수제자) 鶴首苦待(학수고대) 首丘初心(수구초심)
길·도·순할·말미암을·말할 도(道)-옛 글자(䢍)를 보면 내(巛=川내 천)를
따라 물이 흘러가는 것처럼 목적지를 향하여(首향할 수) 걸어가는
(辶=辵쉬엄쉬엄갈 착) 곳으로 길·(사람으로서 따라야 할 도리)도·순하다
(따르다)·말미암다·말하다 라는 의미. 道路(도로) 鐵道(철도) 道理(도리)
道德(도덕) 孝道(효도) 道義(도의) 修道(수도) 柔道(유도) 劍道(검도)
片道(편도) 法道(법도) 報道(보도) 道術(도술) 道敎(도교) 武道(무도)
軌道(궤도) 傳道師(전도사) 安貧樂道(안빈낙도) 極惡無道(극악무도)
인도할·통할 도(導)-길(道길 도)을 미루어 생각하여(寸헤아릴 촌)
알려 주는 것으로 인도하다→통하다(전하다) 라는 의미.
引導(인도) 主導(주도) 誘導(유도) 指導(지도) 善導(선도)
半導體(반도체) 矯導所(교도소) 導船士(도선사) 導火線(도화선)
낯·겉·앞·향할·방위·만날·대할 면(面)-옛 글자(圙)를 보면 머리(百)의
앞쪽 면에 있는 눈, 코, 입 등을 둥글게 두르고(囗-圍에울 위) 있는
것으로 낯(얼굴)·겉·앞·향하다·방향(방위)·만나다·대하다 라는 의미.
面接(면접) 表面(표면) 側面(측면) 面積(면적) 面談(면담) 假面(가면)
畵面(화면) 面長(면장) 圖面(도면) 平面(평면) 場面(장면) 裏面(이면)
鐵面皮(철면피) 四面楚歌(사면초가)
목베어달 교(梟)-죄인의 목을 베어 머리를 거꾸로 달아 놓은
(𩠐-首의 옛 글자를 거꾸로 쓴 것) 것으로 목을 베어 달다 라는 의미.
맬·고을 현(縣)-원래는 죄인의 목을 베어 머리를 거꾸로 달아서
(梟목베어달 교→県) 끈으로 묶어(系맬 계) 놓은 것으로 매다 라는 의미로
나중에 죄를 심판하여 죄인의 목을 베어 머리를 거꾸로 매달 수 있는
권한이 있는 옛 지방 행정 구역의 하나인 현의 수장인 현령이 다스리는

고을이라는 의미로 씀. 縣監(현감) 縣令(현령) 郡縣制(군현제)

매달·달릴·멀 현(懸)-끈으로 묶어서(縣맬 현) 정맥과 동맥에 연결되어
붙어 있는 심장(心염통 심)처럼 아래로 늘어뜨리거나 걸어 놓는
것으로 매달다·달리다·(높은 곳에 달려 있는 것같이)멀다 라는 의미.
懸案(현안) 懸板(현판) 懸隔(현격) 懸燈(현등) 懸垂橋(현수교)
懸垂幕(현수막) 懸賞金(현상금) 耳懸鈴鼻懸鈴(이현령비현령)

(大大)(太衆)(天天)(夫夫)
(扶扶)(扶林)(替替)(趺趺)
(因因)(姻姻)(咽咽)(恩恩)

큰·길·지날 대(大)-성년이 된 남자가 양팔과 양다리를 좌우로 벌리고
정면을 향해 서 있는 모습으로 성년이 된 남자가 서 있는 것같이
크고 길다 라는 의미와 미성년의 시기를 넘기고 성년이 된 것처럼
지나다 라는 의미. 擴大(확대) 大選(대선) 大幅(대폭) 偉大(위대)
大衆(대중) 重大(중대) 大量(대량) 大勢(대세) 大陸(대륙) 大氣(대기)
大望(대망) 大學(대학) 大統領(대통령) 大部分(대부분) 大規模(대규모)
大丈夫(대장부) 大多數(대다수) 大器晚成(대기만성) 大同團結(대동단결)

클·심할·콩 태(太)-성년이 된 남자(大큰 대)의 다리 사이에 있는 성숙한
불알(丶불똥 주)처럼 보통의 정도보다 크다·심하다·(성인 남자의 불알처럼
생긴)콩을 의미. 犬(개 견)와 비슷. 太陽(태양) 太古(태고) 太初(태초)
太極(태극) 太半(태반) 太不足(태부족) 太白山(태백산) 太平聖代(태평성대)

하늘 천(天)-양팔과 양다리를 좌우로 벌리고 서 있는 사람(大큰 대)의
머리 위에 있는 하늘(一같을 일)을 표시한 것으로 하늘을 의미.
天地(천지) 天才(천재) 天堂(천당) 天然(천연) 天性(천성) 天使(천사)
天罰(천벌) 天敵(천적) 天幕(천막) 天賦的(천부적) 開天節(개천절)
天高馬肥(천고마비) 天佑神助(천우신조) 天災地變(천재지변)

사내·지아비 부(夫)-장가 든 남자(大큰 대)의 정수리 위에 틀어 올린
상투가 풀리지 않게 동곳(一같을 일)을 꽂은 모양으로 사내·지아비를
의미. 夫婦(부부) 農夫(농부) 夫君(부군) 大丈夫(대장부) 望夫石(망부석)
夫唱婦隨(부창부수) 女必從夫(여필종부) 夫爲婦綱(부위부강)

도울·붙들 부(扶)-손(扌=手손 수)으로 지아비(夫지아비 부)같이 곁에서
부축하고 거들어 주는 것으로 돕다·붙들다(부축하다) 라는 의미.
扶養(부양) 扶持(부지) 扶餘(부여) 扶助金(부조금) 相扶相助(상부상조)

나란히갈·짝 반(扶)-두 사내(夫사내 부)가 나란히 서 있는
모양으로 나란히 가다·짝을 의미.

61

대신할·바꿀 체(替)-짝(竝짝 반)을 대리하여 말을 하는(曰말할 왈) 것으로
대신하다·바꾸다 라는 의미. 交替(교체) 代替(대체) 計座移替(계좌이체)
책상다리할 부(趺)-한쪽 발을 다른 쪽 발위에 더하여(足=足발 족·더할 주)
얹은 것으로 사내(夫사내 부)가 앉을 때 취하는 자세인 책상다리를 하고
앉은 자세를 의미. 龜趺(귀부) 半跏趺坐(반가부좌) 結跏趺坐(결가부좌)
의지할·말미암을·인연·인할 인(因)-경계를 사방으로 에워싼(口=圍에울 위)
일정한 땅안에 성년이 된 남자(大큰 대)가 들어가 몸을 기대고 사는 것처럼
의지하다→말미암다→인연하다→인하다 라는 의미. 因果(인과) 原因(원인)
要因(요인) 因緣(인연) 起因(기인) 敗因(패인) 因果應報(인과응보)
시집갈 인(姻)-여자(女계집 녀)가 혼례(婚禮)를 치르고 부부의
인연(因인연 인)을 맺은 남자의 집으로 들어가는 것으로
시집가다 라는 의미. 婚姻(혼인) 親姻戚(친인척)
목구멍 인(목멜 열)(咽)-음식을 먹는 입(口입 구)과 잇닿아(因인할 인)
있는 것으로 음식이 들어가는 식도(食道)인 목구멍을 의미.
咽喉(인후) 咽喉炎(인후염) 耳鼻咽喉科(이비인후과) 嗚咽(오열)
은혜·덕분·사랑할 은(恩)-도움을 받음으로 인하여(因인할 인) 생기는
고마운 마음(心마음 심)으로 은혜를 의미. 恩惠(은혜) 聖恩(성은)
恩德(은덕) 謝恩會(사은회) 背恩忘德(배은망덕) 結草報恩(결초보은)

(夭夭)(妖妖)(沃沃)(笑笑)
(呑呑)(忝忝)(添添)

어릴·예쁠·얼굴빛화할·일찍죽을·굽을 요(땅이름 옥)(夭)-옛 글자를 보면
아직 목을 가누지 못하여 머리를 뒤로 젖히고(丿삣침 별) 양팔과 양다리를
벌리고(大큰 대) 좋아하는 어린아이의 모습과 목을 가누지 못하고 머리를
뒤로 젖히고(丿삣침 별) 양팔과 양다리를 벌리고(大큰 대) 나이 어린 사람이
죽어 있는 모습을 본뜬 것으로 어리다·얼굴빛이 화하다·예쁘다·일찍 죽다·
굽다 라는 의미. 夭折(요절) 桃夭時節(도요시절)
고울·아양부릴·요얼 요(妖)-여자(女계집 녀)가 목을 가누지 못하는 것처럼
머리를 뒤로 젖히고(丿삣침 별) 양팔과 양다리를 벌리고(大큰 대) 예쁜
어린아이(夭예쁠·어릴 요)처럼 좋아하니 곱다·아양 부리다·요망스러운
사람(요얼)을 의미. 妖怪(요괴) 妖鬼(요귀) 妖婦(요부) 妖術(요술)
妖艶(요염) 妖精(요정) 妖妄(요망) 妖物(요물) 妖邪(요사)
물댈·토옥할·기름질·좋을·무성할 옥(沃)-물(氵=水물 수)이 흘러드는
땅(夭땅이름 옥)처럼 양분이 많은 것으로 물을 대다·토옥하다·기름지다·
좋다·무성하다 라는 의미. 肥沃(비옥) 沃土(옥토) 門前沃畓(문전옥답)

웃을·웃음 소(笑)-대나무(竹대 죽)가 바람에 흔들리며 소리를 내는 것처럼
머리를 뒤로 젖히고 소리를 내며 얼굴빛이 온화해(夭얼굴빛화할 요)지는
것으로 웃다·웃음을 의미. 微笑(미소) 談笑(담소) 嘲笑(조소) 冷笑(냉소)
失笑(실소) 可笑(가소) 爆笑(폭소) 拈華微笑(염화미소) 拍掌大笑(박장대소)
破顔大笑(파안대소) 仰天大笑(앙천대소) 笑裏藏刀(소리장도)

삼킬 탄(呑)-어린아이(夭어릴 요)처럼 머리를 뒤로 젖히고 입(口입 구)에
넣은 것을 목구멍으로 넘기는 것으로 삼키다 라는 의미.
併呑(병탄) 甘呑苦吐(감탄고토)

욕될·더럽힐 첨(忝)-몸을 굽히는(夭굽을 요) 것처럼
마음속(小=心마음·속 심)의 지조(志操)를 꺾으니 욕되·
더럽히다 라는 의미. 忝叨(첨도) 忝先(첨선) 無忝堂(무첨당)

더할·덧붙일 첨(添)-땅 위에 물을 대는(沃물댈 옥) 것처럼
마음속(小=心마음·속 심)으로 흘러드는 생각이 더 많아지는 것으로
더하다·덧붙이다 라는 의미. 添加(첨가) 添附(첨부) 添削(첨삭)
別添(별첨) 添酌(첨작) 錦上添花(금상첨화) 畵蛇添足(화사첨족)

(央米)(殃胇)(怏胇)(鴦鴌)
(英茮)(暎眏)(夬夆夆)
(快快)(決決)(缺缺)(訣訣)

가운데·선명할 앙(央)-옛 글자를 보면 널빤지 중간에 목이 들어갈 만큼
도려내고 반으로 쪼개어 죄인의 목에 씌우고 양쪽에 나무 비녀장을
박아 넣는 형틀인 칼을 쓰고(冖덮을 멱) 서 있는 죄인(大사람 모양)의
모습으로 죄인의 목에 씌우는 칼의 중간 부분을 나타낸 것으로
가운데→선명하다 의미. 中央(중앙) 震央(진앙) 中央分離帶(중앙분리대)

벌나릴·재앙 앙(殃)-나쁜(歹뼈앙상할 알·나쁠 대)짓을 저지른
죄인(大사람 모양)의 목에 칼을 씌워(冖덮을 멱) 벌을 내리는 것으로
벌을 내리다→재앙을 의미. 災殃(재앙) 殃禍(앙화) 殃及池魚(앙급지어)

원망할 앙(怏)-마음(忄=心마음 심)에 죄인(大)이 목에 칼을 쓰고(冖덮을 멱)
있는 것처럼 못마땅히 여겨 탓하는 것으로 원망하다 라는 의미.
快(시원할 쾌)자와 비슷. 怏心(앙심) 怏宿(앙숙) 怏憤(앙분)

원앙 앙(鴦)-양쪽 눈 둘레에 죄인(大)이 목에 칼을 쓰고(冖덮을 멱)
있는 것처럼 흰 털을 두르고 있는 새(鳥새 조)로 암컷 원앙을 의미.
鴌(원앙 원)-양쪽 눈 위에 초승달(夕저녁 석)처럼 굽은(巴병부 절)
긴 깃털이 있는 새(鳥새 조)로 수컷 원앙을 의미.
鴛鴦(원앙) 鴛鴦衾枕(원앙금침)

꽃부리·빼어날·영웅 영(英)-풀(++=艸풀 초)의 꽃대에 죄인(大)이 목에 칼을 쓰고(冂덮을 멱) 있는 것처럼 꽃잎을 두르고 있는 것으로 꽃부리·(꽃부리같이)빼어나다·(빼어난)영웅을 의미.
英雄(영웅) 英特(영특) 英才(영재) 育英(육영) 護國英靈(호국영령)

비칠 영(映)-해(日해 일)가 발하는 빛을 받아 선명하게(央선명할 앙) 드러나는 것으로 비치다(비추다) 라는 의미.
反映(반영) 映畵(영화) 映像(영상) 放映(방영) 映寫機(영사기)

틀·터놓을·터질·결단할·괘이름 쾌(깍지 결)(夬)-옛 글자(㕚)를 보면 활시위를 잡아 당길 때 사용하는 뿔로 만든 활깍지(コ)를 오른손(又) 엄지손가락(ㅣ)의 아랫마디에 낀 모양을 본뜬 것으로 엄지손가락에 끼우기 위해 구멍을 낸 활깍지처럼 트다·터놓다·터지다(갈라지다) 라는 의미. 활깍지를 낀 엄지손가락으로 팽팽하게 당겨 쏠 목표를 정하고 활시위를 놓는 것처럼 결단하다 라는 의미. 夬卦(쾌괘)

쾌할·시원할·빠를 쾌(快)-마음속(忄=心마음·속 심)을 손가락에 끼우려고 구멍을 낸 활깍지처럼 터놓으니(夬터놓을 쾌) 유쾌하다·시원하다·빠르다 라는 의미. 爽快(상쾌) 快樂(쾌락) 快活(쾌활) 痛快(통쾌) 快擧(쾌거)
快感(쾌감) 快晴(쾌청) 快適(쾌적) 快速(쾌속) 快刀亂麻(쾌도난마)

물꼬터놓을·터질·깨질·결단할 결(決)-원래는 논에 가둔 물(氵=水물 수)이 흘러 나가게 물꼬를 끊어 트는(夬틀 결) 것으로 물꼬를 터놓다 라는 의미로 물을 막고 있던 물꼬를 끊어 트는 것에서 터지다·깨지다· 결단하다 라는 의미가 파생됨. 決定(결정) 決斷(결단) 解決(해결)
對決(대결) 決算(결산) 判決(판결) 票決(표결) 否決(부결) 可決(가결)
決裁(결재) 處決(처결) 決裂(결렬) 決議案(결의안) 速戰速決(속전속결)

이지러질·이빠질·빌·흠있을 결(缺)-오지 그릇(缶장군 부)의 한쪽 귀퉁이가 갈라져서(夬터질 결) 떨어져 없어진 것으로 이지러지다·이빠지다·비다· 없다· 모자라다 라는 의미. 缺席(결석) 缺陷(결함) 缺損(결손) 缺禮(결례)
缺乏(결핍) 缺如(결여) 缺食(결식) 缺勤(결근) 缺航(결항) 不可缺(불가결)

이별할·비결 결(訣)-말(言말씀 언)로 딱 잘라 결정하듯이 서로의 관계나 교제를 끊어 서로 갈라져(夬결단할·터질 결) 떨어지는 것으로 이별하다 라는 의미와 점쟁이가 주문을 외우며(言말할 언) 장래의 길흉화복을 알아내는 점괘(夬괘이름 쾌)가 나오게 하는 점술 같은 방법과 기술로 비결을 의미.
訣別(결별) 秘訣(비결) 永訣式(영결식) 要訣(요결) 土亭秘訣(토정비결)

(昊昦)(莫莫)(幕幙)(漠漠)

(膜膜)(暮暮)(模樸)(募募)

(慕鷞)(墓鼙)

햇빛 대(클 영)(昊)-해(日해 일)가 사람(大)의 머리 위에서
환하게 비추고 있는 모양으로 햇빛(날빛)·크다 라는 의미.
크다의 의미일 때는 '영'으로 읽음. 李昊(이영)

어두울·엷을·없을·말 막(莫)-풀(++=艸풀 초) 아래로 해가 져서 환하게
비추던 햇빛(昊햇빛 대)이 없어져 어두워지는 것으로 어둡다·엷다·
아득하다·없다·말다 라는 의미. 莫大(막대) 莫强(막강) 莫重(막중)
莫逆(막역) 莫論(막론) 莫甚(막심) 莫及(막급) 莫無可奈(막무가내)
莫逆之友(막역지우) 無知莫知(무지막지) 莫上莫下(막상막하)

장막·군막 막(幕)-밖에서 볼 수 없도록(莫없을 막) 머리위에 쓰는
두건(巾머리건 건)처럼 사방을 천으로 위에서 아래로 덮어서 가린
장막·군막을 의미. 帳幕(장막) 幕舍(막사) 銀幕(은막) 黑幕(흑막)
內幕(내막) 天幕(천막) 幕間(막간) 幕後(막후) 字幕(자막) 酒幕(주막)
序幕(서막) 閉幕(폐막) 開幕式(개막식) 懸垂幕(현수막) 單幕劇(단막극)
汗蒸幕(한증막) 煙幕作戰(연막작전)

사막·넓을·아득할·고요할 막(漠)-물(氵=水물 수)이 없는(莫없을 막)
가마득하게 넓은 모래 땅으로 사막·넓다·아득하다·고요하다 라는 의미.
沙漠(사막) 漠然(막연) 索漠(삭막) 漠漠(막막) 廣漠(광막) 荒漠(황막)

막·꺼풀 막(膜)-몸(月=肉살 육)의 내장기관을 싸고 있거나 경계를 이루는
엷은(莫엷을 막) 껍질로 막·꺼풀을 의미. 角膜(각막) 鼓膜(고막) 網膜(망막)
肋膜(늑막) 皮膜(피막) 結膜炎(결막염) 腹膜炎(복막염) 細胞膜(세포막)

날저물·늦을 모(暮)-해(日해 일)가 져서 어두워지는(莫어두울 막)
것으로 날(日날 일)이 저물다·늦다 라는 의미.
歲暮(세모) 朝三暮四(조삼모사) 朝令暮改(조령모개)

본·본뜰·모범할·법 모(模)-나무(木나무 목)로 이미 있는 것과 조금도 다른
데가 없이(莫없을 막) 똑같이 만든 것으로 본·본뜨다·모범하다·법을 의미.
模樣(모양) 模型(모형) 規模(규모) 模範(모범) 模倣(모방) 模唱(모창)
模造紙(모조지) 模寫品(모사품) 模擬試驗(모의시험) 曖昧模糊(애매모호)

널리구할·부를·모을·뽑을 모(募)-없는(莫없을 막) 사람이나
물품·작품 등을 널리 힘을 써서(力힘쓸 력) 알려 모으는
것으로 널리 구하다·부르다·모으다·뽑다 라는 의미.
募集(모집) 募金(모금) 公募(공모) 應募(응모) 募兵制(모병제)

사모할·생각할·모뜰 모(慕)-사랑하는 대상을 잊을 수 없어서(莫없을 막)
마음속(小=心마음·속심)으로 그리워하는 것으로 사모하다·생각하다·
(사모하는 것을 꼭 그대로 본뜨는 것으로)모뜨다 라는 의미. 追慕(추모)
思慕(사모) 欽慕(흠모) 哀慕(애모) 慕情(모정) 慕華思想(모화사상)

무덤 묘(墓)-봉분(封墳)이 없이(莫없을 막) 평평하게 시신을 땅(土흙 토)
속에 묻은 평토장(平土葬)을 한 무덤을 의미. 墳(무덤 분)은 흙(土흙 토)을
크게(賁클 분) 쌓아 올려 만든 무덤을 陵(무덤 릉)은 언덕(阝언덕 부)처럼
높게(夌높을 릉) 만든 왕이나 왕비의 무덤을 의미. 省墓(성묘) 墓碑(묘비)
墓地(묘지) 墓所(묘소) 墓祭(묘제) 墳墓(분묘) 墓域(묘역) 陵墓(능묘)

(屰) (逆) (朔)
(欮) (厥) (闕)

거스를 역(屰)-옛 글자를 보면 양 팔과 다리를 크게 벌린(丩입벌릴 감)
사람(大)이 거꾸로 서 있는 모습으로 거스르다 라는 의미.

거스를·역적·맞을 역(逆)-길을 거슬러(屰거스를 역) 뛰어가는(辶뛸 착)
것으로 거스르다·역적·맞이하다 라는 의미. 逆行(역행) 逆說(역설)
逆襲(역습) 拒逆(거역) 逆流(역류) 逆境(역경) 逆轉勝(역전승)
反逆者(반역자) 莫逆之友(막역지우) 大逆無道(대역무도)

초하룻날·처음·북방 삭(朔)-보름달을 거슬러(屰거스를 역) 완전히 기운
달(月달 월)을 나타낸 것으로 밤에 달이 전혀 보이지 않는 날로
음력 초하룻날·처음·북방을 의미. 滿朔(만삭) 朔風(삭풍) 朔望(삭망)

숨찰 궐(欮)-사람이 거꾸로 서서(屰거스를 역) 하품을 하는(欠하품할 흠)
것처럼 입을 크게 벌리고 숨을 몰아 쉬는 것으로 숨차다 라는 의미.

오랑캐이름·숙일·짧을·그 궐(厥)-원래는 거처를(厂굴바위 엄) 정하지
않고(屰거스를 역) 하품하는(欠하품할 흠) 것처럼 입을 크게 벌리고
소리를 내어 소나 양을 몰고 물과 풀을 따라 옮겨 다니며 가축을
기르는 터키계의 북방 유목민인 돌궐족을 낮잡아 이르는 것으로
오랑캐·숙이다·짧다·그·그것이라는 의미가 파생됨. 突厥(돌궐)
厥者(궐자-그 사람을 낮잡아 이르는 말) 厥角(궐각) 厥尾(궐미)

대궐·빌·궐할 궐(闕)-집(門집 문) 안에서 숨차게(欮숨찰 궐) 임금님의 시중을
드는 곳으로 대궐이라는 의미와 문(門문 문) 사이가 입을 벌리고 숨을
몰아 쉬는(欮숨찰 궐) 것처럼 휑하니 뚫려 있는 것으로 비다·궐하다(빠지다)
라는 의미. 大闕(대궐) 宮闕(궁궐) 闕席(궐석) 補闕選擧(보궐선거)

(目 目) (相 相) (想 想)
(霜 霜) (箱 箱) (眉 省)

(看眉)(盾盾)(循狷)(遁遁)
(省眉)(冒冐)(帽帽)(夢夢)
(眼眼)(瞿瞿)(懼懼)

눈·제목·조건 목(目)-옛 글자를 보면 가운데에 눈동자가 있는 눈을 본뜬
것으로 눈·(사람의 눈 같은 역할을 하는)제목·(눈은 인체를 이루는 요소 중에
하나이므로)조건을 의미. 目標(목표) 目禮(목례) 注目(주목) 科目(과목)
項目(항목) 眼目(안목) 題目(제목) 條目(조목) 目擊(목격) 目的(목적)
目睹(목도) 目錄(목록) 頭目(두목) 德目(덕목) 種目(종목) 盲目的(맹목적)
眞面目(진면목) 刮目相對(괄목상대) 目不識丁(목불식정)
볼·상볼·서로·도울·정승 상(相)-나무(木나무 목)의 생김새를 눈(目눈 목)으로
살펴보는 것으로 보다·상보다·서로·돕다·(왕을 돕는)정승을 의미.
相異(상이) 相反(상반) 相逢(상봉) 相關(상관) 相談(상담) 相剋(상극)
相對(상대) 相殺(상쇄) 樣相(양상) 相互(상호) 輔相(보상) 觀相(관상)
相續(상속) 首相(수상) 宰相(재상) 眞相(진상) 相助會(상조회)
相當數(상당수) 相思病(상사병) 相見禮(상견례) 刮目相對(괄목상대)
同病相憐(동병상련) 類類相從(유유상종) 龍虎相搏(용호상박)
생각할 상(想)-어떤 대상을 보고(相볼 상) 마음속(心마음·속 심)으로
헤아리고 판단하거나 기억하고 추측하는 것으로 생각하다 라는 의미.
想像(상상) 豫想(예상) 回想(회상) 思想(사상) 感想(감상) 空想(공상)
幻想(환상) 着想(착상) 發想(발상) 想念(상념) 想起(상기) 冥想(명상)
追想(추상) 夢想家(몽상가) 理想鄕(이상향) 誇大妄想(과대망상)
서리·흰터럭·세월·엄할 상(霜)-공기 중에 있는 비(雨비 우) 같은 수증기가
얼어 붙어서 하얀 얼음 가루같이 보이는(相볼 상) 것으로 서리·
(서리같이 하얀)흰터럭·(흰터럭이 생기도록 살아온)세월·(서릿발같이)엄하다
라는 의미. 霜降(상강) 風霜(풍상) 秋霜(추상) 雪上加霜(설상가상)
상자 상(箱)-대(竹대 죽)를 갈라 쪼갠 조각을 서로(相서로 상) 엮어서
만든 네모난 그릇으로 상자를 의미. 箱子(상자) 百葉箱(백엽상)
눈썹 미(眉)-옛 글자(眉)를 보면 눈 위에 모여 난 짧은 털을 본뜬 것으로
눈썹을 의미. 眉間(미간) 白眉(백미) 蛾眉(아미) 焦眉(초미) 眉壽(미수)
볼·살필 간(看)-손(手손 수)을 눈(目눈 목) 위에 올리고 살펴보는 모양으로
보다·살피다 라는 의미. 看做(간주) 看板(간판) 看過(간과) 看護(간호)
看破(간파) 看守(간수) 看病(간병) 矮者看戲(왜자간희) 走馬看山(주마간산)
방패 순(盾)-옛 글자를 보면 눈(目눈 목) 앞에 세워 놓고(十) 몸을 가려(厂)
적의 칼·화살·창 등을 막는 것으로 방패를 의미. 矛盾(모순) 戈盾(과순)

돌·쫓을·순환할·위안할 순(循)-적의 칼·화살·창 등을 막는
방패(盾방패 순)같이 적의 침입을 막기 위하여 병사가 경계선을 따라
자축거리며(彳자축거릴 척) 가는 것으로 돌다·쫓다·순환하다·안위하다
라는 의미. 循環(순환) 惡循環(악순환)

숨을·피할·달아날 둔(遁)-빨리 뛰어가(辶=辵뛸 착) 방패(盾방패 순) 뒤에
몸을 보이지 않게 감추는 것으로 숨다·피하다·달아나다 라는 의미.
隱遁(은둔) 遁絶(둔절) 遁甲術(둔갑술)

살필·마을 성(덜 생)(省)-가늘게(少적을 소) 뜬 눈(目눈 목)으로 하나하나
자세하게 주의해서 보는 것으로 살피다·마을·덜다 라는 의미. 省察(성찰)
反省(반성) 省墓(성묘) 吉林省(길림성) 歸省客(귀성객) 省略(생략)

무릅쓸·가릴 모(冒)-쓰개(冃쓰개 모)로 눈(目눈 목)이 보이지 않게
덮어쓰는 것으로 무릅쓰다·가리다 라는 의미.
冒險(모험) 冒瀆(모독) 冒頭發言(모두발언)

모자 모(帽)-두건(巾머리건 건)같이 머리에 덮어쓰는(冒무릅쓸 모)
것으로 모자를 의미. 鐵帽(철모) 帽子(모자) 脫帽(탈모)
中折帽(중절모) 紗帽冠帶(사모관대)

꿈 몽(夢)-가장자리에 풀(卄=艸풀 초) 같은 속눈썹이 나 있는
눈꺼풀이 눈(目눈 목→罒)을 덮고(冖덮을 멱) 잠자는 중에 해가
저무는 저녁(夕저물·저녁 석)같이 뚜렷하지 못하고 어렴풋하게
여러 가지 사물이 보이는 현상으로 꿈을 의미.
惡夢(악몽) 吉夢(길몽) 夢想家(몽상가) 同床異夢(동상이몽)

좌우로볼 구(眲)-두 눈을 좌우로 두리번거리며 보는 것으로
좌우로 보다(두리번거리다) 라는 의미.

놀라볼·노려볼 구(瞿)-놀라서 두 눈을 좌우로 두리번거리며(眲좌우로볼 구)
보는 새(隹새 추)의 모양으로 놀라서 보다·노려보다 라는 의미.

두려워할 구(懼)-마음속(忄=心마음·속 심)으로 놀라서 두 눈을
좌우로 두리번거리며 보는 새(瞿놀라볼 구)같이 겁을 내는
것으로 두려워하다 라는 의미. 悚懼(송구) 疑懼心(의구심)

(直直)(植楨)(殖樀)(値値)
(置圖)(德德)(聽聽)(廳廳)

곧을·바를·펼·다만·곧·번들 직(直)-굽은(乙굽힐 을→ㄴ) 것을 상하좌우(十)를
눈(目눈 목)으로 보고 바로잡은 것으로 곧다·바르다·펴다·다만·곧(바로)·
번들다 라는 의미. 直線(직선) 垂直(수직) 直角(직각) 直徑(직경)
直觀(직관) 直視(직시) 直接(직접) 直前(직전) 直後(직후) 直屬(직속)
正直(정직) 愚直(우직) 率直(솔직) 剛直(강직) 硬直(경직) 當直(당직)
宿直室(숙직실) 直航路(직항로) 直擊彈(직격탄) 不問曲直(불문곡직)

以實直告(이실직고) 直系尊屬(직계존속) 單刀直入(단도직입)

심을 식(植)–나무(木나무 목)를 똑바로(直바를 직) 세우고 뿌리를
땅 속에 묻는 것으로 심다 라는 의미. 植木(식목) 植樹(식수)
移植(이식) 植物(식물) 動植物(동식물) 植民地(식민지)
腐植土(부식토) 自家生植(자가생식)

불릴·식리할·번식할·날 식(殖)–사람이 죽어서 뼈만 앙상한(歹뼈앙상할 알)
굽은 몸을 곧게 펴서(直곧을·펼 식) 길게 늘어나게 하는 것으로
불리다·식리하다·번식하다·나다 라는 의미.
增殖(증식) 繁殖(번식) 養殖(양식) 殖利(식리) 生殖器(생식기)

값 치(値)–사람(亻=人사람 인)이 물건이 지니고 있는 가치를
바르게(直바를 직) 정한 가격으로 값을 의미. 價値(가치)
數値(수치) 近似値(근사치) 絶對値(절대치) 基準値(기준치)
平均値(평균치) 等値線(등치선) 許容値(허용치)

둘·베풀 치(置)–그물(罒=网그물 망)을 쳐 놓은 것같이 일정한 자리에
펴서(直펼 직) 벌여 놓은 것으로 두다·베풀다 라는 의미. 放置(방치)
置重(치중) 置換(치환) 配置(배치) 且置(차치) 設置(설치) 安置(안치)
位置(위치) 裝置(장치) 備置(비치) 倒置法(도치법) 拘置所(구치소)
留置場(유치장) 定置網(정치망) 前置詞(전치사) 預置金(예치금)
領置金(영치금) 積置場(적치장) 應急處置(응급처치)

덕행·은혜 덕(德)–자축거리며(彳자축거릴 척) 걸어가듯이 바른(直바를 직)
마음(心마음 심)으로 도(道)를 실현해 나가는 것으로 덕행·은혜를 의미.
恩德(은덕) 德望(덕망) 德行(덕행) 德談(덕담) 德澤(덕택) 功德(공덕)
美德(미덕) 厚德(후덕) 德分(덕분) 變德(변덕) 不道德(부도덕)
德業相勸(덕업상권) 背恩忘德(배은망덕) 感之德之(감지덕지)

들을·좇을 청(聽)–옛 글자를 보면 귀(耳귀 이)가 빼어나(壬빼어날 정→王)
다른 사람이 하는 말을 바로(直곧 직) 알아차리고 마음(心마음 심)으로
받아들이는 것으로 듣다·좇다 라는 의미. 傾聽(경청) 聽衆(청중)
聽取(청취) 傍聽(방청) 難聽(난청) 盜聽(도청) 視聽覺(시청각)
聽聞會(청문회) 聽診器(청진기) 垂簾聽政(수렴청정)

관청·대청 청(廳)–큰 집(广돌집 엄)에서 백성들의 말을 들어(聽들을 청)
주는 곳으로 관청·대청을 의미. 官廳(관청) 廳舍(청사) 大廳(대청)
市廳(시청) 區廳(구청) 捕盜廳(포도청) 專賣廳(전매청) 警察廳(경찰청)

(衣衤)(依)(哀)(表)
(裏)(袁)(遠)(園圓)

(猿猨)(睘裛睘)(環瓔)(還還)

(襄襃襄)(讓讓)(壤壌)

(裒裛)(懷懷)(壞壌)

옷·입을 의(衣)—몸에 소매가 있는 저고리의 깃을 여며 입은 옷 모양을
본뜬 것으로 옷·입다 라는 의미. ネ(옷의변)는 글자의 왼쪽인 변으로
쓰일 때의 자형. 倚伏(의복) 衣裳(의상) 衣冠(의관) 囚衣(수의) 壽衣(수의)
衣類(의류) 衣食住(의식주) 脫衣室(탈의실) 錦衣還鄉(금의환향)

의지할·좇을·비유할 의(依)—몸에 옷을 입은(衣옷·입을 의) 것같이
도움을 받기 위해 다른 사람(亻=人사람 인)에게 몸을 기대고
따르는 것으로 의지하다·좇다라는 의미. 依存(의존) 依託(의탁)
依支(의지) 依然(의연) 依據(의거) 依賴(의뢰) 歸依(귀의) 依舊(의구)
憑依(빙의) 依他心(의타심) 舊態依然(구태의연) 孤立無依(고립무의)

슬플·불쌍할 애(哀)—옷(衣옷 의)으로 얼굴을 가리고 입(口입 구)으로
소리내어 우는 것으로 슬프다·불쌍하다 라는 의미. 衷(가운데 충)자와
비슷. 哀悼(애도) 哀惜(애석) 悲哀(비애) 哀怨(애원) 哀願(애원) 哀痛(애통)
哀愁(애수) 哀慕(애모) 喜怒哀樂(희로애락) 哀乞伏乞(애걸복걸)

겉·표할·나타낼 표(表)—옛 글자를 보면 옷(衣옷 의) 밖으로 털(毛털 모→土)이
드러나 있는 것으로 밖으로 들어난 쪽인 겉·표하다·나타내다 라는 의미.
發表(발표) 代表(대표) 表現(표현) 辭表(사표) 表示(표시) 表面(표면)
表決(표결) 表記(표기) 表情(표정) 表具(표구) 圖表(도표) 表皮(표피)
表明(표명) 表紙(표지) 地表(지표) 出師表(출사표) 表裏不同(표리부동)

쇠할·약할 쇠(衰)—옛 글자를 보면 짚이나 띠 같은 풀(艸풀 초)을 엮어서
비가 올 때 허리나 어깨에 옷(衣옷 의)처럼 걸쳐 두르는 도롱이를
본뜬 것으로 비에 젖은 도롱이처럼 쇠하다·약하다 라는 의미.
衰退(쇠퇴) 衰弱(쇠약) 衰殘(쇠잔) 衰盡(쇠진) 減衰(감쇠)
老衰(노쇠) 榮枯盛衰(영고성쇠) 興亡盛衰(흥망성쇠)

옷길·성씨 원(袁)—옛 글자를 보면 옷(衣옷 의) 위에 장식(屮口)을 달아
치렁거리는 긴옷을 본뜬 것으로 옷이 길다 라는 의미. 袁世凱(원세개)

멀·멀리할 원(遠)—걸어가는(辶=辵쉬엄쉬엄갈 착) 거리가 길이가 긴
옷(袁옷길 원)같이 많이 떨어져 있는 것으로 멀다·멀리하다 라는 의미.
遠近(원근) 永遠(영원) 遙遠(요원) 遠征(원정) 遠隔(원격) 敬遠(경원)
疎遠(소원) 悠遠(유원) 望遠鏡(망원경) 遠心力(원심력) 遠洋漁船(원양어선)

동산·구역·능·절 원(園)-사방을 울타리로 빙 두르고(□=圍에울 위)
옷(衣옷 의) 위에 장식(ㅛ口)를 달듯이 꾸며 놓은 곳으로 동산·구역·
능·절을 의미. 公園(공원) 庭園(정원) 田園(전원) 樂園(낙원)
花園(화원) 農園(농원) 園藝(원예) 幼稚園(유치원) 動物園(동물원)
植物園(식물원) 園頭幕(원두막) 桃園結義(도원결의)

원숭이 원(猿)-긴 옷(袁옷길 원)을 입은 것처럼 털이 치렁거리는
개(犭=犬큰개 견)처럼 생긴 짐승으로 원숭이를 의미.
類人猿(유인원) 犬猿之間(견원지간)

놀라볼 경(睘)-본래 글자(睘)를 보면 눈(罒=目눈 목)으로
옷(衣옷 의) 위에 달린 장식(ㅛ口)을 보고 눈을 휘둥그레
뜨고 보는 것으로 놀라서 보다 라는 의미.

도리옥·옥고리·둥글·둘릴·돌 환(環)-옥(玉옥 옥→王)의 모양이 놀라서
보는(睘놀라볼 경) 눈처럼 둥근 것으로 도리옥·고리 모양의 옥·둥글다·
두르다·돌다 라는 의미. 環境(환경) 花環(화환) 循環(순환)

돌아올·돌아갈 환(還)-놀라서 보는(睘놀라볼 경) 눈처럼 둥글게 한 바퀴
빙 돌아오는(辶=辵쉬엄쉬엄갈 착) 것으로 돌아오다·돌아가다 라는 의미.
返還(반환) 還收(환수) 送還(송환) 歸還(귀환) 召還(소환) 還生(환생)
還拂(환불) 還甲(환갑) 還給(환급) 錦衣還鄉(금의환향)

도울·성할·이룰 양(襄)-옛 글자(襄)를 보면 옷(衣옷 의) 위에 여러 형상의
무늬(㕚)를 새겨 치장하는 것처럼 돕다·성하다·이루다 라는 의미.
褱(품을 회)자와 비슷. 襄禮(양례) 襄陽郡(양양군)

사양·줄 양(讓)-겸손한 말(言말씀 언)로 내가 받지 아니하고 남이 받게
도와(襄도울 양) 주는 것으로 사양하다·(넘겨)주다 라는 의미. 讓步(양보)
分讓(분양) 讓渡(양도) 讓位(양위) 謙讓(겸양) 辭讓之心(사양지심)

곱다란흙·기름진흙 양(壤)-흙(土흙 토)이 매우 곱고 부드러워 식물이
번성할(襄성할 양) 수 있는 곱다란 흙·기름진 흙을 의미.
壞(무너뜨릴 괴)자와 비슷. 土壤(토양) 平壤(평양) 天壤之差(천양지차)

품·품을 회(褱)-옛 글자를 보면 옷(衣옷 의) 속의 가슴에
눈(罒=目눈 목)에서 흘러 내리는 눈물(氺=水물 수)을 남에게
보이지 않도록 감추는 것으로 품·품다 라는 의미.

품·품을·생각할·돌아갈 회(懷)-마음속(忄=心마음·속 심)에 생각이나 느낌
등을 가지는(褱품을 회) 것으로 품→품다→생각하다→돌아가다 라는 의미.
懷疑(회의) 懷柔(회유) 懷古(회고) 感懷(감회) 懷抱(회포) 述懷(술회)
懷妊(회임) 所懷(소회) 懷中時計(회중시계) 虛心坦懷(허심탄회)

무너질·무너뜨릴 괴(壞)-흙(土흙 토)으로 쌓아 올린 것이 허물어져
쌓아 올리기 전 상태로 돌아가는(褱돌아갈 회) 것으로 무너지다·
무너뜨리다라는 의미. 破壞(파괴) 崩壞(붕괴) 壞滅(괴멸)
壞死(괴사) 財物損壞罪(재물손괴죄)

(車🌀車)(軍軍)(運運)

(揮揮)(輝輝)(陣陣)

(庫庫)(連連)(蓮蓮)

수레 거(수레 차)(車)-사람이나 짐을 실어 나르는 수레의 모양을 본뜬
것으로 수레를 의미. 사람의 힘으로 움직이면 '거'로, 사람의 힘이 아닌
다른 힘으로 움직이면 '차'로 읽음. 人力車(인력거) 自轉車(자전거)
停車場(정거장) 列車(열차) 車輛(차량) 車票(차표) 汽車(기차) 乘車(승차)
自動車(자동차) 牽引車(견인차) 乘用車(승용차) 駐車場(주차장)
機關車(기관차) 救急車(구급차) 消防車(소방차)

진칠·군사 군(軍)-옛 글자를 보면 주위를 빙 둘러싼(勹쌀 포→冖덮을 멱)
자리에 전차(車수레 차)가 머무르고 있는 모양으로 진치다·군사를 의미.
軍隊(군대) 軍艦(군함) 軍士(군사) 軍氣(군기) 敵軍(적군) 豫備軍(예비군)
軍需品(군수품) 駐屯軍(주둔군) 獨不將軍(독불장군) 陸海空軍(육해공군)

움직일·옮길·운전할·운수 운(運)-진치고(軍진칠 군) 있던 자리를 떠나
다른 곳으로 옮겨가는(辶=辵쉬엄쉬엄갈 착) 것으로 움직이다·옮기다·
운전하다·운수를 의미. 運動(운동) 運命(운명) 運轉(운전) 運搬(운반)
幸運(행운) 運送(운송) 運數(운수)

지휘할·휘두를·뿌릴 휘(揮)-손(扌=手손 수)으로 지시하여 군사(軍군사 군)를
이끄는 것으로 지휘하다·휘두르다·뿌리다 라는 의미. 指揮(지휘) 發揮(발휘)
揮帳(휘장) 揮發油(휘발유) 一筆揮之(일필휘지) 陣頭指揮(진두지휘)

빛날 휘(輝)-불빛(光빛 광)이 진을 치고(軍진칠 군) 있는
것처럼 번쩍이는 것으로 빛나다 라는 의미.
輝石(휘석) 輝映(휘영) 光輝(광휘) 輝煌燦爛(휘황찬란)

진·진칠 진(陣)-언덕(阝=阜언덕 부) 아래에 자리를 잡고 전차(車수레 차)가
머무르고 있는 것으로 진·진치다 라는 의미. 陳(늘어놓을 진)자와 비슷.
退陣(퇴진) 陣營(진영) 敵陣(적진) 陣列(진열) 布陣(포진) 陣痛(진통)
背水陣(배수진) 陣頭指揮(진두지휘)

곳집 고(庫)-집(广돌집 엄) 안에 수레(車수레 차)를 넣어 두는
곳으로 곳집을 의미. 倉庫(창고) 金庫(금고) 寶庫(보고)
府庫(부고) 在庫品(재고품) 封庫罷職(봉고파직)

잇닿을·연할 련(連)-수레(車수레 차)의 바퀴가 계속하여
굴러가는(辶=辵쉬엄쉬엄갈 착) 것처럼 잇대어지는 것으로
잇다·잇닿다·연속하다 라는 의미. 連結(연결) 連絡(연락) 連帶(연대)
連續(연속) 連勝(연승) 關聯(관련) 連理枝(연리지) 連載物(연재물)

연 련(蓮)-물 속이나 물가에 자라는 풀(++=艸풀 초)로 수레바퀴처럼
생긴 뿌리가 길게 이어져(連연할 련) 있는 연을 의미. 木蓮(목련)
蓮根(연근) 蓮花(연화) 蓮座(연좌) 蓮池(연지) 薔花紅蓮傳(장화홍련전)

(一一)(三三)(二二)(仁仁)

(云ㅎ)(雲雲)(魂魂)(五乂乂)

(吾звук)(悟悟)(梧梧)(伍伍)

(語語)(上上上)(下丁下)

하나·같을·고를 일(一)-옆으로 선(一)을 한 번 그은 모양으로
하나·같다·고르다 라는 의미. 統一(통일) 一致(일치) 一部(일부)
第一(제일) 一般的(일반적) 一貫性(일관성) 一段落(일단락)
進一步(진일보) 一時拂(일시불) 一元化(일원화) 群鷄一鶴(군계일학)
셋·세번 삼(三)-옆으로 선(一)을 세 번 겹쳐 그은 모양으로
셋·세번을 의미. 三伏(삼복) 三國志(삼국지) 三角洲(삼각주)
三尺童子(삼척동자) 朝三暮四(조삼모사)
둘 이(二)-옆으로 그은 선(一) 위에 하나(一)를 더 그어
하나에 하나를 더한 둘(2)을 의미. 二元化(이원화)
二毛作(이모작) 一石二鳥(일석이조) 二律背反(이율배반)
어질·인자할·열매씨 인(仁)-두(二둘 이) 사람(亻=人사람 인) 사이의 관계에서
지녀야 하는 너그럽고 후덕한 마음씨로 어질다·인자하다·(사람의 마음씨같이
열매 속에 들어 있는)열매의 씨를 의미. 仁慈(인자) 仁厚(인후) 仁術(인술)
桃仁(도인) 仁者無敵(인자무적) 仁者樂山(인자요산) 殺身成仁(살신성인)
이를·돌아갈 운(云)-옛 글자를 보면 하늘에 피어올라 떠다니는
구름을 본뜬 것으로 나중에 이르다·돌아가다 라는 의미로 가차됨.
云云(운운) 云謂(운위)
구름 운(雲)-하늘에서 내린 비(雨비 우)가 증발하여 다시
하늘로 돌아가서(云돌아갈 운) 생겨나는 것으로 구름을 의미.
靑雲(청운) 雲霧(운무) 星雲(성운) 雲集(운집) 雲海(운해)
戰雲(전운) 積雲(적운) 風雲兒(풍운아) 雲雨之情(운우지정)
혼·정신 혼(魂)-사람이 죽으면 하늘로 돌아가는(云돌아갈 운) 것으로
귀신(鬼귀신 귀)같이 보이지 않는 것으로 혼(넋)·정신을 의미. 靈魂(영혼)
鬪魂(투혼) 鎭魂曲(진혼곡) 招魂祭(초혼제) 魂飛魄散(혼비백산)

다섯·오행 오(五)-옛 글자(メ)를 보면 중국 하(夏)나라의 우왕(禹王)이
황하(黃河)의 홍수를 다스릴 때에 낙수(洛水)에서 나온 거북의 등에
한 개부터 아홉 개의 점이 각각으로 배열되어 새겨져 있었는데
가운데에 새겨진 다섯 개의 점을 연결한 선(メ) 모양으로 위(一)의
일에서 아래(一)의 아홉의 한가운데(メ)에 있는 숫자 다섯(5)이라는
의미와 양(하늘一)과 음(땅一)이 서로 교차(メ)하여 만들어낸
천지만물을 지배하는 오행(五行=金·木·水·火·土)을 의미. 五福(오복)
五經(오경) 五輪旗(오륜기) 五角形(오각형) 五里霧中(오리무중)
四通五達(사통오달) 世俗五戒(세속오계) 五臟六腑(오장육부)
三綱五倫(삼강오륜) 五穀百果(오곡백과) 陰陽五行(음양오행)
나·너·우리 오(吾)-옛 글자를 보면 쌍방이(二둘 이) 교차하듯이(メ→五)
서로 마주 대하고 주고 받으며 말을 할(口말할 구) 때 말하는 이가
자기자신을 가리키는 말로 '나'라는 의미와 듣는 이가 말하는 이를
가리키는 말로 '너'라는 의미와 말하는 이가 자기자신과 듣는 이를
합하여 가리키는 말로 '우리'를 의미. 吾等(오등) 吾兄(오형)
吾鼻三尺(오비삼척) 吾心卽汝心(오심즉여심)
깨달을·깨우칠 오(悟)-마음속(忄=心마음·속 심)에서 일어나는
생각이나 감정이 진짜 본래의 내(吾나 오) 생각이고 감정인가를
알아 내는 것으로 깨닫다·깨우치다 라는 의미.
覺悟(각오) 頓悟漸修(돈오점수) 大悟覺醒(대오각성)
오동나무 오(梧)-나무(木나무 목)에 오각형(吾) 모양의 잎이
달린 오동나무를 의미. 碧梧桐(벽오동) 梧桐秋夜(오동추야)
항오·다섯 오(伍)-옛날 군대에서 사람(亻=人사람 인)을 다섯(五다섯 오)
명씩 묶어서 만든 항오(行伍)를 의미. 계약서나 전표, 서류 등에
숫자의 위조를 방지하기 위해 五(다섯 오)자 대신 쓰는 갖은자로 쓰임.
落伍(낙오) 隊伍(대오) 伍列(오열) 行伍(항오) 伍仟貳佰万(오천이백만)
말씀·말할 어(語)-옛 글자를 보면 입으로 나팔을 불어 소리를 내는
것같이 목구멍으로 소리(言말씀 언)를 내어 나(吾나 오)의 생각이나
느낌을 나타내는 것으로 말씀(말)·(말로 나타내다)말하다 라는 의미.
言語(언어) 國語(국어) 英語(영어) 單語(단어) 語塞(어색) 語弊(어폐)
語錄(어록) 標準語(표준어) 語不成說(어불성설)
위·높을·오를·올릴 상(上)-옛 글자(𠄞)를 보면 일정한 기준(一)보다
위로 높은(丨) 곳(一)을 나타내는 지사문자(指事文字)로 위·높다·오르다·
올리다 라는 의미. 頂上(정상) 引上(인상) 向上(향상) 上京(상경)
上流(상류) 上策(상책) 上納(상납) 上昇(상승) 錦上添花(금상첨화)
아래·내릴 하(下)-옛 글자(𠄟)를 보면 일정한 기준(一)보다 아래로
낮은(丨) 곳(一)을 나타내는 지사문자(指事文字)로 아래·내리다
라는 의미. 下降(하강) 下落(하락) 下級(하급) 部下(부하) 貴下(귀하)
下篇(하편) 下剋上(하극상) 以下(이하) 下級生(하급생)

(不 ㄱ)(否 ㄱ)(杯 ㄱ)
(丕 ㄱ)(胚 ㄱ)

아닐 불(아닌가 부)(不)-옛 글자를 보면 땅 속의 씨앗이 뿌리를 내리는
모양으로 아직 땅 밖으로 싹이 드러나지 않은 것으로 뒤에 오는 말을
부정하는 아니다·아닌가 라는 의미. 不자 다음에 ㄷ과 ㅈ으로 시작하는
글자가 오는 경우에는 '부'로 읽음. 不可(불가) 不便(불편) 不利(불리)
不惑(불혹) 不明(불명) 不幸(불행) 不請客(불청객) 不良品(불량품)
不完全(불완전) 表裏不同(표리부동) 不足(부족) 不在(부재) 不當(부당)
不動産(부동산) 不道德(부도덕) 不條理(부조리) 不自然(부자연)

않을·틀릴 부(비색할·악할 비)(否)-아니라고(不아닌가 부) 입으로
말하는(口말할 구) 것으로 인정하지 않다·틀리다·비색하다(막히다)·
악하다 라는 의미. 否定(부정) 否認(부인) 安否(안부) 可否(가부)
拒否(거부) 否決(부결) 與否(여부) 否運(비운) 否塞(비색)
適否審査(적부심사) 曰可曰否(왈가왈부)

술잔 배(杯)-나무(木나무 목)를 不자 모양으로 깎아 만든 술잔을 의미.
祝杯(축배) 乾杯(건배) 苦杯(고배) 毒杯(독배) 聖杯(성배) 巡杯(순배)

클 비(丕)-땅 속의 씨앗이 뿌리를 내리는(不아닐 불) 것처럼
처음(一첫째 일)으로 생겨난 것이 점점 자라라는 것으로 크다
라는 의미. 丕績(비적) 丕業(비업) 丕圖(비도)

애밸 배(胚)-엄마의 몸(月=肉몸 육) 속에 생겨 크고(丕클 비) 있는
발생 초기의 어린 아이로 아이를 배다 라는 의미. <참고> 임신
1개월된 아이를 胚(애밸 배)라 하고 임신 3개월이 지난 아이를
胎(애밸 태)라고 함. 胚芽(배아) 胚葉(배엽) 胚胎(배태)

(音 ㄱ)(倍 ㄱ)(培 ㄱ)
(部 ㄱ)(剖 ㄱ)

갈라질 부(音)-옛 글자를 보면 막힌(否비색할 비) 것을 뚫고
나와(ㅣ위아래로 통할 곤) 벌어지는 모양으로 갈라지다 라는 의미.

갑절 배(등질 패)(倍)-원래는 사람(亻=人사람 인)이 서로
갈라져(音갈라질 부) 돌아서는 것으로 등지다·배반하다
라는 의미로 나중에 갑절(곱)이라는 의미로 가차됨.
倍加(배가) 倍數(배수) 倍率(배율) 萬倍(만배) 倍達民族(배달민족)

북돋을 배(培)-흙(土흙 토)을 가르고(咅갈라질 부) 나온 뿌리를
흙으로 두두룩하게 덮어 주는 것으로 북돋우다 라는 의미.
培養(배양) 栽培(재배) 培材學堂(배재학당)
나눌·지경·거느릴·떼·마을 부(部)-경계를 갈라(咅갈라질 부) 범위를
정하여 관할하는 행정 구역인 읍(阝=邑읍 읍)을 나타낸 것으로
나누다·지경·거느리다·떼·마을을 의미. 部下(부하) 部屬(부속)
部隊(부대) 部類(부류) 部門(부문) 部落(부락) 幹部(간부) 本部(본부)
部位(부위) 部處(부처) 部署(부서) 部品(부품) 恥部(치부) 部分(부분)
쪼갤 부(剖)-물건이 갈라지게(咅갈라질 부) 칼(刂=刀칼 도)로 베어 나누는
것으로 쪼개다 라는 의미. 剖檢(부검) 解剖(해부) 剖棺斬屍(부관참시)

(巾 巾)(市 市)(姉 姉)(肺 肺)

(布 布)(怖 怖)(希 希)(稀 稀)

(帝 帝)(蹄 蹄)(締 締)(帶 帶)

(滯 滯)(帚 帚)(掃 掃)(婦 婦)

(歸 歸)(吊 吊)

수건·머리건 건(巾)-기둥(l)에 아래로 길게 걸려있는 천(冂) 조각으로
수건·머리수건을 의미. 手巾(수건) 頭巾(두건) 網巾(망건) 黃巾賊(황건적)
저자·살 시(市)-가게(亠)에서 팔고 사는 물건의 이름을 천(冂)에
써서 기둥(l)에 아래로 길게 걸어 놓은 가게들이 모여있는
곳으로 저자(시장)·사다 라는 의미. 都市(도시) 市場(시장) 市況(시황)
市勢(시세) 市價(시가) 市販(시판) 市民(시민) 特別市(특별시)
市街地(시가지) 市井雜輩(시정잡배) 門前成市(문전성시)
윗누이 자(姉)-머리(亠)에 수건(巾수건 건)을 두른 여자(女계집 녀)로
손위 누이를 의미. 妹(아랫누이 매)는 손아래 누이를 의미.
姉妹(자매) 姉兄(자형) 姉母會(자모회)
부아·허파·마음 폐(肺)-몸(月=肉몸 육)에서 추위를 막기 위하여
양쪽에 끈을 달아 허리에 매는 슬갑(市슬갑 불)같이 생긴
장기(臟器)인 허파를 의미. 姉에 사용된 市(亠와 巾)자는 5획이고
肺에 사용된 市(一와 巾)자는 4획으로 서로 다른 글자 임. 肺炎(폐렴)
肺腑(폐부) 肺病(폐병) 肺結核(폐결핵) 肺活量(폐활량) 塵肺症(진폐증)

베·펼 포(보시 보)(布)-옛 글자를 보면 손에 든 방망이(父아비 부→
ナ오른손 우)로 옷감(巾수건 건)을 두드려 매끄럽게 다듬는 것으로
베→(베처럼 넓게)펴다→베풀다→보시(布施)를 의미. 布袋(포대)
布陣(포진) 布石(포석) 布敎(포교) 宣布(선포) 配布(배포)
毛布(모포) 流布(유포) 布施(보시) 布告令(포고령) 布木商(포목상)
두려워할 포(怖)-심장(忄=心염통 심)이 베(布베 포)를 매끄럽게
하기 위해 두드리듯이 방망이질을 하니 두려워하다 라는 의미.
恐怖(공포) 高所恐怖症(고소공포증)
바랄 희(希)-옛 글자를 보면 점을 칠 때 음(陰--)과 양(陽一)을 표시해
놓은 막대를 던져 서로 교차하며 나타나는 점괘(爻점괘 효→乂)가 좋게
펼쳐지기를(布펼 포) 기대하는 것으로 바라다 라는 의미.
希望(희망) 希求(희구) 希願(희원) 希臘(희랍-그리스)
드물·적을·묽을 희(稀)-잘 여물어서 고개를 숙인 벼(禾벼 화)의
이삭은 좋은 점괘를 바라는(希바랄 희)만큼 흔하지 않는 것으로
드물다·적다·묽다 라는 의미.
稀貴(희귀) 稀代(희대) 稀薄(희박) 稀釋(희석) 稀微(희미) 稀怪(희괴)
稀壽(희수) 古稀(고희-人生七十古來稀에서 유래) 稀少價値(희소가치)
황제·임금·하느님 제(帝)-머리에 관을 쓰고 몸에 천을 두르고 서 있는
모양으로 제국를 이룩한 군주의 호칭으로 황제·임금·하느님을 의미.
皇帝(황제) 天帝(천제) 帝政(제정) 日帝(일제) 帝國主義(제국주의)
玉皇上帝(옥황상제) 大韓帝國(대한제국) 聖帝明王(성제명왕)
굽 제(蹄)-발로 걸어(⻊=足발·걸을 족) 다니는 초식 동물의 발 끝에
황제(帝황제 제)가 머리에 관을 쓰고 몸에 천을 두르고 있는 것처럼
두껍고 단단한 각질이 씌워져 두르고 있는 것으로 굽(발굽)을 의미.
馬蹄(마제) 口蹄疫(구제역)
맺을 체(締)-실(糸가는실 멱)을 이어서 한데 감은 실타래처럼
임금(帝임금 제)끼리 서로 연결하여 관계를 이루는 것으로 맺다
라는 의미. 締結(체결) 締交(체교) 締約(체약) 條約締結(조약체결)
띠·찰·행할 대(帶)-장식을 매달아 허리에 덮어(冖덮을 멱) 두르는
천(巾수건 건)으로 만든 허리띠로 띠·차다·데리고 다니다 라는 의미.
帶同(대동) 溫帶(온대) 革帶(혁대) 熱帶(열대) 連帶(연대) 眼帶(안대)
腰帶(요대) 共感帶(공감대) 帶妻僧(대처승) 携帶品(휴대품)
帶分數(대분수) 死角地帶(사각지대)
막힐·쌓일·엉길·오래머물 체(滯)-흐르는 물(氵=水물 수)이 허리띠(帶띠 대)
같이 묶여 있으니 막히다·쌓이다·엉기다·머물다 라는 의미.
沈滯(침체) 停滯(정체) 遲滯(지체) 延滯(연체) 滯拂(체불)
滯留(체류) 滯納(체납) 交通滯症(교통체증)
비 추(帚)-옛 글자를 보면 먼지나 쓰레기를 쓸어 내기 위해
손잡이가 있게 짚이나 싸리를 묶어서 만든 빗자루 모양을
본뜬 것으로 비(빗자루)를 의미.

쓸 소(掃)-손(扌=手손 수)으로 빗자루(帚비 추)를 잡고 먼지나 쓰레기를
몰아내는 것으로 쓸다 라는 의미. 掃除(소제) 掃地(소지) 掃去(소거)
一掃(일소) 掃滅(소멸) 掃蕩(소탕) 淸掃夫(청소부)
지어미·며느리 부(婦)-빗자루(帚비 추)로 쓸어 집을 깨끗하게 하는
여자(女계집 여)로 지어미·며느리를 의미. 夫婦(부부) 婦人(부인)
主婦(주부) 姑婦(고부) 子婦(자부) 夫唱婦隨(부창부수)
돌아올·돌아갈 귀(歸)-처가(妻家)에 여러 날이 쌓이도록(𠂤쌓일 퇴)
머물던(止머무를 지) 남편이 아내(婦며느리 부→帚비 추)를 데리고
본가(本家)로 가는 것으로 돌아가다·돌아오다 라는 의미.
歸鄕(귀향) 歸家(귀가) 復歸(복귀) 歸京(귀경) 歸省(귀성) 歸順(귀순)
回歸(회귀) 歸還(귀환) 歸結(귀결) 歸納法(귀납법) 事必歸正(사필귀정)
이를 적(조상할 조)(吊)-상가(喪家)의 어귀(口어귀 구)에 아래로 늘어지게
수건(巾수건 건)을 달아 놓은 것으로 (매)달다·이르다·조상하다 라는 의미.
弔(조상할 조)의 속자(俗字)로도 씀. 吊樓(적루) 吊橋(적교) 謹吊=謹弔(근조)

(犬 犬 犭)(伏 伏)(臭 臭)
(哭 哭)(器 器)(突 突)(戻 戻)
(淚 淚)(獸 獸)(然 然)(燃 燃)
(獄 獄)(嶽 嶽)(友 友)(拔 拔)
(髟 髟)(髮 髮)(猒 猒)(厭 厭)
(壓 壓)

큰개 견(犬)-앉아 있는 개의 옆모양을 본뜬 것으로 다 자란 개를 의미.
犭(개사슴록변)은 글자의 왼쪽인 변으로 쓰일 때의 자형. 太(클 태)자와
비슷. 愛犬(애견) 忠犬(충견) 軍犬(군견) 猛犬(맹견) 鬪犬(투견) 犬齒(견치)
狂犬病(광견병) 警察犬(경찰견) 犬猿之間(견원지간) 犬馬之勞(견마지로)
굴복할·엎드릴·감출 복(伏)-주인(亻=人사람 인)의 옆에 앉아서 명령에
복종하는 개(犬큰개 견)같이 굴복하다·엎드리다·(엎드려 몸을)감추다
라는 의미. 降伏(항복) 屈伏(굴복) 伏線(복선) 起伏(기복)
潛伏(잠복) 三伏(삼복) 伏兵(복병) 埋伏(매복) 說伏(설복)

伏魔殿(복마전) 哀乞伏乞(애걸복걸) 伏地不動(복지부동)
냄새 취(臭)-후각(嗅覺)이 발달한 개(犬큰개 견)같이
코(自스스로 자-사람의 코 모양)로 맡을 수 있는 기체 상태의
물질로 냄새를 의미. 惡臭(악취) 體臭(체취) 香臭(향취)
脫臭劑(탈취제) 無色無臭(무색무취) 口尙乳臭(구상유취)
울 곡(哭)-부르짖듯이(吅부르짖을 훤) 짖어대는 개(犬큰개 견)같이
크게 소리를 내는 것으로 울다 라는 의미.
哭聲(곡성) 鬼哭(귀곡) 大聲痛哭(대성통곡) 放聲大哭(방성대곡)
그릇·그릇다울 기(器)-밥그릇을 빙 둘러싸고 한꺼번에 같이 밥을 먹는
개(犬큰개 견)같이 많은 사람들이 둘러앉아 먹을(皿밋입 즙) 수 있는
음식을 담는 넓은 그릇을 나타낸 것으로 그릇·그릇으로 여기다·재능·
도량을 의미. 樂器(악기) 凶器(흉기) 祭器(제기) 器具(기구) 器量(기량)
臟器(장기) 什器(집기) 器官(기관) 鈍器(둔기) 核武器(핵무기)
陶瓷器(도자기) 測音器(측음기) 器樂曲(기악곡) 大器晩成(대기만성)
갑자기·급할·냅뜰·부딪칠·오뚝할 돌(突)-구멍(穴구멍 혈) 속에서
개(犬큰개 견)가 갑자기 튀어나와 서로 마주 대는 것으로
갑자기(갑작스럽다)·급하다·냅뜨다(쑥 나오다)·부딪치다·(튀어나온 것처럼)
오뚝하다·(개가 구멍을 파듯이)뚫다 라는 의미. 衝突(충돌) 突出(돌출)
唐突(당돌) 突發(돌발) 突擊(돌격) 突進(돌진) 突變(돌변) 猪突(저돌)
突風(돌풍) 突破口(돌파구) 突然變異(돌연변이) 左衝右突(좌충우돌)
어그러질·휘어질·돌아올 려(戾)-닫혀 있는 문(戶지게문 호) 밑으로 몸을
구부리고 빠져 나오는 개(犬큰개 견)처럼 어떤 장소에서 벗어나는 것으로
어그러지다·휘어지다·돌아오다 라는 의미. 返戾(반려) 戾道(여도)
눈물 루(淚)-닫혀 있는 문(戶지게문 호) 밑으로 몸을 구부리고 빠져 나오는
개(犬큰개 견)처럼 눈 밖으로 흘러나오는 물(氵=水물 수)로 눈물을 의미.
淚腺(누선) 血淚(혈루) 催淚彈(최루탄)
짐승 수(獸)-순하게 길들지 않은 야생 동물(嘼야만·짐승 수)과
사람이 먹여 기르는 개(犬큰개 견)같이 순하게 길들인
사육 동물을 통틀어 이르는 것으로 짐승을 의미. 猛獸(맹수)
野獸(야수) 禽獸(금수) 獸醫師(수의사) 人面獸心(인면수심)
그럴·그러나·그렇다할 연(然)-개고기(肰개고기 연)를 불(灬=火불 화) 위에
올리고 굽는 모양으로 원래는 사르다 라는 의미로 나중에 개고기를
불에 구워 익혀 먹는 것은 당연히 그러하다(그렇다)·그렇게 하다(그러다)·
그러하지만(그러나)·그렇다고 하면(그러면)으로 의미로 가차됨.
烈(뜨거울 열)자와 비슷. 自然(자연) 當然(당연) 偶然(우연) 果然(과연)
必然(필연) 儼然(엄연) 釋然(석연) 然後(연후) 忽然(홀연)
蓋然性(개연성) 浩然之氣(호연지기) 突然變異(돌연변이)
태울·불탈 연(燃)-불(火불 화)에 개고기(肰개고기 연)를 불(灬=火불 화)
위에 올리고 굽는 것처럼 타게 하는 것으로 태우다·불타다 라는 의미.
燃燒(연소) 燃費(연비) 燃燈(연등) 燃料費(연료비) 可燃性(가연성)

不燃材(불연재) 死灰復燃(사회부연)

옥 옥(獄)-두 마리 개가 마주하고 짖으면서(㹜개마주짖을 은) 싸우는 것처럼 두 사람이 시끄럽게 다투는 말을(言말씀 언) 듣고 시비나 선악을 판단하여 죄가 있는 사람을 가두어 두는 곳으로 옥(감옥)을 의미. 監獄(감옥) 投獄(투옥) 地獄(지옥) 脫獄(탈옥) 獄苦(옥고) 獄死(옥사) 妻城子獄(처성자옥)

큰산 악(嶽)-산(山뫼 산)이 죄인을 가두어 두는 옥(獄옥 옥)같이 험하게 생긴 큰 산을 의미. 岳(큰산 악)과 동자. 山嶽(산악) 雪嶽山(설악산)

개닫는모양 발(犮)-개(犬큰개 견)가 자꾸 발을 내디디어(ノ삐침 별) 빨리 뛰어서 가는 모양을 본뜬 것으로 빨리 뛰어가다 라는 의미.

뽑을·뺄·빠를 발(拔)-손(扌=手손 수)으로 개들 중에서 빨리 달리는 개(犮개닫는모양 발)를 가려서 골라내는 것으로 뽑다·빼다·빠르다·빼어나다 라는 의미. 拔群(발군) 拔擢(발탁) 選拔(선발) 拔萃(발췌) 海拔(해발) 拔齒(발치) 奇拔(기발) 拔本塞源(발본색원) 力拔山氣蓋世(역발산기개세)

머리늘일·깃발날릴 표(彡)-길게(長긴 장) 자란 털(彡털자랄 삼)이 아래로 늘어진 모양을 나타낸 것으로 머리털이 늘어지다 라는 의미.

터럭·머리털·머리카락 발(髮)-빨리 달리는 개(犮개닫는모양 발)의 털이 바람에 날려 뒤로 가지런히 늘어지는(彡머리늘일 표) 것으로 터럭·머리털·머리카락을 의미. 假髮(가발) 頭髮(두발) 削髮(삭발) 散髮(산발) 白髮(백발) 毛髮(모발) 怒髮(노발) 間髮(간발) 短髮(단발) 斷髮令(단발령) 理髮所(이발소) 危機一髮(위기일발)

배부를·족할·편안할·싫을 염(猒)-옛 글자를 보면 날마다 맛있는(甘맛 감→日날 일) 개고기(肰개고기 연)를 먹으니 배부르다·족하다·편안하다·싫다(물리다) 라는 의미.

싫을·미워할 염(厭)-집(厂굴바위 엄) 안에서 배부르게 편안히(猒배부를·편안할 염) 사는 것에 싫증이 나니 싫다·미워하다 라는 의미. 厭症(염증) 厭世主義(염세주의)

누를·막을 압(壓)-눈에 거슬려 싫은(厭미워할·싫을 염) 것을 흙(土흙 토)을 얹어 가려 놓은 것으로 누르다·막다 라는 의미. 壓迫(압박) 壓縮(압축) 抑壓(억압) 壓倒(압도) 彈壓(탄압) 鎭壓(진압) 强壓(강압) 制壓(제압) 壓卷(압권) 指壓(지압) 壓勝(압승)

(尸尸)(尺尺)(局局)(刷刷)
(尉尉)(慰慰)

주검·시동·베풀·신주 시(尸)-몸을 웅크리고 죽어 있는 사람의 모양을 본뜬 것으로 주검→(옛날에 죽은 사람의 제사를 지낼 때 신위(神位) 대신 앉히던 어린아이)시동(尸童)→(죽은 사람의 이름을 적은 위패)신주(神主)→

(조상들의 신주를 사당(祠堂)에 진열하는 것처럼)베풀다→(죽은 사람의 신주를
모셔놓은 지붕이 평평한)집을 의미. 尸童(시동)

자·법 척(尺)-무릎을 구부리고 앉아 있는 시동(尸시동 시)의 무릎
높이 정도의 길이를 나타낸 것으로 자·(자처럼 일정한)법을 의미.
1尺=10寸(약 30cm) 縮尺(축척) 尺度(척도) 越尺(월척)
尺貫法(척관법) 三尺童子(삼척동자) 吾鼻三尺(오비삼척)

판·쪽·방·관아 국(局)-자(尺자 척)에 그어진 눈금처럼 구분하기 위해
가로세로 줄을 그어서 사방으로 둘러막아(口=圍에울 위) 나눈 것으로
판→쪽(부분)→방→관아를 의미. 局面(국면) 政局(정국) 當局(당국)
時局(시국) 結局(결국) 局限(국한) 藥局(약국) 對局(대국)
亂局(난국) 放送局(방송국) 郵遞局(우체국) 電話局(전화국)

문지를·솔질할·사실할·인쇄할 쇄(刷)-죽은 사람의 몸(尸주검 시)을
천(巾수건 건)으로 칼(刂=刀칼 도)로 썰듯이 앞뒤로 움직여 닦는
것으로 문지르다→솔질하다→사실(寫實)하다→(문질러)인쇄하다
라는 의미. 印刷(인쇄) 刷新(쇄신) 刷掃(쇄소)

편안하게할·벼슬이름 위(尉)-조상의 위패(尸신주 시)가 놓인
제단(示보일 시-제단의 모양)을 살피는(寸헤아릴 촌) 것으로
편안하게 하다·벼슬이름을 의미. 大尉(대위) 小尉(소위)

위로할 위(慰)-마음(心마음 심)이 편안하게 해주는(尉편안하게할 위)
것으로 위로하다 라는 의미. 慰勞(위로) 慰安(위안)
慰問品(위문품) 弔慰金(조위금) 慰靈祭(위령제)

(巴 巴)(邑 邑)(肥 肥)(把 把)

(琶 琶)(色 色)(絶 絶 絶)(艶 艶)

뱀·꼬리·땅이름 파(巴)-소용돌이처럼 둥글게 또아리를 틀고 있는
뱀의 꼬리 모양을 본뜬 것으로 뱀·꼬리·땅 이름을 의미.
三巴戰(삼파전) 歐羅巴(구라파=유럽) 巴西國(파서국=브라질)

고을 읍(邑)-옛 글자를 보면 산과 물이 울타리처럼
사방을 삥 둘러싼(口=圍에울 위) 일정한 지역에 사람들이
엎드려(卩병부 절→巴) 사는 곳으로 고을을 의미.
邑內(읍내) 邑村(읍촌) 邑里(읍리) 食邑(식읍) 都邑地(도읍지)

살질·토옥할 비(肥)-몸(月=肉몸 육)이 무릎을 꿇고 엎드린(卩병부 절→巴)
엉덩이처럼 살이 많고 튼실한 것으로 살지다→비옥하다 라는 의미.
肥滿(비만) 肥沃(비옥) 肥料(비료) 堆肥(퇴비) 肥肉牛(비육우)
天高馬肥(천고마비) 肥己潤身(비기윤신)

잡을 파(把)-손(扌=手손 수)을 뱀(巴뱀 파)이 또아리를 틀고 있는 것처럼
둥글게 오므려 쥐어 잡다 라는 의미. 把握(파악) 把守兵(파수병)

비파 파(琵)-여러 개의 줄과 줄의 받침대(珏)가 있고
뱀(巴뱀 파)이 또아리를 틀고 있는 것처럼 둥글게 생긴
현악기인 비파를 의미. 琵琶(비파)
빛·낯·색·예쁜계집 색(色)-옛 글자를 보면 사람(ク=人사람 인)이
무릎을 꿇고 엎드린(冂병부 절→巴) 사람 뒤에서 성교(性交)하는
모양으로 마음의 작용으로 얼굴에 드러나는 빛깔이나 표정으로
빛(빛깔)·낯(안색)·색(여색)·예쁜 계집을 의미.
色情(색정) 顔色(안색) 色彩(색채) 色盲(색맹) 기색(氣色)
色卽是空(색즉시공) 各樣各色(각양각색) 傾國之色(경국지색)
끊을·기이할·뛰어날·아득할 절(絕)-실(糸가는실 사)처럼 이어진 것을
칼(刀칼 도)로 병부(冂병부 절→巴)처럼 반으로 자르니 끊다 라는 의미.
나중에 글자 오른쪽을 色으로 쓰면서 실(糸가는실 사)에 빛깔(色빛 색)이
있으니 기이하다·뛰어나다·아득하다 라는 의미가 생김.
絕交(절교) 絕對(절대) 根絕(근절) 絕叫(절규) 絕望(절망) 拒絕(거절)
悽絕(처절) 斷絕(단절) 絕頂(절정) 絕景(절경) 氣絕(기절) 謝絕(사절)
絕妙(절묘) 絕壁(절벽) 絕讚(절찬) 絕筆(절필) 絕緣體(절연체)
絕世佳人(절세가인) 絕體絕命(절체절명) 絕海孤島(절해고도)
고울·탐스러울·부러울 염(艶)-풍만한(豊풍성할 풍) 예쁜 계집(色예쁜계집 색)
처럼 생김새가 곱다·탐스럽다·부럽다 라는 의미.
妖艶(요염) 艶聞(염문) 濃艶(농염)

(雨 雨)(雪 霅 霅)(漏 漏)

비·비올 우(雨)-하늘(一)에서 땅 아래로(丨) 일정한 지역(冂)에 물방울(ヽ)이
떨어지는 것으로 비·비오다 라는 의미. 暴雨(폭우) 豪雨(호우) 雨備(우비)
降雨量(강우량) 祈雨祭(기우제) 雲雨之情(운우지정) 雨後竹筍(우후죽순)
눈·씻을 설(雪)-본래 글자(霅)를 보면 비(雨비 우)같이 하늘에서 내리는
것을 빗자루(彗비 혜=크)로 쓸어 낼 수 있는 것으로 눈·(눈을 비로 쓸듯이)
씻다 라는 의미. 暴雪(폭설) 雪景(설경) 雪原(설원) 瑞雪(서설)
雪辱(설욕) 殘雪(잔설) 雪嶽山(설악산) 萬年雪(만년설) 積雪量(적설량)
雪中梅(설중매) 螢雪之功(형설지공) 雪上加霜(설상가상)
샐·누수·빠뜨릴 루(漏)-물(氵=水물 수)이 집(尸주장할 시) 안으로 비가
오는(雨비올 우) 것처럼 떨어지니 새다·(물이 새는 것처럼)빠뜨리다·
누수를 의미. 漏落(누락) 脫漏(탈루) 漏出(누출) 漏水(누수) 漏屋(누옥)

(了 了)(丞 阁)(烝 阁)
(蒸 蒿)(承 肃)

마칠·깨달을 료(了)-엄마 뱃속에서 열 달 동안 있다가
막 태어난 아기의 모양으로 마치다·깨닫다 라는 의미.
終了(종료) 完了(완료) 魅了(매료) 修了證(수료증)
도울·받들·이을 승(丞)-옛 글자를 보면 구덩이에 빠진 사람을
두 손으로 들어올려 구하는 모양으로 돕다·받들다·잇다 라는 의미.
政丞(정승) 丞相(승상)
김오를 증(烝)-불(灬=火불 화)을 때는 솥에서 김이 이어(丞이를 승)
나오는 모양으로 김이 오르다 라는 의미.
찔·많을·무리 증(蒸)-풀(++=艸풀 초)을 오르는 뜨거운
김(烝김오를 증)으로 익히는 것으로 찌다·많다·무리를 의미.
蒸發(증발) 蒸民(증민) 水蒸氣(수증기) 汗蒸幕(한증막)
받들·이을 승(承)-옛 글자를 보면 병부(卩병부 절)를 손(手손 수)으로
받아 두 손으로 받들고(廾받들 공) 있는 모양으로 받들다·잇다
라는 의미. 承諾(승낙) 承認(승인) 承繼(승계) 傳承(전승)
承服(승복) 起承轉結(기승전결)

(子 𢀖)(字 𡥄)(仔 𠈮)(李 𣕚)
(學 𦥨)(教 𣁬)(厚 𠪝 𠥆)

아들·자식·사내·열매·첫째지지·북쪽·작이름 자(子)-옛 글자를 보면 머리가
큰 아이가 두 팔을 벌리고 있는 모양을 본뜬 것으로 아들·자식·사내·
열매·첫째지지·북쪽·작 이름을 의미. 子息(자식) 子孫(자손) 母子(모자)
男子(남자) 子時(자시) 孔子(공자) 種子(종자) 利子(이자) 君子(군자)
子宮(자궁) 卵子(난자) 箱子(상자) 孝子(효자) 子午線(자오선)
遺傳子(유전자) 丙子胡亂(병자호란) 父子有親(부자유친)
글자 자(字)-여러가지 재료를 들여 집(宀움 면)을 짓듯이 엄마와 아버지가
결합하여 지은 자식(子자식 자)처럼 만들어진 것으로 글자를 의미.
<참고> 한자의 상형자와 지사자를 文(문채 문)이라 하고 상형자와
지사자를 서로 결합하여 만든 회의자와 형성자를 字(글자 자)라
하며 이 둘을 합쳐서 文字(문자)라고 함. 漢字(한자) 字典(자전)
字幕(자막) 字解(자해) 活字(활자) 文字(문자) 數字(숫자) 字源(자원)
字幕(자막) 十字架(십자가) 說文解字(설문해자) 識字憂患(식자우환)
자세할 자(仔)-사람(亻=人사람 인)의 성질이 어린 아이(子자식 자)처럼
좀스러운 것으로 잘다·자세하다 라는 의미. 仔詳(자상) 仔細(자세)
오얏 리(李)-나무(木나무 목)의 열매가 어린 아이(子자식 자)의
머리처럼 생긴 것으로 오얏(자두)을 의미. 季(철 계)자와 비슷.
李下不整冠(이하부정관) 桃李不言(도리불언)

배울·학교 학(學)-산가지(爻형상할 효)를 양손에 들고(臼깍지낄 국)
책상(冖덮을 멱) 앞에 앉아서 아이(子자식 자)가 셈을 깨쳐 아는
것으로 배우다·(배우는)학교를 의미. 學校(학교) 學習(학습)
科學(과학) 哲學(철학) 學問(학문) 學院(학원) 數學(수학) 留學(유학)
學歷(학력) 學費(학비) 曲學阿世(곡학아세) 博學多識(박학다식)
가르칠·종교·법령 교(敎)-옛 글자를 보면 산가지(爻형상할 효)로
아이(子자식 자)에게 손에 회초리를 든(攵=攴칠 복) 선생이
셈하는 법을 깨닫게 하는 것으로 가르치다·종교·법령을 의미.
敎育(교육) 敎師(교사) 敎室(교실) 宗敎(종교) 敎養(교양) 敎旨(교지)
敎會(교회) 敎皇(교황) 布敎(포교) 敎習所(교습소) 敎科書(교과서)
클·두꺼울·두터울·걸쭉할 후(厚)-옛 글자(垕→厚)를 보면
임금(后임금 후)의 땅(土땅 토)같이 범위가 넓다는 것으로
크다→두껍다→두텁다(두껍다)→걸쭉하다 라는 의미.
重厚(중후) 厚德(후덕) 厚生費(후생비) 厚顔無恥(후안무치)

(八八)(穴內)(分兯)(粉粉)
(紛紗)(盆盎)(貧貧)

나눌·여덟 팔(八)-옛 글자를 보면 사물이 양쪽으로 갈라진 모양을
본뜬 것으로 나누다 라는 의미로 나중에 소리를 빌려 여덟(8)의
의미로 가차됨. 八角亭(팔각정) 八等身(팔등신) 七顚八起(칠전팔기)
四通八達(사통팔달) 四柱八字(사주팔자) 二八靑春(이팔청춘)
움·굴·구멍 혈(穴)-땅을 파고(八) 위에 지붕을 덮은(宀) 것으로 움·굴·구멍을
의미. 穴居(혈거) 經穴(경혈) 洞穴(동혈) 三姓穴(삼성혈) 偕老同穴(해로동혈)
나눌·분별할·분수 분(푼 푼)(分)-양쪽으로 나눠지게(八나눌 팔) 칼(刀칼 도)로
가르는 것으로 나누다·분별하다·분수를 의미. 分析(분석) 充分(충분)
分離(분리) 分裂(분열) 區分(구분) 分類(분류) 分別(분별) 職分(직분)
分割(분할) 分斷(분단) 分數(분수) 身分證(신분증) 大部分(대부분)
分水嶺(분수령) 安分知足(안분지족) 割分厘(할푼리)
가루·분·분바를 분(粉)-낟알(米낟알 미)을 여러 조각으로 나눠지게(分나눌 분)
잘게 부순 것으로 가루·분·분을 바르다 라는 의미. 粉塵(분진) 粉末(분말)
粉筆(분필) 粉乳(분유) 粉食(분식) 粉紅色(분홍색) 粉飾會計(분식회계)
엉클어질·어지러울·분잡할 분(紛)-실(糸가는실 멱)이 여러 가닥으로
나눠져서(分나눌 분) 한데 뒤섞인 것으로 엉클어지다·어지럽다·
분잡하다 라는 의미. 紛爭(분쟁) 紛亂(분란) 紛雜(분잡)
紛失物(분실물) 紛紛雪(분분설) 勞使粉糾(노사분규)
동이 분(盆)-분량을 나눌(分나눌 분) 때 쓰는 그릇(皿그릇 명)으로
동이를 의미. 花盆(화분) 盆栽(분재) 盆地(분지) 覆盆子(복분자)

가난할 빈(貧)-옛날 엽전(葉錢)의 단위로 한 냥의 100분의 1에 해당되는
적은 액수의 한 푼(分푼 푼)같이 돈(貝재물 패)이 적으니 가난하다 라는
의미. 貪(탐할 탐)자와 비슷. 貧困(빈곤) 貧富(빈부) 貧血(빈혈) 貧弱(빈약)
淸貧(청빈) 貧窮(빈궁) 極貧者(극빈자) 安貧樂道(안빈낙도)

(匹 匹)(甚 甚)(堪 堪)

짝·필 필(匹)-일정한 길이로 짠 피륙(广감출 혜)을 양쪽 끝에서부터
감아 두 쪽으로 나누어(八나눌 팔) 놓은 모양으로 한 벌이나 한쌍
중에 한 편 쪽으로 짝·필(옷감의 길이나 말(馬)을 세는 단위)을 의미.
配匹(배필) 匹敵(필적) 匹夫(필부) 馬匹(마필)
심할·더욱 심(甚)-맛있는(甘맛 감) 음식을 짝(匹짝 필)과 함께
먹으며 매우 편안하고 즐겁게 사는 것은 정도가 지나치다는
것으로 심하다·더욱(몹시)을 의미.
極甚(극심) 甚大(심대) 莫甚(막심) 激甚(격심) 甚至於(심지어)
견딜·이길·맡을 감(堪)-식물이 땅에 뿌리를 내리고 사는(土땅·살 토) 것처럼
정도가 지나칠(甚심할 심)만큼 어려운 환경을 참고 살아 나가는 것으로
견디다·이기다·맡다 라는 의미. 堪當(감당) 堪耐(감내) 難堪(난감)

(突 㝎 㝎)(深 㴱)(探 㨢)

굴뚝·깊을·깊이들어갈·짙을·두루 심(㝎)-옛 글자(突→㝎)를 보면
구멍(穴구멍 혈→㝎)이 뚫려 있는 속으로 거듭하여(又또 우)
불(火불 화)을 땔 때(炎→木) 연기가 빠져나가도록 만든 굴뚝을
의미하는 것으로 굴뚝→깊다→깊이들어가다→짙다→두루를 의미.
깊을·깊이 심(深)-물(氵=水물 수)이 위에서 아래까지 깊이
들어가는(㝎깊이들어갈 심) 것으로 깊다·깊이를 의미.
深夜(심야) 深刻(심각) 深層(심층) 深奧(심오) 深海(심해)
深遠(심원) 深思熟考(심사숙고) 深山幽谷(심산유곡)
더듬을·찾을·뒤질·정탐할 탐(探)-손(扌=手손 수)으로 잘 보이지
않는 것을 찾기 위해 빠짐 없이 두루(㝎두루 심) 만져 보는
것으로 더듬다·찾다·뒤지다·정탐하다 라는 의미. 探索(탐색)
探査(탐사) 探究(탐구) 廉探(염탐) 探險隊(탐험대) 探照燈(탐조등)

(入 人)(內 內)(納 納)(㐫 㐫)
(商 㕯)(兩 兩)(輛 輛)

(㒼 㒼)(滿 滿)

들어올·들일 입(入)-옛 글자를 보면 끝이 뾰족한 것이 밖에서 안으로
향해 오는 모양으로 들어오다·들이다 라는 의미. 人(사람 인)자와 비슷.
入口(입구) 進入(진입) 介入(개입) 入試(입시) 迎入(영입) 買入(매입)
入隊(입대) 迎入(영입) 出入門(출입문) 入場料(입장료) 漸入佳境(점입가경)
안 내(內)-어떤 공간의 밖에서(冂들밖 경) 가운데로 향해
들어오는(入들어올 입) 쪽으로 안을 의미. 內容(내용) 內部(내부)
室內(실내) 內陸(내륙) 內外(내외) 內需(내수) 內亂(내란)
案內板(안내판) 國內産(국내산) 外柔內剛(외유내강)
들일·바칠 납(納)-누에고치에서 뽑은 실(糸가는실 멱)을 실패에
감아 들이는 것처럼 안(內안 내)으로 한데 모아 들이는 것으로
들이다(받아들이다)·바치다 라는 의미. 返納(반납) 納品(납품)
納得(납득) 容納(용납) 納稅(납세) 獻納(헌납) 滯納者(체납자)
出納簿(출납부) 未納金(미납금) 納骨堂(납골당)
말소리나직나직할 눌(㕯)-목소리가 목구멍 안(內안 내)으로 기어 들어가는
것같이 낮게 말하는(口말할 구) 것으로 말소리가 나직나직하다 라는 의미.
요량할·장사·상나라 상(商)-옛 글자를 보면 물건을 팔아서 이익을
남기려고 말(言말씀 언)을 곡식을 되로 헤아리듯이 나직나직하게
(㕯말소리나직나직할 눌) 잘 생각하면서 하는 것으로 요량(料量)하다·장사·
상나라를 의미. 商品(상품) 商店(상점) 商街(상가) 商標(상표) 協商(협상)
商術(상술) 通商(통상) 商去來(상거래) 貿易商(무역상) 士農工商(사농공상)
둘·양 량(兩)-옛 글자를 보면 수레를 끄는 두 마리 소의 목에
씌우는 入자 모양의 멍에를 나타낸 것으로 멍에 두 개가 나란히
있는 모양에서 둘·쌍·양(무게의 단위)을 의미. 雨(비 우)자와 비슷함.
兩側(양측) 兩面(양면) 兩分(양분) 萬兩(만량) 兩極化(양극화)
一擧兩得(일거양득) 進退兩難(진퇴양난) 一刀兩斷(일도양단)
수레·수레수효 량(輛)-수레(車수레 거)의 낱낱의 수(兩양 량)를 세는
단위로 수레·수레의 수효를 의미. 車輛(차량) 客車八輛(객차팔량)
평평할 만(㒼)-높고 낮거나 크고 작거나 많고 적은 차이가 없이(廿)
양쪽이(兩둘 량) 똑같은 모양을 나타낸 것으로 평평하다 라는 의미.
가득할·찰 만(滿)-물(氵=水물 수)이 한도(限度)와 평평하게(㒼 평평할 만)
꽉 들어차 있는 것으로 가득하다·(가득)차다 라는 의미.
滿足(만족) 充滿(충만) 滿了(만료) 滿期(만기) 肥滿(비만) 未滿(미만)
不滿(불만) 滿發(만발) 滿潮(만조) 圓滿(원만) 滿點(만점) 滿醉(만취)
餘裕滿滿(여유만만) 滿場一致(만장일치)

(十 ╎)(千 ꝛ)(針 釺)(計 訃)

(午 ꜀)(許 䚯)(汁 沭)

(卉 屮 卅)(奔 奙 夰)(賁 賁)

(墳 墳)(憤 憤)(噴 噴)

열·완전할 십(十)-옛 글자를 보면 새끼줄에 매듭을 지어 수를 표시한
모양으로 열(10)을 의미. 열(10)은 부족함이 없이 충족된 수라 하여
완전하다 라는 의미가 파생됨. 十字架(십자가) 十進法(십진법)
十長生(십장생) 十誡命(십계명) 十匙一飯(십시일반)

일천·많을 천(千)-옛 글자를 보면 많은 사람(亻=人사람 인)의 수효를
천 명 단위로 표시(一)한 것으로 일천(1,000)·많다 라는 의미.
千萬(천만) 千秋(천추) 千里眼(천리안) 千載一遇(천재일우)
千差萬別(천차만별) 千辛萬苦(천신만고) 千篇一律(천편일률)

바늘·바느질할 침(針)-쇠(金쇠 금)를 가늘고 끝이 뾰족하게 만들어
위쪽에 뚫은 구멍에 실을 꿰어(十 바늘귀에 실이 꿰어있는 모양)
바느질하는 데에 쓰는 것으로 바늘·바느질하다 라는 의미.
方針(방침) 毒針(독침) 檢針(검침) 秒針(초침) 避雷針(피뢰침)
針葉樹(침엽수) 羅針盤(나침반) 指針書(지침서) 針小棒大(침소봉대)

셀·셈·꾀할·꾀 계(計)-말(言말씀 언)을 하듯이 소리를 내어 열(十열 십)까지
헤아리는 것으로 수를 세다(셈)→수를 세듯이 일의 순서를 잡아 보는
것으로 꾀하다(꾀) 라는 의미. 計劃(계획) 計算(계산) 統計(통계)
設計(설계) 計座(계좌) 時計(시계) 計策(계책) 計略(계략)
凶計(흉계) 會計(회계) 家計簿(가계부) 溫度計(온도계)

낮·일곱째지지 오(午)-옛 글자를 보면 해가 반원 모양의 하늘(∧→宀)의
한가운데에 떠서 땅(一)에 수직으로 세워 놓은 막대기(丨)와 일치하는
시간으로 낮을 의미. 나중에 소리를 빌려 말을 상징하는 일곱째 지지로
가차됨. 자오선(子午線)은 첫째 지지인 자(子)의 방위인 정북과 일곱째
지지인 오(午)의 방위인 정남을 연결하는 선으로 시각의 기준이 됨.
牛(소 우)자와 비슷. 午前(오전) 午後(오후) 午睡(오수) 正午(정오)
端午(단오) 子午線(자오선) 甲午更張(갑오경장) 壬午軍亂(임오군란)

허락할·쯤 허(許)-해가 반원 모양의 하늘(∧→宀)의 한가운데에 떠서
땅(一)에 수직으로 세워 놓은 막대기(丨)와 일치하는 낮(午낮 오)같이
청하는 것과 일치하게 말하는(言말할 언) 것으로 허락하다·~쯤을 의미.

許諾(허락) 許可(허가) 許容(허용) 不許(불허) 許多(허다)
免許證(면허증) 特許廳(특허청) 十里許(십리허)

진액 즙(汁)-물(氵=水물 수)이 나오게 생물체에서 짜낸
완전한(十완전할 십) 액체로 진액을 의미. 汗(땀 한)자와 비슷.
果汁(과즙) 生汁(생즙) 肉汁(육즙) 液汁(액즙)

풀 훼(卉)-본래 글자인 芔(풀 훼)의 속자(俗字)로 屮(움날 철)과
艸(풀 초)로 이루어진 것으로 모든 풀을 의미. 花卉(화훼) 嘉卉(가훼)

급히달아날·분주할 분(奔)-본래 글자(犇)를 보면 사람이 몸을
굽히고(夭굽을 요→大) 내닫아 풀(卉풀 훼)를 뛰어넘어서 도망가는
것으로 급히 달아나다·분주하다 라는 의미. 奔走(분주)
狂奔(광분) 奔忙(분망) 東奔西走(동분서주) 自由奔放(자유분방)

꾸밀 비(클·날랠 분)(賁)-풀(卉풀 훼)을 자개(貝자개 패)를 박아
장식하는 것처럼 심어서 보기 좋게 만드는 것으로 꾸미다·날래다
라는 의미. 賁然(비연) 賁飾(비식)

무덤 분(墳)-흙(土흙 토)을 높게 쌓아 올리고 풀(卉풀 훼)을
자개(貝자개 패)를 박아 장식하는 것처럼 심어서 꾸민(賁꾸밀 비)
것으로 무덤을 의미. 古墳(고분) 墳墓(분묘) 封墳(봉분)
石室墳(석실분) 前方後圓墳(전방후원분)

결낼 분(憤)-마음(忄=心마음 심)에 맞지 않으면 성질이 몹시
급하여(賁날랠 비) 참지 못하고 성미를 부리는 것으로 결내다 라는
의미. 憤怒(분노) 激憤(격분) 憤痛(분통) 憤慨(분개) 憤氣衝天(분기충천)

뿜을 분(噴)-입(口입 구)을 솟아나온 풀(卉풀 훼)처럼 내밀고
조개(貝조개 패)가 물을 뿜어 내는 것처럼 밖으로 불어 내는
것으로 뿜다 라는 의미. 噴水(분수) 噴出(분출) 噴射(분사)
噴霧器(분무기) 噴火口(분화구)

(世世)(貰賷)(泄泄)(枼枼)
(葉業)(蝶蝶)

세대·인간 세(世)-十(열 십)을 3개 합한 서른(卅서른 삽)이 부모에서
자식으로 이어지는 두(二둘 이) 시대의 차이를 나타내는 기간이라는
것으로 한 세대를 약 30년으로 하는 세대·인간을 의미.
世代(세대) 세기(世紀) 世界(세계) 世態(세태) 後世(후세)
世帶主(세대주) 曲學阿世(곡학아세) 경세제민(經世濟民)

세낼·빌 세(貰)-세대(世세대 새)같이 일정한 기간 동안 돈(貝재물 패)을
주고 남의 것을 빌려 쓰는 것으로 세내다·빌리다 라는 의미. 月貰(월세)
房貰(방세) 貰房(세방) 傳貰(전세) 貰入者(세입자) 傳貰機(전세기)

샐·발설할 설(泄)-물(氵=水물 수)이 이어지는 세대(世세대 세)처럼
흘러나오는 것으로 새다·발설하다 라는 의미.
排泄(배설) 漏泄(누설) 泄瀉藥(설사약)
나뭇잎 엽(枼)-나무(木나무 목)의 줄기와 가지에 이어지는
세대(世세대 세)처럼 줄줄이 달려 있는 것으로 나뭇잎을 의미.
잎·세대 엽(葉)-풀(++=艸풀초)이나 나무(木나무 목)의 줄기와 가지에
이어지는 세대(世세대 세)처럼 줄줄이 달려 있는 것으로
잎·세대를 의미. 枝葉(지엽) 葉書(엽서) 葉錢(엽전) 中葉(중엽)
枯葉(고엽) 葉茶(엽차) 針葉樹(침엽수) 葉綠素(엽록소)
金枝玉葉(금지옥엽) 一葉片舟(일엽편주) 秋風落葉(추풍낙엽)
나비 접(蝶)-나뭇잎(枼나뭇잎 엽)처럼 생긴 날개가 있는
벌레(虫벌레 훼)로 나비를 의미. 蝶泳(접영) 胡蝶之夢(호접지몽)

(古古)(故战)(苦苦)(枯枯)
(姑姑)(固固)(個個)(居居)
(胡胡)(湖湖)

예·옛일·묵을 고(古)-여러(十열 십) 세대에 걸쳐 입(口입 구)으로 전해져
내려온 오래전의 일로 옛·옛일·묵다 라는 의미. 古代(고대) 古典(고전)
古墳(고분) 太古(태고) 古宅(고택) 古風(고풍) 古物(고물) 古書籍(고서적)
古跡地(고적지) 考古學(고고학) 東西古今(동서고금) 萬古風霜(만고풍상)
연고·고로·일·오랠·주검 고(故)-옛일(古옛일 고)의 까닭을
두드려(攵=攴똑똑두드릴 복) 소리를 듣고 가리는 것으로
연고(까닭)·고로·일·오래되다·주검을 의미. 故鄕(고향) 故國(고국)
故意(고의) 事故(사고) 緣故(연고) 故障(고장) 故人(고인)
作故(작고) 物故(물고) 故事成語(고사성어) 溫故知新(온고지신)
씀바귀·쓸·괴로울·애쓸 고(苦)-풀(++=艸풀 초)의 잎이 古자 모양으로
생긴 씀바귀를 의미하는 것으로 씀바귀같이 맛이 쓰다·괴롭다·
애쓰다 라는 의미. 苦惱(고뇌) 苦辱(고욕) 苦樂(고락) 苦悶(고민)
苦難(고난) 苦痛(고통) 勞苦(노고) 苦役(고역) 苦盡甘來(고진감래)
苦肉之策(고육지책) 鶴首苦待(학수고대) 千辛萬苦(천신만고)
마를 고(枯)-나무(木나무 목)가 오래 되어(古묵을 고) 생명력을
다한 것으로 마르다 라는 의미. 枯渴(고갈) 枯葉劑(고엽제)
枯死木(고사목) 榮枯盛衰(영고성쇠)
시어머니·고모 고(姑)-여자(女계집 녀)가 오래 되어(古묵을 고)
나이가 많은 시어머니·고모를 의미. 姑婦(고부) 姑母(고모)

姑叔(고숙) 老姑壇(노고단) 姑從四寸(고종사촌)

굳을·고집할·굳이·진실로 고(固)-사방을 삥 둘러싸고(口=圍에울 위)
오래(古예 고)도록 단단히 지키는 것으로 굳다·고집하다·굳이·
진실로(본디부터)를 의미. 堅固(견고) 確固(확고) 固定(고정)
固守(고수) 固執(고집) 固有(고유) 固着(고착) 固體(고체)

낱·개수 개(個)-사람(亻=人사람 인)이 셀 수 있게 일정한 형체(固굳을 고)를
갖춘 물건 하나하나로 낱·개수를 의미. 個別(개별) 個性(개성) 個人(개인)
個體(개체) 個當(개당) 個月(개월) 個數(개수) 各個戰鬪(각개전투)

거처할·거할·있을 거(居)-집안을 주장하며(尸주장할 시) 옛(古예 고)부터
자리를 잡고 머무르는 것으로 거처하다(살다)·거하다·있다 라는 의미.
別居(별거) 居室(거실) 居處(거처) 居住地(거주지) 居留民(거류민)

소역줄띠·오래살·멀·어찌·오랑캐 호(胡)-원래는 오래 묵은(古묵을 고)
소의 목 밑에 아래로 늘어져 있는 살(月=肉살 육)를 나타낸 것으로
소역줄띠(턱밑살)·오래 살다·멀다·어찌·오랑캐를 의미. 胡角(호각)
胡桃(호도) 胡壽(호수) 胡爲乎(호위호) 丙子胡亂(병자호란)
胡蝶之夢(호접지몽) 胡奴子息(호노자식)

큰못·호수 호(湖)-물(氵=水물 수)이 멀리(胡멀 호) 괴어 있는
곳으로 큰 못·호수를 의미. 湖水(호수) 淡水湖(담수호)
牛角湖(우각호) 湖南線(호남선) 湖南地方(호남지방)

(寸彐)(村杉)(付月)(附門)

(符荷)(府庐)(腐廖)(腑腩)

(討訃)(守身)(狩栒)(尋尋)

마디·치·헤아릴·촌수·법도 촌(寸)-옛 글자를 보면 손(彐오른손 우)의
끝에 달려 있는 손가락의 마디(一→丶)의 길이를 나타낸 것으로
마디→치(1尺의 10분의 1=약3.03 cm)→헤아리다→촌수→법도를 의미.
寸數(촌수) 四寸(사촌) 寸刻(촌각) 寸劇(촌극) 寸評(촌평) 寸志(촌지)
寸鐵殺人(촌철살인) 一寸光陰不可輕(일촌광음불가경)

마을 촌(村)-마을의 수호신이 깃들어 있다고 신성한 나무(木나무 목)로
여기는 당산나무가 있는 시골에 법도(寸법도 촌)을 따르며 사람이 모여
사는 곳으로 마을을 의미. 村長(촌장) 村落(촌락) 江村(강촌)
農漁村(농어촌) 地球村(지구촌)

줄·부탁할·부칠 부(付)-다른 사람(亻=人사람 인)의 손에 가지고 있는
물건(寸)을 넘겨주는 것으로 주다·부탁하다·부치다 라는 의미.
發付(발부) 付託(부탁) 納付(납부) 結付(결부) 送付(송부)

貸付(대부) 配付(배부) 申申當付(신신당부)

붙을·더할·의지할 부(附)-땅에 덧붙어 있는 언덕(阝=阜언덕 부)처럼
다른 사람에게 부탁하여(付부탁할 부) 딸려 있는 것으로 붙다(붙이다)·
더하다·의지하다 라는 의미. 附近(부근) 附着(부착) 附屬(부속)
附錄(부록) 附課(부과) 附加(부가) 附與(부여) 阿附(아부) 添附(첨부)
寄附(기부) 附言(부언) 附則(부칙) 附設(부설) 時限附(시한부)
附逆者(부역자) 附和雷同(부화뇌동) 牽强附會(견강부회)

부신·증거·부적·상서 부(符)-대나무(竹대 죽) 조각에 글자를 쓰고
두 조각으로 쪼개어 한 조각은 상대방에게 주어(付줄 부) 나중에
서로 맞추어 증거로 삼는 물건으로 부신(병부)·증거·부적·상서를
의미. 符信(부신) 符節(부절) 符應(부응) 符合(부합) 符號(부호)
符籍(부적) 終止符(종지부)

관청·곳집 부(府)-집(广돌집 엄) 안에서 백성들의 부탁을
들어주는(付부탁할·줄 부) 곳으로 관청·곳집을 의미.
府庫(부고) 政府(정부) 司法府(사법부) 行政府(행정부)

썩을 부(腐)-곳집(府곳집 부)에 간직해 둔 고기(肉고기 육)처럼
오래되어 상하게 되는 것으로 썩다(썩히다) 라는 의미.
腐蝕(부식) 腐敗(부패) 腐刻(부각) 陳腐(진부) 豆腐(두부)
防腐劑(방부제) 腐葉土(부엽토) 腐植土(부식토) 切齒腐心(절치부심)

육부 부(腑)-몸(月=肉몸 육) 속에 있는 여섯 개의 기관(器官)으로
먹은 음식물을 곳집(府곳집 부)같이 간직하여 소화하고 남은
찌꺼기를 내려보내는 역할을 하는 장기를 가리키는 것으로
육부(六腑)를 의미. 臟腑(장부) 五臟六腑(오장육부)

탐지할·꾸짖을·다스릴·칠 토(討)-말(言말씀 언)로 옳고 그름을 따져서
법도(寸법도 촌)를 밝혀가리는 것으로 탐지하다(찾다)·다스리다·치다
라는 의미. 計(셀 계)자와 비슷. 討論(토론) 討議(토의) 檢討(검토)
聲討(성토) 討伐(토벌) 爛商討論(난상토론)

지킬·보살필·원님 수(守)-집(宀움집 면)의 안위(安危)를 미루어 생각하고
가늠하여 두루 살피는(寸헤아릴 촌) 것으로 지키다·보살피다·원님을 의미.
守備(수비) 固守(고수) 守勢(수세) 守護(수호) 死守(사수) 守節(수절)
攻守(공수) 郡守(군수) 守令(수령) 守錢奴(수전노) 守舊派(수구파)
守門將(수문장) 獨守空房(독수공방)

사냥할·순행할 수(狩)-개(犭=犬개 견)가 산이나 들에서 짐승을 잡기
위해 이리저리 돌아다니며 살피는(守보살필 수) 것으로 사냥하다·
(사냥하기 위해 여러 곳으로 돌아다니는 것으로)순행하다 라는 의미.
狩獵(수렵) 狩漁(수어) 巡狩碑(순수비)

찾을 심(尋)-왼쪽(크+工=左왼쪽 좌)과 오른쪽(크+口=右오른쪽 우) 양손으로
더듬어 실상을 헤아려서(寸헤아릴 촌) 밝혀내는 것으로 찾다 라는 의미.
尋訪(심방) 推尋(추심) 尋常(심상) 尋牛圖(심우도) 夢中相尋(몽중상심)

(王王)(玉王)(班玭)(狂狴)
(弄弄)(全全)(皇皇)(凰鳳)
(惶惶)(遑遑)

임금·성할 왕(王) –하늘(一)을 통하여(ㅣ위아래로통할 곤) 땅(一)을
다스리는(一) 사람으로 임금·성하다 라는 의미. 國王(국왕)
王室(왕실) 王妃(왕비) 帝王(제왕) 王陵(왕릉) 王宮(왕궁)
王權(왕권) 王族(왕족) 王朝(왕조) 王權(왕권) 王位(왕위)
옥·구슬 옥(玉) –옛 글자를 보면 세 개(三)의 구슬을 끈에
꿰어(ㅣ위아래로통할 곤) 놓은 모양으로 王(임금 왕)자와
구별하기 위해 점(ヽ)을 더한 것으로 구슬·옥을 의미.
珠玉(주옥) 玉帶(옥대) 金科玉條(금과옥조) 金枝玉葉(금지옥엽)
나눌·분별할·반열·늘어설·차례 반(班) –옥(玉옥 옥→王)을 칼(刂=刀칼 도)로
쪼개어 두 쪽(玨)으로 갈라 놓은 것으로 나누다·분별하다·반열·늘어서다·
차례를 의미. 班列(반열) 班長(반장) 班常(반상) 合班(합반) 兩班(양반)
文班(문반) 武班(무반)
미칠 광(狂) –사나운 개(犭=犬개 견)같이 몹시 흥분해 날뛰는(王성할 왕)
것으로 미치다 라는 의미. 狂亂(광란) 狂風(광풍) 發狂(발광)
熱狂(열광) 狂犬病(광견병) 狂信徒(광신도) 狂牛病(광우병)
희롱할·업신여길 롱(弄) –구슬(玉옥 옥→王)을 두 손(廾손맞잡을 공) 위에
올려놓고 가지고 노는 것으로 희롱하다·업신여기다 라는 의미.
戲弄(희롱) 弄奸(농간) 愚弄(우롱) 弄談(농담) 吟風弄月(음풍농월)
온전할·모두 전(全) –밖에서 안으로 향하여(入들어올 입) 보듯이 속이
환히 들여다보이는 옥(玉옥 옥→王)처럼 흠결이 없이 완전한 것으로
온전하다·모두를 의미. 安全(안전) 全部(전부) 全國(전국) 全滅(전멸)
全體(전체) 萬全(만전) 全額(전액) 全員(전원) 完全無缺(완전무결)
황제·클 황(皇) –밝게 빛나는(白흰빛 백) 관(冠)을 쓴 제국의
군주(王임금 왕)를 높이 부르는 칭호로 황제·크다 라는 의미.
皇帝(황제) 敎皇(교황) 皇城新聞(황성신문) 玉皇上帝(옥황상제)
암봉 황(凰) –바람(風바람 풍→几)을 일으키며 날으는 황제(皇황제 황)를
상징하는 상상의 새로 봉황의 암컷을 의미. 鳳凰(봉황)
두려워할 황(惶) –마음(忄=心마음 심)이 황제(皇황제 황)가 앞에 있는
것처럼 겁이 나고 어찌할 바를 모르는 것으로 두려워하다 라는 의미.
惶悚(황송) 唐惶(당황) 驚惶(경황) 惶恐無地(황공무지)

급할·겨를 황(遑)-황제(皇황제 황)의 부름을 받고 조금도 지체할 틈이 없이 뛰어가는(辶=辵뛸착) 것처럼 급하다·겨를(틈)을 의미. 遑忙(황망) 遑急(황급)

(耳)(耶)(恥)(取)

(趣)(最)(聚)

귀 이(耳)-사람의 귀 모양을 본뜬 것으로 귀를 의미.
耳鳴(이명) 耳順(이순) 耳目(이목) 明耳酒(명이주)
中耳炎(중이염) 牛耳讀經(우이독경) 馬耳東風(마이동풍)

그런가 야(耶)-귀(耳귀 이)로 듣고도 답답하여(阝=邑답답할 읍) 의심스럽게 생각하는 것으로 그런가를 의미. 有耶無耶(유야무야)

부끄러울·욕될 치(恥)-귀(耳귀 이)로 들은 것이 마음(心마음 심)에 거리끼어 떳떳해하지 못하는 것으로 부끄러워하다·욕되다 라는 의미. 恥辱(치욕) 恥部(치부) 破廉恥(파렴치) 沒廉恥(몰염치)
厚顔無恥(후안무치) 庚戌國恥(경술국치)

취할·가질 취(取)-전쟁에서 죽인 적의 귀(耳귀 이)를 잘라 손(又오른손 우)에 쥐고 있는 모양으로 취하다·가지다 라는 의미 爭取(쟁취) 取消(취소)
取材(취재) 取得(취득) 取下(취하) 詐取(사취) 進取(진취) 採取(채취)
奪取(탈취) 聽取者(청취자) 取捨選擇(취사선택) 無錢取食(무전취식)

뜻·마음갈·재미 취(趣)-달려가서(走달릴·갈 주) 관심이나 생각이 쏠리는 것을 취하는(取취할 취) 것으로 뜻·마음이 가다·재미를 의미.
趣味(취미) 趣旨(취지) 趣向(취향) 情趣(정취) 風趣(풍취) 興趣(흥취)

가장·첫째 최(最)-옛 글자를 보면 얼굴이 보이지 않게 쓰개(冃쓰개 모→曰)를 덮어 쓰고 적의 귀를 취하여(取취할 취) 오는 병사가 여러 병사 가운데 누구보다 더 으뜸이라는 것으로 가장·첫째(제일)를 의미. 最高(최고) 最終(최종) 最新(최신) 最善(최선)
最近(최근) 最强(최강) 最後(최후) 最惡(최악) 最初(최초) 最多(최다)

모을 취(聚)-옛 글자를 보면 전쟁에서 죽인 적에게 취한(取취할 취) 많은 귀를 한데 모아(㐺많을·무리 중→乑모여설 음) 놓은 것으로 모으다(모이다) 라는 의미. 聚合(취합) 聚落(취락) 朝聚暮散(조취모산)

(食)(飾)(蝕)

먹을·밥·녹 식(食)-옛 글자를 보면 받침대가 있는 그릇(良)에 음식을 담고(一) 뚜껑(人)을 덮은 모양을 본뜬 것으로 먹다·밥·녹(녹봉)을 의미.
夜食(야식) 食用(식용) 斷食(단식) 飮食(음식) 穀食(곡식) 衣食住(의식주)
飽食(포식) 食器(식기) 食性(식성) 食中毒(식중독) 食料品(식료품)

꾸밀 식(飾)-옛 글자를 보면 밥을(食밥 식) 담는 그릇을 사람(人사람 인)이
수건(巾수건 건)으로 닦아 깨끗하게 손질하는 것으로 꾸미다 라는 의미.
假飾(가식) 飾言(식언) 裝飾品(장식품) 修飾語(수식어)
虛禮虛飾(허례허식) 粉飾會計(분식회계)
좀먹을 식(蝕)-벌레(虫벌레 훼)가 옷·종이·곡식 따위를 갉아먹어(食먹을 식)
구멍을 내는 것으로 좀먹다 라는 의미. 浸蝕(침식) 腐蝕(부식) 日蝕(일식)
波蝕(파식) 海蝕洞窟(해식동굴) 皆旣日蝕(개기일식) 金環日蝕(금환일식)

(山山)(仙仚)(出屮)(屈屍)
(掘掘)(窟窟)(拙抴)

뫼 산(山)-뾰족하게 높이 솟은 산봉우리 세 개가 늘어서 있는
모양을 본뜬 것으로 뫼(산)를 의미. 登山(등산) 山積(산적)
山脈(산맥) 山頂(산정) 泰山(태산) 鑛山(광산) 山岳會(산악회)
錦繡江山(금수강산) 深山幽谷(심산유곡)
신선 선(仙)-사람(亻=人사람 인)이 속세를 떠나 산(山뫼 산)에 은거하며
불로불사(不老不死)의 도를 닦는 신선을 의미. 神仙(신선) 仙境(선경)
鳳仙花(봉선화) 水仙花(수선화) 仙人掌(선인장) 國仙徒(국선도)
나갈·내칠·날 출(出)-옛 글자를 보면 발(止거동 지→屮)이
구덩이(凵입벌릴 감-구덩이 모양) 밖으로 빠져 나오는 모양으로
나가다(나오다)·내치다·낳다(내다) 라는 의미. 突出(돌출) 出現(출현)
出沒(출몰) 出版(출판) 賣出(매출) 流出(유출) 輸出(수출) 提出(제출)
貸出(대출) 創出(창출) 支出(지출) 出産(출산) 創出(창출) 出發(출발)
露出(노출) 出身(출신) 排出(배출) 救出(구출) 脫出(탈출) 出世(출세)
救出(구출) 退出(퇴출) 出勤(출근) 選出(선출) 靑出於藍(청출어람)
굽을·다할 굴(屈)-사람이 몸을 주검(尸주검 시)처럼 구부리고
나오는(出나갈 출) 것으로 굽다(굽히다)·다하다 라는 의미. 不屈(불굴)
屈辱(굴욕) 屈折(굴절) 屈伏(굴복) 屈曲(굴곡) 卑屈(비굴) 屈指(굴지)
팔 굴(掘)-손(扌=手손 수)으로 굽은(屈굽을 굴) 것처럼 움푹하게
구멍이나 구덩이를 만드는 것으로 파다 라는 의미.
盜掘(도굴) 採掘(채굴) 發掘(발굴) 掘削機(굴삭기)
굴 굴(窟)-구멍(穴구멍 혈)같이 좁아서 몸을 굽히고(屈굽을 굴) 들어가는
곳으로 굴을 의미. 洞窟(동굴) 巢窟(소굴) 窟房(굴방) 石窟庵(석굴암)
졸할·옹졸할·못생길 졸(拙)-손(扌=手손 수)으로 만들어 낸(出날 출) 솜씨가
서투른 것으로 졸하다·옹졸하다·못생기다 라는 의미. 拙速(졸속)
拙劣(졸렬) 拙作(졸작) 壅拙(옹졸) 稚拙(치졸) 拙筆(졸필) 拙丈夫(졸장부)

(弓弓)(弔弔)(引引)(強強)
(弗弗)(佛佛)(拂拂)(費費)
(沸沸)(弟弟)(第第)(躬躬)
(窮窮)(穹穹)(夷夷)

활 궁(弓)-구부정하게 휘어진 활의 모양을 본뜬 글자로
활을 의미. 弓師(궁사) 弓手(궁수) 弓術(궁술) 角弓(각궁)
조상할·슬퍼할 조(弔)-옛 글자를 보면 끈(弓)으로 묶어 놓은 시신 앞에
사람(亻사람 인)이 엎드리고 슬퍼하는 모양으로 조상하다·슬퍼하다
라는 의미. 吊는 속자. 謹弔=謹吊(근조) 弔意(조의) 弔銃(조총)
弔花(조화) 弔喪(조상) 弔問客(조문객) 弔慰金(조위금) 慶弔事(경조사)
당길·끌 인(引)-시위를 벗긴 활(弓활 궁)의 두 끝을 앞으로 끌어 당겨
시위(丨위아래로통할 곤)를 거는 것처럼 당기다·끌다 라는 의미.
引率(인솔) 引導(인도) 引渡(인도) 誘引(유인) 引上(인상)
拘引(구인) 引責(인책) 索引(색인) 割引(할인) 牽引車(견인차)
我田引水(아전인수) 萬有引力(만유인력)
힘쓸·굳셀·강할 강(強)-원래는 활(弓활 궁)의 시위을 팔꿈치를
구부려 끌어당긴(厶사사 사) 것처럼 입이 세모진 모양으로
생긴 벌레(虫벌레 충)로 쌀바구미를 의미하는 것으로 나중에
쌀바구미의 입같이 단단하다→강하다→굳세다 라는 의미가 파생.
强은 속자. 強要(강요) 增強(증강) 強辯(강변) 強烈(강렬)
強制(강제) 強調(강조) 強奪(강탈) 富國強兵(부국강병)
말·아닐·버릴·어그러질·달러 불(弗)-제대로 굽지 않아 틀어진 활(弓활 궁)을
끈(丿丨)으로 동여매어 바로잡는 모양을 본뜬 것으로 부정하는 뜻을
나타내는 말다(아니하다)·아니다·버리다·어그러지다 라는 의미.
미국 화폐 단위인 달러의 기호 $와 비슷하여 달러라는 의미로 사용.
弗素(불소) 弗貨(불화) 六百萬弗(육백만불)
부처 불(佛)-제대로 굽지 않아 틀어진 활(弓활 궁)을 끈(丿丨)으로
동여매어 바로잡는 것같이 구부러진 마음을 바로잡아 깨달음을
얻은 사람(亻=人사람 인)으로 부처를 의미. 佛供(불공) 佛像(불상)
佛敎(불교) 佛經(불경) 念佛(염불) 等身佛(등신불)

떨칠·치를 불(拂)－원래는 손(扌=手손 수)으로 털어 버리는(弗버릴 불)
것으로 떨치다(털다)라는 의미로 나중에 弗(달러 불)이 미국 화폐
단위인 달러($)를 뜻하므로 손(扌=手손 수)으로 돈(弗달러 불)을
건네다·치르다(지불하다)라는 의미가 파생됨. 拂拭(불식) 拂下(불하)
支拂(지불) 先拂(선불) 滯拂(체불) 還拂(환불) 假拂(가불)
拂入金(불입금) 一時拂(일시불) 卽時拂(즉시불) 受拂簿(수불부)
쓸·허비할·비용 비(費)－버리는(弗버릴 불) 것처럼 써서 재물(貝재물 패)을
없애는 것으로 쓰다·허비하다·비용을 의미. 消費(소비) 浪費(낭비)
虛費(허비) 旅費(여비) 費用(비용) 歲費(세비) 經費(경비)
會費(회비) 學費(학비) 維持費(유지비)
끓을 비(沸)－물(氵=水물 수)같은 액체가 아닌(弗아닐 비) 기체로
변할 때 액체가 부글부글 솟아오르는 것으로 끓다 라는 의미.
沸騰(비등) 沸湯(비탕) 沸騰點(비등점)
아우·제자 제(弟)－원래는 한 군데로부터 갈라져 나간 낱낱의
가닥(丫가닥 아)이 순서있게 하나의 끈(弓)으로 연결되어 묶여(丿)
있는 서열 관계를 나타내는 차례(次例)를 의미하는 것으로 나중에
나이가 적은 아우·제자라는 의미로 쓰임. 妹弟(매제) 妻弟(처제)
師弟之間(사제지간) 難兄難弟(난형난제) 兄弟姉妹(형제자매)
차례·집·과거 제(第)－대(竹대 죽)를 가닥(丫가닥 아)이 지게 쪼갠
조각을 순서있게 하나의 끈(弓)으로 연결되어 묶은(丿) 모양으로
차례·(대나무를 엮어서 만든)집·(대쪽에 글을 써서 보는)과거(科擧)를 의미.
次第(차제) 第宅(제택) 及第(급제) 落第(낙제) 第三者(제삼자)
壯元及第(장원급제) 天下第一(천하제일)
몸소·몸 궁(躬)－몸(身몸 신)을 구부정하게 휘어진 활(弓활 궁)같이
구부리고 직접 자기 몸으로 하는 것으로 몸소를 의미.
躬耕(궁경) 躬行(궁행)
막힐·곤궁할·다할·궁구할 궁(窮)－구멍(穴구멍 혈) 속을 막혀서 다할 때까지
몸소(躬몸소 궁) 파고드는 것으로 막히다·곤궁하다·다하다·궁구하다
라는 의미. 窮極(궁극) 窮究(궁구) 窮地(궁지) 窮乏(궁핍) 窮狀(궁상)
窮理(궁리) 追窮(추궁) 困窮(곤궁) 窮境(궁경) 無窮花(무궁화)
春窮期(춘궁기) 窮餘之策(궁여지책) 無窮無盡(무궁무진)
하늘 궁(穹)－구멍(穴구멍 혈)처럼 텅 비어 있고 활(弓활 궁)처럼
둥근 것으로 하늘을 의미. 穹蒼(궁창)
동녘오랑캐 이(夷)－큰(大큰 대) 활(弓활 궁)을 등에 메고 있는 사람을
나타낸 것으로 옛날에 중국의 동쪽에 사는 민족을 중국인이 오랑캐라고
부르던 우리의 조상인 동이족을 의미. 東夷族(동이족) 以夷制夷(이이제이)

(戈ᑐ)(戒ᑐ)(械精)(武ᑐ)

(賦ᑐ)(伐ᑐ)(閥ᑐ)(或ᑐ)

(惑ᑐ)(域ᑐ)(國國)

창 과(戈)-긴 나무 자루 끝에 낫처럼 생긴 것이 양쪽에 달려 있는
무기의 모양을 본뜬 것으로 창을 의미. 干戈(간과) 戈矛(과모)

지킬·경계할·삼갈·재계할·고할 계(戒)-창(戈창 과)을 양손으로
들고(廾손맞잡을 공) 적이 침입하지 못하도록 막거나 감시하는
것으로 지키다·경계하다·삼가다·재계(齋戒)하다·고하다 라는 의미.
訓戒(훈계) 戒律(계율) 破戒(파계) 懲戒(징계)
警戒(경계) 戒嚴令(계엄령) 沐浴齋戒(목욕재계)

형틀·기계 계(械)-원래는 나무(木나무 목)로 만들어 죄인이 죄를
고하게(戒고할 계) 할 때 쓰는 것으로 형틀→기계를 의미.
機械(기계) 械器(계기)

강할·용맹할·건장할·호반 무(武)-창(戈창 과)을 쓰면서 움직이는
태도(止거동 지)가 힘있는 것으로 강하다·용맹하다·호반(무반·무사)을
의미. 武術(무술) 武藝(무예) 武功(무공) 武器(무기) 武威(무위)
武班(무반) 武官(무관) 忠武公(충무공) 武勇談(무용담)
尙武臺(상무대) 武陵桃源(무릉도원) 武斷統治(무단통치)

부세·구실·줄·받다·글 부(賦)-나라가 건장한(武건장할 무) 성인에게
강제로 거두는 돈(貝재물 패)으로 부세·구실(조세)·주다·받다·글을
의미. 賦課(부과) 賦役(부역) 賦稅(부세) 賦與(부여) 賦存(부존)
割賦金(할부금) 赤壁賦(적벽부) 天賦的(천부적)

칠·벨·자랑할 벌(伐)-사람(亻=人사람 인)을 낫처럼 생긴 창(戈창 과)으로
가르는 것으로 치다·베다·(적을 정벌한 공적을)자랑하다 라는 의미.
伐草(벌초) 征伐(정벌) 討伐(토벌) 伐木(벌목) 殺伐(살벌) 伐採(벌채)

공로·가문 벌(閥)-집안(門집안 문)의 조상이 적을 정벌한(伐칠 벌)
공적이 있는 것으로 공로·가문을 의미.
門閥(문벌) 財閥(재벌) 派閥(파벌) 族閥(족벌) 學閥(학벌)

혹 혹(或)-만일에 적이 침입할 경우를 대비하여 창(戈창 과)을 들고
일정한 지역(口)의 경계(一)를 지키는 것같이 어떤 조건을 전제하는 말로
혹(혹시)을 의미. 或是(혹시) 間或(간혹) 設或(설혹) 或者(혹자) 或如(혹여)

미혹할·의심낼·현란할 혹(惑)-혹시나(或혹 혹) 하는 마음(心마음 심)으로
미혹하다·의심내다·현란하다 라는 의미. 迷惑(미혹) 誘惑(유혹) 疑惑(의혹)
困惑(곤혹) 眩惑(현혹) 當惑(당혹) 不惑(불혹) 惑世誣民(혹세무민)

지경 역(域)-혹시(或혹 혹) 적이 침입할 경우를 대비하여 지키는
땅(土땅 토)의 경계인 지경을 의미. 領域(영역) 地域(지역) 區域(구역)
聖域(성역) 海域(해역) 廣域市(광역시) 異域萬里(이역만리)
나라 국(國)-창(戈창 과)을 들고 지키는 일정한 영토(口)의 경계(一)가
사방을 빙 둘러싸고(口=圍에울 위) 있는 곳으로 나라(국가)를 의미.
國家(국가) 國民(국민) 愛國(애국) 國防(국방) 國境(국경) 國籍(국적)
國際(국제) 祖國(조국) 國寶(국보) 友邦國(우방국) 國會議員(국회의원)
國政監査(국정감사) 國務會議(국무회의)

(戔戔)(殘殘)(錢錢)(賤賤)
(淺淺)(踐踐)(箋箋)(棧棧)

상할·해칠·나머지 잔(적을·버려쌓을 전)(戔)-창(戈창 과)과
창(戈창 과)을 맞부딪치며 싸워 다치게 하거나 죽이는
것으로 상하다·해치다·나머지를 의미.
해칠·잔인할·나머지 잔(殘)-살을 발라내고 뼈만(歹=歺살발른뼈 알)
앙상하게 남도록 창과 창을 맞부딪치며 싸워 상하게(戔상할 잔)
하는 것으로 해치다·잔인하다·(해치고 뼈만 남은)나머지을 의미.
殘惡(잔악) 殘額(잔액) 殘金(잔금) 殘量(잔량) 殘業(잔업) 殘黨(잔당)
殘飯(잔반) 殘留(잔류) 衰殘(쇠잔) 敗殘兵(패잔병) 殘忍無道(잔인무도)
전·돈 전(錢)-쇠(金쇠 금)로 만든 것으로 원(圓)의 100분의 1로
적은(戔적을 전) 화폐 단위인 전→돈을 의미. 銅錢(동전)
葉錢(엽전) 金錢(금전) 換錢(환전) 紙錢(지전) 錢票(전표)
本錢(본전) 一錢(일전) 守錢奴(수전노) 無錢旅行(무전여행)
천할 천(賤)-조개(貝조개 패)의 껍데기를 버려 쌓여(戔버려쌓을 전) 있는
것처럼 흔하여 값어치가 낮은 것으로 천하다(천히 여기다) 라는 의미.
賤待(천대) 賤視(천시) 貴賤(귀천) 賤民(천민) 卑賤(비천)
微賤(미천) 免賤(면천) 至賤(지천) 貧賤之交(빈천지교)
물얕을·고루할 천(淺)-물(氵=水물 수)의 두께가 적은(戔적을 전)
것으로 물이 얕다(옅다)·고루하다 라는 의미.
淺薄(천박) 日淺(일천) 淺酌(천작) 寡聞淺識(과문천식)
밟을·행할 천(踐)-발걸음(足발·걸을 족)을 차곡차곡 쌓아(戔쌓을 전)
걸어가는 것처럼 어떤 일에 순서나 절차를 거쳐 나가는 것으로
밟다·행하다 라는 의미. 實踐(실천)
쪽지·주낼·전문 전(箋)-대나무(竹대 죽) 조각에 간단한 의견을 써서
쌓아(戔쌓을 전) 놓는 것처럼 덧붙이는 것으로 쪽지(부전)·주내다·
전문을 의미. 藥典(약전) 附箋(부전) 箋文(전문) 處方箋(처방전)

사다리·다리·복도 잔(棧)-나무(木나무 목)를 쌓아(戔쌓을 전)
올려서 만든 것으로 사다리·다리·복도를 의미.
棧橋(잔교) 棧道(잔도) 雲棧(운잔) 客棧(객잔)

(戊) (茂) (戚) (戊)

(越) (戊) (威) (滅)

(咸) (喊) (緘) (減)

(感) (憾) (鍼) (威)

(歲) (戌) (成) (城)

(盛) (誠) (戎) (賊)

성할·천간 무(戊)-옛 글자를 보면 창(戈창 과)의 옆쪽에 도끼 모양의
넓은 날이 달린 무기를 본뜬 것으로 음을 빌어 다섯째 천간으로 씀.
다섯째 천간을 나타내는 戊자는 음양오행상으로 양기(陽)와 만물의
근원인 흙(土)에 해당하므로 만물을 성하게 하다 라는 의미가 파생됨.
戊戌年(무술년) 戊午士禍(무오사화)
무성할 무(茂)-풀(++풀 초)이 자라서 성하게(戊성할 무) 우거져 있는
것으로 무성하다 라는 의미. 茂盛(무성)
겨레 척(戚)-콩(尗콩 숙)의 꼬투리 안에 들어 있는 콩알같이
한 조상에서 태어난 자손들이 번성하여(戊성할 무) 이룬 무리로
겨레를 의미. 親戚(친척) 姻戚(인척) 戚臣(척신) 外戚(외척)
큰도끼 월(戊)-옛 글자를 보면 창(戈창 과)의 옆쪽에 끝이 날카롭고
넓은 날이 달린 무기를 본뜬 것으로 큰 도끼를 의미.
뛸·넘을·건널 월(越)-달려가(走달아날 주) 큰 도끼(戊큰도끼 월)같이 범하기
어려운 것을 뛰어 넘는 것으로 뛰다·넘다·건너다(지나다) 라는 의미.
越等(월등) 越權(월권) 超越(초월) 卓越(탁월) 追越(추월)
열한번째지지·개 술(戌)-옛 글자를 보면 창(戈창 과)의 옆쪽에 도끼 모양의
볼록한 날이 달린 무기를 본뜬 것으로 음을 빌어 열한 번째 지지로 씀.
戍(지킬 수)자와 비슷. 庚戌國恥(경술국치)

불꺼질 멸(威)-창의 옆쪽에 도끼 모양의 볼록한 날이(戌) 달린 무기로
쳐부수어 불(火불 화)을 없애 버리는 것으로 불이 꺼지다 라는 의미.
불끌·불꺼질·멸할 멸(滅)-물(氵=水물 수)로 불이 꺼지게(威불꺼질 멸) 하는
것으로 불을 끄다·불이 꺼지다·멸하다 라는 의미. 滅亡(멸망) 滅種(멸종)
死滅(사멸) 滅菌(멸균) 壞滅(괴멸) 消滅(소멸) 支離滅裂(지리멸렬)
다·같을 함(咸)-모든 사람(口인구 구)들이 하나로 개(戌개 술)같이 소리치는
것으로 다(모두)·같다 라는 의미. 咸告(함고) 咸氏(함씨) 咸興差使(함흥차사)
고함지를 함(喊)-입(口입 구)으로 다(咸다 함) 같이 소리치는 것처럼 큰
소리로 부르짖는 것으로 고함을 지르다 라는 의미.高喊(고함) 喊聲(함성)
묶을·봉할 함(緘)-실(糸가는실 멱)로 벌어진 것을 벌어지지 못하게
완전히 다(咸다 함) 얽어 매는 것으로 묶다·봉하다 라는 의미.
緘封(함봉) 緘默(함묵) 緘口令(함구령)
감할·덜 감(減)-물(氵=水물 수)이 흐르면서 모두(咸모두 함) 고루게
적셔 흐르는 물의 양이 줄어드는 것으로 감하다·덜다 라는 의미.
增減(증감) 減量(감량) 削減(삭감) 減免(감면)
느낄·감응할·감동할 감(感)-모든(咸모두 함) 사물에 대하여
마음(心마음 심)에서 일어나는 감정으로 느끼다·감응하다·감동하다
라는 의미. 惑(미혹할 혹)자와 비슷. 感動(감동) 交感(교감) 所感(소감)
感情(감정) 感激(감격) 感謝(감사) 感染(감염) 感性(감성) 靈感(영감)
敏感(민감) 感慨無量(감개무량) 隔世之感(격세지감)
한할·섭섭할 감(憾)-마음속(忄=心마음·속 심)에 남아있는 느낌(感느낄 감)으로
한하다·섭섭하다 라는 의미. 憾悔(감회) 遺憾(유감) 憾情(감정)
침 침(鍼)-쇠(金쇠 금)를 모두 다(咸다 함) 가늘게 만든 의료 기구인
침을 의미. 鍼術(침술) 鍼灸(침구) 手指鍼(수지침) 頂門一鍼(정문일침)
위엄·위의 위(威)-여자(女계집 녀)가 창(戈창 과)의 옆쪽에 도끼 모양의
볼록한 날이 달린 무기같이 범하기 어려운 엄숙함이 있는 것으로
위엄·위의(무게가 있어 외경 할 만한 거동)를 의미.
權威(권위) 威嚴(위엄) 威壓(위압) 猛威(맹위) 威脅(위협)
威儀(위의) 狐假虎威(호가호위) 威風堂堂(위풍당당)
목성·세월·해 세(歲)-원래는 하늘을 12년에 한번 도는 목성(戊다섯째천간 무
-태양에서 5번째로 가까운 행성)이 하늘을 12등분한 구역을 1년에 하나씩
차례로 거쳐간다고(步걸을 보) 옛날에는 생각하여 십이지(十二支)를
담당하는 별로 여긴 세성(歲星)인 목성을 의미. 목성이 12등분한
구역을 하나씩 가는 동안으로 세월→해(년) 라는 의미가 파생됨.
年歲(연세) 歲月(세월) 歲暮(세모) 歲拜(세배) 歲出入(세출입)
維歲次(유세차) 歲寒圖(세한도) 歲時風俗(세시풍속)
수자리·지킬 수(戍)-옛 글자를 보면 사람(人사람 인)이 창(戈창 과)을
들고서 국경을 지키는 모습으로 수자리·지키다 라는 의미.
戌(개 술)자와 비슷. 衛戍兵(위수병)

이룰·될 성(成)-혈기 왕성한(戊성할 무) 장정(丁장정 정)이 되어서
군역(軍役)이나 부역(賦役)에 나아갈 수 있는 신분에 이르는
것으로 이루다·되다 라는 의미. 成功(성공) 成熟(성숙)
成就(성취) 成長(성장) 成敗(성패) 大器晩成(대기만성)

성·재 성(城)-적을 막기 위해 흙(土흙 토)을 높이 쌓아서
높은 산의 고개처럼 이루어진(成이룰 성) 것으로 성·재를 의미.
築城(축성) 城郭(성곽) 山城(산성)

성할 성(盛)-제사의 제물(祭物)이 되는(成될 성) 곡물이
그릇(皿그릇 명)에 높이 쌓여 있는 것으로 성하다 라는 의미.
茂盛(무성) 豐盛(풍성) 盛行(성행) 隆盛(융성) 繁盛(번성)
昌盛(창성) 盛況裏(성황리) 盛需期(성수기) 興亡盛衰(흥망성쇠)

정성·믿을 성(誠)-말한(言말할 언) 바대로 온갖 힘을 다하여
이루려는(成이룰 성) 참되고 성실한 마음으로 정성·믿음을 의미.
精誠(정성) 孝誠(효성) 忠誠(충성) 誠實(성실) 致誠(치성)
至誠感天(지성감천) 防衛誠金(방위성금) 誠心誠意(성심성의)

군사·병장기·서녘오랑캐 융(戎)-옛글자를 보면 창(戈창 과)을 들고
갑옷(甲의 변형→ナ)을 입은 것으로 군사·병장기·서녘오랑캐를 의미.

도둑·역적·해칠 적(賊)-남의 재물(貝재물 패)을 훔치거나 빼앗는
오랑캐(戎서녘오랑캐 융)와 같은 짓을 하는 것으로 도둑·역적·해치다
라는 의미. 盜賊(도적) 逆賊(역적) 海賊(해적) 賊反荷杖(적반하장)

(戈 戋)(哉 𢦏)(栽 𢦏)
(裁 𢦏)(載 𢦏)(鐵 鐵)

자를·상할·해할·잃을 재(戋)-옛 글자를 보면 뾰족한 창 끝이 어딘가에
박혀 있는 모양으로 자르다·상하다·해하다·잃다 라는 의미.

비롯할·어조사 재(哉)-마음 속에 박혀 있는(戋상할 재) 생각이나 느낌을
입(口입 구)으로 소리를 내어 표현한 것으로 비롯하다(비로소)·
감탄과 의문을 나타내는 어조사를 의미.
快哉(쾌재) 善哉(선재) 嗚呼哀哉(오호애재) 嗚呼痛哉(오호통재)

심을 재(栽)-나무(木나무 목)의 가지를 잘라(戋자를 재) 흙에 꽂아서
뿌리를 내리게 하는 것으로 심다 라는 의미. 栽培(재배) 盆栽(분재)

옷마를·헤아릴·판결할 재(裁)-옷(衣옷 의)을 만들기 위해 옷감을
치수에 맞추어 자르는(戋자를 재) 것으로 마르다(마름질하다)·헤아리다·
판결하다(결단하다) 라는 의미. 裁判(재판) 獨裁(독재) 制裁(제재)
裁斷(재단) 仲裁(중재) 決裁(결재) 裁可(재가) 裁量(재량)
總裁(총재) 旣裁(기재) 憲法裁判所(헌법재판소)

실을·기록할·해 재(載)−수레(車수레 거)에 물건을 박아(㦰상할 재) 넣는
것으로 싣다(얹다)·기록하다·해(年)을 의미. 記載(기재) 連載(연재)
積載(적재) 載物臺(재물대) 千載一遇(천재일우)
철·단단할·병장기 철(鐵)−땅 속에 묻혀 있는 쇠(金쇠 금)에서
비롯하여(㦰비롯할 재) 나온(壬드러낼 정) 것으로 철·단단하다·
병장기를 의미. 鐵則(철칙) 電鐵(전철) 鐵道(철도) 鐵板(철판)
鐵橋(철교) 鐵塔(철탑) 鐵窓(철창) 製鐵所(제철소) 鐵條網(철조망)
鐵鑛石(철광석) 鐵面皮(철면피) 寸鐵殺人(촌철살인)

(我㦰䂂)(餓䬻)(義羛)
(儀儀)(議譏)

나·고집 아(我)−옛 글자(㦰)를 보면 손 모양처럼 끝이 세 갈래로 갈라진
날이 붙은 창을 본뜬 글자가 변화된 것으로 손(手손 수)에 창(戈창 과)을
들고 지키는 자기 자신을 가리키는 것으로 나·(자기 의견을 굳게 지키는)
고집(固執)을 의미. 自我(자아) 我執(아집) 我軍(아군) 無我之境(무아지경)
我田引水(아전인수) 唯我獨尊(유아독존) 物我一體(물아일체)
굶을·굶길 아(餓)−먹어야만(食먹을 식) 나(我나 아)의 목숨을 지킬 수 있는
상태를 나타낸 것으로 굶다(주리다)·굶기다 라는 의미.
飢餓(기아) 餓死(아사) 餓鬼(아귀)
옳을·의리·뜻 의(義)−희생이 되어 제물로 바쳐지는 양(羊양 양)같이
나(我나 아)를 희생하는 것으로 옳다(의롭다)·의리·뜻(의미)을 의미.
正意(정의) 講義(강의) 義務(의무) 義理(의리) 道義(도의) 信義(신의)
意義(의의) 同義語(동의어) 法治主義(법치주의) 桃園結義(도원결의)
君臣有義(군신유의) 資本主義(자본주의) 仁義禮智(인의예지)
거동·법도 의(儀)−사람(亻=人사람 인)이 마땅이 행하여야 할
옳은(義옳을 의) 자세로 거동·법도를 의미.
儀式(의식) 儀典(의전) 祝儀金(축의금) 禮儀凡節(예의범절)
꾀할·의논할 의(議)−어떤 일을 옳게(義옳을 의) 하기 위하여 서로
말(言말씀 언)을 주고받는 것으로 꾀하다·의논하다 라는 의미.
議論(의논) 會議(회의) 合議(합의) 抗議(항의) 討議(토의)
建議(건의) 議決(의결) 議事堂(의사당) 國會議員(국회의원)

(石ᒐ)(岩岩巖麤)(拓拓)

돌·경쇠 석(石)−옛 글자를 보면 굴바위(厂굴바위 엄) 아래에 바위의
조각(口)이 떨어져 있는 모양으로 단단한 암석 덩어리인 돌·
(돌로 만든 아악기)경쇠를 의미. 石炭(석탄) 岩石(암석) 石油(석유)

盤石(반석) 碑石(비석) 礎石(초석) 磁石(자석) 石灰岩(석회암)
望夫石(망부석) 他山之石(타산지석) 一石二鳥(일석이조)
바위 암(岩)-巖(바위 암)의 속자로 산(山뫼 산)처럼 크기가
매우 큰 돌(石돌 석)로 바위를 의미.
岩石(암석) 岩壁(암벽) 岩塊(암괴) 岩盤(암반) 岩刻畵(암각화)
개간할 척(박을 탁)(拓)-손(扌=手손 수)으로 황무지의
돌(石돌 석)을 주워 내어 논밭으로 만드는 것으로
개간하다 라는 의미. 손(扌=手손 수)으로 두들겨 돌(石돌 석)에
새겨진 글씨나 그림을 찍어 내는 것으로 박다 라는 의미.
開拓(개척) 干拓(간척) 拓殖(척식) 拓本(탁본) 手拓(수탁)

(佳隹)(推摧)(錐鐼)(椎榫)

(集櫫𥞥)(進雓)(唯唯)(惟幃)

(維維)(羅羅)(誰誰)(雖雊)

(雄雅)(雜雜)(雁雁)(應應)

(雀雀)(奪奪𥞥)(奮奮)(隼隼)

(準雅)(崔崒)(催催)(稚稚)

(雀崒)(確碻)(鶴鶴)(翟翟)

(濯濯)(躍躍)(堆垖堆)

새 추(높을 최)(隹)-옛 글자를 보면 몸집이 작은 새가 날개를
접고 앉아 있는 옆 모양을 본뜬 것으로 새·높다 라는 의미.
옮길·가릴·궁구할 추(밀칠 퇴)(推)-손(扌=手손 수)에 힘을 주어
새(隹새 추)가 날개를 움직여 날아가듯이 앞으로 나아가게
하는 것으로 밀다→옮기다→가리다→궁구하다 의미.
推進(추진) 推薦(추천) 推定(추정) 推算(추산) 推移(추이) 推理(추리)
推測(추측) 類推(유추) 推尋(추심) 推仰(추앙) 推究(추구) 推敲(퇴고)

송곳 추(錐)-쇠(金쇠 금)를 새(隹새 추)의 부리처럼 끝이
뾰족하게 만든 것으로 송곳을 의미. 立錐(입추)
圓錐形(원추형) 試錐船(시추선) 囊中之錐(낭중지추)

참나무·몽치·등골·칠 추(椎)-원래는 새(隹새 추)의 깃털같이 생긴
잎이 달린 나무(木나무 목)로 참나무를 의미하는 것으로 단단한
참나무로 새의 깃털 모양으로 짤막하게 만든 몽치(몽둥이)→
몽치처럼 생긴 뼈가 연결되어 있는 등골(등뼈)→(몽둥이로)치다
라는 의미가 파생됨. 腰椎(요추) 頸椎(경추) 胸椎(흉추)
脊椎(척추) 椎骨(추골) 鐵椎(철추) 頂門金椎(정문금추)

모을·이룰 집(集)-옛 글자를 보면 새떼(雥떼새 잡→隹)가 나무(木나무 목)
위에 모여 앉아 있는 모양으로 모이다(모으다)·(여럿이 한 곳으로 모여
전체를)이루다(이루어지다) 라는 의미. 集團(집단) 募集(모집)
集會(집회) 召集(소집) 集計(집계) 密集(밀집) 收集(수집) 結集(결집)
買集(매집) 集合(집합) 詩集(시집) 雲集(운집) 集大成(집대성)

오를·올릴·나아갈 진(進)-앉아 있던 새(隹새 추)가 날아오르는 것처럼
아래에서 위로 움직여 가는(辶=辵쉬엄쉬엄갈 착) 것으로 오르다·
올리다·나아가다 라는 의미. 推進(추진) 進行(진행) 進展(진전)
進步(진보) 促進(촉진) 昇進(승진) 躍進(약진) 進學(진학)
진로(進路) 漸進(점진) 突進(돌진) 進擊(진격) 進退兩難(진퇴양난)

오직·뿐 유(唯)-원래는 입(口입 구)으로 소리를 내어 짝을 부르는
소리에 응하여 소리를 내어 답하는 새(隹새 추)같이 부름에 응하는
것으로 대답하다 라는 의미로 나중에 오직·뿐이라는 의미로 가차됨.
唯獨(유독) 唯一神(유일신) 唯物論(유물론) 唯我獨尊(유아독존)
唯唯諾諾(유유낙낙) 一切唯心造(일체유심조)

생각할·오직 유(惟)-마음속(忄=心마음·속 심)으로 계절을 헤아려
번식지와 월동지의 방향을 판단하고 이동 경로를 기억하여
오가는 새(隹새 추)같이 사물을 헤아리고 판단하고 기억하는
것으로 생각하다·오직(다만)을 의미. 惟獨(유독) 思惟(사유)

맬·벼리·오직·발어사 유(維)-실(糸가는실 사)로 고를 맺어
새(隹새 추)를 잡는 올가미를 나타낸 것으로 매다(묶다)·
(그물의 위쪽 코를 꿰어 잡아당길 수 있게 한 줄)벼리·오직·발어사를
의미. 維持(유지) 維新(유신) 維歲次(유세차) 進退維谷(진퇴유곡)

새그물·벌일·비단 라(羅)-원래는 새(隹새 추)를 잡기 위해 눈에 잘
보이지 않는 가는 실(糸가는실 사)로 여러 코의 구멍이 나게 얽어 만든
그물(罒=网그물 망)로 새그물을 의미하는 것으로 새를 잡기 위해 펼쳐
놓은 새그물같이 벌이다→새그물같이 가는 실을 엮어 만든 얇은
비단 이라는 의미가 파생됨. 羅列(나열) 網羅(망라) 新羅(신라)
羅城(나성) 全羅道(전라도) 羅針盤(나침반) 森羅萬象(삼라만상)

누구·무엇 수(誰)-새(隹새 추)가 우는 소리가 무슨 말(言말씀 언)인지
잘 모르는 것같이 잘 모르는 사람이나 사물을 가리키는 말로
누구·무엇을 의미. 誰何(수하) 誰怨孰尤(수원숙우)
벌레이름·비록 수(雖)-옛 글자를 보면 입(口입 구)으로 새(隹새 추)같이
울음소리를 내는 파충류(虫벌레 훼)로 도마뱀 중에서 유일하게
울음소리를 내는 도마뱀붙이를 의미하는 것으로 나중에
비록(아무리 그렇다 할지라도)이라는 의미로 가차됨. 雖然(수연)
수컷·용맹할·영웅 웅(雄)-옛 글자를 보면 팔꿈치(厷팔꿈치 굉)처럼
다리(ナ) 뒤쪽에 뾰족하게 튀어나온(ム) 며느리발톱이 있는
새(隹새 추)를 나타낸 것으로 수컷 새→수컷→(며느리발톱을 사용하여
싸우는 수컷 새같이)용맹하다→(수컷 새 같이 용맹한)영웅을 의미.
英雄(영웅) 雄壯(웅장) 雄辯(웅변) 雄飛(웅비)群雄割據(군웅할거)
섞일·난잡할 잡(雜)-옛 글자(襍)를 보면 각양각색의 옷을
입은(衤=衣옷·입을 의→枼) 여러 사람들이 새떼(雥떼새 잡)가
나무(木나무 목) 위에 앉아 모여(雧→集모을 집) 있는 것처럼
한데 뒤섞여 있는 것으로 섞이다·난잡하다·어수선하다 라는
의미. 雜音(잡음) 錯雜(착잡) 混雜(혼잡) 雜草(잡초) 雜務(잡무)
雜種(잡종) 雜念(잡념) 雜食(잡식) 雜穀(잡곡) 雜談(잡담)
雜誌(잡지) 亂雜(난잡) 複雜多端(복잡다단)
기러기 안(雁)-굴바위(厂굴바위 엄)에서 사람(亻=人사람 인)과 함께
사는 새(隹새 추)로 옛날에 아들을 둔 집에서 신의·예의·절개·지혜를
상징하는 기러기를 길러 아들이 혼인을 치르러 신부 집으로 갈 때
기럭아비가 안고 가서 전안상(奠雁床) 위에 올려놓는 기러기를 의미.
雁書(안서) 雁鴨池(안압지) 平沙落雁(평사낙안)
응할·대답할·응당 응(應)-집(广돌집 엄)에서 사람(亻=人사람 인)이
사냥에 쓰기 위하여 길들인 새(隹새 추)인 매(鷹매 응)같이 서로
마음(心마음 심)이 통하여 주인의 말에 따르는 것으로 응하다·
대답하다·응당(마땅히·꼭)이라는 의미. 對應(대응) 反應(반응)
適應(적응) 應答(응답) 應援(응원) 呼應(호응) 應試(응시) 副應(부응)
順應(순응) 應用力(응용력) 因果應報(인과응보) 臨機應變(임기응변)
날개칠 순(奞)-새(隹새 추)가 날개를 길게(大길 대) 벌리고
위아래로 움직이는 것으로 날개를 치다(홰치다) 라는 의미.
빼앗을·빼앗길 탈(奪)-옛 글자(奮)를 보면 날개를 치는(奞날개칠 순)
새를 손으로(又오른손 우→寸마디 촌) 움켜쥐고 있는 것으로
남의 것을 억지로 자기의 것으로 만드는 것으로 빼앗다·
빼앗기다 라는 의미. 奪還(탈환) 掠奪(약탈) 爭奪(쟁탈)
收奪(수탈) 侵奪(침탈) 奪取(탈취) 換骨奪胎(환골탈태)

떨칠·드날릴·힘쓸 분(奮)-옛 글자를 보면 새끼 새가 날기 위하여
둥지(田둥지 모양) 위에서 날갯짓(奞날개칠 순)을 하는 것같이
위세를 일으켜 널리 알게 하는 것으로 떨치다·드날리다·힘쓰다
라는 의미. 奮發(분발) 激奮(격분) 興奮(흥분) 奮鬪(분투)
새매·멧비둘기 준(隼)-옛 글자를 보면 새(隹새 추)가 홰(一) 위에
앉아 있는 모양으로 새매(송골매)·멧비둘기를 의미.
평평할·고를·법 준(準)-물(氵=水물 수)의 표면이 새(隹새 추)가 앉아 있는
홰(一)처럼 높낮이의 차이가 없이 한결같고 판판한 것으로 평평하다·
고르다·법을 의미. 準備(준비) 水準(수준) 準則(준칙) 基準(기준)
標準(표준) 照準(조준) 準據(준거) 平準化(평준화) 準會員(준회원)
산우뚝할·성 최(崔)-산(山뫼 산)이 높이 날아오른 새(隹새 추)같이 높이
솟아 있는 것으로 산이 우뚝하다 라는 의미. 주로 성씨로 쓰임.
재촉할 최(催)-사람(亻=人사람 인)을 우뚝한 산(崔산우뚝할 최)처럼
남보다 뛰어나도록 다그치는 것으로 재촉하다 라는 의미.
催眠(최면) 開催(개최) 催告狀(최고장) 催淚彈(최루탄)
어린벼·어릴 치(稚)-곡식(禾벼 화)의 잎이나 줄기가 몸집이 작은
새(隹새 추)같이 작고 여린 것으로 어린 벼·어리다 라는 의미.
幼稚(유치) 稚拙(치졸) 稚魚(치어) 稚氣(치기) 幼稚園(유치원)
높이이를 확(뜻고상할 각)(寉)-새장에 갇혀(冖덮을 멱) 있던
새(隹새 추)가 새장을 뚫고 날아올라 높은 곳에 도달한 것으로
높이 이르다·뜻이 고상하다 라는 의미.
굳을·확실할 확(確)-돌(石돌 석)같이 태도가 견고하고 생각이
높은 곳에 닿아(寉높이이를 확) 있는 것으로 굳다·확실하다
라는 의미. 確實(확실) 確認(확인) 確答(확답) 確定(확정)
確保(확보) 正確(정확) 確固不動(확고부동)
학·흴 학(鶴)-뜻이 고상함을(寉뜻고상할 각) 상징하는 새(鳥새 조)로
학(두루미)·(몸이 흰색인 학같이)희다 라는 의미. 紅鶴(홍학) 鶴舞(학무)
鶴翼陣(학익진) 群鷄一鶴(군계일학) 鶴首苦待(학수고대)
꿩 적(翟)-머리 양쪽에 깃(羽깃 우)처럼 생긴
우각(羽角)이 있는 새(隹새 추)로 꿩을 의미.
씻을·빨 탁(濯)-물(氵=水물 수)에 들어가 두 날개를 펴고(羽날개·펼 우)
퍼덕이는 새(隹새 추)처럼 물로 더러운 것을 없애는 것으로 씻다·빨다
라는 의미. 洗濯所(세탁소) 濯足會(탁족회) 濯鱗淸流(탁린청류)
뛸 약(躍)-발(足발 족)을 달려가는 꿩(翟꿩 적)처럼 매우 빠르게 움직여
빨리 나아가는 것으로 뛰다 라는 의미. 跳躍(도약) 躍進(약진) 躍動(약동)
흙무데기·쌓을 퇴(堆)-옛 글자(坥)를 보면 흙(土흙 토)이 겹겹이 포개져서
쌓여(自쌓일 퇴→隹높을 최) 있는 것으로 흙무데기·쌓다 라는 의미.
堆肥(퇴비) 堆積(퇴적) 氷堆石(빙퇴석) 堆積岩(퇴적암)

(隻隻)(雙雙)(崔 崔)(蒦 蒦)

(穫穫)(獲獲)(護護)

외새·외짝·척 척(隻)-새(隹새 추) 한 마리를 손(又오른손 우)으로 잡은
모양으로 짝을 이루지 못하고 단 하나만 있는 외새·외짝·(배의 수효를
세는 단위)척을 의미.隻愛(척애) 隻身(척신) 隻行(척행) 十二隻(십이척)

둘·짝·한쌍·견줄 쌍(雙)-새 두 마리(雔새한쌍 수)를 손(又오른손 우)으로
잡은 모양으로 둘씩 짝을 이루는 둘·짝·한쌍·견주다 라는 의미.
雙方(쌍방) 雙璧(쌍벽) 雙手(쌍수) 勇敢無雙(용감무쌍) 變化無雙(변화무쌍)

수리부엉이 환(崔)-옛 글자를 보면 양의 뿔(丫양뿔 개→卝쌍상투 관)처럼
생긴 귀깃(羽角우각)이 머리 양쪽에 있는 새(隹새 추)로 수리부엉이를 의미.

잡을 확(蒦)-수리부엉이(崔수리부엉이 환)를 손(又오른손 우)으로
붙들어 쥐는 것으로 잡다 라는 의미.

곡식거둘 확(穫)-곡식(禾곡식 화)의 이삭을 붙들어 쥐고(蒦잡을 확)
떼어 한데 모아 들이는 것으로 곡식을 거두다 라는 의미.
收穫(수확) 春耕秋穫(춘경추확)

얻을 획(獲)-사냥개(犭=犬큰개 견)가 잡은(蒦잡을 확)
짐승을 주인이 받아 가지는 것으로 얻다 라는 의미.
獲得(획득) 捕獲(포획) 濫獲(남획) 漁獲量(어획량)

도울·지킬 호(護)-옆에서 말(言말씀 언)로 알려 주고 붙잡아(蒦잡을 확)
주는 것으로 돕다·지키다 라는 의미. 保護(보호) 辯護(변호)
看護(간호) 護衛(호위) 護國(호국) 警護員(경호원) 護身術(호신술)
養護室(양호실) 救護品(구호품) 守護神(수호신)

(雚雚)(觀觀)(權權)

(勸勸)(歡歡)

황새 관(雚)-머리 위에 풀(++=艸풀 초)같이 더부룩하게 난 털이 있고
두 눈(吅) 둘레에 붉은 피부가 드러나 있는 새(隹새 추)로 황새를 의미.

볼·보일·형용 관(觀)-황새(雚황새 관)가 먹이를 찾는 것처럼
하나하나 자세히 보는(見볼 견) 것으로 보다·보이다·형용을
의미. 觀光(관광) 觀察(관찰) 客觀(객관) 參觀(참관) 傍觀(방관)
景觀(경관) 觀望(관망) 觀覽客(관람객) 價値觀(가치관)

저울질할·평할·권세 권(權)-원래는 황새(雚황새 관)가 둥지를 트는
곧은 나무(木곧을·나무 목)인 황화목(黃華木)을 의미하는 것으로
황화목(黃華木)은 단단하고 무거워서 저울대나 저울추로 사용했는데
저울추를 이리저리 움직여 저울대가 평평하게 하여 무게를 헤아리는
것으로 저울질하다→평하다→권세 라는 의미가 파생됨.
權利(권리) 權威(권위) 特權(특권) 權限(권한) 政權(정권) 棄權(기권)
旣得權(기득권) 執權黨(집권당) 著作權(저작권) 權謀術數(권모술수)
권할 권(勸)-부리를 부딪혀 소리를 내는 황새(雚황새 환)처럼 소리를 내어
힘(力힘 력)을 쓰도록 말하는 것으로 권하다 라는 의미. 勸告(권고)
勸獎(권장) 勸誘(권유) 强勸(강권) 德業相勸(덕업상권) 勸善懲惡(권선징악)
기뻐할 환(歡)-부리를 부딪혀 소리를 내는 황새(雚황새 환)처럼
소리를 내어 하품하듯이(欠하품할 흠) 입을 크게 벌리고 웃는
것으로 기뻐하다 라는 의미. 歡迎(환영) 歡喜(환희) 歡待(환대)
歡呼(환호) 歡送(환송) 歡樂街(환락가)

(門門)(問問)(聞聞)(間間)
(簡簡)(閑閑)(開開)(閉閉)
(絲絲)(關關)(聯聯)(閣閣)
(閨閨)(潤潤)(悶悶)

문·집·가문 문(門)-앞뒤로 열고 닫는 두 개의 문짝이 양쪽에 달린
대문의 모양을 본뜬 것으로 문·집·가문을 의미. 窓門(창문)
家門(가문) 校門(교문) 後門(후문) 部門(부문) 關門(관문) 同門(동문)
門外漢(문외한) 專門家(전문가) 登龍門(등용문) 崇禮門(숭례문)
門戶開放(문호개방) 門前成市(문전성시) 名門巨族(명문거족)
물을·문초할·방문할 문(問)-무엇을 밝히거나 알아내기 위하여
집(門집 문)을 찾아가 대답하도록 요구하는 말을 하는(口말할 구)
것으로 묻다·문초하다·방문하다 라는 의미. 質問(질문) 問責(문책)
疑問(의문) 訪問(방문) 問招(문초) 問議(문의) 慰問(위문) 問題(문제)
說問(설문) 弔問客(조문객) 病問安(병문안) 東問西答(동문서답)
들을·들릴·소문 문(聞)-문(門문 문) 밖에서 귀(耳귀 이)를 기울이고
말하는 소리를 느끼는 것으로 듣다·들리다·소문을 의미.
所聞(소문) 風聞(풍문) 新聞(신문) 醜聞(추문) 後聞(후문)
聽聞會(청문회) 今始初聞(금시초문) 前代未聞(전대미문)

틈·사이·칸·이간할 간(間)-해(日해 일)가 보일 정도로 두 개의 문짝이
양쪽에 달린 문(門문 문)이 벌어져 생긴 공간으로 틈·사이·칸·이간하다
라는 의미. 時間(시간) 空間(공간) 間或(간혹) 夜間(야간) 間隔(간격)
間食(간식) 離間(이간) 間諜(간첩) 當分間(당분간) 瞬息間(순식간)
弘益人間(홍익인간) 草家三間(초가삼간) 倉卒之間(창졸지간)
대쪽·편지·간략할·가릴 간(簡)-대(竹대 죽)를 쪼개어 글을 쓸 수 있는
칸(間칸 간)이 있게 만든 것으로 대쪽·편지·간략하다·가리다 라는 의미.
竹簡(죽간) 書簡(서간) 簡紙(간지) 簡素(간소) 簡便(간편) 簡略(간략)
簡潔(간결) 簡單(간단) 簡擇(간택) 內簡體(내간체) 簡易驛(간이역)
簡易食堂(간이식당) 簡單明瞭(간단명료)
한가할 한(閑)-문(門문 문)을 닫고 중간에 나무(木나무 목) 막대기로
가로질러 막고 조용히 편안하게 있는 것으로 한가하다 라는 의미.
閑寂(한적) 閑暇(한가) 閑散(한산) 農閑期(농한기) 忙中閑(망중한)
等閑視(등한시) 閑麗水道(한려수도) 有閑夫人(유한부인)
열·열릴·통할·깨달을·필 개(開)-문의 빗장(門빗장 산)을 두 손으로 들어
올려서(廾) 닫힌 문을 트는 것으로 열다·열리다·통하다·깨닫다·피다
라는 의미. 개업(開業) 개발(開發) 開放(개방) 開拓(개척) 開封(개봉)
展開(전개) 開花(개화) 開幕(개막) 開學(개학) 開催(개최) 開港(개항)
닫을·마칠·가릴 폐(閉)-문(門문 문)에 빗장을 질러(才결단할 재)
막아 놓은 모양으로 닫다·마치다·가리다 라는 의미. 閉鎖(폐쇄)
閉幕(폐막) 閉店(폐점) 密閉(밀폐) 隱閉(은폐) 閉業(폐업)
閉校(폐교) 開閉器(개폐기) 閉會式(폐회식) 自閉兒(자폐아)
빗장둔태 관(丱)-옛 글자를 보면 대문의 두 문짝에 달아 빗장을 끼우도록
구멍을 뚫은 갸름한 나무토막을 나타낸 것으로 빗장둔태(빗장걸이)를 의미.
관계할·통할·기관 관(關)-원래는 대문(門문 문)의 두 문짝에 달아 빗장을
끼우도록 구멍을 뚫은 갸름한 나무토막인 빗장걸이(丱빗장둔태 관)를
나타낸 것으로 빗장둔태에 빗장을 끼워 문을 닫거나 빗장을 풀어
문을 여는 것같이 서로 연결되어 얽혀 있는 것으로 관계하다·통하다·
기관을 의미. 關門(관문) 稅關(세관) 關節(관절) 玄關(현관) 機關(기관)
關稅(관세) 聯關(연관) 關節(관절) 無關心(무관심) 相關關係(상관관계)
연할·합할 련(聯)-머리 좌우에 서로 연결되어 있는 귀(耳귀 이)처럼
대문의 두 문짝에 달린 빗장걸이(丱빗장둔태 관)에 빗장을 키워
서로 잇닿게 하는 것으로 연하다·합하다 라는 의미.
關聯(관련) 聯關(연관) 聯合(연합) 聯邦(연방) 聯盟(연맹) 柱聯(주련)
다락집·층집·내각 각(閣)-집(門집 문)을 따로따로(各따로 각)
층층이 높이 지은 것으로 다락집(누각)·층집·내각을 의미.
樓閣(누각) 閣僚(각료) 內閣(내각) 普信閣(보신각)

윤달 윤(閏)-옛날에 정통(正統)이 아닌 임금은 종묘(宗廟)의 문 밖에서
제사(祭祀)를 지냈는데 탈이 없는 윤달에는 종묘의 문안에 들어가
제사를 지냈던 것에서 유래한 글자로 정통이 아닌 임금(王임금 왕)이
종묘의 문(門문 문) 안에 들어가 제사를 지낼 수 있는 윤달을 의미.
閏年(윤년) 閏位(윤위) 閏朔(윤삭)

젖을·불을·윤택할 윤(潤)-물(氵=水물 수)에 젖어서 일년의 달수가
어느 해보다 한 달이 많은 윤달(閏윤달 윤)같이 부피가 커지는
것으로 붇다·윤택하다 라는 의미. 利潤(이윤) 潤澤(윤택)
浸潤(침윤) 潤色(윤색) 潤滑油(윤활유)

속답답할·번민할 민(悶)-열었다 닫았다하는 문(門문 문)처럼 번거로워
마음(心마음 심)이 답답한 것으로 속답답하다·번민하다 라는 의미.
苦悶(고민) 煩悶(번민)

(巳 卩 ⻖)(厄⺋)(犯⺨)(卬⻖)
(仰⻖)(抑⺘)(迎⻌)(範軛軛)

병부 절(卩)-옛 글자를 보면 사람이 무릎을 꿇고 앉아 있는
모양으로 후에 글자 모양이 나뭇조각에 發兵(발병)이라고
두 글자를 쓰고 두 조각으로 쪼개어 임금과 신하가 나누어
가진 부절(符節)과 닮아서 병부(발병부)라는 의미가 파생됨.

재앙 액(厄)-언덕(厂언덕 엄)에서 굴러떨어져 쓰러진 사람이
몸을 구부리고(巳) 있는 것으로 재앙(災殃)을 의미.
厄運(액운) 橫厄(횡액) 免厄(면액) 厄禍(액화)

범할·침노할·범죄 범(犯)-개(犭=犬개 견)가 달려들어 쓰러져
몸을 구부리고(巳) 있는 사람을 물어뜯고 있는 것으로 범하다·
침노하다·범죄를 의미. 犯罪(범죄) 侵犯(침범) 共犯(공범)
防犯(방범) 犯接(범접) 犯則金(범칙금) 犯法者(범법자)

우러를·오를·격동할·나 앙(卬)-옛 글자를 보면 아래를 향하여
고개를 숙이고 서 있는 사람과 무릎을 꿇고 위를 향하여
고개를 정중히 쳐들고 있는 사람을 나타낸 것으로
우러르다·오르다·격동하다·나를 의미. 印(도장 인)자와 비슷.

우러러볼·사모할 앙(仰)-사람(亻=人사람 인)을 고개를 쳐들고
올려다보는(卬우러를 앙) 것으로 우러러보다·사모하다 라는 의미.
信仰(신앙) 推仰(추앙) 仰騰(앙등) 仰望(앙망) 仰天大笑(앙천대소)

누를·억제할·굽힐 억(抑)-손(扌=手손 수)으로 오르는(卬오를 앙) 것을
위에서 아래로 내려 미는 것으로 누르다·억제하다·굽히다 라는 의미.
抑制(억제) 抑留(억류) 抑壓(억압) 抑揚(억양) 抑何心情(억하심정)

맞이할·맞출 영(迎)-길에 나가서(辶=辵쉬엄쉬엄갈 착) 오는 사람을
우러러(卬우러를 앙) 맞아들이는 것으로 맞이하다·(맞아들이듯이
남의 뜻을)맞추다 라는 의미. 歡迎(환영) 迎接(영접) 迎入(영입)
迎合(영합) 迎賓館(영빈관) 迎恩門(영은문) 送舊迎新(송구영신)
골·본보기·한계·법 범(範)-옛 글자를 보면 대나무(竹대 죽)로
수레(車수레 거)의 가장자리에 흙벽돌을 찍어내는 속이 비어 있는
사각틀(凡→巳)처럼 막아 세우는 난간을 나타낸 것으로 만들고자
하는 물건의 일정한 모양을 잡아 주는 틀로 골(틀)→본보기→한계→
법이라는 의미가 파생됨. 模範(모범) 規範(규범) 示範(시범) 師範(사범)
範圍(범위) 範例(범례) 率先垂範(솔선수범) 樂學軌範(악학궤범)

(又ㅋ)(桑桑)(叉ㅋ)(友ㅋ)

(奴㪅)(努㪅)(怒㪅)(反月)

(返返)(飯飯)(叛叛)(板枋)

(版版)(販販)(圣圣)(怪㤼)

(丈支)(杖杖)(及月)(級級)

(吸吸)(急忢忢)(受受)(授㧽)

(爰受)(援援)(暖暖)(煖煖)

(緩緩)(媛媛)(㪅㪅)(隱隱)

또·다시·도울 우(又)-무언가를 움켜잡으려고 옆으로 향한 오른손의 모양을
본뜬 것으로 왼손에 비해 오른손은 자꾸 쓰니 또·다시·돕다 라는 의미가
파생 됨. 又況(우황) 又重之(우중지) 日日新又日新(일일신우일신)
뽕나무 상(桑)-옛 글자를 보면 손(又오른손 우)처럼 생긴 잎이
우거져(叒나무이름 약) 있는 나무(木나무 목)로 뽕나무를 의미.
桑田碧海(상전벽해)

111

갈래·깍지낄·야차 차(叉)-옛 글자를 보면 손(又오른손 우)에 달려 있는
손가락(丶)처럼 갈라져 나간 것으로 갈래·깍지끼다·야차(夜叉)를 의미.
夜叉(야차-고대 인도어 야크사(Yaka)의 음역) 交叉(교차)
交叉點(교차점) 交叉路(교차로)

벗·친구·우애할 우(友)-옛 글자를 보면 두 사람이 손(ナ=又)을
합하여 서로 도우는(又도울 우) 것으로 벗·친구·우애하다 라는
의미. 友情(우정) 友邦(우방) 友愛(우애) 友好(우호) 學友(학우)
友軍(우군) 鄕友會(향우회) 竹馬故友(죽마고우) 莫逆之友(막역지우)
交友以信(교우이신) 朋友有信(붕우유신) 文房四友(문방사우)

남종 노(奴)-무릎을 꿇고 다소곳이 앉아 있는 여자(女계집 녀)처럼 주인에게
복종하며 손(又오른손 우)으로 천한 일을 하는 남자 종을 의미. 奴婢(노비)
奴隷(노예) 推奴(추노) 守錢奴(수전노) 賣國奴(매국노) 胡奴子息(호노자식)

힘쓸 노(努)-남자 종(奴남종 노)이 가래질을 하는 것처럼 힘(力힘 력)을
들여 일을 하는 것으로 힘쓰다 라는 의미. 努力(노력)

성낼 노(怒)-주인에게 복종하며 천한 일만 하는 남자 종(奴남종 노)이
분하고 섭섭하여 마음속(心마음·속 심)에서 치밀어 오르는 화를 내는
것으로 성내다 라는 의미. 恕(용서할 서)자와 비슷. 憤怒(분노)
激怒(격노) 震怒(진노) 怒嫌(노혐) 怒氣衝天(노기충천)
怒發大發(노발대발) 喜怒哀樂(희노애락)

돌이킬·배반할·뒤칠 반(反)-깎아지른 벼랑(厂굴바위 엄)을 손(又오른손 우)으로
붙잡고 거슬러 올라가는 것으로 거스르다·돌이키다·배반하다·뒤치다(뒤집다)
라는 의미. 反對(반대) 反映(반영) 反省(반성) 違反(위반) 反應(반응)
贊反(찬반) 反復(반복) 反則(반칙) 反轉(반전) 反亂(반란) 反感(반감)
背反(배반) 反射(반사) 反擊(반격) 反問(반문) 反抗(반항) 反騰(반등)
謀反(모반) 如反掌(여반장) 賊反荷杖(적반하장) 反哺之孝(반포지효)

돌아올 반(返)-가던(辶=辵쉬엄쉬엄갈 착) 길을 돌이켜(反돌이킬 반)
오는 것으로 돌아오다 라는 의미. 返還(반환) 返納(반납)
返送(반송) 返戾(반려) 返品(반품)

밥·먹을 반(飯)-밥(飠=食밥 식)을 그릇에 담고 덮은 뚜껑을
돌이켜(反돌이킬 반) 열고 그릇에 담긴 밥을 먹다 라는 의미.
飮(마실 음)자와 비슷. 飯店(반점) 飯酒(반주) 朝飯(조반)
殘飯(잔반) 飯床器(반상기) 麥飯石(맥반석) 茶飯事(다반사)

배반할 반(叛)-신의(信義)를 저버리고 반(半절반 반)으로 갈라져
돌아서니(反돌이킬 반) 배반하다 라는 의미.
背叛(배반) 叛亂(반란) 叛逆(반역) 叛旗(반기) 叛軍(반군)

널빤지 판(板)-나무(木나무 목)를 쪼개어 뒤집어도(反뒤칠 반)
판판하고 넓게 만든 조각으로 널빤지를 의미. 看板(간판)
懸板(현판) 漆板(칠판) 鐵板(철판) 氷板(빙판) 登板(등판)
板子村(판자촌) 揭示板(게시판) 標識板(표지판)

판목·인쇄할 판(版)-통나무를 쪼갠 조각에(片쪼갤·조각 편) 글자나 그림을
뒤집어(反뒤칠 반) 새긴 판면에 잉크를 묻히고 종이나 천 등에 박아내는
것으로 판목→인쇄하다 라는 의미. 版畵(판화) 版權(판권) 版圖(판도)
版木(판목) 出版社(출판사) 縮小版(축소판) 改訂版(개정판) 番號版(번호판)

장사·팔 판(販)-돈(貝재물 패)을 받고 돌이켜(反돌이킬 반) 물건을
주는 것으로 장사·팔다 라는 의미. 販賣(판매) 販路(판로)
市販(시판) 販促(판촉) 販禁(판금) 外販員(외판원)
街販臺(가판대) 自販機(자판기) 共販場(공판장)

힘쓸 골(圣)-손(又오른손 우)으로 흙(土흙 토)을
쌓아 올리는 것으로 힘쓰다 라는 의미.

기이할·괴이할·요물 괴(怪)-마음속(忄=心마음·속 심)으로 힘을
쓰게(圣힘쓸 골) 되니 이상 야릇하다는 것으로 기이하다·괴이하다·
요물을 의미. 奇怪(기괴) 怪物(괴물) 怪談(괴담) 怪漢(괴한)
怪變(괴변) 怪疾(괴질) 怪盜(괴도) 怪常罔測(괴상망측)

한길·어른 장(丈)-옛 글자를 보면 길이를 재는 자(十)를 손(ナ=又)에
들고 있는 모양으로 한길(성인 남자의 키 길이)→어른을 의미.
丈人(장인) 聘丈(빙장) 丈母(장모) 方丈(방장) 億丈(억장)
大丈夫 (대장부) 拙丈夫(졸장부) 氣高萬丈(기고만장)

지팡이·몽둥이 장(杖)-나무(木나무 목)로 만들어 어른(丈어른 장)이
짚고 다니는 것으로 지팡이·몽둥이를 의미.
棍杖(곤장) 竹杖(죽장) 杖鼓(장고) 賊反荷杖(적반하장)

미칠 급(及)-옛 글자를 보면 앞에 가는 사람(人=人사람 인)을 뒤에 오는
사람이 손(ㅋ=又오른손 우)으로 잡을 정도로 따라붙은 것으로 미치다·
이르다(도달하다) 라는 의미. 言及(언급) 遡及(소급) 普及(보급) 波及(파급)
及其也(급기야) 可及的(가급적) 過猶不及(과유불급) 科擧及第(과거급제)

등급·층 급(級)-누에고치에서 뽑은 실(糸가는실 멱)에 좋고 나쁨의 차이를
여러 층으로 구분할 때에 따라붙는(及미칠 급) 것으로 등급·층을 의미.
階級(계급) 級數(급수) 等級(등급) 進級(진급) 學級(학급) 職級(직급)
體級(체급) 留級(유급) 昇級(승급) 低級(저급) 特級(특급) 高級(고급)

숨들이쉴·마실 흡(吸)-입(口입 구)으로 숨을 들이마셔 몸 안으로
이르게(及미칠 급) 하는 것으로 숨을 들이쉬다·마시다(빨아들이다)
라는 의미. 吸收(흡수) 呼吸(호흡) 吸煙(흡연) 吸着(흡착)
吸入(흡입) 吸盤(흡반) 吸血鬼(흡혈귀) 吸引力(흡인력)

급할·서두를 급(急)-본래 글자는 㤥으로 앞에 가는 사람을 뒤에 오는
사람이 따라잡고(及미칠 급) 싶어서 조바심을 내는 마음(心마음 심)으로
급하다·서두르다 라는 의미. 緊急(긴급) 急騰(급등) 急激(급격)
急增(급증) 時急(시급) 急速(급속) 性急(성급) 急落(급락) 急減(급감)
急變(급변) 應急(응급) 急迫(급박) 急流(급류) 急進(급진) 急襲(급습)
救急車(구급차) 急浮上(급부상) 不要不急(불요불급)

받을 수(受)-옛 글자를 보면 손(爫=爪손톱 조)으로 주는 배 모양의
술잔(舟배·잔대 주→冖덮을 멱)을 손(又오른손 우)으로 잡는 것으로
받다 라는 의미. 受侮(수모) 受賞(수상) 受胎(수태) 受諾(수락)
授受(수수) 引受(인수) 受講(수강) 受信(수신) 接受(접수)
受容(수용) 受惠(수혜) 受驗生(수험생) 受精卵(수정란)
줄 수(授)-손(扌=手손 수)으로 받게(受받을 수) 하는 것으로 주다 라는 의미.
授受(수수) 授乳(수유) 教授(교수) 傳授(전수) 授與(수여) 授業料(수업료)
당길·이에 원(爰)-옛 글자를 보면 두 손(爪손톱 조)(又오른손 우)으로
잡고(叐 잡을 부) 한쪽으로 구부러지게(于굽힐·어조사 우) 끄는 것으로
원래는 당기다 라는 의미로 나중에 이에·여기에 라는 의미로 가차됨.
끌어당길·구원할 원(援)-손으로 잡고(扌=手손·잡을 수) 위로
끌어당겨(爰당길 원) 위험에서 건져 내는 것으로 끌어당기다·
구원하다 라는 의미. 援助(원조) 救援(구원) 應援(응원) 聲援(성원)
支援(지원) 援護(원호) 後援金(후원금) 孤立無援(고립무원)
따뜻할 난(暖)-해(日해 일)을 끌어서 가까이 당겨(爰당길 원) 놓은 것같이
따뜻하다 라는 의미. 暖房(난방) 暖流(난류) 暖帶(난대) 溫暖(온난)
더울 난(煖)-불(火불 화)을 끌어서 가까이 당겨(爰당길 원) 놓은 것같이
덥다 라는 의미. 煖爐(난로) 壁煖爐(벽난로) 冷煖房(냉난방)
느즈러질·더딜 완(緩)-실(糸가는실 멱)을 끌어서 앞으로 당겨(爰당길 원)
느슨하게 하는 것으로 느즈러지다·더디다 라는 의미. 緩慢(완만)
緩衝(완충) 緩急(완급) 緩和(완화) 緩曲(완곡) 緩行(완행) 緩斜面(완사면)
마음에당길·예쁜계집 원(媛)-여자(女계집 녀)의 외모가 마음에
당길(爰당길 원) 정도로 예쁜 것으로 예쁜 계집을 의미.
才媛(재원) 淑媛(숙원)
삼갈 은(㥯)-옛 글자를 보면 두 손(爫=爪손톱 조)(彐)으로 조심스럽게
물건을 만드는 장인(工지을·장인 공)의 마음(心마음 심)같이 행동을
겉으로 드러나지 않게 조심하는 것으로 삼가다 라는 의미.
숨을·숨길·불쌍히여길 은(隱)-땅(阝=阜땅 부)에 삼가하(㥯삼가할 은)듯이
겉으로 드러나지 않게 감추는 것으로 숨다·숨기다·불쌍히 여기다
라는 의미. 隱密(은밀) 隱蔽(은폐) 隱居(은거) 隱退(은퇴)
隱語(은어) 惻隱(측은) 隱忍自重(은인자중)

(曼曼)(漫漫)(慢慢)

이끌·길멀·길·끝없을 만(曼)-옛 글자를 보면 冒(가릴 모)와 又(오른손 우)로
이루어진 글자로 쓰개(同쓰개 모→曰)로 눈(罒=目눈 목)을 가린 사람을
손(又오른손 우)으로 잡고 가는 것으로 이끌다·길이 멀다·길다·끝없다
라는 의미. 曼茶羅(만다라)

물질펀할·퍼질·흩어질·아득할 만(漫)-물(氵=水물 수)이 끝없이(曼끝없을 만)
넓고 평평하게 퍼져 있는 것으로 물이 질펀하다·퍼지다·흩어지다·아득하다
라는 의미. 漫然(만연) 散漫(산만) 浪漫(낭만) 漫畫(만화) 放漫(방만)
漫醉(만취) 漫評(만평) 漫談家(만담가) 天眞爛漫(천진난만)
느릴·게으를·거만할·방자할 만(慢)-마음(忄=心마음 심)이 끝없이(曼끝없을 만)
느슨해져서 행동이 빠르지 못하고 움직이거나 일하기를 싫어해 시간이나
일을 미루는 것으로 느리다·게으르다·거만하다·방자하다 라는 의미.
傲慢(오만) 怠慢(태만) 緩慢(완만) 自慢心(자만심) 慢性疲勞(만성피로)

(𤔔 𤔔)(亂 亂)(辭 辭)

다스릴 란(𤔔)-옛 글자를 보면 두 손(爪손톱 조·又오른손 우)으로 실패를
잡고(受잡을 부) 엉킨 실(ﾏﾉﾑ)을 풀고 있는 모양으로 엉킨 실을 풀듯이
얽힌 것을 바로잡는 것으로 다스리다 라는 의미.
어지러울 란(亂)-엉켜 있는 실(𤔔다스릴 란)처럼 혼란스럽고
굽은(乙굽을 을→ㄴ) 것처럼 구부러져 있는 것으로 어지럽다
라는 의미. 混亂(혼란) 搖亂(요란) 亂離(난리) 亂舞(난무)
叛亂(반란) 亂暴(난폭) 淫亂(음란) 亂動(난동) 亂雜(난잡)
丙子胡亂(병자호란) 快刀亂麻(쾌도난마)
글·말씀·사양할 사(辭)-엉킨 실을 풀듯이 얽힌 것을 바로잡아서(𤔔다스릴 란)
문신을 새기는(辛-문신을 새기는 도구 모양)듯이 글자로 알기 쉽게 풀이하여
나타낸 것으로 글·말씀·사양하다 라는 의미. 辭典(사전) 讚辭(찬사)
歌辭(가사) 辭任(사임) 辭表(사표) 辭退(사퇴) 辭職(사직) 辭讓(사양)
慶祝辭(경축사) 美辭麗句(미사여구)

(曰 ㅂ)(昌 ㅂ)(唱 ㅂ)(娼 ㅂ)

(沓 ㅂ)(踏 ㅂ)

말할·가로되·일컬을 왈(曰)-옛 글자를 보면 생각이나 느낌을
입(口입 구) 밖으로 소리를 내어(一) 말로 나타내는 것으로
말하다·가로되(가라사대·말하기를)·일컫다 라는 의미. 曰牌(왈패)
曰者(왈자) 孔子曰(공자왈) 孟子曰(맹자왈) 曰可曰否(왈가왈부)
햇빛·나타날·창성할 창(昌)-해(日해 일)가 입(口입 구) 밖으로 소리를
내어(一) 말하는(曰말할 왈) 것처럼 쏟아 내는 햇빛처럼 뻗어
나가는 것으로 햇빛→나타나다→창성하다 라는 의미.
繁昌(번창) 昌盛(창성) 昌德宮(창덕궁) 碧昌牛(벽창우)
노래부를·인도할 창(唱)-입(口입 구)으로 소리 내어 햇빛(昌햇빛 창)처럼
뻗어 나가게 외치는 것으로 노래 부르다·인도하다 라는 의미.

獨唱(독창) 齊唱(제창) 先唱(선창) 唱歌(창가) 唱劇(창극)
唱導(창도) 唱曲(애창곡) 合唱團(합창단) 夫唱婦隨(부창부수)
창녀 창(娼)-여자(女계집 녀)가 해(日해 일)같이 밝은 표정으로
말을 하며(曰말할 왈) 몸을 파는 일을 하는 창녀를 의미.
娼女(창녀) 娼妓(창기) 娼婦(창부) 公娼(공창)
말잘할·거듭·합할 답(沓)-흐르는 물(水물 수)처럼 계속 말을 하는(曰말할 왈)
것으로 말을 잘하다·거듭·합하다 라는 의미. 畓(논 답)자와 비슷.
밟을 답(踏)-발(⻊=足발 족)을 땅 위에 합하(沓합할 답)듯이
대고 디디는 것으로 밟다 라는 의미.
踏査(답사) 踏步(답보) 踏襲(답습) 前人未踏(전인미답)

（音🔊）（暗🔊）（意🔊）（億🔊）
（憶🔊）（噫🔊）（竟🔊）（境🔊）
（鏡🔊）（戠🔊）（識🔊）（職🔊）
（織🔊）（章🔊）（障🔊）
（彰🔊）

소리·음악 음(音)-옛 글자를 보면 나팔(立나팔 모양)에서
말하는(曰말할 왈) 것같이 밖으로 퍼져 나오는 것으로
소리·음악을 의미. 音樂(음악) 音聲(음성) 發音(발음) 音節(음절)
雜音(잡음) 錄音器(녹음기) 防音壁(방음벽) 不協和音(불협화음)
어둘·보이지않을·몰래·욀 암(暗)-해(日해 일)가 소리(音소리 음)같이
보이지 않으니 어둡다·보이지 않다·몰래·외다 라는 의미.
暗黑(암흑) 暗記(암기) 暗算(암산) 暗殺(암살) 暗號(암호)
暗票(암표) 明暗(명암) 暗示(암시) 暗去來(암거래)
뜻 의(意)-소리(音소리 음)를 내지 않고 마음속(心마음·속 심)에
품고 있는 것으로 뜻(생각)을 의미. 意味(의미) 意向(의향)
意慾(의욕) 意志(의지) 失意(실의) 意圖(의도) 意識(의식)
辭意(사의) 意見(의견) 創意力(창의력) 意味深長(의미심장)
헤아릴·억 억(億)-사람(亻=人사람 인)이 소리(音소리 음)를 내지 않고
마음속(心마음·속 심)으로 짐작하여 가늠하거나 미루어 생각하는
것으로 헤아리다·(헤아릴 수 없을 정도로 많은 수)억을 의미.

數億(수억) 億丈(억장) 億萬長者(억만장자) 億兆蒼生(억조창생)
생각할·기억할 억(憶)-마음속(忄=心마음·속 심)에 품은 뜻(意뜻 의)을
잊지 아니하고 떠올리는 것으로 생각하다·기억하다 라는 의미.
追憶(추억) 記憶(기억)
탄식할·한숨쉴 희(噫)-입(口입 구)으로 소리(音소리 음)를
내어 마음속(心마음·속 심)의 감정을 토해 내는 것으로
탄식하다·한숨 쉬다 라는 의미. 噫嗚(희오) 噫氣(희기)
궁리할·지음·다할·마침 경(竟)-옛 글자를 보면 나팔이 내는
소리(音소리 음)의 이치를 깊이 연구하여 끝내는 사람(儿어진사람 인)이
음악의 곡조 소리를 잘 알아듣게 되는 것으로 궁리하다·지음(知音)·
다하다·마침(끝)·마치다(끝나다)·마침내을 의미. 畢竟(필경) 究竟(구경)
지경 경(境)-땅(土땅 토)의 끝(竟마침 경)을 가르는 경계로 지경을 의미.
境界(경계) 國境(국경) 困境(곤경) 境遇(경우) 環境(환경) 接境(접경)
거울·안경 경(鏡)-쇠(金쇠 금)의 표면을 갈아서 마침내(竟마침내 경)
빛이 나게 만들어 물체의 형상을 자세히 비추어 보는 물건으로
거울·안경을 의미. 破鏡(파경) 鏡臺(경대) 銅鏡(동경) 眼鏡(안경)
望遠鏡(망원경) 明鏡止水(명경지수)
새길·찰흙 시(새길 지)(戠)-소리(音소리 음)를 듣고 찰흙판에
창(戈창 과)처럼 끝이 뾰족한 것으로 파는 것으로 새기다 라는 의미
알 식(기록할 지)(識)-말(言말씀 언)의 의미를 깨닫고 찰흙판에
새기는(戠차진흙·새길 시) 것으로 알다 라는 의미. 知識(지식)
識別(식별) 識見(식견) 認識(인식) 常識(상식) 良識(양식)
無識(무식) 意識(의식) 標識(표지) 識字憂患(식자우환)
주장할·맡을·직분·벼슬 직(職)-귀(耳귀 이)로 들은 것을 새기어(戠새길 지)
보존하는 일을 책임을 지고 담당하는 것으로 주장(주관)하다·맡다·직분·
벼슬을 의미. 職業(직업) 職責(직책) 職員(직원) 官職(관직) 職場(직장)
職務(직무) 要職(요직) 職位(직위) 移職(이직) 失職(실직) 求職者(구직자)
짤 직(織)-실(糸가는실 멱)로 무늬를 새겨(戠새길 지) 베를 만드는
것으로 짜다 라는 의미. 織物(직물) 織造(직조) 紡織(방직)
組織(조직) 毛織(모직) 男耕女織(남경여직)
표할·문채·글 장(章)-옛 글자를 보면 문신을 새기는 끝이
뾰족한(辛혹독할 신→立) 것으로 거북 등딱지(甲껍질 갑→早)의
무늬 같은 문양을 새겨 겉으로 나타낸 것으로 표하다(나타내다)·
문채·글을 의미. 竟(마침 경)자와 비슷. 文章(문장) 圖章(도장)
印章(인장) 指章(지장) 樂章(악장) 憲章(헌장) 權利章典(권리장전)
막힐·칸막을·가리움 장(障)-언덕(阝=阜언덕 부)처럼 겉으로
나타나게(章표할 장) 둘러싸서 통하지 못하게 하는 것으로
막히다·칸을 막다·가리우다 라는 의미.
故障(고장) 障壁(장벽) 支障(지장) 障害物(장해물)

밝힐·나타날 창(彰)-글(章글 장)을 터럭을 그린(彡터럭그릴 삼) 것처럼
가지런하게 적어서 드러내어 알리는 것으로 밝히다·나타나다 라는 의미.
彰善(창선) 表彰狀(표창장) 彰義門(창의문) 彰善懲惡(창선징악)

(月 ⽉)(明 ⽉ ⺝)(盟 ⽫)

(朋 ⽊)(崩 ⼭)

달·한달 월(月)-옛 글자를 보면 반달의 모양을 본뜬 것으로
달·한 달을 의미. 歲月(세월) 月給(월급) 月貰(월세) 月末(월말)
月初(월초) 蜜月(밀월) 滿月(만월) 月刊誌(월간지) 月桂冠(월계관)
日就月將(일취월장) 淸風明月(청풍명월) 日久月深(일구월심)
비칠·나타날·밝힐·밝을 명(明)-옛 글자를 보면 창문(冏창문 경→日해 일)에
달(月달 월)이 다다라 환하게 되는 것으로 비치다·나타나다·밝히다·밝다
라는 의미. 說明(설명) 賢明(현명) 辨明(변명) 透明(투명) 證明(증명)
照明(조명) 明暗(명암) 解明(해명) 明若觀火(명약관화) 先見之明(선견지명)
맹세할 맹(盟)-서로 언약(言約)한 것을 분명하게 밝히고(明밝힐 명)
천지신명께 희생(犧牲)의 피를 그릇(皿그릇 명)에 받아 바치고
언약을 지키겠다고 다짐하는 것으로 맹세하다 라는 의미.
盟誓(맹세) 聯盟(연맹) 盟約(맹약) 盟邦(맹방) 結盟(결맹)
血盟(혈맹) 盟主(맹주) 同盟國(동맹국) 加盟店(가맹점)
벗·무리 붕(朋)-옛 글자를 보면 새의 날개에 여러 개의 깃털이
아래로 길게 달려 있는 모양으로 새의 날개에 달려 날수 있게
하는 여러 개의 깃털같이 서로 도움을 주는 여러 벗이나 무리를
의미. 朋黨(붕당) 朋友有信(붕우유신)
산무너질·황제상사날 붕(崩)-높이 솟아 있는 산(山뫼 산)이 허물어져
무리(朋무리 붕)를 지어 아래로 떨어지는 것으로 산이 무너지다
라는 의미와 산이 무너지는 듯한 것으로 황제가 죽다 라는 의미.
崩壞(붕괴) 崩御(붕어) 崩城之痛(붕성지통)

(止 ⽌)(企 ⽌)(肯 肯 ⾁)(址 ⼟)

(祉 ⽰)(賓 賓)(正 ⽌)(征 ⾏)

(政 ⽁)(整 整)(症 ⽧)(歪 ⽌)

(定👁宀)(是𣇞)(題題)(提𢮑)
(堤㙫)(匙𣃔)(延延)(誕誔)
(足𤴐)(促促)(捉捉)(步步)
(涉𣥲)(頻 顟 顟)(陟𨸴)
(之屮𡳿)(乏乏)(疋𤴓)
(旋㫃)(楚楚)(礎磋)
(走赱𧺆)(徒𨑒)(齒齒)

그칠·머무를·말·거동 지(止)-앞을 향하고 있는 발이 멈추어 있는 것으로
그치다·머무르다·말다·거동(자세)을 의미. 廢止(폐지) 禁止(금지) 停止(정지)
防止(방지) 止揚(지양) 抑止(억지) 制止(제지) 解止(해지) 止血(지혈)
中止(중지) 終止符(종지부) 行動擧止(행동거지) 明鏡止水(명경지수)
발돋움할·바랄·꾀할·도모할 기(企)-옛 글자를 보면 사람(人사람 인)이
몸과 팔을 앞으로 약간 굽히고 발은 땅에 붙이고 멈추어(止그칠 지)
서서 달려갈 준비를 하는 모습으로 발돋움하다·바라다·꾀하다·도모하다
라는 의미. 企業(기업) 企劃(기획) 企圖(기도) 企待(기대) 企望(기망)
뼈 새에살·수긍할·즐길 긍(肯)-옛 글자(肎)를 보면 살을 발라낸
(咼살발라낼 과→止머무를 지) 뼈 사이에 붙어 있는 살(月=肉살 육)은
가히 먹을 만하다고 인정하는 것으로 뼈 새에 살·수긍하다·즐기다
라는 의미. 肯定(긍정) 首肯(수긍) 肯志(긍지)
터 지(址)-땅(土땅 토)에 머물러(止머무를 지) 살거나 머물러 살았던 곳으로
터를 의미. 城址(성지) 住居址(주거지) 陶窯址(도요지) 彌勒寺址(미륵사지)
복 지(祉)-신(示귀신 기)이 머무르며(止머무를 지) 내려 주는 것으로
복을 의미. 福祉(복지) 福祉社會(복지사회) 保健福祉部(보건복지부)
손·인도할·복종할 빈(賓)-찾아온 사람을 집 안으로 맞아(宀맞을 면)
들이어 재물(貝재물 패)같이 귀하게 접대하는 것으로 손(손님)·
인도하다(접대하다)·복종하다(따르다) 라는 의미.

貴賓(귀빈) 來賓(내빈) 國賓(국빈) 賓辭(빈사)

마땅할·바를·정할·첫·어른 정(正)-경계선(一)에 넘어가지 않는(止그칠·말 지)
것은 도리에 맞는 옳은 것으로 마땅하다·바르다·정하다·첫·어른을 의미.
正確(정확) 嚴正(엄정) 正直(정직) 正義(정의) 是正(시정) 公正(공정)
矯正(교정) 端正(단정) 正月(정월) 正午(정오) 子正(자정)改正(개정)
正答(정답) 正統(정통) 正道(정도) 正刻(정각) 無修正(무수정)
事必歸正(사필귀정) 公明正大(공명정대) 正當防衛(정당방위)

쌈하러갈·칠·세받을 정(征)-자축거리며(彳자축거릴 척) 나아가 적을 공격하여
평정하는(正정할 정) 것으로 쌈하러 가다·치다·세(稅)를 받다 라는 의미.
征服(정복) 征伐(정벌) 出征式(출정식) 遠征隊(원정대) 郵征局(우정국)

정사 정(政)-잘못된 것을 손에 든 몽둥이로 쳐서(攵=攴칠 복)
바르게(正바를 정) 고쳐 나라를 다스리는 것으로 정사(政事)를 의미.
政府(정부) 政策(정책) 政權(정권) 政治(정치) 政黨(정당)
財政(재정) 政略(정략) 憲政(헌정) 政局(정국) 勞使政(노사정)
國政監査(국정감사) 內政干涉(내정간섭) 施政改善(시정개선)

정제할 정(整)-흩어져 있던 것을 한 군데로 모아 묶고(束묶을 속)
끝이 고르게 두드려서(攵=攴똑똑두드릴 복) 바르게(正바를 정) 하는
것으로 정제(整齊)하다(정돈하여 가지런히 하다) 라는 의미.
調整(조정) 整理(정리) 整備(정비) 整列(정렬) 整然(정연) 整數(정수)
不整脈(부정맥) 端整(단정) 整形外科(정형외과) 李下不整冠(이하부정관)

병증세 증(症)-병(疒병 녁)에 걸렸을 때 분변할(正분변할 정) 수 있게
나타나는 여러 가지 모양이나 상태로 병증세를 의미.
症勢(증세) 症狀(증상) 痛症(통증) 炎症(염증) 渴症(갈증)
重症(중증) 後遺症(후유증) 症候群(증후군) 合倂症(합병증)

비뚤어질 왜(歪)-바르지(正바를 정) 아니하고(不아닐 불) 한 쪽으로
기울어진 것으로 비뚤어지다(기울어지다) 라는 의미. 歪曲(왜곡)

정할·그칠·편안할 정(定)-옛 글자를 보면 집(宀움집 면) 안의 일을 어른이
바르게(正어른·바를 정→疋바를 아) 결정하는 것으로 정하다→그치다→
편안하다 라는 의미. 決定(결정) 認定(인정) 豫定(예정) 規定(규정)
肯定(긍정) 確定(확정) 指定(지정) 定價(정가) 安定(안정) 定着(정착)
推定(추정) 測定(측정) 固定(고정) 特定(특정) 會者定離(회자정리)

곧을·바를·옳을·이 시(是)-옛 글자를 보면 해(日해 일)같이
뜨고 지는 방향이나 움직임이 틀리거나 비뜰어지지 않고
바른(正바를 정→疋바를 아) 것으로 곧다·바르다·옳다·이(이것)를 의미.
亦是(역시) 是認(시인) 或是(혹시)是正(시정) 必是(필시) 國是(국시)
實事求是(실사구시) 色卽是空(색즉시공) 是非曲直(시비곡직)

제목·글제·쓰다·평론할·물을 제(題)-곧은(是곧을 시) 글씨로 책이나 글의
머리(頁머리 혈)에 쓰는 책이나 글의 이름으로 제목·글제·쓰다·평론하다·
묻다 라는 의미. 題目(제목) 問題(문제) 課題(과제) 宿題(숙제) 話題(화제)
例題(예제) 表題(표제) 難題(난제) 題號(제호) 主題(주제) 命題(명제)

끌·들·걸·던질 제(보리 리)(提)-손(扌=手손 수)으로 잡고 똑바로
곧게(是곧을 시) 당기는 것으로 끌다·들다·걸다·던지다 라는 의미.
지혜를 의미하는 범어(梵語) Bodhi(보디)를 음역(音譯)한 것으로
보리(菩提)를 의미. 提起(제기) 提供(제공) 提示(제시)
提案(제안) 提携(제휴) 提請(제청) 提報(제보) 提訴(제소)
前提條件(전제조건) 菩提樹(보리수) 上求菩提(상구보리)

방축·막을 제(堤)-물을 가두어 두기 위해 흙(土흙 토)을 똑바로(是곧을 시)
쌓아 올려 만든 둑으로 방축(방죽)·막다 라는 의미.
堤防(제방) 防潮堤(방조제) 防波堤(방파제) 金堤碧骨堤(김제벽골제)

숟가락 시(匙)-곧은(是곧을 시) 손잡이가 달려 있고 비수(匕비수 비)같이
끝이 뾰족한 제례용(祭禮用) 숟가락을 의미. 茶匙(다시) 十匙一飯(십시일반)

끌·늘일·미칠·맞을 연(延)-발을 길게 끌며(丿삣침 별) 움직여(止거동 지)
천천히 걸어가는(廴길게걸을 인) 것으로 끌다·늘이다·미치다(이르다)·
맞이하다 라는 의미. 廷(조정 정)자와 비슷. 遲延(지연) 延長(연장)
延期(연기) 延滯(연체) 延着(연착) 順延(순연) 延命(연명)
延音(연음) 移延(이연) 延面積(연면적) 延人員(연인원)

속일·허탄할·날 탄(誕)-말(言말씀 언)을 사실보다 크게 늘려서(延늘일 연)
사실처럼 꾸며 넘어가게 하는 것으로 속이다·허탄하다·낳다 라는 의미.
虛誕(허탄) 誕生(탄생) 誕降(탄강) 聖誕節(성탄절) 釋迦誕辰日(석가탄신일)

발·걸을·흡족할 족(足)-옛 글자를 보면 발목(口)에 이어져 있는
발(止→龰) 모양을 본뜬 것으로 발·걷다·흡족하다(만족하다)
라는 의미. 滿足(만족) 充足(충족) 不足(부족) 足鎖(족쇄)
豊足(풍족) 發足(발족) 濯足(탁족) 足跡(족적) 蛇足(사족)
定足數(정족수) 安分知足(안분지족) 鳥足之血(조족지혈)

재촉할 촉(促)-사람(亻=人사람 인)을 빨리 걷도록(足걸을 족)
다그치는 것으로 재촉하다 라는 의미. 促求(촉구) 促迫(촉박)
販促(판촉) 促進(촉진) 督促狀(독촉장)

잡을 착(捉)-손(扌=手손 수)으로 걸어(足걸을 족) 가는 사람을
붙잡는 것으로 잡다 라는 의미. 捕捉(포착) 捉虎使(착호사)

걸을·걸음 보(步)-옛 글자를 보면 왼발(止) 뒤에 오른발(止자의 좌우를
뒤집은 모양)이 놓여 있는 모양으로 두 발을 번갈아 움직여 나아가는
것으로 걷다·걸음(자취)을 의미. 讓步(양보) 進步(진보) 初步(초보)
退步(퇴보) 散步(산보) 步兵(보병) 步幅(보폭) 步調(보조)
步行者(보행자) 獨步的(독보적) 橫斷步道(횡단보도)

물건널·지날·걸을 섭(涉)-흐르는 물(氵=水물 수)을 걸어서(步걸을 보)
맞은편으로 가는 것으로 물을 건너다·지나다·걸으다 라는 의미.
交涉(교섭) 干涉(간섭) 涉獵(섭렵) 涉外(섭외) 通涉(통섭)

찡그릴·자주·자주할 빈(頻)-옛 글자(頻)를 보면 지나온 세월이
남긴 흔적(步자취 보)인 주름(≋)이 얼굴(頁머리 혈)에 생기게
하는 것으로 찡그리다 라는 의미로 나중에 두 발을 번갈아
움직여 나아가는(步걸을 보) 책의 페이지(頁페이지 혈)같이
잇따라 거듭하는 것으로 자주·자주하다(빈번히) 라는
의미로 가차됨. 頻發(빈발) 頻度(빈도) 頻繁(빈번)
오를·올릴 척(陟)-언덕(阝=阜언덕 부)같이 높은 데로 걸어(步걸을 보)
나아가는 것으로 오르다·올리다 라는 의미. 進陟(진척) 登陟(등척)
갈·이를·어조사 지(之)-옛 글자(⻌)를 보면 싹이(屮움날 철) 땅(一) 위로
돋아 나오는 모양으로 어떤 곳을 향하여 움직이는 것으로 가다·이르다
라는 의미로 나중에 이·이것(지시)·~의(소유) 나타내는 어조사로 가차됨.
居之半(거지반) 上之下(상지하) 下之下(하지하) 塞翁之馬(새옹지마)
人之常情(인지상정) 易地思之(역지사지) 浩然之氣(호연지기)
漁父之利(어부지리) 無我之境(무아지경)
모자랄·다할·없을 핍(乏)-옛 글자(⻎)를 보면 있던 것이
다 들어가고(入드릴 입) 떨어져 남에게 구걸해야(乞빌 걸) 할
정도로 부족한 것으로 모자라다·다하다·없다 라는 의미.
缺乏(결핍) 窮乏(궁핍) 耐乏(내핍) 乏月(핍월)
짝·필 필(발 소)(疋)-옛 글자를 보면 두 갈래로 갈라진 장딴지의
근육이 발과 연결되어 있는 모양으로 발·짝·필을 의미. 疋木(필목)
돌아다닐·돌이킬·둘릴·주선할 선(旋)-펄럭이는 깃발(㫃깃발 언)처럼
이리저리 왔다갔다 발(疋발 소)을 움직이는 것으로 돌아다니다·
돌이키다·둘리다(두르다)·주선하다 라는 의미.
旋回(선회) 旋風(선풍) 旋律(선율) 周旋(주선)
싸리·회초리·종아리칠·쓰라릴·더부룩할·높을·고울·초나라 초(楚)-원래는
가지를 많이 쳐서 수풀(林수풀 림)처럼 우거져 더부룩하게 자라며
꽃대에 발(疋발 소)처럼 좌우 양쪽으로 어긋나게 꽃이 피는
싸리나무를 의미하는 것으로 싸리나무로 만든 회초리→
종아리를 치다→쓰라리다→더부룩하다→곱다→높다→초나라를 의미.
禁(금할 금)자와 비슷. 苦楚(고초) 淸楚(청초) 四面楚歌(사면초가)
주춧돌 초(礎)-돌(石돌 석)을 높이(楚높을 초) 세워 건물의 기둥을 받쳐주는
것으로 주춧돌을 의미. 基礎(기초) 礎石(초석) 定礎(정초) 柱礎(주초)
달아날·달릴·종·짐승 주(走)-옛 글자(⾛)를 보면 사람이 몸을 굽히고(夭→土)
빨리 뛰어가는(止) 모양으로 달아나다·달리다·종·짐승을 의미. 走行(주행)
疾走(질주) 逃走(도주) 走者(주자) 競走(경주) 敗走(패주) 脫走(탈주)
繼走(계주) 暴走族(폭주족) 牛馬走(우마주) 東奔西走(동분서주)
걸을·무리·다만 도(徒)-옛 글자를 보면 자축거리며(彳자축거릴 척)
땅(土땅 토)을 밟고 나아가는(止거동 지→止) 것으로 걷다·무리·
다만을 의미. 從(좇을 종)자와 비슷. 信徒(신도) 徒步(도보)
暴徒(폭도) 花郎徒(화랑도) 法學徒(법학도) 無爲徒食(무위도식)

이·나이 치(齒)-입 안에(凵입벌릴 감) 위 아래로 잇몸(一)을
따라(从=從따를 종) 머물러(止머무를 지) 있는 것으로
이·나이를 의미. 齒列(치열) 齒牙(치아) 齒科(치과) 蟲齒(충치)
齒藥(치약) 齒石(치석) 齒痛(치통) 拔齒(발치) 永久齒(영구치)
切齒腐心(절치부심) 脣亡齒寒(순망치한)

(乙乀)(乞乞)(孔乩)(札札)

새·굽힐·표할·천간 을(乙)-목이 구부러진 새의 모양을 본뜬 것으로
새·굽히다·표하다·둘째 천간을 의미. 乙密臺(을밀대) 乙支路(을지로)
乙巳勒約(을사늑약) 甲論乙駁(갑론을박) 乙巳五賊(을사오적)
구걸할 걸(乞)-사람(人사람 인)이 몸을 굽히고(乙굽힐 을)
거저 달라고 비는 것으로 구걸하다 라는 의미.
求乞(구걸) 乞食(걸식) 乞神(걸신) 哀乞伏乞(애걸복걸)
구멍·성씨 공(孔)-어린아이(子자식 자)가 몸을 굽히고(乚=乙굽힐 을)
드나들게 뚫어진 자리로 구멍·성씨를 의미. 孔子(공자) 孔雀(공작)
眼孔(안공) 毛孔(모공) 氣孔(기공) 九孔炭(구공탄) 骨多孔症(골다공증)
패·편지 찰(札)-나무(木나무 목)를 판판하고 넓게 켠 판에 그림이나 글씨를
그리거나 쓰거나 새겨 표시를 한(乚=乙표할 을) 것으로 패·편지를 의미.
書札(서찰) 名札(명찰) 落札(낙찰) 現札(현찰) 入札(입찰) 改札口(개찰구)

(方ㅎ)(放ㅎ)(倣ㅎ)(敖ㅎ)
(傲ㅎ)(防ㅎ)(房ㅎ)(訪ㅎ)
(芳ㅎ)(妨ㅎ)(紡ㅎ)(肪ㅎ)
(旁ㅎㅎ)(傍ㅎ)(榜ㅎ)
(激ㅎ)(鼻ㅎㅎ)(邊邊ㅎ)

모질·방위·방법·처방할·이제·금방 방(方)-옛 글자를 보면 손잡이와 모진
쟁기날이 달린 쟁기의 모양을 본뜬 것으로 모지다·방위(방향)·방법·
처방하다·이제·금방을 의미. 方向(방향) 方面(방면) 前方(전방)
後方(후방) 東方(동방) 方位(방위) 地方(지방) 雙方(쌍방) 方言(방언)
近方(근방) 方今(방금) 今方(금방) 方席(방석) 方法(방법) 方術(방술)

方式(방식) 方案(방안) 方策(방책) 方針(방침) 方便(방편) 處方(처방)
方程式(방정식) 五方色(오방색) 立方體(입방체) 八方美人(팔방미인)
내쫓을·놓을·방자할 방(放)-바깥 방향(方방위 방)으로 나가도록
손에 든 몽둥이로 쳐서(攵=攴칠 복) 쫓아내는 것으로 내쫓다(내치다)·
놓다(놓아 주다)·방자하다 라는 의미. 放生(방생) 放牧(방목) 방송(放送)
放學(방학) 放心(방심) 放出(방출) 追放(추방) 解放(해방) 放漫(방만)
放尿(방뇨) 放火(방화) 妨害(방해) 放任(방임) 釋放(석방) 放縱(방종)
放恣(방자) 放射能(방사능) 放課後(방과후) 放聲痛哭(방성통곡)
본받을 방(倣)-다른 사람(亻=人사람 인)의 모습이나 행동을
네모진(方모질 방) 틀에 넣고 두드려서(攵=攴칠 복) 찍어내듯이
그대로 따라 하는 것으로 본받다 라는 의미. 模倣(모방)
거만할·희롱할 오(敖)-옛 글자를 보면 몸 밖으로 나오는(出날 출→土)
행동이 방자한(放방자할 방) 것으로 거만하다·희롱하다 라는 의미.
업신여길·거만할 오(傲)-사람(亻=人사람 인)을 멸시하여 놀리는(敖희롱할 오)
것으로 업신여기다·거만하다라는 의미. 傲氣(오기) 傲慢不遜(오만불손)
둑·막을 방(防)-언덕(阝-阜언덕 부)처럼 높고 네모지게(方모질 방)
쌓아 적이나 홍수를 막는 것으로 둑·막다 라는 의미. 豫防(예방)
消防(소방) 防止(방지) 堤防(제방) 防衛(방위) 防彈(방탄) 國防(국방)
防波堤(방파제) 防潮堤(방조제) 攻防戰(공방전) 防寒服(방한복)
방 방(房)-집 안에 외짝문(戶집·지게문 호)이 달린 네모지게(方모질 방)
생긴 것으로 방을 의미. 暖房(난방) 監房(감방) 茶房(다방)
工房(공방) 閨房(규방) 文房具(문방구)
꾀할·심방할 방(訪)-방위(方방위 방)를 말로 물어서(言말할 언)
찾거나 방법(方방법 방)를 찾기 위해 서로 말하며(言말할 언)
의논하는 것으로 꾀하다 라는 의미. 訪問(방문) 探訪(탐방)
尋訪(심방) 巡訪(순방) 禮訪(예방) 答訪(답방) 訪韓(방한)
향기·꽃다울 방(芳)-풀(++=艸풀 초)에서 나오는 좋은 냄새가
사방(方방위 방)으로 퍼지니 향기·꽃같이 아름답다(꽃답다) 라는 의미.
芳年(방년) 芳草(방초) 芳名錄(방명록) 芳香劑(방향제) 綠陰芳草(녹음방초)
방해될·해로울 방(妨)-여자(女계집 녀)가 모나게(方모질 방)
행동하니 방해되고 해롭다는 의미. 無妨(무방) 妨害(방해)
길쌈 방(紡)-가는 실(糸가는실 멱)을 서로 겹쳐서 네모나게(方모질 방)
피륙을 짜는 것으로 길쌈·잣다 라는 의미. 紡織(방직) 紡績(방적)
비계·기름·살찔 방(肪)-몸(月-肉몸 육)을 사방(方방위 방)으로
두껍게 하는 것으로 비계·기름·살찌다 라는 의미.
脂肪(지방) 乳脂肪(유지방) 體脂肪(체지방)
곁·방·두루 방(旁)-본래 글자는 㫄으로 머리(亠돼지해머리 두) 아래를
둘러싸고(勹쌀 포) 있는 가까운 쪽(方방위 방)으로 곁·방(한자의 오른쪽에
붙어있는 부수)·두루를 의미. 旁註(방주) 偏旁(편방)

곁 방(傍)-사람(亻=人사람 인)의 주위를 두루(旁두루 방) 둘러싸고
있는 가까운 쪽으로 곁(옆)을 의미. 傍助(방조) 近傍(근방)
傍點(방점) 傍聽客(방청객) 傍證(방증) 袖手傍觀(수수방관)
傍若無人(방약무인) 傍系血族(방계혈족)

나무조각·게시판·방써붙일 방(榜)-나무(木나무 목)로 네모지게
만든 판을 세워 여러 사람에게 두루(旁두루 방) 알리기 위해
방을 써붙여 보게 하는 것으로 게시판·방을 써붙이다 라는
의미. 落榜(낙방) 標榜(표방) 紙榜(지방) 春榜(춘방)

빠른물결·다닥칠·급할 격(激)-물(氵=水물 수)이 흰(白흰 백) 거품을
일으키며 한 방향(方방위 방)으로 몰아치는(攵=攴칠 복) 빠른 물결처럼
다닥치다(부딪치다)·급하다(과격하다) 라는 의미. 過激(과격) 激烈(격렬)
感激(감격) 激動(격동) 激變(격변) 急激(급격) 激憤(격분) 激突(격돌)
激勵金(격려금) 激戰地(격전지) 自激之心(자격지심)

보이지않을 면(臱)-옛 글자(臱)를 보면 도회지(都會地)로 부터(自부터 자)
멀리 떨어져 있어 집(穴움 혈)에 사람(冂=人사람 인→方모질 방)이 눈에
보이지 않다 라는 의미.

가·변방·곁할 변(邊)-걸어가도(辶=辵쉬엄쉬엄갈 착) 사람이 보이지
않는(臱보이지않을 면) 어떤 지역의 가장자리가 되는 곳으로
가(가장자리)·변방·곁하다 라는 의미. 海邊(해변) 江邊(강변)
周邊(주변) 邊方(변방) 底邊(저변) 身邊雜記(신변잡기)

(㫃㫃)(族㫃㫃)(旗㫃)

(旅㫃㫃)(施㫃)(於㫃㫃)

(㫃㫃)(遊㫃)(游㫃)

깃발·나부낄 언(㫃)-옛 글자를 보면 깃대에 달린 모진(方모질 방)
깃발이 휘날리는(人) 모양을 본뜬 것으로 깃발·나부끼다 라는 의미.

일가·동류·겨레 족(族)-전쟁이 나면 한 깃발(㫃깃발 언) 아래서
같이 화살(矢화살 시)을 쏘는 사람들인 일가·동류·겨레를 의미.
家族(가족) 部族(부족) 氏族(씨족) 族譜(족보) 族屬(족속)
族閥(족벌) 同族相爭(동족상쟁) 白衣民族(백의민족)

기·표 기(旗)-깃발(㫃깃발 언)에 글자나 그림을 그리거나 써서
어떤 특정한 단체를 가리키는(其그 기) 상징으로 쓰는 물건으로
기·표를 의미. 旗手(기수) 國旗(국기) 軍旗(군기) 校旗(교기)
團旗(단기) 叛旗(반기) 旗章(기장) 太極旗(태극기)

여단·무리·나그네 려(旅)-옛 글자를 보면 깃발(㫃깃발 언)을
따라(从따를 종) 군사들이 무리를 지어 걸어가는 모습으로
여단·무리·나그네(손님)를 의미. 旅行(여행) 旅館(여관) 旅券(여권)
旅程(여정) 旅團(여단) 旅路(여로) 旅客船(여객선)
전할·줄·행할·베풀·놓을 시(施)-깃발(㫃깃발 언)을 흔들어
알려 주는(也이를 야) 것으로 전하다·주다·행하다·베풀다·
놓다 라는 의미. 施工(시공) 施設(시설) 施賞(시상) 施術(시술)
實施(실시) 布施(보시) 施策(시책) 施與(시여) 施行錯誤(시행착오)
어조사 어(탄식할 오)(於)-옛 글자를 보면 까마귀(烏까마귀·탄식할 오→方)가
날갯짓을 하며 우는(仒구결자 어) 모양으로 원래는 탄식하다 라는 의미로
나중에 감탄사·관계·비교를 나타내는 어조사로 씀.
於焉(어언) 於乎(오호) 甚至於(심지어) 於此彼(어차피)
於中間(어중간) 於焉間(어언간) 靑出於藍(청출어람)
깃발 유(㫃)-두 팔을 이리저리 움직이는 어린아이(子자식 자)처럼
펄럭이는(㫃나부낄 언) 것으로 깃발을 의미.
놀·여행 유(遊)-펄럭이는 깃발(㫃깃발 유)처럼 이리저리
다니며(辶=辵쉬엄쉬엄갈 착) 구경하는 것으로 놀다·여행을 의미.
遊說(유세) 遊園地(유원지) 遊興街(유흥가) 遊覽船(유람선)
遊牧民(유목민) 遊擊隊(유격대) 野遊會(야유회) 夢遊病(몽유병)
헤엄칠·떠내려갈 유(游)-물(氵=水물 수) 위에 펄럭이는 깃발(㫃깃발 유)처럼
이리저리 손발을 움직여 떠다니는 것으로 헤엄치다·떠내려가다 라는 의미.
유영(游泳) 浮游物(부유물) 回游魚(회유어)

(皿 盍)(孟 盞)(猛 楹)(盍益 盞)
(血 盍)(衆 罒)

그릇 명(皿)-옛 글자를 보면 받침대가 있는 빈 그릇의
모양을 본뜬 것으로 그릇을 의미.
맏·우두머리·클 맹(孟)-사내(子사내 자) 중에 일을 해 나갈 만한 재능과
도량을 가진 그릇(皿그릇 명)이 큰 사람으로 맏(맏이·첫)·우두머리·크다
라는 의미. 孟子(맹자) 孟浪(맹랑) 孟母三遷之敎(맹모삼천지교)
사나울·날랠·위엄스러울·엄할 맹(猛)-사나운 개(犭=犬큰개 견) 같은
우두머리(孟우두머리 맹)같이 성질이나 행동이 몹시 거칠고
억센 것으로 사납다·날래다·위엄스럽다·엄하다 라는 의미.
猛獸(맹수) 勇猛(용맹) 猛威(맹위) 猛打(맹타) 猛烈(맹렬) 猛毒(맹독)
猛禽類(맹금류) 猛活躍(맹활약) 猛爆擊(맹폭격) 勇猛精進(용맹정진)

더할·많을·도울 익(益)-옛 글자(益)를 보면 물(水자를 옆으로 누인 모양)이
점점 많아져 그릇(皿그릇 명)에 가득 차서 밖으로 흘러 나오는 모양으로
더하다·많다(많아지다)·돕다(도움이 되다) 라는 의미.
有益(유익) 收益(수익) 公益(공익) 損益(손익) 無益(무익) 權益(권익)
純利益(순이익) 老益壯(노익장) 弘益人間(홍익인간)
피 혈(血)-옛 글자(盉)를 보면 그릇(皿그릇 명)에 신에게 제물로
바치는 희생의 피를 받아(一→ノ) 놓은 모양으로 피를 의미.
血液(혈액) 貧血(빈혈) 血稅(혈세) 血管(혈관) 獻血(헌혈)
輸血(수혈) 腦出血(뇌출혈) 鳥足之血(조족지혈)
무리 중(衆)-옛 글자를 보면 그릇(皿그릇 명)에 신에게 제물로
바치는 희생의 피를 받아(一→ノ) 놓고 여러 사람이 나란히
서서(仦→㐺나란히설 음) 제사를 드리고 있는 것으로 목적이 같은
여러 사람이 모여서 한 덩어리가 된 무리를 의미. 群衆(군중)
民衆(민중) 聽衆(청중) 觀衆(관중) 衆智(중지) 衆論(중론) 衆生(중생)
大衆化(대중화) 合衆國(합중국) 公衆道德(공중도덕) 衆寡不敵(중과부적)

(立㐬)(位仚)(泣㳰)(拉㧊)
(粒秎)(竝血並)(普普㵾)
(譜 譜譖)

설·세울·이룰 립(立)-팔과 다리를 벌리고 사람(大)이 땅(一) 위에
서 있는 모양으로 서다→세우다→이루다 라는 의미. 對立(대립)
成立(성립) 建立(건립) 樹立(수립) 確立(확립) 設立(설립) 立件(입건)
私立(사립) 立脚(입각) 立證(입증) 立體(입체) 立憲(입헌) 獨立(독립)
立席(입석) 聯立(연립) 立候補(입후보) 積立金(적립금) 自立心(자립심)
立春大吉(입춘대길) 立身揚名(입신양명) 孤立無援(고립무원)
자리·바를·분 위(位)-사람(亻=人사람 인)이 서(立설 립) 있는 장소로
자리(지위)·바르다·(사람을 가리키는 경칭)분을 의미. 位置(위치)
優位(우위) 卽位(즉위) 順位(순위) 職位(직위) 品位(품위)
單位(단위) 爵位(작위) 位牌(위패) 神位(신위) 位階(위계)
소리없이울 읍(泣)-사람이 눈물(氵=水물 수)을 흘리며
서(立설 립) 있는 것으로 소리없이 울다 라는 의미.
泣訴(읍소) 感泣(감읍) 哭泣(곡읍) 泣斬馬謖(읍참마속)
끌·꺾을 랍(拉)-손(扌=手손·잡을 수)으로 서 있는(立설 립)
사람을 강제로 잡아 당기는 것으로 끌다·꺾다 라는 의미.
拉致(납치) 被拉(피랍) 拉北(납북)

127

낟알 립(粒)－쌀알(米쌀 미)같이 하나로 이루어진(立이룰 립) 알맹이로
낟알을 의미. 粒子(입자) 素粒子(소립자) 微粒子(미립자)

나란히할·아우를·다·함께 병(竝)－서(立설 립) 있는 사람 옆에
또 한 사람이 서(立설 립) 있는 모양으로 나란히 하다·
아우르다·다·함께 라는 의미. 並자는 간체자.
竝行(병행) 竝唱(병창) 竝列(병렬) 竝存(병존) 竝立(병립) 竝設(병설)

두루·넓을 보(普)－빠짐 없이 다(竝=竝다 병) 골고루 햇빛을
비추는 해(日해 일)같이 두루·넓다(크다) 라는의미.
普通(보통) 普及者(보급자) 普信閣(보신각) 普遍妥當(보편타당)

문서·족보·곡보 보(譜)－계통이나 순서의 관계를 말하는(言말할 언)
것을 두루(普두루 보) 표시한 것으로 문서·족보·곡보를 의미.
族譜(족보) 樂譜(악보) 系譜(계보) 勝戰譜(승전보)

(米 米)(迷 謎)

쌀 미(米)－벼의 열매의 껍질을 벗겨 낸 알맹이의 모양으로 쌀을 의미.
玄米(현미) 米穀(미곡) 米飮(미음) 米色(미색) 米壽(미수) 精米所(정미소)

헤맬·미혹할 미(迷)－가는(辶=辵쉬엄쉬엄갈 착) 길이 米자처럼
여러 방향으로 갈라져 헷갈려서 갈 바를 몰라 이리저리
돌아다니는 것으로 헤매다·미혹하다 라는 의미. 迷惑(미혹)
迷兒(미아) 昏迷(혼미) 迷信(미신) 迷路(미로) 迷宮(미궁) 미몽(迷夢)

(亡 凵 乚)(忘 忘)(忙 忙)(妄 妄)
(茫 茫)(望 望)(网 网)(罔 罔)
(網 網)(盲 盲)(荒 荒)(岡 岡)
(鋼 鋼)(綱 綱)(剛 剛)

도망할·망할·잃을·죽을 망(없을 무)(亡)－본래 글자는 凵으로
사람(人사람 인→亠)이 몸을 피해 달아나 숨은(乚숨을 은) 것으로
도망하다·망하다·잃다·죽다 라는 의미. 滅亡(멸망) 逃亡(도망)
敗亡(패망) 亡命(망명) 亡身煞(망신살) 興亡盛衰(흥망성쇠)

깜빡할·잊을 망(忘)－잃어(亡잃을 망)버린 것처럼 알았던 것을
생각해(心생각 심) 내지 못하는 것으로 깜빡하다·잊다 라는 의미.
忘却(망각) 難忘(난망) 備忘錄(비망록) 健忘症(건망증)

勿忘草(물망초) 背恩忘德(배은망덕) 白骨難忘(백골난망)

바쁠 망(忙)-마음(忄=心마음 심)이 도망치는(亡도망할 망) 것처럼 몹시 급한
것으로 바쁘다 라는 의미. 奔忙(분망) 忙中閑(망중한) 公私多忙(공사다망)

망령될·허망할·속일 망(妄)-정신을 잃은(亡잃을 망) 여자(女계집 녀)같이
말과 행동이 정상을 벗어난 것으로 망령되다·허망하다·속이다(거짓)
라는 의미. 老妄(노망) 妄言(망언) 妄發(망발) 妄靈(망령)
誇大妄想(과대망상) 輕擧妄動(경거망동)

망망할·질펀할 망(茫)-풀(++=艸풀 초)과 물(氵=水물 수)이 멀리
도망하(亡도망할 망)듯이 끝없이 넓고 평평하게 퍼져 있는
것으로 망망하다(아득하다)·질펀하다(넓다) 라는 의미.
茫漠(망막) 滄茫(창망) 茫茫大海(망망대해) 茫然自失(망연자실)

바랄·원망할·우러러볼·명망·보름달 망(望)-옛 글자를 보면 망하지(亡망할 망)
않게 해달라고 높이 떠 있는 달(月달 월)을 쳐다보고 땅 위에
서서(壬곧을 정) 빌고 있는 것으로 바라다·원망하다·우러러보다·
명망·보름달을 의미. 希望(희망) 欲望(욕망) 野望(야망) 要望(요망)
望鄉(망향) 怨望(원망) 責望(책망) 仰望(앙망) 望樓(망루) 失望(실망)
信望(신망) 絕望(절망) 渴望(갈망) 熱望(열망) 名望(명망) 展望臺(전망대)

그물 망(网)-실로 여러 코의 구멍이 나게 얽어 만든
그물을 본뜬 것으로 그물을 의미.

없을·속일 망(罔)-실로 여러 코의 구멍이 나게 얽어 만든
그물(冈=网그물 망) 안에 물고기나 날짐승이 망한(亡망할 망)
것같이 아무것도 없는 것으로 없다·속이다 라는 의미.
岡(산등성이 강)자와 비슷. 罔極(망극) 欺罔(기망) 怪常罔測(괴상망측)

그물 망(網)-가는 실(糸가는실 멱)로 여러 코의 구멍이 나게
얽어(冈=网) 물고기나 날짐승이 도망할(亡도망할 망) 수 없게
만든 것으로 그물을 의미. 網羅(망라) 網巾(망건) 網膜(망막)
網紗(망사) 底引網(저인망) 一網打盡(일망타진)

장님·어둘 맹(盲)-시각(視覺)을 잃어(亡잃을 망) 눈(目눈 목)으로 보지 못하는
것으로 장님·어둡다 라는 의미. 文盲(문맹) 盲信(맹신) 色盲(색맹)
盲從(맹종) 盲腸(맹장) 盲點(맹점) 夜盲症(야맹증) 盲目的(맹목적)

거칠·폐할·흉년들 황(荒)-풀(++=艸풀 초)이 물이 넓게(亢물넓을 황)
펼쳐진 것처럼 덮여 있는 버려진 땅으로 거칠다·폐하다·흉년들다
라는 의미. 荒唐(황당) 虛荒(허황) 荒野(황야) 荒凉(황량)
荒廢(황폐) 救荒(구황) 荒城(황성) 荒地(황지)

산등성이 강(岡)-그물(冈=网그물 망)을 쳐놓은 것처럼
생긴 산(山뫼 산)의 등줄기인 산등성이를 의미.
岡陵(강릉) 岡阜(강부) 福岡(복강) 花崗岩(화강암)

강철 강(鋼)-쇠(金쇠 금)를 산등성이(岡산등성이 강)같이 굳세게 만든 강철을
의미. 鐵鋼(철강) 鋼板(강판) 製鋼(제강) 鋼管(강관) 特殊鋼(특수강)

벼리·근본·법 강(綱)-실(糸가는실 멱)을 꼬아 그물의 위쪽 코에 꿰어
그물을 오므렸다 폈다 움직이게 하는 산등성이(岡산등성이 강)같이
단단하고 굳세게 만든 밧줄인 벼리·근본·법을 의미.
網(그물 망)자와 비슷. 綱領(강령) 紀綱(기강) 要綱(요강) 政綱(정강)
굳셀 강(剛)-산등성이(岡산등성이 강)같이 단단하고 강하게 만든
칼(刂=刀칼 도)같이 굳세다 라는 의미. 剛健(강건) 剛直(강직) 剛斷(강단)
剛度(강도) 剛堅(강견) 剛塊(강괴) 金剛山(금강산) 外柔內剛(외유내강)

(乍 亾 乍)(作 作)(昨 昨)(詐 詐)

잠깐·언뜻 사(일어날 작)(乍)-옛 글자(亾)를 보면 亾(없을 무)자와
一(첫째 일)자로 이루어진 글자로 없는(亾없을 무) 것을
생겨나게(一첫째 일) 하는 것으로 일어나다(일으키다) 라는 의미로
나중에 잠깐·언뜻이라는 의미로 가차됨. 乍晴(사청) 猝乍間(졸사간)
지을·일할 작(作)-사람(亻=人사람 인)이 없는(亾없을 무) 것을
생겨나게(一첫째 일) 하는 것으로 짓다·일하다 라는 의미.
作業(작업) 始作(시작) 作家(작가) 作品(작품) 動作(동작) 造作(조작)
作戰(작전) 作成(작성) 創作(창작) 製作(제작) 副作用(부작용)
農作物(농작물) 著作權(저작권) 作心三日(작심삼일)
어제·엊그제 작(昨)-날(日날 일)이 지나간 뒤에 일어난(乍일어날 작)
것으로 오늘의 하루 전날로 어제·엊그제(이전)을 의미.
昨年(작년) 昨今(작금) 昨日(작일)
속일·거짓·간사할 사(詐)-말(言말씀 언)을 거짓으로 꾸며(乍지을 작)
남을 꾀는 것으로 속이다·거짓·간사하다 라는 의미.
詐欺(사기) 詐稱(사칭) 奸詐(간사)

(見 見)(現 現)(親 親)

(視 視)(規 規)(覺 覺)

(硯 硯)(覓 覓)(寬 寬)

볼 견(드러날·나타날·보일·뵈올 현)(見)-눈(目눈 목)으로 어떤 대상의
내용이나 상태를 알려고 사람이 몸을 굽히고(儿어진사람 인) 자세히
살피는 것으로 보다·드러나다·나타나다·보이다·뵈옵다 라는 의미.
意見(의견) 異見(이견) 發見(발견) 偏見(편견) 見學(견학) 識見(식견)
見聞(견문) 見解(견해) 參見(참견) 謁見(알현) 先見之明(선견지명)
百聞不如一見(백문불여일견)

옥빛·나타날·지금 현(現)-옥(玉구슬 옥→王)의 표면에 드러나는(見드러날 현)
빛깔로 옥빛→(옥빛처럼 겉으로 드러나다)나타나다→(나타나 있는)지금이라는
의미가 파생됨. 現在(현재) 現實(현실) 現狀(현상) 具現(구현) 出現(출현)
表現(표현) 現役(현역) 現地(현지) 現場(현장) 現世(현세) 現住所(현주소)
겨레·친할·사랑할·몸소 친(親)-사당에 세워(立세울 립) 두는
나무(木나무 목)로 만든 조상의 위패(位牌)를 같은 조상에게서
태어난 자손들이 뵈옵고(見뵈올 현) 있는 정의(情誼)가 두터운
친척을 나타낸 것으로 겨레(친척)→친하다(가깝다)→사랑하다→
몸소(손수)를 의미. 親戚(친척) 親近(친근) 親愛(친애) 父親(부친)
親族(친족) 親舊(친구) 先親(선친) 親切(친절) 親密(친밀) 親權(친권)
親睦(친목) 燈火可親(등화가친) 事親以孝(사친이효)
볼·견줄 시(視)-제단(示보일 시-제단의 모양)에 올린 제물을 제사를
주관하는 사람이 두루 자세히 보는(見볼 견) 것으로 보다·(대보다)견주다
라는 의미. 視察(시찰) 監視(감시) 無視(무시) 視角(시각) 視野(시야)
凝視(응시) 直視(직시) 重要視(중요시) 視聽覺(시청각) 度外視(도외시)
바르게할·계교할·법 규(規)-훌륭한 사람(夫선생 부)의 일상생활에서
실지로 드러나는(見드러날 현) 품성(品性)과 행실(行實)같이 본보기가
되어 인간을 비뚤어지지 않게 바르게 잡아 주는 것으로 바르게 하다·
계교(計巧)하다(꾀)·법을 의미. 規則(규칙) 法規(법규) 規範(규범) 規格(규격)
規約(규약) 規律(규율) 規定(규정) 規模(규모) 過失相規(과실상규)
깨달을·깨우칠 각(覺)-모르던 사물의 이치를 배워서(學배울 학) 환히
보이는(見볼 견) 것처럼 알게 되는 것으로 깨닫다·깨우치다 라는 의미.
感覺(감각) 自覺(자각) 覺悟(각오) 覺醒(각성) 錯覺(착각) 視覺(시각)
妄覺(망각) 聽覺(청각) 先覺者(선각자) 警覺心(경각심)
벼루 연(硯)-돌(石돌 석)로 만들어 먹물이 보이게(見볼 견)
먹을 가는 데 쓰는 문방구인 벼루를 의미.
硯滴(연적) 硯池(연지) 硯堂(연당) 紙筆硯墨(지필연묵)
뿔이가는산양 환(莧)-암수 모두 풀(++=艸풀 초)처럼 가는 뿔을 가지고
있으며 넓은 지역에 겉으로 드러내어(見드러날 현) 보이게 영역의
표시(丶귀절찍을 주)를 하고 다니는 짐승으로 뿔이 가는 산양을 의미.
너그러울·용서할 관(寬)-집(宀움 면)의 범위가 뿔이 가는
산양(莧뿔이가는산양 환)이 표시하고 다니는 넓은 영역같이
마음이 넓고 크다는 것으로 너그럽다·용서하다 라는 의미.
寬容(관용) 寬大(관대) 寬裕(관유)

(酉酉)(酒酒)(酋酋)

(猶猶)(尊尊)(遵遵)

(奠奠)(鄭鄭)(醫醫)

술·열째지지·닭 유(酉)-원래는 술을 빚는 목이 가는 술병의 모양을 본뜬
것으로 술을 의미하였으나 가차되어 열째지지의 상징인 닭을 의미.
酉時(유시) 癸酉年(계유년) 辛酉迫害(신유박해) 丁酉再亂(정유재란)
술 주(酒)-물(氵=水물 수) 같은 음료로 술병(酉술병의 모양)에 담겨있는
술을 의미. 燒酒(소주) 濁酒(탁주) 麥酒(맥주) 酒店(주점) 酒幕(주막)
酒色(주색) 酒宴(주연) 酒量(주량) 酒邪(주사) 淸酒(청주) 酒案床(주안상)
勸酒歌(권주가) 飮酒歌舞(음주가무) 酒池肉林(주지육림) 斗酒不辭(두주불사)
술익을·지날·괴수 추(酋)-술병에 담긴 술(酉술 유)이 오랫동안
발효되어 술향이 술병 밖으로 피어 나오는(八나눌 팔) 모양으로
술이 익다·지나다 라는 의미로 잘 익은 술같이 오래된 사람이
괴수(두목) 라는 의미가 파생됨. 酋長(추장)
망설릴·같을·오히려 유(猶)-개(犭=犬큰개 견)처럼 코로 술이
익었는지(酋술익을 추) 냄새를 맡아 보고 있는 것으로
망설이다·같다·오히려 라는 의미. 猶豫(유예) 猶不足(유부족)
猶太敎(유태교) 過猶不及(과유불급) 執行猶豫(집행유예)
귀할·높을·어른 존(尊)-술향이 술병 밖으로 피어 나오는 잘 익은 오래된
술(酋술익을 추)은 흔하지 않아서(寸적을 촌) 떠받들 만한 것으로 귀하다·
높다(높이다)·어른 라는 의미. 尊貴(존귀) 尊敬(존경) 尊重(존중) 尊待(존대)
尊嚴(존엄) 尊稱(존칭) 至尊(지존) 自尊心(자존심) 尊卑貴賤(존비귀천)
좇을·행할 준(遵)-존귀한 사람(尊어른 존)의 뒤를
따라가는(辶=辵쉬엄쉬엄갈 착) 것으로 좇다·행하다
라는 의미. 遵守(준수) 遵法(준법) 遵行(준행) 遵據(준거)
전드릴·베풀·정할·둘 전(奠)-옛 글자를 보면 잘 익은 오래된
술(酋술익을 추)을 제단(丌책상 기→大) 위에 올려 놓고 제사를
지내는 것으로 제물을 드리다·베풀다·두다·정하다 라는 의미.
奠爵(전작) 奠都(전도) 奠雁(전안) 路奠(노전)
정중할·정나라·성씨 정(鄭)-마을(阝=邑고을 읍)에서 제사를
지내는(奠전드릴 전)것같이 점잖고 엄숙한 것으로 정중하다·
정나라·성씨를 의미. 鄭重(정중) 鄭鑑錄(정감록) 鄭夢周(정몽주)

병고칠·구할·의원 의(醫)-몸 속에 박혀 감추어진(匸감출 혜)
화살(矢화살 시)을 손에 든 칼로(殳칠 수) 째고 알코올 성분이
들어 있는 술(酉술 유)로 소독을 하는 것으로 병을 고치다·구하다·
의원을 의미. 醫療(의료) 醫術(의술) 醫藥(의약) 醫師(의사)
漢醫院(한의원) 醫食同源(의식동원) 東醫寶鑑(동의보감)

(欠 ⻎)(次 ⻎)(姿 ⻎)(資 ⻎)
(恣 ⻎)(瓦 ⻎)(瓷 ⻎)(次 ⻎)
(盜 ⻎)(軟 輭 輅)(飮 歆 ⻎)
(吹 ⻎)(炊 ⻎)

하품할·부족할 흠(欠)-옛 글자를 보면 사람이 입을 크게 벌리고
숨을 깊게 들이쉬었다가 내쉬는 모양으로 하품하다 라는 의미와
하품은 뇌에 산소 공급이 충분하지 않을 때 하므로 부족하다
라는 의미가 파생됨. 欠節(흠절) 欠缺(흠결)
버금·다음·차례·머리쪽찔 차(次)-다음(二다음 이) 사람이 바로 뒤따라
하품(欠하품 흠)을 이어서 하는 것으로 버금·다음·차례를 의미.
次例(차례) 次期(차기) 次男(차남) 節次(절차) 再次(재차)
席次(석차) 次善(차선) 漸次(점차) 次元(차원) 目次(목차)
次世代(차세대) 維歲次(유세차) 一次方程式(일차방정식)
맵시·자태·태도 자(姿)-머리카락을 두 갈래로 갈라 어긋나게 엮어
한 가닥으로 땋아 틀어 올리고 풀어지지 않도록 비녀를
꽂는(次머리쪽찔 차) 여자(女계집 녀)의 모습으로 맵시·자태·
태도를 의미. 姿態(자태) 姿勢(자세) 姿色(자색)
재물·밑천·자뢰할 자(資)-장사나 무슨 일을 경영할 때에 여자의
쪽찐 머리가 풀어지지 않도록 꽂는 비녀(次머리쪽찔 차)같이
방책(防柵)이 되는 돈(貝조개 패)으로 재물·밑천·자뢰하다(밑천을 삼다)을
의미. 資力(자력) 資産(자산) 資源(자원) 物資(물자) 投資(투자)
資質(자질) 資材(자재) 融資(융자) 資料(자료) 減資(감자) 增資(증자)
資格證(자격증) 秘資金(비자금) 資本金(자본금) 資本主義(자본주의)
방자할 자(恣)-옛날에는 신분에 따라 머리에 쪽을 찌는(次머리쪽찔 차)
방법이 달라는데 쪽찐 머리를 자기 마음(心마음 심)대로 하니 방자하다
라는 의미. 放恣(방자) 恣行(자행) 恣意(자의) 傲慢放恣(오만방자)

기와·질그릇 와(瓦)-옛 글자를 보면 기와와 기와가 맞물려
연결되어 있는 모양을 본뜬 것으로 가와·질그릇을 의미.
瓦解(와해) 瓦松(와송) 靑瓦臺(청와대)
오지그릇 자(瓷)-붉은 진흙으로 만들어 볕에 말린 다음(次다음 차)
위에 오짓물을 입혀 구운 질그릇(瓦질그릇 와)으로 오지그릇을 의미.
瓷器(자기) 靑瓷(청자) 白瓷(백자) 陶瓷器(도자기) 象嵌靑瓷(상감청자)
침 연(次)-물(氵=水물 수)같이 무색투명한 액체가 하품(欠하품할 흠)처럼
입 밖으로 흘러나오는 것으로 침을 의미.
훔칠·도둑 도(盜)-맛 있는 음식을 보면 먹고 싶어 군침(次침 연)을
흘리듯이 제사에 쓰는 귀한 그릇(皿그릇 명)를 보면 갖고 싶은 욕심에
몰래 가져가는 것으로 훔치다·도둑을 의미. 盜賊(도적) 盜用(도용)
強盜(강도) 盜聽(도청) 盜難(도난) 盜掘(도굴) 盜癖(도벽)
盜殺(도살) 怪盜(괴도) 捕盜廳(포도청)
부드러울·연할 연(軟)-본래 글자는 軟으로 수레바퀴(車수레·바퀴 거)를
만드는 재질로는 가냘퍼서 부족한(奐갸냘플 연→欠부족할 흠) 정도로
부드럽다·연하다 라는 의미. 柔軟(유연) 軟弱(연약) 軟骨(연골)
軟禁(연금) 軟粉紅(연분홍) 軟口蓋(연구개) 軟着陸(연착륙)
軟體動物(연체동물) 軟鷄白熟(연계백숙)
마실·마시게할 음(飮)-옛 글자(歙)를 보면 바로(今바로 금)
술병(酉술병 모양)에 하품(欠하품 흠)하듯이 크게 벌린 입을 대고
술을 마시는 것으로 그릇에 담겨 있는 먹을(𩙿=食먹을 식) 것을
하품(欠하품 흠)하듯이 입을 벌리고 바로 목구멍으로 넘기는 것으로
마시다·마시게 하다 라는 의미. 飮食(음식) 飮福(음복) 飮酒(음주)
暴飮(폭음) 試飮(시음) 米飮(미음) 飮毒(음독) 飮料水(음료수)
불·취태 취(吹)-입(口입 구)으로 하품(欠하품 흠)하듯이 입을 크게
벌리고 숨을 깊게 들이쉬었다가 입술을 오므리고 내쉬어 입김을
보내는 것으로 불다·관악기를 불어 연주하다 라는 의미.
鼓吹(고취) 吹打(취타) 吹奏樂(취주악) 音盤吹入(음반취입)
불땔 취(炊)-불(火불 화)을 붙여서 하품(欠하품 흠)하듯이 입김을 불어 타게
하는 것으로 불때다 라는 의미. 自炊(자취) 炊事(취사) 炊事兵(취사병)

(歹卢)(列㓞)(烈㷀)

(裂㸽)(例㑹)

살바른뼈 알(歹)-살을 발라내고 남은 앙상한
뼈를 본뜬 것으로 살을 바른 뼈를 의미.

반열·줄지을·벌일 렬(列)-뼈 대(歹살바른뼈 알)에 따라 신분(身分)을
칼(刂=刀칼 도)로 가르듯이 나누어 놓은 것으로 반열(班列)·줄짓다·
(줄을 지어 늘어놓다)벌이다 라는 의미. 序列(서열) 列車(열차)
羅列(나열) 配列·排列(배열) 列擧(열거) 列島(열도) 陣列(진열)
行列(행렬) 數列(수열) 班列(반열) 系列社(계열사) 西歐列强(서구열강)

뜨거울·맹렬할·매울·빛날·공 렬(烈)-끊이지 않고 줄지어(列줄지을 렬)
타오르는 세찬 불(灬=火불 화)의 뜨거운 기운같이 뜨겁다(격렬하다)·
맹렬하다(세차다)·빛나다·맵다(사납다)·공(공덕)을 의미.
猛烈(맹렬) 烈士(열사) 壯烈(장렬) 强烈(강렬) 激烈(격렬)
熱烈(열렬) 殉國先烈(순국선열)

옷터질·찢을 렬(裂)-옷(衣옷 의)에 꿰맨 자리가 뜯어져 줄지어(列줄지을 렬)
갈라지는 것으로 옷이 터지다·찢다(찢어지다) 라는 의미.
分裂(분열) 決裂(결렬) 龜裂(균열) 破裂音(파열음) 支離滅裂(지리멸렬)

법식·본보기 례(例)-사람(亻=人사람 인)이 순서 있게 줄을
지어(列줄지을 렬) 늘어서 있는 것으로 정해 놓은 순서같이
사람이 지켜야 할 법식(法式)· 본보기를 의미. 次例(차례) 類例(유례)
慣例(관례) 前例(전례) 例外(예외) 例示(예시) 規例(규례) 特例法(특례법)
異例的(이례적) 比例代表(비례대표) 年例行事(연례행사)

(丙丙)(疒疒)(病病)
(暴暴暴)(爆爆)

불·밝을·셋째천간·남녘 병(丙)-옛 글자를 보면 불을 피워 음식을
조리하는 화덕 모양으로 불·밝다·셋째천간·남녘을 의미.
丙子胡亂(병자호란) 丙寅洋擾(병인양요)

병 녁(疒)-침상에 병이 들어 누워 있는 모양으로 병을 의미.

병들·아플·괴로울·근심할 병(病)-옛 글자를 보면 침상에 병(疒병 녁)이
들어 베개(一)를 베고 사람(人)이 이불을 덮고(冂) 누워 있는 것으로
병들다·아프다·괴롭다·근심하다 라는 의미. 病院(병원) 疾病(질병)
看病(간병) 病菌(병균) 病弊(병폐) 傳染病(전염병) 難治病(난치병)
同病相憐(동병상련) 萬病通治(만병통치)

사나울·갑자기일어날·나타날 포(폭)(暴)-해(日해 일)가 내리쏘는 뜨거운
기운이 물(氺=水물 수)이 쏟아져 내리는 것같이(共한가지 공) 거칠고
심한 것으로 사납다·갑자기 일어나다·나타나다 라는 의미.
暴行(폭행) 暴動(폭동) 亂暴(난폭) 暴落(폭락) 暴露(폭로)
暴炎(폭염) 暴言(폭언) 暴雨(폭우) 暴徒(폭도) 暴力輩(폭력배)
暴風雨(폭풍우) 暴惡(포악) 橫暴(횡포) 自暴自棄(자포자기)

불터질 폭(爆)-불(火불 화)이 갑자기 일어나(暴갑자기일어날 포)
갈라지는 것으로 불이 터지다(폭발하다) 라는 의미.
爆發(폭발) 爆彈(폭탄) 爆擊(폭격) 爆擊(폭격) 爆笑(폭소)
被爆(피폭) 自爆(자폭) 起爆劑(기폭제)

(虫 ☌)(蟲 ☷)(蜀 ☶)(燭 ☵)
(觸 ☶)(獨 ☶)(濁 ☶)(屬 ☶)
(風 ☶)(楓 ☶)

벌레 훼(충)(虫)-옛 글자를 보면 꿈틀거리는
지렁이의 모양을 본뜬 것으로 벌레를 의미.
버러지 충(蟲)-벌레(虫벌레 훼)가 떼를 지어 꿈틀거리고 있는 것으로
버러지(벌레)를 의미. 害蟲(해충) 蟲齒(충치) 幼蟲(유충) 殺蟲(살충)
防蟲網(방충망) 寄生蟲(기생충) 驅蟲劑(구충제) 冬蟲夏草(동충하초)
배추벌레·큰닭·나라이름 촉(蜀)-입에서 실을 뽑아 제 몸을
그물(罒그물 망)처럼 얽어 감싸고(勹쌀 포) 번데기가 되는
벌레(虫벌레 훼)로 배추벌레(나비의 애벌레)·큰닭·나라 이름을 의미.
歸蜀道(귀촉도) 望蜀之歎(망촉지탄)
초·촛불·밝을·비칠 촉(燭)-불(火불 화)을 켜는 데 쓰기 위해 백랍벌레의
수컷 애벌레(蜀배추벌레 촉)가 입에서 백색 납질을 분비하여 지은 집을
원료로 만든 백랍(白蠟)을 끓여서 원통형으로 굳혀 가운데에 심지를
박은 물건으로 초·촛불·밝다·비치다(비추다) 라는 의미.
華燭(화촉) 洞燭(통촉) 燈燭(등촉) 香燭代(향촉대)
받을·찌를·범할·닿을 촉(觸)-뿔(角뿔 각)처럼 끝이 뾰족한 것으로
물체의 겉면을 배추벌레(蜀배추벌레 촉)가 배춧잎을 갉아먹어
구멍이 뚫린 것처럼 뚫어지게 세차게 부딪치는 것으로 받다·
찌르다·범하다·닿다 라는 의미. 接觸(접촉) 觸覺(촉각) 觸感(촉감)
抵觸(저촉) 觸發(촉발) 觸媒(촉매) 一觸卽發(일촉즉발)
홀로 독(獨)-앙숙(怏宿) 사이인 개(犭=犬큰개 견)와 닭(蜀큰닭 촉)같이
서로 어울리지 못하고 따로 외로이 되어 자기 혼자인 것으로 홀로를
의미. 單獨(단독) 獨裁(독재) 獨善(독선) 孤獨(고독) 獨房(독방)
獨立(독립) 獨身(독신) 獨創性(독창성) 獨寫眞(독사진)
唯我獨尊(유아독존) 獨守空房(독수공방)
흐릴 탁(濁)-원래는 혼탁한 물(氵=水물 수)이 배추벌레(蜀배추벌레 촉)처럼
꿈틀거리며 흐르는 강의 이름을 나타낸 것으로 강에 흐르는 혼탁한
물같이 다른 물질이 섞여 맑지 아니한 것으로 흐리다 라는 의미.

混濁(혼탁) 濁流(탁류) 鈍濁(둔탁) 濁酒(탁주) 一魚濁水(일어탁수)

붙을·무리 속(이를 촉)(屬)-배춧잎 뒤에(尾=尾꼬리·뒤 미)
배추벌레(蜀배추벌레 촉)가 번데기가 되려고 입에서 실을 뽑아 제 몸을
잡아매고 달려 있는 것처럼 딸려 붙은 것으로 붙다(붙이다)·무리(붙이)·
잇다를 의미. 所屬(소속) 屬性(속성) 從屬(종속) 直屬(직속) 隷屬(예속)
屬望(촉망) 重金屬(중금속) 附屬品(부속품) 後屬曲(후속곡)

바람·풍속·모양·경치 풍(風)-모든(凡모두 범) 것을 꿈틀대는
벌레(虫벌레 훼)처럼 흔들어 움직이게 하는 것으로 바람·풍속·모양·
경치를 의미. 强風(강풍) 暴風(폭풍) 風波(풍파) 風聞(풍문) 風景(풍경)
風貌(풍모) 風塵(풍진) 風樂(풍악) 屛風(병풍) 風雲兒(풍운아)
美風良俗(미풍양속) 馬耳東風(마이동풍) 風前燈火(풍전등화)

단풍나무 풍(楓)-나무(木나무 목)의 열매에 두 개의 날개가 달려있어서
바람이 불면(風바람불 풍) 부메랑같이 빙글빙글 돌며 멀리까지 날아가
씨앗을 퍼뜨리는 단풍나무를 의미. 丹楓(단풍) 楓嶽山(풍악산)

(角⌂角)(行兆)(衡灪)
(魚夐)(漁瀕)(魯魯)

뿔·모퉁이·다툴·비교할·휘 각(角)-끝이 뾰족하고 테가 있는
짐승의 뿔 모양을 본뜬 것으로 뿔·모퉁이·각도·다투다·비교하다·
휘(곡식의 분량을 헤아리는 그릇) 라는 의미. 甬(쇠북꼭지 용)자와 비슷.
視角(시각) 角度(각도) 直角(직각) 角膜(각막) 角逐(각축) 角質(각질)
總角(총각) 多角形(다각형) 死角地帶(사각지대) 互角之勢(호각지세)

다닐·갈·행할 행(항렬 항)(行)-옛 글자를 보면 길이 네 방향으로
갈라져 나가는 네거리 모양을 본뜬 것으로 다니다·가다·행하다
라는 의미. 行動(행동) 進行(진행) 旅行(여행) 行爲(행위) 慣行(관행)
施行(시행) 發行(발행) 流行(유행) 暴行(폭행) 行列(행렬) 行列(항렬)
行政府(행정부) 飛行機(비행기) 施行錯誤(시행착오)

저울·저울대 형(가로 횡)(衡)-가운데의 줏대에 걸친 위아래로
움직이는(行다닐 행) 가로장 양쪽 끝에 저울판을 달고 한쪽엔
달 물건을, 다른쪽엔 추(분동)를 놓고 서로 비교하여(角비교할 각)
물건의 무게를 다는 것으로 사람이 양팔을 벌리고 서 있는(大큰 대)
모양의 저울의 일종인 천평칭(天平秤)을 나타낸 것으로 저울·저울대·
(천평칭의 가로장처럼 좌우로 건너지른)가로를 의미. 均衡(균형) 平衡(평형)
度量衡(도량형) 衡平性(형평성) 合從連衡(합종연횡)

물고기 어(魚)-입 양쪽에 끝이 뾰족하게(ク) 돋아난 수염과
비늘(田)로 덮여있는 몸통의 끝에 꼬리(灬)가 달려 있는 물고기를
본뜬 것으로 물고기를 의미. 魚雷(어뢰) 活魚(활어) 松魚(송어)

乾魚物(건어물) 魚貝類(어패류) 養魚場(양어장) 緣木求魚(연목구어)
魚東肉西(어동육서) 魚魯不辨(어로불변) 魚頭肉尾(어두육미)
고기잡을·낚어빼앗을 어(漁)-물(氵=水물 수) 속에 있는 물고기(魚물고기 어)를
붙들어 손에 넣는 것으로 고기를 잡다·낚어 빼앗다 라는 의미.
漁業(어업) 漁夫(어부) 漁網(어망) 漁船(어선) 漁村(어촌)
豊漁(풍어) 漁獲量(어획량) 漁父之利(어부지리)
노둔할·나라이름 로(魯)-물고기(魚물고기 어)처럼 뻐끔거리며
말하니(曰말할 왈) 노둔하다·나라이름을 의미.
魯鈍(노둔) 魚魯不辨(어로불변)

(鳥 🐦)(鳴 🐦)(鳳 🐦)(鳶 🐦)
(島 🐦)(烏 🐦)(嗚 🐦)(焉 🐦)
(舄 🐦)(寫 🐦)

새 조(鳥)-옛 글자를 보면 날개를 접고 서있는 새의 옆 모양을 본뜬
것으로 몸집이 크고 다리가 길어서 발가락이 보이는 꽁지가 긴 새를
의미. 鳥類(조류) 吉鳥(길조) 鳥獸(조수) 候鳥(후조) 鳥瞰圖(조감도)
不死鳥(불사조) 比翼鳥(비익조) 極樂鳥(극락조) 鳥足之血(조족지혈)
울 명(鳴)-입(口입 구)으로 소리를 내어 새(鳥새 조)같이
울다 라는 의미. 嗚(탄식할 오)와 비슷.
悲鳴(비명) 共鳴(공명) 自鳴鐘(자명종) 孤掌難鳴(고장난명)
봉황 봉(鳳)-날개를 벌려서(几) 위아래로 움직여 바람을
일으킨다는(丿삐침 별) 전설에 나오는 상상의 새(鳥새 조)로
수컷 봉황을 의미. 鳳凰(봉황) 鳳仙花(봉선화)
솔개·연 연(鳶)-먹잇감을 골라잡는(弋취할 익) 새(鳥새 조)로 솔개를 의미.
화살의 오늬에 줄을 매어 쏘는 주살(弋주살 익)처럼 줄을 달아
새(鳥새 조)같이 공중을 나는 것으로 연을 의미.
鳶絲(연사) 風鳶(풍연) 防牌鳶(방패연)
섬 도(島)-물 위에 떠있는 새(鳥새 조)처럼 산(山뫼 산)이 물 위에
떠있는 것으로 사면(四面)이 물로 둘러싸여 있는 땅으로 섬을 의미.
列島(열도) 獨島(독도) 諸島(제도) 無人島(무인도)
韓半島(한반도) 濟州島(제주도) 絶海孤島(절해고도)
까마귀·검을 오(烏)-鳥(새 조)자에서 눈을 나타내는 一 획이 없는
글자로 온몸이 검어서 검은 눈이 없는 것처럼 보이는 까마귀를
본뜬 것으로 까마귀·검다 라는 의미. 烏竹軒(오죽헌)
三足烏(삼족오) 烏骨鷄(오골계) 烏飛梨落(오비이락)

탄식할 오(嗚)-입(口입 구)으로 까마귀(烏까마귀 오)가 우는 것처럼
소리를 내어 한탄하며 한숨을 쉬는 것으로 탄식하다 라는 의미.
鳴(울 명)자와 비슷. 嗚咽(오열) 嗚呼痛哉(오호통재)
의심쩍을·어디·어찌·어조사 언(焉)-시비나 선악을 분변한다는(正분변할 정)
전설에 나오는 새(鳥새 조)를 나타낸 것으로 후에 음을 빌려 의심쩍다·
어디·어찌·어조사라는 의미로 가차됨. 於焉(어언) 終焉(종언)
焉敢生心(언감생심) 焉哉乎也(언재호야)
신 석(舄)-나무를 절구(臼절구 구)처럼 파서 발을 감싸게(勹쌀 포)
만들어 밑에 여러 개의 굽(灬)이 있게 만든 나막신을 나타낸
것으로 신(신발)을 의미.
모뜰·그릴·베낄 사(寫)-사람이 들어가 사는 움집(宀움집 면)같이
발이 들어가 편안히 걸을 수 있는 신(舄신 석)을 만들기 위하여
발 모양대로 본을 뜨는 것으로 모뜨다·그리다·베끼다 라는 의미.
寫眞(사진) 模寫(모사) 複寫(복사) 寫本(사본) 試寫會(시사회)
筆寫本(필사본) 映寫機(영사기)

(夕夕)(多多)(移移)(夜夜夜)
(液液)(名名)(銘銘)(夗夗)
(怨怨)(苑苑)

저물·저녁 석(夕)-해가 지고 서쪽 하늘에 떠 있는 초승달을 본뜬 것으로
저물다·저녁을 의미. 夕陽(석양) 朝夕(조석) 夕刊(석간) 秋夕(추석)
많을·과할·승할 다(多)-옛 글자를 보면 고깃덩어리(月→夕) 위에 다시
포개어 덧놓은 모양으로 수효나 분량이 많다·과하다·승하다(낫다)
라는 의미. 多樣(다양) 多幸(다행) 許多(허다) 多彩(다채) 多量(다량)
過多(과다) 多數決(다수결) 公私多忙(공사다망) 多情多感(다정다감)
多多益善(다다익선) 好事多魔(호사다마)
모낼·옮길 이(移)-벼(禾벼 화) 수확량을 많아지게(多많을 다) 하기 위해
논에 직접 볏씨를 뿌리는 것보다 못자리에서 기른 모를 뽑아서 논으로
자리를 바꾸어 심는 이앙법(移秧法)을 나타낸 것으로 모내다·옮기다
라는 의미. 移動(이동) 移替(이체) 移管(이관) 移植(이식) 移讓(이양)
移住(이주) 移轉(이전) 轉移(전이) 移民(이민) 移送(이송) 이적(移籍)
推移(추이) 移葬(이장) 移任(이임) 愚公移山(우공이산)

139

밤 야(夜)-옛 글자를 보면 사람(大)이 날이 저물어(夕저물 석)
불(丶불똥 주)을 밝히고 있는 것으로 집(宀지붕 두) 안에
사람(亻=人사람 인)이 날이 저물어(夕저물 석) 불을 밝히고 있는
동안(乀흐를 불)으로 밤을 의미. 夜勤(야근) 深夜(심야) 晝耕夜讀(주경야독)
진액 액(液)-물(氵=水물 수)이 칠흑같이 어두운 밤(夜밤 야)같이 짙은
것으로 진액을 의미. 液體(액체) 溶液(용액) 液汁(액즙) 津液(진액)
이름 명(名)-날이 저문 저녁(夕저물·저녁 석)에 대상을 확인하기 위해
입(口입 구)으로 부르는 것으로 이름을 의미. 名譽(명예) 名稱(명칭)
名聲(명성) 姓名(성명) 名單(명단) 名節(명절) 呼名(호명) 假名(가명)
指名(지명) 借名(차명) 別名(별명) 名筆(명필) 名不虛傳(명불허전)
立身揚名(입신양명) 名實相符(명실상부)
새길·기록할 명(銘)-쇠같이 단단한(金쇠·단단할 금) 것에 이름(名이름 명)을
파는 것으로 새기다·기록하다 라는 의미. 銘記(명기) 銘心(명심)
感銘(감명) 碑銘(비명) 座右銘(좌우명) 刻骨銘心(각골명심)
누워뒹굴 원(夗)-서쪽 하늘에 떠 있는 초승달(夕저녁 석)처럼 누워서 무릎을
구부리고(㔾병부 절) 이리저리 구르는 것으로 누워 뒹굴다 라는 의미.
원망할·원한·원수 원(怨)-몹시 억울하고 원통하여 땅바닥에 누워
뒹굴고(夗누워뒹굴 원) 싶은 마음(心마음 심)으로 원망하다·원한·원수를 의미.
怨望(원망) 怨恨(원한) 哀怨(애원) 怨聲(원성) 徹天之怨讐(철천지원수)
나라동산 원(苑)-풀(++=艸풀 초)이 난 숲에 짐승들이 누워
뒹구는(夗누워뒹굴 원) 곳으로 옛날에 임금이 사냥을 할 수
있도록 짐승을 기르는 곳으로 나라 동산을 의미. 秘苑(비원)
藝苑(예원) 花苑(화원) 池苑(지원) 仙苑(선원) 鹿野苑(녹야원)

(工 工)(江 江)(鴻 鴻)(空 空)

(腔 腔)(功 功)(攻 攻)(敢 敢)

(嚴 嚴)(巖 巖)(貢 貢)(肛 肛)

(缸 缸)(項 項)(紅 紅)(左 左)

(佐 佐)(隋 隋)(墮 墮)(隨 隨)

(式弌)(試弒)(巫㠯)(靈靈)
(誣䛈)

지을·장인·공교할 공(工)-옛 글자를 보면 장인이 물건을 만들 때 쓰는
공구(工具)의 모양을 본뜬 것으로 짓다(만들다)·(물건을 만드는)장인·
(장인의 교묘한 솜씨같이)공교하다 라는 의미. 工夫(공부) 工事(공사)
工場(공장) 工業(공업) 工具(공구) 工團(공단) 工程(공정) 工藝(공예)
工巧(공교) 施工(시공) 着工(착공)
강 강(江)-물(氵=水물 수)이 한데 모여 넓고 길게 흐르면서 만든(工만들 공)
큰 물줄기로 강을 의미. 江南(강남) 강변(江邊) 江村(강촌) 漢江(한강)
큰기러기·클 홍(鴻)-물(氵=水물 수)이 한데 모여 넓고 길게 흐르면서
만든(工만들 공) 큰 물줄기(江강 강)처럼 줄을 지어 함께 날아다니는
새(鳥새 조)로 큰기러기·크다 라는 의미. 鴻業(홍업) 鴻恩(홍은) 鴻德(홍덕)
없을·빌·하늘 공(空)-구멍(穴구멍 혈)처럼 속이 휑하니 아무것도 없이
만들어진(工만들 공) 공간으로 없다·비다·(속이 텅 빈)하늘을 의미.
空氣(공기) 空間(공간) 空虛(공허) 空港(공항) 空想(공상) 時空(시공)
蒼空(창공) 航空機(항공기) 卓上空論(탁상공론) 獨守空房(독수공방)
속빌 강(腔)-몸(月=肉몸 육)이 구멍(穴구멍 혈)처럼 속이 휑하니
아무것도 없이 만들어진(工만들 공) 것으로 속이 비다 라는 의미.
口腔(구강) 腹腔(복강) 鼻腔(비강) 腔腸動物(강장동물)
공 공(功)-장인(工장인 공)이 물건을 만들기 위해 애를 쓰는 것처럼
어떤 목적을 이루는 데 힘써(力힘쓸 력) 노력하거나 수고한 공적으로
공(공로)을 의미. 功勞(공로) 功德(공덕) 成功(성공) 功績(공적) 功過(공과)
功臣(공신) 螢雪之功(형설지공) 論功行賞(논공행상) 武功勳章(무공훈장)
칠·다스릴·지을 공(攻)-장인(工장인 공)이 물건을 만들기 위해 손에 든
연장을 두드리는(攵=攴똑똑두드릴 복) 것처럼 손에 든 무기로 적을
두드려 공격하는 것으로 치다(공격하다)·다스리다·짓다(닦다) 라는 의미.
攻擊(공격) 專攻(전공) 侵攻(침공) 攻勢(공세) 攻略(공략)
猛攻(맹공) 速攻(속공) 逆攻(역공) 攻防戰(공방전)
正攻法(정공법) 特攻隊(특공대) 難攻不落(난공불락)
용감스러울·굳셀·결단성있을·감히 감(敢)-쳐(攻칠 공) 죽인 적의
귀(耳귀 이)를 두려움 없이 잘르니 용감스럽다·굳세다·결단성 있다·
(두려움 없이)감히를 의미. 果敢(과감) 勇敢(용감) 敢行(감행)
不敢請(불감청) 焉敢生心(언감생심)
엄할·굳셀·위엄스러울 엄(嚴)-낭떠러지(厂굴바위 엄) 위에 올라
결단성 있게(敢결단성있을 감) 소리 높여 크게 말하니(叩부르짖을 훤)
엄하다·굳세다·위엄스럽다 라는 의미. 嚴格(엄격) 嚴重(엄중)

嚴肅(엄숙) 威嚴(위엄) 森嚴(삼엄) 尊嚴(존엄) 嚴斷(엄단)
嚴禁(엄금) 嚴冬雪寒(엄동설한)
바위 암(巖)-산(山뫼 산)에서 위엄이 서려있는(嚴위엄스러울 엄)
큰 돌로 바위를 의미. 岩(바위 암)자의 본래 글자.
巖壁(암벽) 巖角畵(암각화) 奇巖怪石(기암괴석)
공물·바칠 공(貢)-옛날에 각 지방에 부과(賦課)한 세제(稅制) 중 하나로
각 지방에 사는 백성들이 만들어(工만들 공) 나라에 진상한 토산물이나
수공품 같은 재물(貝재물 패)로 공물·바치다·이바지하다 라는 의미.
貢物(공물) 貢納(공납) 貢獻(공헌) 朝貢(조공)
똥구멍 항(肛)-몸(月=肉몸 육) 속에서 만들어진(工만들 공) 똥을
배설하는 곳으로 똥구멍을 의미. 肛門(항문) 脫肛(탈항)
항아리 항(缸)-장군(缶장군 부)처럼 위아래가 좁고 배가
부르게 만든(工만들 공) 오지그릇으로 항아리를 의미.
附缸(부항) 魚缸(어항) 胎缸(태항) 玉缸(옥항)
목·목뒤·조목 항(項)-머리(頁머리 혈)를 움직이게 만들어(工만들 공) 주는
곳으로 머리와 몸통을 잇는 잘록한 부분인 목을 의미하는 글자로
목→목의 뒤쪽(목덜미)→머리 아래에 붙어 있는 목처럼 법률이나
규정 등의 본칙인 조(條) 아래에 붙어 있는 조목(條目)을 의미.
頃(잠깐 경)자와 비슷. 條項(조항) 問項(문항) 項目(항목) 多項式(다항식)
붉을 홍(紅)-명주실(糸가는실 멱)로 지은(工지을 공) 비단의 표면에 번쩍이는
빛같이 밝은 빛을 띤 것으로 붉다 라는 의미. <참고>옛말인 븕다는 형용사
밝다와 붉다의 옛말로 같음. 紅蔘(홍삼) 紅茶(홍차) 紅海(홍해) 紅葉(홍엽)
紅疫(홍역) 紅蛤(홍합) 紅一點(홍일점) 軟粉紅(연분홍) 同價紅裳(동가홍상)
왼쪽·도울 좌(左)-옛 글자를 보면 장인이 물건을 만들(工장인·지을 공)
때 쓰는 도구처럼 오른손을 도와주는 역할을 하는 왼손(ㅛ왼손 좌→ナ)
쪽으로 왼쪽(왼)·돕다 라는 의미. 左側(좌측) 左派(좌파) 左翼(좌익)
左遷(좌천) 左議政(좌의정) 左顧右眄(좌고우면) 左衝右突(좌충우돌)
도울 좌(佐)-사람(亻=人사람 인)이 다른 사람의 일에 장인이
물건을 만들(工장인·지을 공) 때 쓰는 도구처럼 오른손을
도와주는 왼손(ㅛ왼손 좌→ナ)같이 힘을 보태는 것으로 돕다
라는 의미. 補佐官(보좌관) 王佐之材(왕좌지재)
떨어질 타(수나라 수)(隋)-언덕(阝=阜언덕 부)이 무너져 내려(左낮출 좌)
잘라낸 고기(月=肉고기 육) 덩어리처럼 갈라지는 것으로
떨어지다·수나라를 의미.
떨어질·무너질 타(墮)-쌓여 있던 것이 떨어져(隋떨어질 타) 땅(土땅 토)으로
내려앉은 것으로 떨어지다·무너지다 라는 의미. 墮落(타락)
따를·좇을 수(隨)-뒤에 떨어져서(隋떨어질 타) 남을
따라가는(辶=辵쉬엄쉬엄갈 착) 것으로 따르다·좇다 라는
의미. 隨筆(수필) 隨時(수시) 隨伴(수반) 隨行員(수행원)
附隨的(부수적) 隨想錄(수상록) 夫唱婦隨(부창부수)

쓸·굽힐·제도·법 식(式)-장인이 물건을 만들(工장인·만들 공) 때에
취하는(弋취할 익) 일정한 방법이나 형식같이 본보기로 삼고 따르는
것으로 쓰다·굽히다(따르다)·제도·법을 의미. 格式(격식) 形式(형식)
舊式(구식) 樣式(양식) 儀式(의식) 式順(식순) 公式(공식) 結婚式(결혼식)
紀念式(기념식) 禮式場(예식장) 方程式(방정식) 株式會社(주식회사)

시험할 시(試)-말(言말씀 언)로 물어서 장인이 물건을 만들 때에
쓰는(式쓸 식) 방법이나 형식을 알아보고 평가하는 것으로 시험하다
라는 의미. 試驗(시험) 考試(고시) 應試(응시) 試合(시합) 試食(시식)
試乘(시승) 試圖(시도) 試演(시연) 試寫會(시사회) 試運轉(시운전)

무당·무녀 무(巫)-하늘(一)의 신과 땅(一)의 인간, 산 사람(人)과 죽은
사람(人)을 이어주는(丨위아래로통할 곤) 중개자 역할을 하는 무당·무녀을
의미. 坐(앉을 좌)자와 비슷. 巫女(무녀) 巫俗人(무속인) 降神巫(강신무)

신통할·신령 령(靈)-무당(巫무당 무)이 굿을 하여 몸주로 받아들인 신과
접하여 사람의 기원대로 하늘에서 비를 내리게(霝=零비뚝뚝떨어질 령) 하는
신기하고 영묘한 능력으로 신통하다·신령을 의미. 靈魂(영혼) 幽靈(유령)
魂靈(혼령) 神靈(신령) 靈驗(영험) 靈感(영감) 靈殿(영전) 慰靈祭(위령제)

속일 무(誣)-말(言말씀 언)을 무당(巫무당 무)이 무악(巫樂)에 따라 춤추고
노래하며 굿을 하듯이 과장되게 꾸며서 거짓을 참이라고 알게 하는
것으로 속이다 라는 의미. 誣告(무고) 誣告罪(무고죄) 惑世誣民(혹세무민)

(干) (刊) (肝) (奸)

(岸) (旱) (汗) (軒)

(刑刑) (型坴) (形形形)

(开开) (研) (幷) (倂)

(屛) (瓶) (餠)

방패·막을·구할·범할·물가·줄기·얼마·천간·마를 간(干)-옛 글자를 보면 끝이
두 갈래지고 손잡이가 달린 공격과 방어를 할 수 있는 무기의 모양을
본뜬 것으로 방패→막다→구하다→범하다→(물이 범하는)물가→줄기→
얼마(개-물건을 세는 수사)→천간(天干)→마르다 라는 의미가 파생됨.
간구(干求) 간련(干連) 干與(간여) 干證(간증) 약간(若干) 干謁(간알)
天干(천간) 간지(干支) 간조(干潮) 간만(干滿) 간과(干戈) 間伐(간벌)
干拓地(간척지) 救國干城(구국간성) 內政干涉(내정간섭)

깎을·새길·책펴낼 간(刊)-나무를 방패(干방패 간)처럼 평평하게 짜개어
칼(刂=刀칼 도)로 글씨나 형상을 파는 것으로 깎다·새기다·책을 펴내다
라는 의미. 刊行(간행) 出刊(출간) 創刊(창간) 發刊(발간) 廢刊(폐간)
夕刊(석간) 停刊(정간) 休刊(휴간) 新刊(신간) 週刊紙(주간지)

간 간(肝)-몸(月=肉고기육)에서 독소와 세균을 막아주는
방패(干 막을·방패 간)같은 역할을 하는 장기(臟器)인 간을
의미. 肝炎(간염) 肝癌(간암) 肝膽(간담) 脂肪肝(지방간)
肝硬變症(간경변증) 九曲肝腸(구곡간장)

통간할·간사할·어지러울 간(奸)-여자(女계집 녀)를 탐하여 바르지 않게
범하는(干범할 간) 것으로 통간하다·간사하다·어지럽다 라는 의미.
奸邪(간사) 奸巧(간교) 弄奸(농간) 奸婦(간부) 奸計(간계)
奸凶(간흉) 奸臣輩(간신배) 奸惡無道(간악무도)

언덕·낭떠러지 안(岸)-산(山뫼 산) 아래 비탈진 기슭(厂기슭 엄)이
바닷물이나 강물이 범하여(干범할 간) 둔덕진 곳으로 언덕·낭떠러지를
의미. 炭(석탄 탄)자와 비슷. 沿岸(연안) 海岸(해안) 接岸(접안) 彼岸(피안)
岸壁(안벽) 南海岸(남해안) 河岸段丘(하안단구) 到彼岸寺(도피안사)

가물 한(旱)-해(日해 일)가 땅을 범하여 물기가 바싹 마를(干범할·마를 간)
정도로 오랫동안 비가 오지 않은 것으로 가물다 라는 의미.
旴(새벽 조)자와 비슷. 旱害(한해) 旱災(한재) 旱魃(한발) 旱天(한천)

땀 한(汗)-몸에서 흘러나오는 물(氵=水물 수)로 체온이 올라가는 것을
막아주는 방패(干막을·방패 간) 같은 역할을 하는 것으로 땀을 의미.
發汗(발한) 汗腺(한선) 汗蒸幕(한증막) 汗蒸湯(한증탕)

초헌·처마·집 헌(軒)-원래 햇볕을 가리거라 비바람을 막기(干막을 간) 위한
지붕이 있는 대부(大夫) 이상의 벼슬아치가 타는 수레(車수레 거)인 초헌을
나타낸 것으로 초헌→처마→(처마가 있는)집이라는 의미가 파생됨.
軺軒(초헌) 軒燈(헌등) 東軒(동헌) 烏竹軒(오죽헌)

형벌·법 형(刑)-옛 글자를 보면 법도(幷법도 정→井→幵→开)에 어긋나는
일을 한 사람에게 칼(刂=刀칼 도)을 내리 치는 것처럼 가차없이 내리는
처벌로 형벌·법을 의미. 刑罰(형벌) 減刑(감형) 處刑(처형) 刑量(형량)
刑務所(형무소) 死刑囚(사형수) 終身刑(종신형) 刑事裁判(형사재판)

골·본보기 형(型)-우물난간(井우물난간 정→井→幵→开)처럼 칼(刂=刀칼 도)로
자른듯이 반듯한 테두리 안에 흙(土흙 토)을 부어 흙벽돌을 찍어내는 판이
되는 것으로 골(틀·모형)·본보기(거푸집)을 의미. 模型(모형) 體型(체형)
類型(유형) 舊型(구형) 原型(원형) 典型(전형) 新型(신형) 定型詩(정형시)

형상·꼴·나타날 형(形)-정전(井정전 정→井→幵→开)처럼 네모 반듯한
것에 그린(彡터럭그릴 삼) 그림같이 물건의 겉에 나타나는 생김새를
말하는 것으로 형상(모양)·꼴·나타나다(나타내다) 라는 의미. 形式(형식)
變形(변형) 形態(형태) 圖形(도형) 形便(형편) 成形(성형) 形容詞(형용사)
象形文字(상형문자) 形形色色(형형색색) 形而上學(형이상학)

평평할 견(幵)-나란히 세운 두 개의 방패(干방패 간)처럼
높낮이가 없이 판판하게 맞춘 것으로 평평하다 라는 의미.

갈·연마할·연구할·궁구할 연(研)-돌(石돌 석)을 높낮이가 없이 판판하게
맞추기(幵평평할 견) 위해 문지르는 것으로 갈다·연마하다·연구하다·
궁구하다 라는 의미. 研究(연구) 研磨(연마) 研修(연수)

합할·아우를·같을 병(幷)-옛 글자를 보면 앞사람을 뒷사람이
따르는(从따를 종) 것같이 조화를 이루어 고르게(幵평평할 견) 한
덩어리처럼 합쳐지는 것으로 합하다·아우르다·같다 라는 의미. 幷作(병작)

나란할·아우를 병(倂)-사람(亻=人사람 인)이 인위적으로 같이
합치는(幷합할 병) 것으로 나란히하다·아우르다 라는 의미.
倂設(병설) 倂用(병용) 倂合(병합) 倂殺打(병살타)

병풍·울타리·가릴·제할·물리칠 병(屛)-주검(尸주검 시)을 보이지 않게 막기
위해 여러 폭이 연결되어 한데 합쳐져(幷합할 병) 있는 것으로 병풍·울타리·
가리다·제하다·물리치다 라는 의미. 屛風(병풍) 屛居(병거) 屛帳(병장)

병 병(瓶)-액체나 가루 등을 한데 합하여(幷합할 병) 담아 두는
질그릇(瓦질그릇 와)으로 병을 의미. 花瓶(화병) 酒瓶(주병) 保溫瓶(보온병)

떡 병(餠)-쌀밥(食밥 식)을 쳐서 한 덩어리로 합하여(幷합할 병)
만든 음식으로 떡을 의미. 月餠(월병) 畫中之餠(화중지병)

(平平)(評評)(坪坪)

(乎乎)(呼呼)

평탄할·고를·바를·화할·편안할·다스릴 평(平)-옛 글자를 보면 물속에 뿌리를
내리고 물 위에 떠 있는 부평초의 모양을 본뜬 것으로 물 위에 떠 있는
부평초의 잎처럼 넓고 평평한 것으로 평탄하다·고르다·바르다·
화하다·편안하다·다스리다 라는 의미. 平和(평화) 平凡(평범)
平等(평등) 平地(평지) 平野(평야) 平安(평안) 平定(평정)
平均(평균) 平常時(평상시) 平準化(평준화) 公平無私(공평무사)

평론할·평할·품평할 평(評)-사물의 시비·선악·미추·우열을 바르게(平바를 평)
따져 말하는(言말씀 언) 것으로 평론하다·평하다·품평하다 라는 의미.
評價(평가) 論評(논평) 好評(호평) 批評(비평) 定評(정평) 評點(평점)
評論家(평론가) 下馬評(하마평) 品評會(품평회) 觀戰評(관전평)

벌판·들·평수 평(坪)-땅(土땅 토)이 넓고 평평한(平평탄할 평) 곳으로
벌판·들·평수를 의미. 建坪(건평) 坪數(평수) 坪當(평당)

어조사 호(乎)-옛 글자를 보면 동물의 뿔로 만든 호각(號角)에서
나온 소리가 길게 울려 퍼지는 모양으로 나중에 의문과 반문·영탄을
의미하는 어조사로 가차됨. 斷乎(단호) 確乎(확호)
學而時習之不亦說乎(학이시습지불역열호)

부를·부르짖을·슬프다할·숨내쉴 호(呼)-입(口입 구)으로 소리를 길게 내어
울려 퍼지게(乎어조사 호) 외치는 것으로 부르다·부르짖다·슬프다고 하다·
숨을 내쉬다 라는 의미. 呼吸(호흡) 呼出(호출) 呼應(호응) 呼名(호명)
呼稱(호칭) 呼訴文(호소문) 歡呼聲(환호성) 指呼間(지호간)

(斤 尺)(近 訹)(斥 庎)(訴 訴)
(所 庎)(兵 甬)(祈 祇)(析 杺)
(折 ꞁ 抓)(哲 焰)(誓 誓)
(斬 軯)(憼 ꞁ)(暫 暫)(漸 漸)
(質 質)(新 新)

도끼·근 근(斤)-원래는 자루가 달린 도끼의 모양을 본뜬
것으로 도끼라는 의미로 나중에 저울로 다는 무게의 단위인
근(16냥=600g)이라는 의미로 가차됨. 斤數(근수) 千斤萬斤(천근만근)
가까울·가까이할·거의 근(近)-걸어간(辶=辵쉬엄쉬엄갈 착) 거리나 동안의
정도가 무게(斤근 근)를 다는 저울의 눈금과 눈금의 사이처럼 짧은
것으로 가깝다·가까이하다(친하다)·거의(비슷하다) 라는 의미. 最近(최근)
接近(접근) 側近(측근) 近處(근처) 親近(친근) 近視(근시) 近代(근대)
近郊(근교) 近況(근황) 接近(접근) 遠近感(원근감) 近墨者黑(근묵자흑)
내칠·물리칠·망볼 척(斥)-옛 글자를 보면 집(广돌집 엄) 안에서
바깥으로(屰거꾸로·거스를 역) 사람을 쫓아 내는 것으로 내치다·물리치다
라는 의미와 집(广돌집 엄) 안에서 남몰래 바깥(屰거꾸로·거스를 역)의
동태를 살피는 것으로 엿보다·망보다 라는 의미.
排斥(배척) 斥候兵(척후병) 斥和碑(척화비) 衛正斥邪(위정척사)
하소연할·송사할 소(訴)-옛 글자를 보면 관청(广돌집 엄)에
억울함(屰거꾸로·거스를 역)을 말하여(言말할 언) 판결을 구하던 일로
하소연하다(아뢰다)·송사(訟事)하다 라는 의미. 訴訟(소송) 抗訴(항소)
呼訴(호소) 告訴(고소) 泣訴(읍소) 起訴(기소) 公訴時效(공소시효)
처소·곳·바·것 소(所)-집(戶집 호)에서 도끼(斤도끼 근)로 나무를 패는
일을 하는 장소인 처소·곳·바·것을 의미. 所得(소득) 所有(소유)
所重(소중) 處所(처소) 場所(장소) 住所(주소) 所感(소감) 所願(소원)
名所(명소) 所費(소비) 所任(소임) 研究所(연구소) 無所不爲(무소불위)

군사·병기 병(兵)-옛 글자를 보면 도끼(斤도끼 근)를 양손으로
잡고(廾손맞잡을 공) 있는 모양으로 무기를 들고 전쟁터에 나가 싸움을
치르는 군사·병기(무기)를 의미. 兵卒(병졸) 兵法(병법) 兵器(병기)
步兵(보병) 兵役(병역) 將兵(장병) 派兵(파병) 富國强兵(부국강병)
빌 기(祈)-신(示귀신 기)에게 전쟁에서 자신을 보호해 주는
도끼(斤도끼 근)같이 보살펴 주기를 바라며 기도하는 것으로 빌다 라는
의미. 祈願(기원) 祈禱(기도) 祈福(기복) 祈望(기망) 祈雨祭(기우제)
쪼갤·나눌 석(析)-나무(木나무 목)를 조각이 나게 도끼(斤도끼 근)로 가르는
것으로 쪼개다·나누다 라는 의미. 分析(분석) 解析(해석) 析出(석출)
분지를·꺾을·굽힐·일찍죽을 절(折)-옛 글자를 보면 손(扌=手손 수)으로
구부려서 도끼(斤도끼 근)로 쪼개듯이 따로 떨어지게(屮屮→扌) 끊어
버리는 것으로 분지르다·꺾다·굽히다·일찍 죽다 라는 의미.
折半(절반) 屈折(굴절) 骨折(골절) 斷折(단절)
밝을·지혜있을 철(哲)-사람의 도리(道理)나 사물의 이치(理致)의
옳고 그름을 분지르듯이(折분지를 절) 갈라 분명하게 말하는(口말할 구)
것으로 (도리나 사리에)밝다·지혜있다 라는 의미.
明哲(명철) 哲人(철인) 哲學者(철학자)
맹세할 서(誓)-약속의 징표인 부신(符信)을 두 조각으로 분질러(折분지를 절)
서로 나눠 가지며 약속을 지키겠다고 말하며(言말할 언) 다짐하는
것으로 맹세하다 라는 의미. 盟誓(맹서) 誓約(서약) 宣誓(선서)
죽일·끊을·베일 참(斬)-말이나 소가 끄는 수레(車수레 거)에
죄인의 사지(四肢)를 매달고 사방으로 끌어당겨서 도끼(斤도끼 근)로
쪼개듯이 사지가 따로 떨어지게 갈라 죽이는 것으로 죽이다·끊다·베다
라는 의미. 斬新(참신) 참수(斬首) 斬殺(참살) 부관참시(剖棺斬屍)
泣斬馬謖(읍참마속) 능지처참(凌遲處斬)
부끄러울 참(慙)-창피해서 사지(四肢)를 끊고 죽고(斬끊을·죽일 참)
싶은 마음(心마음 심)으로 부끄러워하다 라는 의미.
慙悔(참회) 無慙(무참) 慙愧(참괴)
잠깐 잠(暫)-말이나 소가 끄는 수레(車수레 거)에 죄인의 사지(四肢)를
매달고 사방으로 끌어당겨서 도끼(斤도끼 근)로 쪼개듯이 사지(四肢)를
가르는 매우 짧은 동안(日때 일)으로 잠깐(잠시)을 의미.
暫間(잠간) 暫時(잠시) 暫定的(잠정적)
점점·차차·빠질·나아갈 점(漸)-물(氵=水물 수)이 베어(斬베일 참) 내듯이
차츰차츰 빠져 나아가는 것으로 점점·차차·빠지다·(차츰차츰)나아가다
라는 의미. 漸漸(점점) 漸減(점감) 漸移(점이) 漸次(점차) 漸進(점진)
漸層法(점층법) 漸入佳境(점입가경) 頓悟漸修(돈오점수)
물건·바탕·성품 질(전당 지)(質)-원래는 도끼로 나무를 패거나 자를 때
밑에 받쳐 놓는 나무토막인 모탕(所모탕 은)같이 돈(貝재물 패)을 빌리기
위하여 담보로 맡기는 물건을 나타낸 것으로 전당물→물건→바탕→
성품이라는 의미가 파생됨. 性質(성질) 本質(본질) 品質(품질) 體質(체질)

147

質量(질량) 變質(변질) 質問(질문) 物質(물질) 才質(재질) 惡質(악질)
異質(이질) 質權(질권) 資質(자질) 基質(기질) 蛋白質(단백질)
새로울·새 신(新)-구부러지지 않고 똑바로 서(立설 립) 있는 곧은
나무(木곧을·나무 목)를 만들기 위해 곁가지를 도끼로(斤도끼 근)
찍어내는 것으로 불필요한 곁가지를 쳐내어 새롭게 하다·새(처음)를 의미.
新聞(신문) 新刊(신간) 革新(혁신) 刷新(쇄신) 更新(갱신) 新設(신설)
斬新(참신) 新參(신참) 改新敎(개신교) 新記錄(신기록) 新製品(신제품)
謹賀新年(근하신년) 溫故知新(온고지신) 新婚夫婦(신혼부부)

(白白)(伯伯)(柏栢)(帛帛)
(綿綿)(棉棉)(錦錦)(迫迫)
(拍拍)(泊泊)(舶舶)(的旳)
(習習)(泉泉)(線線)(原原)
(源源)(願願)(皃皃)(貌貌)
(百百)(宿宿)

밝을·흰·깨끗할·분명할·고할 백(白)-옛 글자를 보면 그릇에 기름을
연료로 담고 꽂은 심지에 불을 붙여 어두운 곳을 밝히는 등잔불의
모양을 본뜬 것으로 밝다(환하다)→희다→깨끗하다(청백하다)→분명하다→
(분명하게 사실을)고하다(아뢰다·사뢰다) 라는 의미가 파생됨. 白紙(백지)
白眉(백미) 明白(명백) 潔白(결백) 告白(고백) 獨白(독백) 白鳥(백조)
自白(자백) 白髮(백발) 黑白(흑백) 餘白(여백) 白書(백서) 分明(분명)
白眼視(백안시) 白頭山(백두산) 淸白吏(청백리) 白骨難忘(백골난망)
맏 백(伯)-제사를 지낼 때 신께 고하는(白고할 백)
사람(亻=人사람 인)으로 맏이를 의미. 伯爵(백작) 畫伯(화백)
伯父(백부) 伯仲叔季(백중숙계) 伯仲之勢(백중지세)
측백나무·잣 백(柏)-등잔불(白밝을 백) 모양의 열매가 열리는
나무(木나무 목)로 측백나무·잣을 의미. 冬柏(동백) 側柏(측백)
柏葉酒(백엽주) 松柏之操(송백지조)

비단 백(帛)-명주실로 짠 매끄러운 표면에 등잔불(白밝을 백)같이
반짝거리는 빛이 나는 천(巾수건 건)으로 비단을 의미.
幣帛(폐백) 帛書(백서) 竹帛(죽백)
솜 면(綿)-실(糸가는실 멱)로 만들어서 흰(白흰 백)
빛깔의 무명천(巾수건 건)를 짤 때 쓰는 솜을 의미.
純綿(순면) 綿綿(면면) 綿布(면포) 石綿(석면)
綿絲(면사) 綿織物(면직물) 周到綿密(주도면밀)
목화나무 면(棉)-흰(白흰 백) 빛깔의 무명천(巾수건 건)를
짤 때 쓰는 솜이 열리는 나무(木나무 목)로 목화나무를 의미.
棉花(면화) 棉作(면작) 棉實油(면실유)
비단 금(錦)-금(金금 금)같이 귀한 명주실로 짠 매끄러운 표면에
등잔불(白밝을 백)같이 반짝거리는 빛이 나는 천(巾수건 건)으로 비단을
의미. 錦繡江山(금수강산) 錦上添花(금상첨화) 錦衣還鄕(금의환향)
닥칠·급할·궁할·핍박할 박(迫)-어떤 일이 뛰어와서(辶=辵뛸 착)
아뢰는(白아뢸 백) 것같이 가까이 다다른 것으로 닥치다→
급하다→궁하다→핍박하다 라는 의미. 驅迫(구박) 臨迫(임박)
促迫(촉박) 迫害(박해) 迫力(박력) 切迫(절박) 急迫(급박)
壓迫(압박) 脅迫(협박) 開封迫頭(개봉박두)
손뼉칠·칠·풍류귀절 박(拍)-손(扌=手손 수)을 서로 부딪쳐서
고하는(白고할 백) 것같이 소리 나게 하는 것으로 손뼉치다·
치다·풍류귀절(박자)을 의미. 拍車(박차) 拍子(박자) 拍手(박수)
拍掌大笑(박장대소) 拍手喝采(박수갈채)
배머무를·그칠·쉴·담박할 박(泊)-물(氵=水물 수)의 가장자리에 뱃머리를 대고
등불을 밝히고(白밝을 백) 멈추어 있는 것으로 배를 대다→머무르다→
그치다→쉬다→담박하다 라는 의미. 碇泊(정박) 宿泊(숙박) 民泊(민박)
外泊(외박) 淡泊(담박) 一泊二日(일박이일) 流離漂泊(유리표박)
큰배 박(舶)-배(舟배 주)에 물건을 싣고 밤에도 등불을 밝히고(白밝을 백)
바다를 건너 다니는 무역선 같은 큰배를 의미. 船舶(선박) 舶物(박물)
관혁·표할·밝을·적실할 적(的)-원래는 화살을 쏠 때 나무판을 선명하게
드러나게 흰(白흰 백) 가죽으로 감싸고(勹쌀 포) 한가운데에 점을
찍어(丶귀절찍을 주) 목표로 세워 놓은 것으로 관혁(貫革-과녁의 원래 말)을
의미하는 글자로 관혁(과녁)→표(標)하다(목표로 삼다)→밝다(선명하다)→
적실하다(확실하다) 라는 의미. 的中(적중) 的實(적실) 標的(표적)
目的(목적) 公的(공적) 劇的(극적) 端的(단적) 具體的(구체적)
劃期的(획기적) 露骨的(노골적) 論理的(논리적) 可及的(가급적)
代表的(대표적) 一般的(일반적) 經濟的(경제적) 歷史的(역사적)
合理的(합리적) 利己的(이기적) 未必的故意(미필적고의)

익힐·익을·풍습 습(習)-옛 글자를 보면 새끼 새가 날기 위해 날개를
펴고(羽날개·펼 우) 아래위로 움직이는 동작을 여러 번 되풀이하여
익숙하게 스스로(自스스로 자→白분명할 백) 하는 것으로 익히다·
익다(익숙하다·버릇·습관)·풍습을 의미. 學習(학습) 演習(연습)
實習(실습) 習得(습득) 習慣(습관) 風習(풍습) 復習(복습)
弊習(폐습) 補習(보습) 敎習(교습) 自習書(자습서) 慣習法(관습법)
샘 천(泉)-옛 글자를 보면 바위틈에서 깨끗한(白깨끗할 백)
물(水물 수)이 흘러나오는 모양을 형상화한 것으로 샘을 의미.
溫泉(온천) 源泉(원천) 黃泉(황천) 九泉(구천)
줄 선(線)-실(糸가는실 멱)처럼 가늘고 샘(泉샘 천)에서 흘러 나오는
물처럼 길게 이어져 있는 것으로 줄이나 선을 의미. 直線(직선)
電線(전선) 曲線(곡선) 路線(노선) 無線(무선) 幹線(간선)
視線(시선) 混線(혼선) 脫線(탈선) 複線(복선) 境界線(경계선)
休戰線(휴전선) 延長線(연장선) 水平線(수평선) 生命線(생명선)
근본·거듭 원(原)-산기슭(厂기슭 엄)의 바위틈에서 물이 나는
샘(泉샘 천)같이 사물이 생겨나는 본바탕인 근본을 의미.
原理(원리) 原則(원칙) 原因(원인) 原始(원시) 原點(원점)
原來(원래) 草原(초원) 復原(복원) 原動力(원동력) 原産地(원산지)
근원 원(源)-흐르는 물줄기의 물(水물 수)이 나오기 시작하는
산기슭(厂기슭 엄)에 있는 샘(泉샘 천)같이 사물이 비롯되는
근본이나 원인인 근원을 의미. 資源(자원) 根源(근원) 源流(원류)
發源地(발원지) 源泉徵收(원천징수) 武陵桃源(무릉도원)
생각할·하고자할·바랄·원할 원(願)-산기슭(厂기슭 엄)의 바위틈에서
깨끗한(白깨끗할 백) 물(水물 수)이 끊임없이 흘러나오는 것처럼
거듭(原거듭 원)하여 머리(頁머리 혈) 속에 떠올리는 것으로 생각하다→
하고자 하다→바라다→원하다 라는 의미. 所願(소원) 祈願(기원) 念願(염원)
請願(청원) 宿願(숙원) 志願者(지원자) 歎願書(탄원서) 民願室(민원실)
憲法訴願(헌법소원) 入學願書(입학원서) 極樂發願(극락발원)
모양 모(兒)-해태의 머리 가운데에 하나 나 있는 뿔 모양을 만들어
붙인 해치관(白)을 머리에 쓴 사람(儿어진사람 인)의 모양으로 겉으로
나타나는 생김새인 모양을 의미. 예전에 법관(法官)이 썼음.
모양 모(모뜰 막)(貌)-해태(豸해태 치)의 머리 가운데에 하나 나 있는
뿔 모양을 만들어 붙인 해치관(白)을 머리에 쓴 사람(儿어진사람 인)의
모양으로 겉으로 나타나는 생김새인 모양을 의미.
外貌(외모) 容貌(용모) 美貌(미모) 變貌(변모)
일백 백(百)-하나로(一하나 일) 합한 것처럼 확실하게(白분명할 백)
꽉 찬 수로 일백(100)을 의미. 꽉 찬 수라하여 모든 것·온갖·
여러 번·다수라는 의미로 쓰임. 百姓(백성) 百態(백태)
百貨店(백화점) 一罰百戒(일벌백계) 百害無益(백해무익)
百年河淸(백년하청) 百戰百勝(백전백승) 五穀百果(오곡백과)

잘·오랠 숙(여러별자리 수)(宿)-집(宀움 면) 안에서 여러 사람의 어른들이(佰백사람의어른 백) 함께 묵는 것으로 자다·오래되다·여러별자리를 의미. 宿題(숙제) 宿患(숙환) 宿願(숙원) 宿主(숙주) 宿命(숙명) 宿敵(숙적) 宿醉(숙취) 投宿客(투숙객) 下宿房(하숙방) 宿泊料(숙박료) 二十八宿(이십팔수)

화살·곧을·맹세할 시(矢)-화살의 모양을 본뜬 것으로 화살·곧다 라는 의미. 옛날에는 화살을 꺾어서 맹세를 했으므로 맹세하다 라는 의미가 파생됨. 失(잃을 실)자와 비슷. 嚆矢(효시) 矢言(시언) 弓矢(궁시)

이를·주장할·알·깨달을 지(知)-옛날에 전쟁을 할 때 신호용으로 화살(矢화살 시) 끝에 속이 빈 깍지를 달아서 쏘아 공기와 부딪쳐 소리가 나게(口말할 구) 하여 알리는 것으로 이르다(알리다)→주장(主掌)하다→알다→깨닫다 라는 의미. 知性(지성) 知識(지식) 周知(주지) 認知(인지) 知能(지능) 熟知(숙지) 探知(탐지) 知覺(지각) 道知事(도지사) 告知書(고지서) 未知數(미지수) 公知事項(공지사항) 溫故知新(온고지신) 知彼知己(지피지기) 格物致知(격물치지) 不告知罪(불고지죄)

지혜·슬기 지(智)-옛 글자(𥏾)를 보면 사물의 이치를 깨달아(知깨달을 지) 일을 환하게(白밝을 백→日해 일) 잘 처리해 가는(亐갈 우) 정신적 능력으로 지혜·슬기를 의미. 智慧(지혜) 智謀(지모) 衆智(중지) 機智(기지) 奇智(기지) 智者樂水(지자요수)

급할·병·미워할 질(疾)-화살(矢화살 시)을 맞아 부상을 입은 사람이 침상에 누워 있는(疒병 녁) 것으로 급하다·(위급한)병·미워하다 라는 의미. 疾病(질병) 疾患(질환) 疫疾(역질) 疾走(질주) 眼疾(안질) 疾視(질시) 疾風怒濤(질풍노도)

말끝날·어조사 의(矣)-내(厶사사 사) 말을 날아가 버린 화살(矢화살 시)처럼 이미 마쳤다는 것을 알리는 것으로 말이 끝나다·(구절의 끝에 쓰이어 미래·과거·단정을 나타내는)어조사를 의미. 汝矣島(여의도) 萬事休矣(만사휴의) 尙矣勿論(상의물론)

잃을·과실할·그릇할 실(놓을 일)(失)-옛 글자(𡗑)를 보면 손(手손 수)에서 무언가 흘려(乁흐를 이) 나가는 모양으로 잃다·과실(過失)하다·그릇하다 라는 의미. 失望(실망) 紛失(분실) 損失(손실) 失敗(실패) 失職(실직) 失策(실책) 得失(득실) 喪失感(상실감) 失業者(실업자) 過失相規(과실상규) 小貪大失(소탐대실)

품수·차례·봉급 질(秩)-벼(禾곡식 화)를 순차적으로 놓아(失놓을 일)
쌓는 것처럼 품계의 순위를 매기는 것으로 품수·차례·
(품수에 따라 주는)봉급(녹봉)을 의미. 秩序(질서) 祿秩(녹질) 下秩(하질)

(羊羊)(洋祥)(養養)(樣樣)
(美美)(祥祥)(詳詳)(鮮鮮)
(着着)(差差)

양·노닐 양(羊)-머리에 난 뿔과 온몸이 털로 덮여 있는 양을 본뜬 것으로
양·노닐다 라는 의미. 羊皮(양피) 羊毛(양모) 牧羊(목양) 犧牲羊(희생양)
羊齒類(양치류) 白羊寺(백양사) 九折羊腸(구절양장) 羊頭狗肉(양두구육)

큰바다·넓을 양(洋)-물(氵=水물 수)이 양이 이리저리 왔다갔다 하며
노니는(羊양·노닐 양) 것처럼 물결이 치는 넓고 큰 곳으로 큰 바다·넓다
라는 의미. 海洋(해양) 洋醋(양초) 西洋(서양) 洋弓(양궁) 洋藥(양약)
太平洋(태평양) 洋服店(양복점) 洋靴店(양화점) 洋裝店(양장점)
遠洋漁船(원양어선) 丙寅洋擾(병인양요) 亡羊之歎(망양지탄)

칠·기를·살찔·봉양할 양(養)-양(羊양 양)에게 먹이를 먹여서(食먹일 사)
키우는 것으로 치다·기르다·다스리다·살찌다·봉양하다 라는 의미.
養育(양육) 養豚(양돈) 培養(배양) 養分(양분) 奉養(봉양) 扶養(부양)
修養(수양) 敎養(교양) 營養(영양) 養成(양성) 供養(공양) 養蜂(양봉)
養護室(양호실) 養魚場(양어장) 養老院(양노원)

모양 양(상수리 상)(樣)-원래는 나무(木나무 목)의 잎에 양(羊양 양)의
뿔처럼 갈라져 길게(永길 영) 흐르는 물줄기 같은 모양이 있는
상수리나무를 의미하는 것으로 나중에 사람이나 물건의 겉에 나타나는
형태인 모양이라는 의미로 가차됨. 樣式(양식) 模樣(모양) 多樣(다양)
樣態(양태) 文樣(문양) 樣相(양상) 異樣船(이양선) 各樣各色(각양각색)

아름다울·예쁠·좋을 미(美)-양(羊양 양)의 뿔처럼 생긴 장식을 머리에 쓰고
양팔을 벌리고 서 있는 사람(大)의 생김새가 고운 것으로 아름답다·예쁘다·
좋다 라는 의미. 美術(미술) 美國(미국) 美貌(미모) 美觀(미관) 甘美(감미)
美麗(미려) 脚線美(각선미) 眞善美(진선미) 美容室(미용실) 美食家(미식가)
美粧院(미장원) 美人計(미인계) 美辭麗句(미사여구) 美風良俗(미풍양속)

제사·복·길할·조짐·상서 상(祥)-신(示귀신 기)에게 제물(祭物)로 양(羊양 양)을
바치고 제사를 지내니 복되고 길한 일이 일어날 조짐이 보이는 것으로
제사·복·길하다·조짐·상서롭다 라는 의미. 祥瑞(상서) 嘉祥(가상)
大小祥(대소상) 吉祥紋(길상문) 不祥事(불상사) 發祥地(발상지)

자세할·다 상(詳)-말(言말씀 언)을 양이 노니는(羊양·노닐 양) 것처럼
이리저리 왔다갔다 하며 빠짐없이 모두 다 하는 것으로 자세하다 라는
의미. 昭詳(소상) 仔詳(자상) 詳考(상고) 詳述(상술) 詳細圖(상세도)
생선·새·좋을·조촐할 선(鮮)-물고기(魚물고기어)가 양이 이리저리
왔다갔다 하며 노니는(羊양·노닐 양) 것처럼 살아서 움직이는
것으로 생선·새것·좋다·조촐하다(적다) 라는 의미. 生鮮(생선)
朝鮮(조선) 鮮明(선명) 新鮮(신선) 鮮血(선혈) 新鮮度(신선도)
活鮮魚(활선어) 鮮紅色(선홍색) 寡廉鮮恥(과렴선치)
입을·붙을·둘·다다를 착(着)-원래는 著(지을 저·입을 착)의 속자로
음이 '착'으로 쓰일 때 이 글자를 씀. 양(羊양 양)의 몸을 덮고
있는 털처럼 스스로(自스스로 자) 옷을 입다. 양처럼 스스로 좇아
따라 붙다. 양처럼 일정한 곳에 놓아 스스로 살게 두다. 양처럼
스스로 풀밭에 다다르다 라는 의미. 着陸(착륙) 着想(착상) 着眼(착안)
着席(착석) 敗着(패착) 着用(착용) 執着(집착) 密着(밀착) 愛着(애착)
定着(정착) 着服(착복) 到着(도착) 着實(착실) 逢着(봉착) 安着(안착)
沈着(침착) 先着順(선착순) 接着劑(접착제) 不時着(불시착) 離着陸(이착륙)
서로어긋날·다를·병나을 차(差)-양(羊양 양)의 뿔처럼 방향이 서로
어긋나 맞지 않는(左그를 좌) 것으로 서로 어긋나다·다르다(틀리다)·
병이 낫다 라는 의미. 差別(차별) 差異(차이) 差等(차등) 差益(차익)
差額(차액) 隔差(격차) 差度(차도) 差減(차감) 誤差(오차)
換差損(환차손) 咸興差使(함흥차사) 天壤之差(천양지차)

(牛牛)(件件)(牧牧)(告告)

(造造造)(浩浩)(酷酷)

(半半)(伴伴)(判判)(解解)

소 우(牛)-옛 글자(牛)를 보면 뿔이 난 소의 머리 모양을
본뜬 것으로 소를 의미. 午(낮 오)자와 비슷. 牛乳(우유)
韓牛(한우) 鬪牛(투우) 黑牛(흑우) 狂牛病(광우병)
牛骨塔(우골탑) 牛耳讀經(우이독경) 牽牛織女(견우직녀)
구분할·가지·조건 건(件)-사람(亻=人사람 인)이 소(牛소 우)의 종류를
색깔·크기·모양·서식지 등에 따라 분류하는 것처럼 구별해서 나누는
것으로 구분하다·가지(건)·조건을 의미. 伴(짝 반)자와 비슷.
事件(사건) 條件(조건) 物件(물건) 與件(여건) 要件(요건)
件數(건수) 案件(안건) 用件(용건) 人件費(인건비)

기를·다스릴 목(牧)-소(牛소 우)를 손에 든 막대기(攵=攴칠 복)로 몰고
다니며 풀을 뜯기어 자라게 하는 것으로 기르다(치다)·다스리다 라는
의미. 牧場(목장) 牧畜(목축) 牧童(목동) 放牧(방목) 牧師(목사) 牧牛(목우)
遊牧民(유목민) 牧草地(목초지) 牧民官(목민관) 牧民心書(목민심서)

고할·여쭐 고(告)-소(牛소 우)가 우는 것처럼 입(口입 구)으로
소리를 내어 알리는 것으로 아뢰다·고하다·여쭈다 라는 의미.
警告(경고) 廣告(광고) 申告(신고) 報告(보고) 豫告(예고) 宣告(선고)
告發(고발) 被告(피고) 告訴(고소) 告祀(고사) 抗告(항고) 告知書(고지서)
親告罪(친고죄) 告別式(고별식) 以實直告(이실직고)

지을·처음·나아갈·이를 조(造)-옛 글자를 보면 새로 배(舟배 주)를
만들어 신에게 고하고(告고할 고) 처음으로 물에 띄워 천천히
가는(辶=辵쉬엄쉬엄갈 착) 것으로 짓다·처음·나아가다·이르다
라는 의미. 構造(구조) 造成(조성) 製造(제조) 造作(조작) 創造(창조)
僞造(위조) 築造(축조) 造景(조경) 造林(조림) 建造(건조) 改造(개조)
造船所(조선소) 模造品(모조품) 一切唯心造(일체유심조)

넓고클 호(浩)-물(氵=水물 수)이 고하는(告고할 고) 것처럼
큰 소리를 내며 흐르는 모양이 넓고 크다 라는 의미.
活(살 활)자와 비슷. 浩蕩(호탕) 浩然之氣(호연지기)

심할·혹독할 혹(酷)-술(酉술 유)을 마시고 소(牛소 우)가 우는 것처럼
입(口입 구)에서 큰 소리가 나올 정도로 술맛이 지나치게 독한 것으로
심하다·혹독하다라는 의미. 酷毒(혹독) 殘酷(잔혹) 冷酷(냉혹)
慘酷(참혹) 酷寒(혹한) 酷評(혹평) 酷炎(혹염) 酷使(혹사)

절반·가운데 반(半)-소(牛소 우)의 머리를 양쪽으로 갈라 나눈(八나눌 팔)
반쪽으로 절반·가운데를 의미.折半(절반) 後半(후반) 半熟(반숙)
半額(반액) 過半數(과반수) 半導體(반도체) 半身不隨(반신불수)
半信半疑(반신반의) 夜半逃走(야반도주)

짝·따를 반(伴)-소(牛소 우)의 머리를 양쪽으로 갈라 나눈(八나눌 팔)
반쪽(半절반 반) 같이 함께하며 서로 의지하는 사람(亻=人사람 인)으로
짝·따르다 라는 의미. 件(가지 건)자와 비슷.
同伴(동반) 伴奏(반주) 隨伴(수반) 道伴(도반)

쪼갤·판단할 판(判)-가운데(半가운데 반)를 칼(刂=刀칼 도)로 가르는 것으로
쪼개다·판단하다 라는 의미. 批判(비판) 判斷(판단) 審判(심판) 判決(판결)
裁判(재판) 判定(판정) 判別(판별) 談判(담판) 判例(판례) 評判(평판)
誤判(오판) 判事(판사) 判讀(판독) 判異(판이) 理判事判(이판사판)

풀 해(解)-머리에 붙어 있는 뿔(角뿔 각)을 칼(刂=刀칼 도)로 잘라
소(牛소 우)의 머리에서 떼어내는 것처럼 붙어 있는 것을 따로
떼어 분해하는 것으로 풀다 라는 의미. 解決(해결) 理解(이해)
解消(해소) 解釋(해석) 見解(견해) 解法(해법) 和解(화해) 解答(해답)
解散(해산) 解放(해방) 解說(해설) 解剖(해부) 解脫(해탈) 瓦解(와해)
解約(해약) 分解(분해) 解毒藥(해독약) 結者解之(결자해지)

(士 ± 士)(仕 仕)(志 志 志)

(誌 誌)(吉 吉)(結 結)

군사·벼슬·일·선비 사(士)-옛 글자를 보면 도끼처럼 생긴 무기를 본뜬
것으로 무기를 들고 전쟁터에 나가 싸움을 치르는 사람으로 군사→
벼슬→일(직무)→선비를 의미. 武士(무사) 軍士(군사) 兵士(병사) 博士(박사)
壯士(장사) 戰士(전사) 技士(기사) 士農工商(사농공상) 殉國烈士(순국열사)
벼슬할·섬길 사(仕)-사람(亻=人사람 인)이 관청에 나가서
나랏일(士일 사)을 하는 것으로 벼슬하다·섬긴다 라는 의미.
任(맡길 임)자와 비슷. 奉仕(봉사) 給仕(급사)
뜻·기록할 지(志)-옛 글자(忐)를 보면 어떤 일(屮=之이를 지→士일 사)을
하겠다고 마음속(心속·마음 심)으로 품고 있는 것으로 뜻·기록하다 라는 의미.
意志(의지) 志操(지조) 志願(지원) 同志(동지) 志向(지향) 鬪志(투지)
立志(입지) 遺志(유지) 寸志(촌지) 三國志(삼국지) 初志一貫(초지일관)
기록할·사기 지(誌)-전해져 오는 말(言말씀 언)이 나타내는
속내(志뜻 지)를 글로 적은 것으로 기록하다·사기(史記)를 의미.
雜誌(잡지) 誌面(지면) 日誌(일지) 誌石(지석) 日誌(일지)
週刊誌(주간지) 學術誌(학술지) 機關誌(기관지)
이로울·길할 길(吉)-학식이 높은 선비(士선비 사)가 입(口입 구)으로
하는 말은 이롭다·길하다(상서롭다) 라는 의미. 吉兆(길조) 吉夢(길몽)
吉祥(길상) 立春大吉(입춘대길) 吉凶禍福(길흉화복) 運數不吉(운수불길)
매듭·맺을 결(結)-실(糸가는실 멱)을 매고 죄어 여러 모양의 마디를
하나의 것으로 상서롭게(吉길할 길) 만든 것으로 매듭·맺다(매듭 짓다)
라는 의미. 結合(결합) 結論(결론) 結實(결실) 結果(결과) 團結(단결)
終結(종결) 結局(결국) 連結(연결) 結婚(결혼) 結成(결성) 妥結(타결)
凍結(동결) 結草報恩(결초보은) 結者解之(결자해지)

(小 小)(少 少)(沙 沙)(砂 砂)

(抄 抄)(妙 妙)(尖 尖)

(劣 劣)(肖 肖)(消 消)

(削 𠜶)(哨 𠵿)(鎖 𨧨)

작을·잘·좁을 소(小)-물건을 위아래로 통하게(丨위아래로통할 곤)
양쪽으로 나누니(八나눌 팔) 크기가 작다·잘다·좁다 라는 의미.
大小(대소) 縮小(축소) 小說(소설) 小便(소변) 小包(소포)
小型(소형) 小賣商(소매상) 最小限(최소한) 小兒科(소아과)
小貪大失(소탐대실) 過小評價(과소평가) 大同小異(대동소이)

적을·젊을·버금 소(少)-크기가 작은(小작을 소) 것에서 떨어져
나가니(丿나아갈·삣침 별) 개수가 많지 않다는 것으로 적다·젊다·
버금을 의미. 少年(소년) 多少(다소) 減少(감소) 稀少(희소)
年少者(연소자) 男女老少(남녀노소) 一笑一少(일소일소)

모래 사(沙)-흐르는 물(氵=水물 수)에 부서져 적어진(少적을 소) 것으로
모래를 의미. 沙漠(사막) 白沙場(백사장) 土沙(토사) 沙上樓閣(사상누각)

모래 사(砂)-돌(石돌 석)이 풍화작용에 의해 부서져 적어진(少적을 소)
것으로 모래를 의미. 砂金(사금) 砂丘(사구) 朱砂(주사) 砂鐵(사철)

뽑아쓸·간략히할·등서할 초(抄)-손(扌=手손 수)으로 중요한 것만 골라내
적게(少적을 소) 하여 옮겨 쓰는 것으로 뽑아 쓰다·간략히하다·
등서하다(베끼다) 라는 의미. 抄錄(초록) 抄筆(초필) 戶籍抄本(호적초본)

젊을·예쁠·묘할 묘(妙)-여자(女계집 녀)의 나이가 적으니(少적을 소)
젊다·예쁘다·묘하다 라는 의미. 微妙(미묘) 巧妙(교묘) 妙手(묘수)
妙技(묘기) 妙齡(묘령) 妙策(묘책) 妙案(묘안) 絶妙(절묘) 妙藥(묘약)

뾰족할·끝 첨(尖)-아래는 크고(大큰 대) 위로 갈수록 작아져(小작을 소)
끝이 날카로운 모양으로 뾰족하다·끝을 의미.
尖端(첨단) 尖銳(첨예) 尖兵(첨병) 尖峯(첨봉) 尖塔(첨탑)

못할·용렬할 렬(劣)-힘(力힘 력)이 일정한 수준에 못 미칠 정도로
적은(少적을 소) 것으로 못하다·용렬하다 라는 의미. 劣等(열등)
劣勢(열세) 優劣(우열) 拙劣(졸렬) 劣惡(열악) 庸劣(용렬) 低劣(저열)

같을·본받을·작을 초(흩어질·쇠약할 소)(肖)-부모의 몸을 작게(小작을 소)
만든 것처럼 부모와 자식의 몸(月=肉몸 육)은 서로 생김새가 비슷하다는
것으로 같다(닮다)·본받다 라는 의미. 肖像畫(초상화) 不肖小生(불초소생)

사라질·꺼질·다할 소(消)-한데 모인 물(氵=水물 수)이 이리저리
흩어져(肖흩어질 소) 흐르면서 없어지는 것으로 사라지다·꺼지다·
다하다 라는 의미. 消滅(소멸) 消却(소각) 消盡(소진) 消息(소식)
消費(소비) 取消(취소) 消火器(소화기) 消防官(소방관)

깎을·제할·빼앗을 삭(削)-잘게(小잘 소) 고기(月=肉고기 육)를
칼(刂=刀칼 도)로 잘라 내는 것으로 깎다·제하다·빼앗다
라는 의미. 削減(삭감) 削髮(삭발) 削除(삭제) 切削(절삭)
添削(첨삭) 研削(연삭) 削奪官職(삭탈관직)

도적방비할 초(哨)-도적의 습격에 대비해 어귀(口어귀 구)에
몸(月=肉몸 육)를 작게(小작을 소) 웅크리고 감시하는 것으로
도적을 방비하다 라는 의미.
哨所(초소) 步哨兵(보초병) 哨戒艇(초계정) 哨戒艦(초계함)
자물쇠·잠글 쇄(鎖)-쇠(金쇠 금)로 작은(小좁을 소) 고리를 만들어
껍데기를 열고 닫는 조개(貝조개 패)처럼 열고 닫는 물건을 채워서
열지 못하게 잠그는 것으로 자물쇠·잠그다 라는 의미.
閉鎖(폐쇄) 足鎖(족쇄) 鎖國(쇄국) 封鎖(봉쇄) 鎖門逃走(쇄문도주)

(未朮)(叔枂)(菽藗)
(淑湫)(督督)(寂寀)

콩 숙(未)-옛 글자를 보면 덩굴에 콩꼬투리가
주렁주렁 달려 있는 모양으로 콩을 의미.
주을·어릴·아재비·삼촌·끝 숙(叔)-원래는 덩굴에 주렁주렁 달려 있는
콩꼬투리(未)를 손(又오른손 우)으로 따는 것으로 줍다(거두다) 라는
의미로 나중에 어리다·아재비·삼촌·끝이라는 의미로 가차됨.
叔母(숙모) 堂叔(당숙) 叔姪(숙질) 外叔(외숙) 媤叔(시숙)
콩 숙(菽)-한해살이 풀(++=艸풀 초)로 덩굴에 주렁주렁 달려
있는 콩꼬투리(未)를 손(又오른손 우)으로 따는 콩을 의미.
菽麥(숙맥) 菽麥不辨(숙맥불변)
맑을·착할 숙(淑)-물(氵=水물 수)이 순수한 어린(叔어릴 숙) 아이같이 깨끗한
것으로 맑다·착하다 라는 의미. 貞淑(정숙) 賢淑(현숙) 窈窕淑女(요조숙녀)
살필·감독할·독촉할·동독할 독(督)-어린(叔어릴 숙) 아이를 돌보는
것처럼 눈(目눈 목)으로 자세히 보는 것으로 살피다·감독하다·
독촉하다·동독(董督)하다 라는 의미. 監督(감독) 督勵(독려)
總督(총독) 督促(독촉) 基督敎(기독교)
고요할·적적할 적(寂)-집(宀움 면)이 세상이 끝이(叔끝 숙) 난 것같이
조용한 것으로 고요하다·적적하다 라는 의미. 寂寞(적막) 孤寂(고적)
閑寂(한적) 靜寂(정적) 入寂(입적) 寂滅寶宮(적멸보궁)

(叿㠯→已弖)(紀紀)
(記記)(起赴)(忌忈)

(改攺)(妃妃)(配配)

몸·자기·나·천간 기(己)-옛 글자(㠯)를 보면 뼈와 뼈가 서로
연결되어 움직이는 모양으로 몸·자기·나·여섯째 천간을 의미.
自己(자기) 利己心(이기심) 克己復禮(극기복례)
知彼知己(지피지기) 己未獨立運動(기미독립운동)

벼리·다스릴·법·기록·해·세월 기(紀)-원래는 실(糸가는실 멱)로 만든 그물의
위쪽 코에 꿰어 그물을 몸(己몸 기)처럼 오므렸다 폈다 움직이게 하는
줄인 벼리를 나타낸 것으로 벼리→다스리다→법→기록→해→세월이라는
의미가 파생됨. 紀綱(기강) 紀律(기율) 西紀(서기) 檀紀(단기)
紀元前(기원전) 紀傳體(기전체) 半世紀(반세기)

기록할·글·기억할 기(記)-말한(言말할 언) 것을 잊지 않게 몸(己몸 기)에
새기는 문신처럼 글로 쓰는 것으로 기록하다(적다)·글·기억하다
라는 의미. 記錄(기록) 記事(기사) 記號(기호) 日記(일기)
記憶(기억) 筆記(필기) 史記(사기) 暗記(암기) 記念式(기념식)

일어날·설·기동할·시작할 기(起)-달리기(走달릴 주) 위해 몸(己몸 기)을
일으켜 세우는 것으로 일어나다·서다·기동하다·시작하다 라는 의미.
起訴(기소) 起源(기원) 起點(기점) 提起(제기) 再起(재기) 蜂起(봉기)
隆起(융기) 起案(기안) 起床(기상) 發起(발기) 起工式(기공식)
起承轉結(기승전결) 起死回生(기사회생) 再起不能(재기불능)

미워할·꺼릴·제지낼 기(忌)-몸(己몸 기)으로 마음(心마음 심)에 들지 않고
싫은 느낌을 드러내는 것으로 미워하다·꺼리다·제지내다 라는 의미.
忌避(기피) 禁忌(금기) 忌日(기일) 妬忌(투기) 忌祭祀(기제사)

고칠·바꿀 개(改)-올바르지 않은 사람의 몸(己 몸 기)을 회초리로
쳐서(攵=攴칠 복) 바로잡는 것으로 고치다·바꾸다 라는 의미.
改革(개혁) 改編(개편) 改閣(개각) 改憲(개헌) 개선(改善)
개량(改良) 朝令暮改(조령모개) 改過遷善(개과천선)

배필·왕비 비(妃)-혼인하여 나(己나 기)의 짝이 된 여자(女계집 녀)로
배필·왕비를 의미. 大妃(대비) 王妃(왕비) 廢妃(폐비) 楊貴妃(양귀비)

짝할·짝·나눌·귀양보낼 배(配)-술병(酉술병 모양)에 담긴 술을
나와(己나 기) 함께 나누어 먹는 사람으로 짝·짝하다·나누다·
귀양 보내다 라는 의미. 配匹(배필) 交配(교배) 配定(배정)
配當(배당) 配給(배급) 分配(분배) 配列(배열) 配慮(배려)
配享(배향) 配達(배달) 流配(유배) 配偶者(배우자) 集配員(집배원)

(巳)(祀)(包)(胞)(抱)(飽)(砲)(泡)(鮑)(已)

뱀·여섯째지지 사(巳)-옛 글자를 보면 엄마의 배 속에서 몸을 웅크리고 자라고 있는 태아(胎兒)의 모습을 본뜬 것으로 나중에 뱀을 상징하는 여섯 번째 지지로 가차됨. 巳時(사시-오전 9시~11시) 乙巳條約(을사조약)

제사·제사지낼 사(祀)-제단(示보일 시) 앞에 사람이 몸을 웅크리고(巳) 신에게 정성을 드리는 것으로 제사·제사를 지내다 라는 의미.
祭祀(제사) 告祀(고사) 四代奉祀(사대봉사)

쌀 포(包)-엄마의 배 속에 있는 태아(巳)처럼 물건을 속에 넣고 보이지 않게 둘러싸는(勹쌀 포) 것으로 싸다 라는 의미.
小包(소포) 包含(포함) 包容(포용) 內包(내포) 包裝(포장)
包攝(포섭) 包袋(포대) 包圍網(포위망) 包括的(포괄적)

태 포(胞)-몸(月=肉몸 육) 속의 태아(巳)을 막으로 둘러싸고(勹쌀 포) 있는 태를 의미. 同胞(동포) 僑胞(교포) 單細胞(단세포)
體細胞(체세포) 胞子植物(포자식물)

품을·안을 포(抱)-손(扌=手손 수)으로 감싸고(包쌀 포) 있는 것으로 품다·안다 라는 의미. 拘(잡을 구)자와 비슷. 抱負(포부) 抱擁(포옹)
抱卵(포란) 懷抱(회포) 抱主(포주) 抱接(포접) 抱腹絶倒(포복절도)

배부를·물릴·흡족할 포(飽)-밥(食밥 식)을 많이 먹어서 배 속에 태아(巳)를 싸고(包쌀 포) 있는 엄마의 배처럼 불룩한 것으로 배부르다·물리다·흡족하다 라는 의미. 飽食(포식) 飽滿感(포만감)
飽和狀態(포화상태) 抱腹絶倒(포복절도)

돌탄알·대포 포(砲)-돌(石돌 석)이 배 속에 태아(巳)를 싸고(包쌀 포) 있는 엄마의 배처럼 둥글게 생긴 돌탄알을 튕겨 쏘는 옛날 무기인 대포를 의미. 포화(砲火) 포문(砲門) 총포(銃砲) 발포(發砲) 포대(砲臺)
포성(砲聲) 포병대(砲兵隊) 투포환(投砲丸) 육혈포(六穴砲)

물거품 포(泡)-물(氵=水물 수)이 배 속에 태아(巳)를 싸고(包쌀 포) 있는 엄마의 배처럼 동그랗게 부풀어 오른 것으로 물거품을 의미.
氣泡(기포) 水泡(수포) 泡沫(포말)

절인생선 포(鮑)-생선(魚생선 어)을 소금으로 감싸서(包쌀 포) 간이 배어들게 한 것으로 절인 생선을 의미.
鮑叔牙(포숙아) 管鮑之交(관포지교)

그칠·마칠·이미·너무 이(已)-옛 글자를 보면 엄마의 배 속에서
다 자란 태아(胎兒)가 몸을 웅크리고 것을 본뜬 것으로 나중에
그치다·마치다·이미·너무 라는 의미로 가차됨. 已往(이왕)
已甚(이심) 已決(이결) 不得已(부득이) 已往之事(이왕지사)

(殳殳)(投投)(設設)(段段)
(緞緞)(役役)(疫疫)(般般)
(盤盤)(搬搬)(殼殼)(穀穀)
(毀毀)(殿殿)(擊擊)(展展展)
(發發)(廢廢)(聲聲)(殴殴)
(沒沒)

창·칠 수(殳)-옛 글자를 보면 팔모지고 날이 없는 몽둥이(几몽둥이 수)를
손(又오른손 우)에 들고 있는 모양으로 날 없는 창·치다(때리다) 라는 의미.
던질·버릴 투(投)-손(扌=手손 수)을 움직여 손에 든 몽둥이(殳몽둥이 수)가
다른 곳에 떨어지게 공중으로 내보내는 것으로 던지다·(내던져)버리다·
의탁하다 라는 의미. 投降(투항) 投機(투기) 投資(투자) 投影(투영)
投獄(투옥) 投書(투서) 投錢(투전) 投稿(투고) 投與(투여) 投藥(투약)
投賣(투매) 投網(투망) 投宿客(투숙객) 投票函(투표함) 投砲丸(투포환)
投身自殺(투신자살) 全力投球(전력투구) 意氣投合(의기투합)
베풀·지을·설령 설(設)-사람이 생각을 목구멍을 통하여 조직적으로
나타내어 말을 하는(言말할 언) 것같이 망치를 두드려서(殳칠 수)
목적하는 사물을 만드는 것으로 짓다→베풀다→설령 이라는 의미.
設計(설계) 設立(설립) 施設(시설) 設定(설정) 設備(설비) 設令(설령)
假設(가설) 設置(설치) 建設(건설) 埋設(매설) 創設(창설) 新設(신설)
設或(설혹) 常設(상설) 設問調査(설문조사)
층계 단(段)-굴바위(厂굴바위 엄) 위로 오르기 위해 바위를
여러 층(三거듭 삼)으로 턱이 지게 망치를 두드려서(殳칠 수)
만들어 놓은 것으로 층계를 의미. 文段(문단) 手段(수단) 階段(계단)
初段(초단) 一段落(일단락) 有段者(유단자) 海岸段丘(해안단구)

비단 단(緞)-누에고치에서 뽑은 실(糸가는실 멱)을 씨실과 날실로
얽어서 층계(段층계 단)처럼 여러 층으로 겹겹이 짠 피륙으로
비단을 의미.綢緞(주단) 緋緞(비단) 羽緞(우단) 禮緞(예단)
貢緞(공단) 絨緞爆擊(융단폭격)

수자리·부림꾼·죽도록일할·부릴 역(役)-국경을 지키는 일이나 역사(役事)에
동원된 사람이 손에 무기나 연장을 들고(殳창·몽둥이 수) 자축거리며
(彳자축거릴 척) 일을 하는 것으로 수자리·부림꾼·일하다·부리다 라는 의미.
役割(역할) 轉役(전역) 勞役(노역) 退役(퇴역) 懲役(징역) 用役(용역)
主役(주역) 端役(단역) 服役(복역) 荷役(하역) 賦役(부역) 均役法(균역법)
豫備役(예비역) 兵役義務(병역의무) 使役動詞(사역동사)

온역·염병 역(疫)-사람을 몽둥이로 쳐서(殳몽둥이·칠 수) 죽인
것같이 죽는 무서운 병(疒병 녁)으로 온역·염병(전염병)을 의미.
檢疫(검역) 防疫(방역) 疫鬼(역귀) 疫病(역병) 疫疾(역질)
瘟疫(온역) 紅疫(홍역) 口蹄疫(구제역) 免疫力(면역력)

옮길·돌릴·즐길·많을 반(般)-배(舟배 주)를 손에 든 삿대(殳몽둥이 수)로
밀어 나아가게 하는 것으로 옮기다·돌리다·즐기다·많다(일반) 라는 의미.
船(배 선)자와 비슷. 返還(반환) 般樂(반락) 全般(전반) 萬般(만반)
諸般(제반) 別般(별반) 諸般事(제반사) 彼此一般(피차일반)
一般常識(일반상식) 般若心經(반야심경)

쟁반·어정거릴·서릴 반(盤)-음식을 담은 그릇을 받쳐 들고 옮겨(般옮길 반)
나르는 데 쓰는 받침그릇(皿그릇 명)으로 쟁반(소반)· 어정거리다(돌다)·
서리다 라는 의미. 基盤(기반) 地盤(지반) 音盤(음반) 圓盤(원반)
銀盤(은반) 旋盤(선반) 錚盤(쟁반) 小盤(소반) 骨盤(골반)
盤石(반석) 巖盤(암반) 羅針盤(나침반)

운반할 반(搬)-손(扌=手손 수)으로 물건을 들고
옮겨(般옮길 반) 나르는 것으로 운번하다 라는 의미.
運搬(운반) 搬出(반출) 搬送(반송) 密搬入(밀반입)

껍질 각(殼)-속에 들어 있는 알맹이의 겉을 싸고 있는
겉껍질(殼껍질 각)을 몽둥이로 쳐서(殳몽둥이·칠 수) 벗긴
껍질(껍데기)을 의미. 地殼(지각) 貝殼(패각) 甲殼類(갑각류)

곡식·낟알 곡(穀)-겉껍질(殼껍질 각)에 싸여 있는 곡식(禾곡식 화)의
이삭을 몽둥이로 쳐서(殳몽둥이·칠 수) 떨어낸 곡식이나 껍질을
벗기지 아니한 곡식의 낟알을 의미. 穀物(곡물) 穀食(곡식)
糧穀(양곡) 穀酒(곡주) 還穀(환곡) 雜穀(잡곡) 穀雨(곡우)
脫穀機(탈곡기) 穀倉地帶(곡창지대) 五穀百果(오곡백과)

헐·흉볼·헐어질 훼(毁)-곡식을 절구(臼절구 구)에 넣고 공이로
쳐서(殳몽둥이·칠 수) 빻는 것처럼 흙(土흙 토)을 잘게 흩뜨리는
것으로 헐다→(헐뜯다)흉보다→헐어지다(무너지다) 라는 의미.
毁謗(훼방) 毁損(훼손) 貶毁(폄훼) 毁節(훼절)

대궐·전각 전(殿)-집(尸) 안에 허리를 굽힌 많은 벼슬아치들이
다 같이(共한가지 공) 모여 손에 홀을 쥐고(殳몽둥이 수) 서 있는
곳으로 대궐·전각을 의미. 宮殿(궁전) 殿堂(전당) 聖殿(성전)
殿閣(전각) 御殿(어전) 寢殿(침전) 殿下(전하)
大雄寶殿(대웅보전) 無量壽殿(무량수전)

펼·늘일·나아갈·살필 전(展)-옛 글자를 보면 辰→屓→展으로 글자의
모양이 변한 것으로 집(尸) 안에 많이(辰→廿스물 입) 만든 옷(衣옷 의)을
차리어 벌여놓은 것으로 펴다(펼치다)·늘이다(퍼지다)·나아가다·살피다
라는 의미. 發展(발전) 親展(친전) 展性(전성) 展望臺(전망대)
急進展(급진전) 詩畫展(시화전) 展示會(전시회) 展覽會(전람회)
展開圖(전개도) 公募展(공모전)

칠·두드릴·눈마주칠 격(擊)-적 전차(戰車)의 굴대 끝을(軎굴대끝 세)
몽둥이로 쳐서(殳몽둥이·칠 수) 적을 물리치(彀물리칠 격)듯이
손(手손 수)으로 때리는 것으로 치다·두드리다·눈이 마주치다(보다)
라는 의미. 攻擊(공격) 反擊(반격) 打擊(타격) 衝擊(충격)
擊破(격파) 擊退(격퇴) 突擊(돌격) 目擊者(목격자) 射擊場(사격장)
自擊漏(자격루) 以卵擊石(이란격석) 聲東擊西(성동격서)

쏠·떠날·움직일·일어날·일으킬·필·누설할 발(發)-두 발로 걸어 나가
(癶걸을·갈 발)듯이 활(弓활 궁)에 메긴 창(殳창 수)처럼 생긴 화살이
나가도록 하는 것으로 쏘다·떠나다·움직이다·일어나다·일으키다·
피다·누설하다 라는 의미. 開發(개발) 啓發(계발) 發見(발견) 發展(발전)
發達(발달) 發表(발표) 摘發(적발) 挑發(도발) 暴發(폭발) 告發(고발)
再發(재발) 發射(발사) 濫發(남발) 揮發油(휘발유) 發源地(발원지)
始發點(시발점) 一觸卽發(일촉즉발) 怒發大發(노발대발)

집쏠릴·못쓰게될·폐할 폐(廢)-사람이 버리고 떠난(發떠날 발) 집(广돌집 엄)
처럼 집이 한 쪽으로 쏠리고 못 쓰게 되는 것으로 집이 쏠리다→
못 쓰게 되다→폐하다 라는 의미. 廢止(폐지) 荒廢(황폐) 廢鑛(폐광)
廢業(폐업) 廢車(폐차) 廢家(폐가) 廢品(폐품) 廢校(폐교) 廢刊(폐간)
廢棄物(폐기물) 統廢合(통폐합) 老廢物(노폐물)

소리 성(聲)-옛 글자를 보면 돌로 만든 아악기인 경쇠(殸경쇠 경)를
채로 칠(殳칠 수) 때 귀(耳귀 이)에 들리는 것으로 소리를 의미.
音聲(음성) 歎聲(탄성) 名聲(명성) 聲援(성원) 聲討(성토)
喊聲(함성) 聲明書(성명서) 大聲痛哭(대성통곡)

빠질 몰(叟)-옛 글자를 보면 빙빙 도는(回→囘돌 회) 소용돌이 속으로
떨어져 손(又손 우)만 나와있는 것으로 빠지다 라는 의미.

빠질·잠길·다할·없을 몰(沒)-옛 글자를 보면 물(氵=水물 수)이 빙빙
도는 소용돌이 속으로 떨어져 들어가는(叟→叏빠질 몰) 것으로
빠지다·잠기다·다하다·없다 라는 의미. 沒落(몰락) 沒收(몰수)
水沒(수몰) 沒頭(몰두) 埋沒(매몰) 沈沒(침몰) 陷沒(함몰)
沒知覺(몰지각) 沒常識(몰상식) 神出鬼沒(신출귀몰)

(羽羽)(弱弱)(溺溺)

깃·짓·펼 우(羽)－새의 날개에 달린 털(깃털) 모양을 본뜬 것으로
깃·짓·펴다 라는 의미. 羽毛(우모) 羽緞(우단) 羽化登仙(우화등선)

약할·어릴 약(弱)－날개에 깃털이 돋아난 새끼 새의 모양을 본뜬
것으로 새끼 새같이 어리다·약하다 라는 의미. 虛弱(허약) 弱冠(약관)
弱骨(약골) 强弱(강약) 軟弱(연약) 弱勢(약세) 弱點(약점) 貧弱(빈약)
脆弱(취약) 老弱者(노약자) 弱肉强食(약육강식)

빠질 닉(溺)－물(氵=水물 수) 속으로 떨어진 어린(弱어릴 약) 새가 날개를
퍼덕이는 것으로 빠지다 라는 의미. 耽溺(탐닉) 溺死(익사)

(臼臼)(舊舊)(兒兒)(臽臽)
(陷陷)(焰焰)(諂諂)

절구 구(臼)－돌이나 통나무의 속을 파낸 구멍에 곡식을 넣고
찧거나 빻는 데 쓰는 절구의 모양을 본뜬 것으로 절구를 의미.
臼(깍지낄 국)자와 비슷. 臼齒(구치)

옛·오랠·친구 구(舊)－머리위에 풀(++=艸풀 초)처럼 생긴 귀깃이 있는
새(隹새 추)가 절구(臼절구 구)처럼 생긴 둥지에 앉아 있는 부엉이를
본뜬 것으로 나중에 음(音)을 빌려 옛날·오래다·친구라는 의미로 가차됨.
新舊(신구) 舊式(구식) 復舊(복구)

아이 아(兒)－정수리에 있는 숨구멍이 아직 덜 닫혀 절구(臼절구 구)처럼
열려 있는 어린 사람(儿어진사람 인)를 나타낸 것으로 아이를 의미.
兒童(아동) 幼兒(유아) 風雲兒(풍운아) 兒女子(아녀자) 健兒(건아)

구덩이·함정 함(臽)－옛 글자를 보면 사람(亻사람 인→⺈)이 절구(臼절구 구)
처럼 땅이 우묵하게 파진 곳에 빠진 모양으로 구덩이·함정을 의미.

빠질·함정 함(陷)－언덕(阝=阜언덕 부)에서 사람이 굴러 떨어져
구덩이(臽구덩이 함)로 들어간 것으로 빠지다·함정을 의미.
缺陷(결함) 謀陷(모함) 陷沒(함몰) 陷落(함락)

불꽃 염(焰)－불(火불 화)이 타오르고 있는 구덩이(臽구덩이 함)에서
일어나는 붉은 빛으로 불꽃을 의미.
氣焰(기염) 火焰(화염) 焰心(염심) 酸化焰(산화염)

아첨할 첨(諂)－남을 함정(臽함정 함)에 빠뜨리려고 교묘한 말(言말씀 언)로
꾸며 대며 알랑거리는 것으로 아첨하다 라는 의미. 阿諂(아첨)

(臼 臼)(舁 舁)(與 舁)(擧 舁)

(譽 舁)(輿 輿)(興 興 興)

깍지낄 국(들 거)(臼)−옛 글자를 보면 아래로 향한 양손을 서로 마주하고
있는 모양으로 깍지끼다·들다 라는 의미. 臼(절구 구)자와 비슷.

마주들·들것 여(舁)−옛 글자를 보면 아래로 향한 양손(臼깍지낄 국→
臼절구 구)과 위로 향한 양손(廾손맞잡을 공)의 모양을 본뜬 것으로
두 사람이 앞뒤에서 맞들고 있는 것으로 마주 들다·들것을 의미.

더불·참여할·줄·무리 여(與)−두 사람이 앞뒤에서 마주들고(舁마주들 여)
어떤 일을 함께(与더불 여) 하는 것으로 더불다(함께 하다)·참여하다·
주다·(함께하는)무리를 의미. 參與(참여) 與否(여부) 與黨(여당)
寄與(기여) 與件(여건) 給與(급여) 貸與(대여) 贈與(증여)
關與(관여) 賞與金(상여금) 授與式(수여식) 與民同樂(여민동락)

들·일으킬·움직일·행할·다 거(擧)−들것(舁들것 여)을 여러 사람이
함께(与더불 여) 손으로 잡아(手손·잡을 수) 위로 올리는 것으로
들다·일으키다·행하다·움직이다·붙잡다·다(모두)를 의미.
選擧(선거) 快擧(쾌거) 擧動(거동) 擧名(거명) 檢擧(검거)
列擧(열거) 擧行(거행) 輕擧妄動(경거망동) 一擧兩得(일거양득)

기릴·이름날 예(譽)−좋은 점이나 잘하는 일을 여러 사람이
함께(與더불 여) 칭찬하여 말하니(言말할 언) 이름나다·기리다
라는 의미. 名譽(명예) 榮譽(영예)

가마 여(輿)−짐을 싣는 수레(車수레 거)같이 사람을 태우고
앞뒤에서 마주 들고(舁마주들 여) 가는 가마를 의미.
喪輿(상여) 輿論(여론) 輿望(여망) 大東輿地圖(대동여지도)

일으킬·일어날·일·흥치·감동할 흥(興)−옛 글자를 보면 여러 사람이
같이(同같을 동) 마주 들고(舁마주들 여) 무엇을 시작하는 것으로
일으키다·일어나다·일다·흥치·감동하다 라는 의미. 興味(흥미) 興奮(흥분)
復興(부흥) 振興(진흥) 感興(감흥) 興趣(흥취) 興行(흥행) 卽興(즉흥)
遊興街(유흥가) 興士團(흥사단) 興亡盛衰(흥망성쇠) 咸興差使(함흥차사)

(舟 舟)(㕛 㕛)(前 前)(丹 月)

배·잔대 주(舟)−통나무를 쪼개어 속을 파서 만든 작은 쪽배의 모양을
본뜬 것으로 배·잔대를 의미. 方舟(방주) 一葉片舟(일엽편주)
吳越同舟(오월동주) 刻舟求劍(각주구검) 破釜沈舟(파부침주)

앞·나아갈 전(㕛)−前(앞 전)자의 옛 글자로 물에 떠서 움직여(止거동 지)
앞으로 향해 가는 배(舟배 주)를 나타낸 것으로 나아가다·앞을 의미.

앞 전(前)-옛 글자(歬)를 보면 물에 떠서 움직이는(止거동 지→止)
배(舟배 주→月)가 물을 칼(刂=刀칼 도)로 가르듯이 나아가고 있는
쪽으로 앞을 의미. 前後(전후) 前進(전진) 直前(직전) 午前(오전)
從前(종전) 前篇(전편) 前提(전제) 紀元前(기원전) 前夜祭(전야제)
風前燈火(풍전등화) 門前成市(문전성시) 前代未聞(전대미문)
주사·붉을 단(丹)-옛 글자를 보면 땅을 파고 갱목(坑木)을 괴어 놓은
갱에서 나오는 불똥(丶불똥 주)같이 새빨간 빛의 광석인 주사(朱砂)를
나타낸 것으로 주사·붉다 라는 의미. 舟(배 주)와 비슷. 丹粧(단장)
丹砂(단사) 丹青(단청) 丹田(단전) 牧丹(목단) 一片丹心(일편단심)

(兪兪)(愈愈)(輸輸)

지나갈·그렇게여길·대답할 유(兪)-옛 글자를 보면 끝이 뾰족한(人)
배(舟배 주→月)의 머리가 큰 도랑(巜큰도랑 괴)을 통과하는 것으로
지나가다·그렇게 여기다·대답하다 라는 의미.
允兪(윤유) 伯兪泣杖(백유읍장)
나을·병나을·더욱 유(愈)-그렇게 여겨(兪그렇게여길 유) 마음속(心마음·속 심)
으로 인정하는 것으로 남보다 낫다·병이 낫다·더욱을 의미.
愈出愈怪(유출유괴) 愈往愈激(유왕유격)
보낼 수(輸)-수레(車수레 거)에 물건을 실어 지나가는(兪지나갈 유)
것처럼 다른 곳으로 옮겨 가게 부치는 것으로 보내다 라는 의미.
輸送船(수송선) 運輸業(운수업) 輸出品(수출품) 密輸入(밀수입)

(虍虍)(虎虎)(遞遞)(虛虛虛)
(戲戲)(處處)(虐虐)(思恩恩)
(慮慮)(盧盧)(爐爐)(虜虜)
(據據)(劇劇)

범의 문채 호(虍)-옛 글자를 보면 범(호랑이)의 가죽에 있는
검은 줄무늬를 본뜬 것으로 범(호랑이)의 문채(무늬)를 의미.
범 호(虎)-다리를 세우고 울부짖는 범의 모양을 본뜬 것으로
범(호랑이)를 의미. <참고> 호랑이는 일제시대(日帝時代)에
'호랑(虎狼)'이라는 한자어간에 우리말 접미사 '이'를 붙여 만든
말로 범(虎범 호)과 이리(狼이리 낭)같이 몹시 무섭고 사나운 사람을

비유적으로 이르는 것으로 호랑이의 순우리말은 "범"이다. 猛虎(맹호)
虎患(호환) 白虎(백호) 虎皮(호피) 龍虎相搏(용호상박) 虎死留皮(호사유피)
갈마들·역말·멀·우체 체(遞)-각 역참(厂굴바위 엄)에 갖추어 둔 나는 듯이
빠르게 달리는 범(虎범 호) 같은 말을 번갈아 타고 뛰어가서(辶=辵뛸 착)
먼 곳에 공문(公文)을 전하는 것으로 갈마들다·역말·멀다·우체를 의미.
遞信(체신) 郵遞局(우체국) 郵征局(우정국)
빌·공허할·헛될·약할 허(虛)-옛 글자를 보면 범(虎범 호→虍)이 사는
산(㕣=屮=丘뫼(산) 구)은 더할 나위 없이 커서 무엇이든 받아들일 수 있는
텅 빈 공간 같이 아무것도 없는 것으로 비다·공허하다·헛되다·약하다
라는 의미. 空虛(공허) 虛空(허공) 虛僞(허위) 虛妄(허망) 虛勢(허세)
虛脫(허탈) 謙虛(겸허) 虛構(허구) 虛點(허점) 虛荒(허황) 虛無(허무)
虛飢(허기) 虛榮心(허영심) 虛送歲月(허송세월) 虛無孟浪(허무맹랑)
놀·희롱할 희(戲)-검은 줄무늬가 있는 범(虍범의 문채 호)의 모양으로
분장을 한 배우가 높은 굽이 붙어 있고 뚜껑을 덮은 제기(豆제기이름 두)
처럼 만든 무대에서 창(戈창 과)을 들고 연극을 하는 것으로
놀다·희롱하다 라는 의미. 戱는 속자. 劇(연극 극)자와 비슷.
戲曲(희곡) 喜劇(희극) 遊戲(유희) 戲弄(희롱) 演戲(연희)
살·곳·처녀·처사·처치할 처(處)-범(虎범 호→虍)같이 머물러 사는 곳(処곳 처)
으로 살다·곳·(시집가지 않고 집에 머물러 사는)처녀·(벼슬하지 않고 초야에
머물러 사는)처사·처치하다(처리하다) 라는 의미. 近處(근처) 居處(거처)
處地(처지) 處遇(처우) 處方(처방) 難處(난처) 對處(대처) 處罰(처벌)
處刑(처형) 處理(처리) 處世(처세) 處女(처녀) 處士(처사)
사나울·모질 학(虐)-옛 글자를 보면 범(虎범 호→虍)이 날카로운 발톱으로
할퀴는(爪손톱·할퀼 조) 모양으로 사납다·모질다 라는 의미. 虐待(학대)
虐殺(학살) 殘虐(잔학) 自虐(자학) 凶虐(흉학) 暴虐無道(포학무도)
생각할·원할·의사 사(思)-옛 글자(恖)를 보면 갓난아이가 숨구멍
(囟아이숨구멍 신→田)을 발딱거리며 숨을 쉬는 것처럼 거듭하여
마음속(心 마음·속 심)으로 헤아리고 판단하는 것으로 생각하다·
원하다·의사(意思)를 의미. 思想(사상) 意思(의사) 思惟(사유)
思索(사색) 思考力(사고력) 思春期(사춘기) 深思熟考(심사숙고)
염려할·생각할 려(慮)-범(虎범 호→虍)에게 화(禍)를 당할까 미리 생각하는
(思생각할 사) 것으로 염려하다(걱정하다)·생각하다 라는 의미. 念慮(염려)
考慮(고려) 憂慮(우려) 配慮(배려) 心慮(심려) 思慮分別(사려분별)
큰그릇·검을·성씨 로(盧)-옛 글자(虘)를 보면 곁에 범의 검은
줄무늬(虍범의 문채 호)가 있고 위가 터지게(凵위터진그릇 감)
흙(土흙 토)으로 만든 항아리(虘항아리 로→甶흙덩이 괴→田)처럼
크게 빚은 그릇(皿그릇 명)으로 큰그릇·검다·성씨를 의미.
毘盧峯(비로봉) 斯盧國(사로국) 盧弓盧矢(노궁노시)

화로 로(爐)-숯불(火불 화)을 담아 놓는 큰 그릇(盧 큰그릇 로)으로
화로를 의미. 火爐(화로) 香爐(향로) 煖爐(난로) 鎔鑛爐(용광로)
神仙爐(신선로) 原子爐(원자로)
원숭이 거(豦)-범(虎범 호→虍)같이 사납고 돼지(豕돼지 시)처럼
주둥이가 삐죽하고 꼬리가 달린 짐승으로 원숭이를 의미.
의지할·웅거할·의거할 거(據)-손(扌=手손·잡을 수)으로 나무를 잡고 매달려
있는 원숭이(豦원숭이 거)처럼 어떤 것에 몸을 기대어서 지탱하는 것으로
의지하다→웅거하다→의거하다 라는 의미. 證據(증거) 根據(근거)
依據(의거) 占據(점거) 論據(논거) 據點(거점) 群雄割據(군웅할거)
희롱할·연극·심할 극(劇)-원숭이(豦원숭이 거)같이 말이나 행동으로
남의 흉내를 내며 날카로운 칼(刂=刀칼 도)로 베고 썰고 깍아내듯이
제멋대로 가지고 노는 것으로 희롱하다→연극→(극적劇的)심하다
라는 의미. 演劇(연극) 劇場(극장) 悲劇(비극) 喜劇(희극)
極甚(극심) 慘劇(참극) 劇團(극단) 毒劇物(독극물)

(豕豸)(家宀)(豚肠)(逐遂遂)

(家家)(逐遂)(隊隊)(墜陸)

(豪家)(蒙崇)(象豕)(緣緣)

(豕豕)(琢场)(象象)(像傻)

돼지 시(豕)-옆으로 서있는 멧돼지의 긴 주둥이와 짧은 네다리와
털이 난 꼬리의 모양을 본뜬 글자로 멧돼지를 의미. 豕侯(시후)
집·통한이 가(家)-원래는 바람이 없고 사방이 탁 트인 햇볕이 잘
드는 남향에 땅을 파고 움(宀움 면)처럼 나뭇가지나 긴 풀로 덮은
멧돼지(豕돼지 시)의 집을 본뜬 것으로 멧돼지의 집처럼 사람이 살기
위해 지은 집이라는 의미와 집을 잘 짓는 멧돼지같이 그 방면에
일가(一家)를 이룬 전문가로 통한이를 의미. 國家(국가) 家庭(가정)
家族(가족) 家訓(가훈) 家畜(가축) 草家(초가) 家屋(가옥) 作家(작가)
畵家(화가) 家寶(가보) 家業(가업) 家計簿(가계부) 專門家(전문가)
愛妻家(애처가) 企業家(기업가) 敗家亡身(패가망신) 自手成家(자수성가)
돼지 돈(豚)-고기(月=肉고기 육)를 얻기 위해 야생의
멧돼지(豕돼지 시)를 잡아서 집에서 기르는 집돼지를 의미.
養豚(양돈) 豚肉(돈육) 豚舍(돈사) 肥育豚(비육돈)

쫓을·물리칠·다툴·낱낱이 축(逐)-옛 글자를 보면 멧돼지(豕돼지 시)의
발자국(止)을 따라 뒤쫓아가는(辶=辵쉬엄쉬엄갈 착) 것으로 쫓다·
물리치다(쫓아내다)·(쫓고 쫓기는 것처럼 경쟁하는 것으로)다투다·
(멧돼지의 발자국을 차례대로 따라서 뒤쫓아가듯이)낱낱이를 의미.
逐出(축출) 驅逐(구축) 角逐(각축) 驅逐艦(구축함) 角逐戰(각축전)

따를·다할 수(彖)-멧돼지(彖멧돼지 시)가 코로 땅을 가르며(八나눌 팔)
먹이를 찾아 가는 것으로 따르다·다하다 라는 의미.

나아갈·이룰·마침·드디어 수(遂)-멧돼지(彖멧돼지 시)가 코로 땅을
가르며(八나눌 팔) 먹이를 찾아 앞으로 향해 가는(辶=辵쉬엄쉬엄갈 착)
것으로 나아가다·이루다·마치다·드디어 라는 의미.
遂行(수행) 完遂(완수) 未遂(미수) 半身不遂(반신불수)

떼 대(隊)-언덕(阝=阜언덕 부)에 코로 땅을 가르며(八나눌 팔) 먹이를 찾는
멧돼지(彖멧돼지 시)가 무리를 지어 있는 것으로 떼(무리)·군대·대오(隊伍)를
의미. 部隊(부대) 軍隊(군대) 隊列(대열) 隊員(대원) 除隊(제대) 隊商(대상)
侍衛隊(시위대) 特攻隊(특공대) 海兵隊(해병대) 警備隊(경비대)

떨어질 추(墜)-언덕(阝=阜언덕 부)을 따라(彖따를 수) 땅(土땅 토) 아래로
내려지는 것으로 떨어지다 라는 의미. 墜落(추락) 失墜(실추) 擊墜(격추)

덮어쓸 몽(冡)-옛 글자를 보면 멧돼지(豕멧돼지 시)의 머리 위에서
어깨와 등에 걸쳐서 긴 털이 겹쳐 덮여(冃겹쳐덮을 모) 있는 것처럼
덮어쓰다 라는 의미.

무릅쓸·입을·덮을·어두울·어릴 몽(蒙)-풀(++=艸풀 초)로 덮어씌워(冡덮어쓸 몽)
가리고 있는 것으로 무릅쓰다·입다·덮다·어둡다·어리다 라는 의미.
啓蒙(계몽) 蒙古(몽고) 朱蒙(주몽) 無知蒙昧(무지몽매) 訓蒙字會(훈몽자회)

돼지달아날·결단할 단(彖)-멧돼지(豕멧돼지 시)가 울타리를
머리(彑돼지머리 계)로 들이받고 달아나는 것으로
돼지가 달아나다·결단하다 라는 의미.

옷에선두를·옷선·인할·인연 연(緣)-딱 잘라 결정하(彖결단할 단)듯이
치수에 맞추어 자른 옷감의 가장자리 올이 풀리지 않도록
실(糸가는실 멱)로 꿰매어 두르는 것으로 옷에 선을 두르다·옷선(가선·
인하다·인연을 의미. 綠(푸를 록)자와 비슷. 因緣(인연) 血緣(혈연)
事緣(사연) 緣由(연유) 結緣(결연) 緣故地(연고지) 天生緣分(천생연분)

발얽은돼지의걸음 축(豕)-옛 글자를 보면 돼지를 달아나지 못하도록
두 발을 줄로 이리저리 걸어서 묶고 거세(去勢)를 한 돼지가 걸어가는
동작을 나타낸 것으로 발 얽은 돼지의 걸음을 의미.

옥다듬을 탁(琢)-옥(王=玉옥 옥)을 달아나지 못하도록 줄로 이리저리
걸어서 묶고 돼지를 거세(去勢)를 하듯이(豕발얽은돼지의걸음 축)
거친 표면을 문질러 고르게 하는 것으로 옥을 다듬다 라는 의미.
彫琢(조탁) 琢磨(탁마)

코끼리·형상할 상(象)-입 밖으로 뾰족하게 돋아난 앞니와 긴 코, 머리
옆에 달린 두 개의 큰 귀, 몸통과 다리와 꼬리는 멧돼지(豕멧돼지 시)처럼
생긴 코끼리의 옆 모양을 본뜬 것으로 코끼리·형상하다 라는 의미.
對象(대상) 現象(현상) 象徵(상징) 印象(인상) 形象(형상) 表象(표상)
具象(구상) 象牙(상아) 吉象(길상) 抽象化(추상화) 氣象廳(기상청)
森羅萬象(삼라만상) 象形文字(상형문자)
형상·같을 상(像)-사람(亻=人사람 인)이 코끼리(象코끼리 상)의 모양을 본떠
만든 象자처럼 어떤 것을 본떠 그와 같아지게 만들거나 그린 것으로
형상(形像)·(형상처럼)같다 라는 의미. 想像(상상) 銅像(동상) 偶像(우상)
虛像(허상) 佛像(불상) 群像(군상) 動映像(동영상) 肖像畵(초상화)
自畵像(자화상) 解像度(해상도) 受像機(수상기) 寫眞現像(사진현상)

(辛辛)(宰宰)(辡辡)

(辯辯)(辨辨)

혹독할·매울·천간 신(辛)-옛날에 죄인의 이마를 침으로 찔러
먹물로 글자를 새길 때 쓰던 형구(刑具)를 본뜬 것으로 죄인의
이마를 바늘로 찔러 먹물로 글자를 새기는 것같이 혹독하다·
맵다·여덟 번째 천간(天干)을 의미. 幸(다행할 행)자와 비슷.
辛勝(신승) 香辛料(향신료) 千辛萬苦(천신만고) 辛酉迫害(신유박해)
주장할·재상 재(宰)-관청(宀움집 면)의 일을 책임지고 맡아서
혹독하게(辛혹독할 신) 집행하는 사람으로 재상·주장(主掌)하다
라는 의미. 主宰(주재) 宰相(재상)
죄인서로송사할 변(辡)-이마를 침으로 찔러 먹물로 글자를 새긴 두 죄인이
서로 소송(訴訟)을 벌이는 것으로 죄인 서로 송사(訟事)하다 라는 의미.
말잘할 변(辯)-두 죄인이 송사(訟事)를 할(辡죄인서로송사할 변) 때
말(言말씀 언)로 옳고 그른 것을 밝혀 가리듯이 말을 잘하다
라는 의미. 雄辯(웅변) 答辯(답변) 辯論(변론) 抗辯(항변)
强辯(강변) 達辯(달변) 辯護士(변호사) 代辯人(대변인)
분별할·판단할 변(辨)-두 죄인이 송사(訟事)를 할(辡죄인서로송사할 변) 때
옳고 그른 것을 칼(刂=刀칼 도)로 갈라 나누듯이 분명하게 가려내는
것으로 분별하다·판단하다 라는 의미. 辨明(변명) 辨償(변상) 辨濟(변제)
分辨(분변) 辨別力(변별력) 辨證法(변증법) 辨理士(변리사)

(辟辟辟)(壁壁)(僻僻)(避避)

형벌·법·물리칠 벽(피할 피)(辟)-옛 글자를 보면 형틀에 앉아
있는(咠볼기 독) 죄인이 혹독한(辛혹독할 신) 처벌을 받고 있는

것으로 형벌·법·물리치다·피하다 라는 의미. 辟邪(벽사)
진터토성·벽 벽(壁)－쳐들어오는 적을 물리치기(辟물리칠 벽) 위해서
흙(土흙 토)을 쌓아서 둘러막은 것으로 성루(城壘)·벽(바람벽)을 의미.
障壁(장벽) 壁報(벽보) 巖壁(암벽) 絶壁(절벽) 壁紙(벽지)
壁畵(벽화) 城壁(성벽) 面壁參禪(면벽참선)
후미질·유벽할·편벽할 벽(僻)－사람(亻=人사람 인)이 물러나갈(辟물리칠 벽)
만큼 매우 구석지고 으슥한 것으로 후미지다·유벽하다·편벽하다
라는 의미. 窮僻(궁벽) 偏僻(편벽) 幽僻(유벽) 山間僻地(산간벽지)
피할·숨을 피(避)－죄인이 형벌을 피해(辟피할 피) 다른 곳으로
뛰어가(辶=辵뛸 착) 보이지 않게 몸을 감추는 것으로 피하다·숨다
라는 의미. 逃避(도피) 待避(대피) 避身(피신) 避暑(피서)
忌避(기피) 避難民(피난민) 避雷針(피뢰침) 避妊藥(피임약)

(幸岙夅)(報報報)(服服服)
(睪睪)(譯譯)(驛驛)(澤澤)
(擇擇)(釋釋)

다행할·거동할·고일 행(幸)－옛 글자(夅)를 보면 젊은 나이에 일찍
죽을(夭일찍죽을 요) 사람이 반대로 거슬러서(屰거스를 역) 죽음을
면하고 수명(壽命)을 연장하니 뜻밖에 잘되어 운이 좋은 것으로
다행하다·거동하다·고이다(총애하다) 라는 의미. 辛(매울 신)자와 비슷.
多幸(다행) 幸福(행복) 幸運(행운) 天幸(천행) 巡幸(순행)
고할·대답할·갚을 보(報)－본래 글자(報)를 보면 죄를 지은 사람(大→土)의
두 발목에 쇠고랑(羊쇠고랑 모양)을 찬 죄인을 꿇어앉히고(卩)
범죄 사실을 다시(又다시 우) 자세히 말하게 다스리는(廾다스릴 복)
것으로 고하다(여쭈다·알리다)→대답하다→갚다 라는 의미가 파생됨.
情報(정보) 弘報(홍보) 報告(보고) 報答(보답) 警報(경보) 提報(제보)
速報(속보) 結草報恩(결초보은) 因果應報(인과응보)
입을·옷·쓸 ·직분·섬길·복종할 복(服)－본래 글자(服)를 보면 배(舟배 주→
月몸 육)의 표면에 물이 흘러 들어오는 것을 막기위해 역청(瀝靑)을
바르는 일을 하는(廾일할 복) 것으로 바르다→두르다(몸에 띠다)→입다→
(몸의 겉에 입는)옷→(몸에 띠다)가지다→(약을 몸에 바르다)쓰다→직분→
따르다→섬기다→복종하다 라는 의미가 파생됨. 征服(정복) 克服(극복)
屈服(굴복) 服務(복무) 服從(복종) 着服(착복) 服用(복용) 洋服(양복)
喪服(상복) 承服(승복) 素服(소복) 制服(제복) 上命下服(상명하복)

엿볼·기찰할 역(睪)-의심스러워 눈(罒=目눈 목)을 옆으로 가늘게 뜨고
죄를 지은 사람(大→土)의 두 발목에 쇠고랑(幸쇠고랑 모양)을 찬 죄인을
몰래 숨어서 살펴보는 것으로 엿보다·기찰(譏察)하다 라는 의미.
통변할·번역할 역(譯)-다른 나라 말(言말씀 언)을 아는 사람이 그 나라를
엿보고(睪엿볼 역) 와서 자기 나라의 말이나 글로 전하여 주는 것으로
통변하다·번역하다(풀이하다) 라는 의미. 通譯(통역) 飜譯(번역) 直譯(직역)
意譯(의역) 譯註(역주) 內譯書(내역서) 九譯萬里(구역만리)
역참·정거장·역말 역(驛)-말(馬말 마)을 기찰하듯이(睪기찰할 역)
살피는 곳으로 역참·정거장·(역참에 갖추어 둔 말)역말을 의미.
驛舍(역사) 驛卒(역졸) 驛前(역전) 終着驛(종착역) 電鐵驛(전철역)
驛勢圈(역세권) 驛務員(역무원) 始發驛(시발역)
늪·윤택할·은혜 택(澤)-흐르는 물(氵=水물 수)을 죄인의 두 발목에
쇠고랑을 채운 것처럼 가두어 두고 기찰하듯이(睪기찰할 역)
살펴볼 수 있는 곳으로 늪(못)→축축하다→윤택하다→은혜 라는
의미가 파생됨. 潤澤(윤택) 惠澤(혜택) 光澤(광택) 德澤(덕택)
추릴·가릴·뽑을 택(擇)-손(扌=手손 수)으로 기찰하듯이(睪기찰할 역)
여럿 가운데에서 무엇을 골라내는 것으로 추리다(선택하다)·가리다·
뽑다 라는 의미. 選擇(선택) 採擇(채택) 擇一(택일) 殺生有擇(살생유택)
풀릴·주낼·놓을·벗을·내놓을· 부처이름 석(釋)-짐승의 발자국을 보고
어떤 짐승인지 가려내(釆분별할 변)듯이 어렵고 복잡한 문제나 일을
기찰하듯이(睪기찰할 역) 살피어 알아내거나 해결하는 것으로
풀리다(풀다)→주내다→놓다(두다)→벗다→내놓다(석방하다)→
부처이름을 의미. 解釋(해석) 釋放(석방) 稀釋(희석) 註釋(주석)
保釋金(보석금) 釋迦世尊(석가세존)

(黑黑)(墨墨)(默默)
(熏熏)(勳勳)

검을·캄캄할·그를 흑(黑)-옛 글자를 보면 불에 탈(炎불탈 염) 때
굴뚝(囪=囱굴뚝 총)으로 연기와 함께 섞여 나오는 그을음같이 검다·
캄캄하다(어둡다)·그르다(나쁘다) 라는 의미. 漆黑(칠흑) 暗黑(암흑)
黑板(흑판) 黑幕(흑막) 黑鉛(흑연) 黑字(흑자) 黑曜石(흑요석)
近墨者黑(근묵자흑) 黑色宣傳(흑색선전) 黑白論理(흑백논리)
먹·먹줄·자자할·속이검을 묵(墨)-검은(黑검을 흑) 그을음을
흙덩어리(土흙 토)같이 뭉쳐서 단단하게 만든 것으로
먹·먹줄·자자(刺字)하다·속이 검다 라는 의미. 白墨(백묵) 墨刑(묵형)
墨香(묵향) 水墨畵(수묵화) 紙筆墨(지필묵) 墨蘭圖(묵란도)

잠잠할·조용할·입다물 묵(默)-캄캄한(黑캄캄할 흑) 밤에 짖지 않고
앉아 있는 개(犬큰개 견)처럼 말이 없이 가만히 있는 것으로
잠잠하다·조용하다·입을 다물다 라는 의미. 默認(묵인)
默念(묵념) 默過(묵과) 默禮(묵례) 寡默(과묵) 沈默(침묵)
默想(묵상) 默殺(묵살) 默秘權(묵비권) 默默不答(묵묵부답)

연기길·불기운·불길 훈(熏)-옛 글자를 보면 불에 탈(炎불탈 염) 때
굴뚝(囪=囱굴뚝 총)에서 움나듯이(屮움날 철→千) 돋아나오는 것으로
연기가 끼다·불기운·불길을 의미.

공 훈(勳)-타오르는 불길(熏불길 훈)같이 힘을 써서(力힘쓸 력)
일을 이룬 결과로 공(功)을 의미. 勳章(훈장) 賞勳(상훈)
武勳(무훈) 敍勳(서훈) 報勳處(보훈처) 功臣正勳(공신정훈)

(川 巛)(訓 訓)(州 州)(洲 洲)
(巡 巡)(順 順)(災 災)(坙 坙)
(經 經)(輕 輕)(徑 徑)(頸 頸)

내 천(川)-물이 구불구불 흘러가는 물줄기 모양을 본뜬 것으로 내를 의미.
河川(하천) 川邊(천변) 川獵(천렵) 山川依舊(산천의구) 山川草木(산천초목)

가르칠·주낼 훈(訓)-말(言말씀 언)로 내(川내 천)에 물이 위에서 아래로
흐르는 이치(理致)를 알기 쉽게 풀어 일러 주는 것으로 가르치다·
주(註)내다 라는 의미. 訓戒(훈계) 敎訓(교훈) 訓練(훈련)
訓放(훈방) 訓令(훈령) 家訓(가훈) 訓育(훈육) 訓長(훈장)
訓讀(훈독) 訓手(훈수) 訓示(훈시) 訓民正音(훈민정음)

고을 주(州)-옛 글자를 보면 물이 흐르면서 떠내려온 토사(土砂)가
내(川내 천)의 가운데에 쌓여 있는(ヽ) 모래톱을 본뜬 것으로 원래는
섬을 의미하는 글자로 토사가 넓게 쌓인 모래톱에 사람들이 들어가
마을을 이루고 사는 고을(마을)이라는 의미로 씀. 全州(전주) 淸州(청주)
光州(광주) 慶州(경주) 州縣(주현) 州知事(주지사) 濟州道(제주도)

섬·물 주(洲)-원래는 섬을 의미하는 州자가 고을이란 의미로 사용되자
본래의 의미를 확실히 나타내기 위해 氵(물 수)자를 추가하여
물(氵=水물 수) 가운데에 토사가 넓게 쌓인 모래톱 같은 땅으로
섬·물을 의미. 砂洲(사주) 滿洲(만주) 濠洲(호주) 三角洲(삼각주)

돌·순행할·두루 순(巡)-쉬엄쉬엄 걸어서(辶=辵쉬엄쉬엄갈 착)
내(巛=川의 옛글자)에 물이 흘러가는 것처럼 순차대로 빠짐없이
골고루 살피는 것으로 돌다·순행하다·두루라는 의미.
巡察(순찰) 巡廻(순회) 巡警(순경) 巡視(순시) 巡禮(순례)

순할·좇을·차례 순(順)-내(川내 천)에 물이 위에서 아래로 흘러가는 것처럼
순리(順理)를 거역하지 않고 머리(頁머리 혈)를 조아리고 따르는 것으로
순(順)하다→좇다(따르다)→차례를 의미. 順序(순서) 順理(순리) 順從(순종)
順位(순위) 順應(순응) 順番(순번) 柔順(유순) 溫順(온순) 先着順(선착순)
재앙 재(災)-내(巛=川의 옛글자)에 물이 넘쳐 생긴 수재(水災)와
불(火불 화)이 나서 생긴 화재(火災)같이 뜻밖에 일어난 나쁜
변고(變故)로 재앙을 의미. 災殃(재앙) 災害(재해) 災難(재난)
官災數(관재수) 天災地變(천재지변) 水災義捐金(수재의연금)
물줄기 경(巠)-한데(一하나 일) 모인 물이 내(巛=川내 천)를
흘러가면서 만드는(工만들 공) 것으로 물줄기를 의미.
날·지날·경영할·다스릴·경서·글·법 경(經)-베틀로 베를 짤 때 실(糸가는실 멱)이
위에서 아래로 흐르는 물줄기(巠물줄기 경)처럼 위아래로(세로 방향) 놓인
날실·(북이 날실 사이를 왔다갔다하는 것처럼)지나다(지내다)·(북이 날실 사이를
지나 다니며 베를 짜듯이)경영하다(다스리다)·(위아래로 고정되어 있는 날실같이
변치않는 법식과 도리를 적은)경서(책)·법·글을 의미. 經緯(경위) 經度(경도)
經濟(경제) 經營(경영) 經費(경비) 經驗(경험) 經歷(경력) 經典(경전)
經過(경과) 經路(경로) 牛耳讀經(우이독경) 經世濟民(경세제민)
가벼울·빠를·손쉬울 경(輕)-수레(車수레 거)가 위에서 아래로 흘러 내려가는
물줄기(巠물줄기 경)처럼 수월하고 날쌔게 굴러가니 가볍다·빠르다·손쉽다
라는 의미. 輕率(경솔) 輕快(경쾌) 輕薄(경박) 輕視(경시) 輕微(경미)
輕減(경감) 輕傷(경상) 輕信(경신) 輕犯罪(경범죄) 輕擧妄動(경거망동)
지름길·곧은길·곧을 경(徑)-흐르는 물줄기(巠물줄기 경)를 가로질러
작은 걸음으로 가깝게 갈 수 있는(彳자축거릴 척) 빠른길을 나타낸
것으로 (빠른길)지름길·곧은길(지름·직경)·곧다(바르다)라는 의미.
直徑(직경) 半徑(반경) 內徑(내경)
목 경(頸)-한데 모인 물이 위에서 아래로 흘러 나가는
물줄기(巠물줄기 경)처럼 혈관·기도·식도·근육 등과 같은 중요한 기관들이
한데 모여 머리(頁머리 혈)에서 몸통으로 흘러 나가는 잘록한 부분으로
목을 의미. 項(목 항)자와 비슷. 頸椎(경추) 頸骨(경골) 頸動脈(경동맥)

(彡彡)(須頭)(參夠)(珍珍)

(診謟)(參參)(慘慒)(蔘蘐)

(毛毛)(尾尾)

털자랄·터럭그릴 삼(彡)-옆으로 가지런히 난 길고 굵은 털 모양을
본뜬 것으로 털이 자라다·터럭을 그리다 라는 의미.

수염·모름지기·쓸 수(須)−옛 글자를 보면 성숙한 남자(頁우두머리 혈)의
턱 주변에 가지런히 털이 자라난(彡털자랄 삼) 턱수염을 나타낸 것으로
성숙한 남자라면 반드시 나는 턱수염같이 어떤 일이나 물건의 재료로
반드시 쓰이는 것으로 모름지기(반드시)·쓰다(사용하다) 라는 의미가
파생 됨. 必須(필수) 須要(수요)

숱많고검을·속털 진(㐱)−옛 글자를 보면 사람(人사람 인)의
팔 밑의 오목한 겨드랑이에 빽빽하게 자라난
털(彡털자랄 삼)로 숱이 많고 검은 속털을 의미.

귀중할·보배 진(珍)−구슬(玉구슬 옥→王) 안에 숱이 많고 검은
속털(㐱속털 진)처럼 생긴 무늬가 있는 것으로 귀중한 보배를 의미.
珍貴(진귀) 珍奇(진기) 珍珠(진주) 珍品(진품) 山海珍味(산해진미)

진찰할·맥볼·증험할 진(診)−의사가 말(言말씀 언)로 사람(人사람 인)에게
병의 유무·상태·원인 등을 알아내기 위하여 터럭을 그리듯이(彡터럭그릴 삼)
하나하나 물어보면서 살피는 것으로 진찰하다·맥보다(병보다)·증험하다
라는 의미. 診療(진료) 診察(진찰) 診脈(진맥) 檢診(검진) 往診(왕진)
聽診器(청진기) 診斷書(진단서)

참여할 참(셋 삼)(參)−모난 돌을 서로 겹쳐 얹어서 담을
쌓아(厽담쌓을 루) 가는 것처럼 어떤 일이 진행되어 가는 과정에
사람(人사람 인)이 끼여들어 터럭을 그리듯이(彡터럭그릴 삼) 하나하나
관여하는 것으로 참여하다 라는 의미. 三(셋 삼)의 갖은자.
參與(참여) 參席(참석) 參加(참가) 參拜(참배) 同參(동참) 參謀(참모)
參照(참조) 參觀(참관) 參戰(참전) 參考書(참고서) 參政權(참정권)
情狀參酌(정상참작) 面壁參禪(면벽참선) 參万貳仟(삼만이천삼만이천)

혹독할·슬플·아플 참(慘)−마음(忄=心마음 심)이 적을 침입을 막기 위한
성벽을 쌓는 가혹한 노역에 강제로 참여한(參참여할 참) 것같이
혹독하다·슬프다·(마음)아프다 라는 의미. 慘劇(참극) 慘事(참사)
悲慘(비참) 慘變(참변) 慘狀(참상) 慘敗(참패)

인삼 삼(蔘)−신의 풀(艹=艸풀 초)이라고 하는 줄기 끝에 하늘의
별(厽)같은 열매가 열리고 사람(人사람 인)같이 생긴 뿌리에
털이 자라난(彡털자랄 삼) 것같이 잔뿌리가 많은 인삼을 의미.
紅蔘(홍삼) 乾蔘(건삼) 海蔘(해삼) 蔘鷄湯(삼계탕) 童子蔘(동자삼)

터럭·가늘 모(毛)−옛 글자를 보면 깃줄기를 중심으로
깃가지가 양쪽으로 촘촘히 나있는 깃털의 모양을 본뜬
것으로 터럭(털)을 의미. 手(손 수)자와 비슷. 毛根(모근)
毛髮(모발) 毛孔(모공) 毛皮(모피) 毛織(모직) 鴻毛(홍모)
毛布(모포) 不毛地(불모지) 毛澤東(모택동) 毛細血管(모세혈관)

꼬리·끝·흘레할 미(尾)−동물의 몸뚱이(尸)의 뒤 끝에 털(毛터럭 모)이
나서 가늘고 길게 나와 있는 것으로 꼬리·끝(뒤)·흘레하다 라는 의미.
尾行(미행) 末尾(말미) 交尾(교미) 語尾(어미) 燕尾服(연미복)
龍頭蛇尾(용두사미) 魚頭肉尾(어두육미)

(戶戶)(肩肩)(啓啓)
(雇雇)(顧顧)

지게문·집 호(戶)－집 안을 드나들 때에 한 쪽으로 여닫는 외짝문을
본뜬 것으로 지게문(외짝문)·집을 의미. 戶籍(호적) 戶主(호주)
戶口(호구) 窓戶紙(창호지) 家家戶戶(가가호호) 門戶開放(문호개방)
어깨 견(肩)－몸(月=肉살 육)에서 지게문(戶지게문 호)처럼 생긴 것으로
어깨를 의미. 眉(눈썹 미)자와 비슷. 比肩(비견) 肩章(견장) 肩胛骨(견갑골)
열·인도할·여쭐 계(啓)－무지몽매(無知蒙昧)한 백성들 집의
지게문(戶집·지게문 호)을 두드리고(攵=攴똑똑두드릴 복)
말하여(口말할 구) 가르쳐서 깨우쳐 주니 열다·인도하다·여쭈다
라는 의미. 啓蒙(계몽) 啓導(계도) 啓示(계시) 啓發敎育(계발교육)
품팔 고(뻐꾹새 호)(雇)－원래는 스스로 둥지를 틀지 않고 다른 새의
둥지(戶집 호)에 알을 낳는 새(隹새 추)로 뻐꾹새를 의미하였으나 다른
새의 둥지에 알을 낳는 뻐꾹새처럼 남의 집 일을 해 주는 것으로
품팔다 라는 의미가 파생됨. 解雇(해고) 雇用(고용) 雇傭者(고용자)
돌아볼 고(顧)－뻐꾹새(雇뻐꾹새 호)가 다른 새의 둥지에 알을 낳고
떠나기 전에 머리(頁머리 혈)를 돌리고 돌아보다 라는 의미.
顧客(고객) 顧慮(고려) 回顧錄(회고록) 左顧右眄(좌고우면)

(倉倉)(創創)(蒼蒼)(滄滄)

곳집·옥사·슬퍼할·갑자기 창(倉)－지붕(스모을 집)이 있고 외부와
통하지 못하게 하는 외짝문(戶지게문 호)과 담장이 사방을 빙
둘러싸고(口에울 국) 있는 모양으로 곡식을 저장하는 곳집(창고)·
(죄인을 가두는)옥사(獄舍)·슬퍼하다·갑자기를 의미. 倉庫(창고)
穀倉(곡창) 營倉(영창) 彈倉(탄창) 倉皇(창황) 倉卒間(창졸간)
상할·비롯할 창(創)－갑작스럽게(倉갑자기 창) 칼(刂=刀칼 도)에 베어
몸에 상처가 생긴 것으로 상하다(다치다)·비롯하다 라는 의미.
創造(창조) 創業(창업) 創黨(창당) 創製(창제) 創刊(창간)
刺創(자창) 創傷(창상) 創意力(창의력) 獨創性(독창성)
푸를·창생·창졸 창(蒼)－풀(艹=艸풀 초)이 돋아나는 것처럼 만물을
창조하는 곳집(倉곳집 창)인 하늘의 빛같이 밝고 선명한 것으로
푸르다·창생하다·창졸(허둥지둥하다)을 의미. 蒼空(창공) 蒼天(창천)
蒼白(창백) 萬頃蒼波(만경창파) 億兆蒼生(억조창생) 古色蒼然(고색창연)
큰바다·푸를 창(滄)－물(氵=水물 수)을 곳집(倉곳집 창)에 저장해
놓은 것처럼 넓고 푸른 것으로 큰 바다·푸르다 라는 의미.

滄海(창해) 滄茫(창망) 滄波(창파) 滄海一粟(창해일속)

(升 ☰ ☰)(昇 ☰)(飛 ☰)

(斗 ☰ ☰)(科 ☰)(料 ☰)

되·오를 승(升)–옛 글자를 보면 술을 풀 때 쓰는 손잡이가 달린
국자보다 작은 구기 모양을 본뜬 것으로 곡식의 분량을 되는 데
쓰는 양기(量器) 또는 용량의 단위인 되를 의미. 되질할 때 곡식을
위로 수북하게 쌓아 올려 담은 모양에서 오르다 라는 의미가 파생됨.
升鑑(승감) 升斗之利(승두지리) 升堂入室(승당입실)

해돋을·오를 승(昇)–해(日해 일)가 되에 곡식을 수북하게
쌓아 올린(升되·오를 승) 것처럼 돋는 것으로 해가 돋다·오르다
라는 의미. 昇進(승진) 昇華(승화) 上昇(상승) 昇遐(승하)
昇段(승단) 昇級(승급) 昇格(승격) 昇降機(승강기)

날·빠를·높을 비(飛)–새(乙새 을)가 두 깃을 펼치고(羽깃·펼 우)
날아 오르는(升오를 승) 모양을 본뜬 것으로 날다→빠르다→높다
라는 의미. 飛閣(비각) 飛躍(비약) 飛上(비상) 飛行機(비행기)
飛盧峯(비로봉) 烏飛梨落(오비이락)

열되들이·말 두(斗)–옛 글자를 보면 손잡이가 달린 국자 모양을
본뜬 것으로 곡식의 분량을 되는 데 쓰는 열 되가 들어가는
양기(量器) 또는 용량의 단위인 말을 의미. 斗頓(두둔)
北斗七星(북두칠성) 斗酒不辭(두주불사) 泰山北斗(태산북두)

과정·조목·법·품수·과거 과(科)–벼(禾벼 화)의 포기 수나 이삭에
달린 쭉정이 수, 낱알의 여문 정도나 수량 등을 곡식의 분량을
말(斗말 두)로 되듯이 조목조목 헤아려 등급으로 분류한 것으로
과정(科程)→조목→품수→법→과거(科擧)를 의미. 科學(과학)
科目(과목) 科擧(과거) 科程(과정) 學科(학과) 齒科(치과)
理科(이과) 前科者(전과자) 罰科金(벌과금) 敎科書(교과서)
精神科(정신과) 金科玉條(금과옥조)

셀·헤아릴·다스릴·재료·월급 료(料)–쌀(米쌀 미)을 말(斗말 두)로
되어 분량을 셈하는 것으로 세다·헤아리다·다스리다·재료(거리·감)·
월급을 의미. 材料(재료) 資料(자료) 料金(요금) 肥料(비료)
燃料(연료) 原料(원료) 無料(무료) 料理(요리) 飼料(사료)
給料(급료) 飮料水(음료수) 食料品(식료품) 過怠料(과태료)
手數料(수수료) 賃貸料(임대료) 授業料(수업료) 視聽料(시청료)

(毌毌)(貫貫)(慣慣)(實實)

꿸 관(毌)-어떤 물건의 가운데를 뚫고 끈을 이 쪽에서 저 쪽으로
나가게 하는 모양으로 꿰다 라는 의미. 母(어미 모)·毋(말 무)자와 비슷.

꿰일·달할·맞힐 관(貫)-옛날에 화폐로 사용한 조개(貝조개 패)에
구멍을 뚫고 끈을 이 쪽에서 저 쪽으로 나가게 꿰는(毌꿸 관) 것으로
꿰다(꿰이다)·달하다(이루다)·맞히다 라는 의미. 貫徹(관철) 貫通(관통)
貫祿(관록) 本貫(본관) 貫中(관중) 一貫性(일관성) 始終一貫(시종일관)

익숙할 관(慣)-마음속(忄=心마음·속 심)을 꿰고(貫꿰일 관) 있을 만큼
자주 만나거나 겪어서 잘 아는 것으로 익숙하다 라는 의미.
習慣(습관) 慣性(관성) 慣行(관행) 慣用語(관용어) 慣習法(관습법)

열매·찰·성실할·사실 실(實)-원래는 집(宀움 면) 안에 옛날에 화폐로 사용한
조개(貝조개 패)를 꿰어(毌꿸 관) 놓은 꾸러미가 가득 차있다 라는 의미로
후에 열매·(속이)차다·성실하다·사실(진실) 이라는 의미로 전주(轉注)됨.
眞實(진실) 誠實(성실) 確實(확실) 現實(현실) 事實(사실) 實態(실태)
實驗(실험) 實踐(실천) 結實(결실) 梅實(매실) 實習(실습) 忠實(충실)
實戰(실전) 實話(실화) 實體(실체) 實事求是(실사구시)
名實相符(명실상부) 有名無實(유명무실)

(母母)(每每)(梅梅)
(敏敏)(繁繁)(海海)
(悔悔)(侮侮)(毒毒)

어미 모(母)-옛 글자를 보면 무릎을 꿇고 앉아 있는 여자(女계집 녀)의
유방을 양쪽에 점(丶)을 찍어 나타낸 것으로 젖을 먹여 아이를 기르는
어미를 의미. 毋(말·없을 무)자와 비슷. 父母(부모) 母校(모교) 老母(노모)
母國(모국) 産母(산모) 未婚母(미혼모) 母性愛(모성애) 賢母良妻(현모양처)

매양·각각 매(每)-옛 글자를 보면 돋아 나오는 싹(屮움날 철→ヒ)처럼
어미(母어미 모)의 유방에서 젖이 언제나 나오는 것같이
매양(늘·항상)·각각(마다)를 의미. 每日(매일) 每週(매주)
每年(매년) 每事(매사) 每番(매번) 每回(매회) 每時間(매시간)

매화나무 매(梅)-곧은 나무(木곧을·나무 목)처럼 굽히지 않고 늘(每매양 매)
한결같이 곧은 절개를 상징하는 매화나무를 의미. 梅花(매화) 梅實(매실)
雪中梅(설중매) 一枝梅(일지매) 梅蘭菊竹(매란국죽) 梅泉野錄(매천야록)

민첩할·총명할 민(敏)-여러 일을 언제든지(每매양 매)
똑딱(攵=攴똑똑두드릴 복) 해치우니 민첩하다(빠르다)·총명하다
라는 의미. 敏感(민감) 銳敏(예민) 機敏(기민) 英敏(영민) 過敏(과민)
성할·많을·번잡할 번(繁)-빠르게(敏민첩할 민) 풀려 나오는 실타래의
실(糸가는실 멱)같이 성하다·많다·번잡하다라는 의미. 繁盛(번성) 繁昌(번창)
繁榮(번영) 頻繁(빈번) 繁殖力(번식력) 繁華街(번화가) 農繁期(농번기)
바다 해(海)-짠물(氵=水물 수)이 항상(每매양 매) 괴어 있는 바다를 의미.
海外(해외) 海洋(해양) 海軍(해군) 航海(항해) 海岸(해안) 海底(해저)
海邊(해변) 深海(심해) 海賊(해적) 桑田碧海(상전벽해) 山海珍味(산해진미)
한할·뉘우칠·고칠 회(悔)-마음속(忄=心마음·속 심)에 항상(每매양 매)
맺혀 있는 이전의 잘못을 깨치고 가책을 느끼는 것으로 한하다·
후회하다·뉘우치다·고치다 라는 의미.
悔改(회개) 悔恨(회한) 悔顔(회안) 後悔莫及(후회막급)
업신여길 모(侮)-있는 사람(亻=人사람 인)을 늘(每매양 매) 없는 것처럼
보잘것없게 여기는 것으로 업신여기다 라는 의미. 侮辱(모욕) 受侮(수모)
독·독할·해할 독(毒)-옛 글자를 보면 어미(母어미 모)의 유방에서 나오는
젖 같은 희고 끈끈한 독성을 가진 점액이 흘러나오는(生날 생→主) 것으로
독·독하다·해하다(해치다) 라는 의미. 毒藥(독약) 毒草(독초) 毒蛇(독사)
解毒(해독) 毒感(독감) 毒殺(독살) 至毒(지독) 防毒面(방독면)

(爪 爫 爫 爪)(印 ￥ 몉)(爭 爭)

(淨 浄)(靜 靜)(舀 舀)(稻 稻)

(孚 采 ￥ 孚)(浮 浮)(乳 乳 乳)

(妥 妥)(爲 爲)(僞 僞)(愛 愛)

(叉 叉)(蚤 蚤)(騷 騷)

손톱·할퀼·긁어다릴 조(爪)-옛 글자를 보면 물건을 움켜잡으려고
손가락을 갈고리처럼 꼬부린 모양을 본뜬 것으로 손톱·할퀴다·
긁어당기다 라는 의미. 瓜(오이 과)자와 비슷. 爪痕(조흔) 爪傷(조상)
인·도장·찍을 인(印)-옛 글자를 보면 손으로 사람을 움켜잡고
눌러서 무릎을 꿇려 앉히는 모양으로 손에 움켜잡고서(爪손톱 조)
병부(卩병부 절)처럼 나무패에 개인, 단체, 관직 등의 이름을 새겨

서류에 눌러 자국을 남겨 증거로 삼는 물건으로 인(인장)·도장·찍다
라는 의미. 印章(인장) 印鑑(인감) 印刷(인쇄) 刻印(각인) 封印(봉인)
印稅(인세) 印朱(인주) 印紙(인지) 印度(인도) 調印式(조인식)

다툴·분변할·다스릴 쟁(爭)-옛 글자를 보면 양쪽에서 손(爫ㅋ)으로
마주 잡은 줄(亅)을 서로 끌어 당기는 모양으로 다투다·분변하다·
다스리다 라는 의미. 戰爭(전쟁) 爭奪(쟁탈) 鬪爭(투쟁) 論爭(논쟁)
競爭(경쟁) 抗爭(항쟁) 骨肉相爭(골육상쟁) 勞動爭議(노동쟁의)

맑을·정결할 정(淨)-물(氵=水물 수)이 더러운 것을 나누어
가려낸(爭분변할 쟁) 것같이 깨끗하게 한 것으로 맑다·정결하다
라는 의미. 淸淨(청정) 自淨(자정) 淨化(정화) 淨潔(정결)
淨水器(정수기) 세정제(洗淨劑) 極樂淨土(극락정토)

고요할·조용할·편안할 정(靜)-맑은 가을 하늘이나 깊은 바다, 풀의
빛깔같이 맑고 선명하게(靑푸를 청) 마음을 다스리니(爭다스릴 쟁)
소란하지 않고 평온한 것으로 고요하다·조용하다·편안하다 라는 의미.
靜肅(정숙) 靜寂(정적) 冷靜(냉정) 鎭靜(진정) 靜脈(정맥)
動靜(동정) 靜物畵(정물화) 靜中動(정중동)

절구확그러낼·퍼낼 요(舀)-손으로 긁어당겨서(爫=爪긁어다릴 조)
절구(臼절구 구) 속에 들어 있는 것을 한데 모아 내는 것으로
그러내다·퍼내다 라는 의미.

벼 도(稻)-사람의 식량이 되는 곡식(禾곡식 화)의 일종으로 절구나 확에
담고 찧어서 껍질을 벗겨 낸 쌀을 그러내는(舀절구확그러낼 요) 것으로
벼를 의미. 稻作(도작) 稻熱病(도열병) 立稻先賣(입도선매)

기를·믿을 부(孚)-옛 글자(采)를 보면 알 속에서 껍질을 긁어당겨
(爫=爪긁어다릴 조) 새끼(子자식 자)가 알을 깨고(八나눌 팔) 밖으로 나오는
것으로 원래는 알을 까다 라는 의미로 어미가 알을 품어 새끼를 까듯이
기르다·(어미와 새끼 간의)믿음이라는 의미가 파생됨. 孚佑(부우) 孚甲(부갑)

뜰·순히흐를·맨데없을 부(浮)-물(氵=水물 수) 위로 알 속에서 껍질을
긁어당겨(爫=爪긁어다릴 조) 새끼(子자식 자)가 알을 깨고(八나눌 팔)
밖으로 나오는 것처럼 솟아올라 가라앉지 않는 것으로 뜨다·
떠내려가다·매인 데가 없다 라는 의미. 浮刻(부각) 浮標(부표)
浮力(부력) 浮揚策(부양책) 急浮上(급부상) 浮遊物(부유물)
浮動票(부동표) 浮浪者(부랑자) 浮言流說(부언유설)

젖·기를 유(乳)-옛 글자를 보면 어미가 손(爫=爪손톱 조)으로
어린 자식(子자식 자)을 새(乙새 을→ㄴ숨을 은)가 새끼를 품고
있는 것처럼 끌어안고 젖을 먹이는 모양으로 젖·기르다
라는 의미. 乳兒(유아) 牛乳(우유) 授乳(수유) 乳母(유모)
粉乳(분유) 離乳食(이유식) 口尙乳臭(구상유취)

편안할·온당할·타협할 타(妥)-손(爫=爪손톱 조)으로 여자(女계집 녀)를
어루만지는 모습으로 편안하다·온당하다·타협하다 라는 의미.
妥協(타협) 妥結(타결) 妥當性(타당성) 普遍妥當(보편타당)

원숭이·할·만들 위(爲)-옛 글자를 보면 손(爪=爪손톱 조)에 나뭇가지를 잡고
있는 원숭이의 모양으로 도구를 사용하는 원숭이같이 목적하는 어떤 일을
이루는 것으로 하다(행하다)·만들다 라는 의미. 行爲(행위) 營爲(영위)
當爲(당위) 爲民(위민) 爲政者(위정자) 無作爲(무작위) 無所不爲(무소불위)
轉禍爲福(전화위복) 指鹿爲馬(지록위마) 無爲自然(무위자연)

거짓 위(僞)-사람(亻=人사람 인)이 목적하는 어떤 일을 이루기 위하여
사실이 아닌 것을 사실처럼 꾸며 만든(爲만들 위) 것으로 거짓을 의미.
虛僞(허위) 眞僞(진위) 僞裝(위장) 僞作(위작) 僞造(위조) 僞善者(위선자)

사랑·사모할·아낄·총애할 애(愛)-손(爪=爪손톱 조)을 잡아 끌어올려 주고
허물을 덮어(冖덮을 멱)주고 뒤에 가면서(夊뒤에올 치) 돌보아 주는
마음(心마음 심)으로 사랑(사랑하다)·사모하다·아끼다·총애하다(소중히 여기다)
라는 의미. 愛情(애정) 愛好(애호) 愛憎(애증) 愛稱(애칭) 愛着(애착)
求愛(구애) 博愛(박애) 戀愛(연애) 愛國歌(애국가) 敬天愛人(경천애인)

손톱·할퀼·긁어다릴 조(叉)-爪(손톱 조)자의 옛글자로 손가락 끝에
있는 손톱을 나타낸 것으로 손톱·할퀴다·긁어당기다 라는 의미.

벼룩 조(蚤)-물리면 가려워서 손톱(叉손톱 조)으로
긁게 하는 벌레(虫벌레 훼)로 벼룩을 의미.

소동할 소(騷)-말(馬말 마)이 벼룩(蚤벼룩 조)에 물려 가려워서
땅바닥에 몸을 이리저리 비비며 시끄럽게 떠들어 대는 것으로
소동하다 라는 의미. 騷音(소음) 騷亂(소란) 騷動(소동)

(瓜瓜)(孤瓜)

오이·참외·모과 과(瓜)-덩굴에 매달려 있는 열매를 본뜬
것으로 덩굴 식물의 열매인 오이·참외·모과를 의미.
木瓜(목과) 瓜年(과년) 瓜田李下(과전이하)

아비없을·홀로·외로울 고(孤)-어린 자식(子자식 자)이 덩굴에 혼자
매달려 있는 오이(瓜오이 과)같이 부모를 여의고 의지할 곳이
없는 것으로 아비가 죽어 없다·홀로·외롭다 라는 의미.
孤立(고립) 孤兒(고아) 孤獨(고독) 孤島(고도) 孤高(고고)
孤軍奮鬪(고군분투) 孤掌難鳴(고장난명) 歲寒孤節(세한고절)

(癶癶)(癸癸)

걸을·갈 발(癶)-옛 글자를 보면 양쪽 발(止) 모양을 본뜬
것으로 두 발을 번갈아 움직여 걷다·가다 라는 의미.

헤아릴·열째천간 계(癸)-옛 글자를 보면 두 발을 번갈아
움직여 걸은(癶걸을 발) 걸음 수를 세어 화살이(矢화살 시→天)
날아간 거리를 헤아리다 라는 의미로 나중에 열번째 천간을
나타내는 글자로 가차됨. 癸丑日記(계축일기) 癸酉士禍(계유사화)

(老ｊ） (考ｊ） (孝ｊ）
(者ｊ） (都ｊ） (著ｊ） (諸ｊ）
(緒ｊ） (署ｊ） (暑ｊ） (屠ｊ）

늙은이·늙을 로(老)-옛 글자를 보면 머리를 산발한 허리가 굽은 노인이
손에 지팡이를 짚고 서 있는 모습으로 늙은이(늙으신네)·늙다 라는 의미.
老練(노련) 敬老(경로) 老齡(노령) 年老(연로) 老妄(노망) 老衰(노쇠)
養老院(양로원) 老益壯(노익장) 老婆心(노파심) 生老病死(생로병사)
百戰老將(백전노장) 百年偕老(백년해로) 不老長生(불로장생)
상고할·죽은아비 고(考)-옛 글자를 보면 머리카락을 산발하고
허리가 굽은 노인이 손에 지팡이를 짚고서(耂=老늙은이 노)
교묘하게(丂교묘할 교) 생긴 것을 자세히 살피고 깊이 생각하는
것으로 상고하다→(상고하는 조상)죽은 아비를 의미. 再考(재고)
考證(고증) 考察(고찰) 參考(참고) 考慮(고려) 考試(고시) 備考(비고)
顯考(현고) 思考力(사고력) 考古學(고고학) 深思熟考(심사숙고)
효도·효할 효(孝)-늙으신 부모(耂=老늙으신네 노)의 손을 자식(子자식 자)이
잡고 부축하는 모습으로 효도·효도하다 라는 의미. 孝道(효도) 孝誠(효성)
孝婦(효부) 孝行(효행) 反哺之孝(반포지효) 事親以孝(사친이효)
놈·것·이·어조사 자(者)-늙으신네(耂=老늙으신네 노)가 지팡이로
어떤 사람이나 사물을 꼭 찍어(丶귀절찍을 주) 낱낱으로 구별해서
나눌 때 낮추어 일컫는(曰일컬을 왈) 것으로 놈(사람)·것(사물·곳)·
이(사람·사물)·어조사를 의미. 患者(환자) 讀者(독자) 失業者(실업자)
被害者(피해자) 勞動者(노동자) 結者解之(결자해지)
도읍·모두·거느릴 도(都)-온갖 사람(놈)과 사물(것)이(者놈·것 자) 모여들어
거하는 고을(阝=邑골 읍)로 도읍(서울)·모두·거느리다 라는 의미. 首都(수도)
都邑(도읍) 遷都(천도) 都市(도시) 都合(도합) 都賣(도매) 都會地(도회지)
나타날·지을 저(著)-글씨로 써서(++=艸글씨쓸 초) 분명히 드러나게
한 것(者것 자)으로 나타나다·(글)짓다(편찬하다) 라는 의미. 箸(젓가락 저)
자와 비슷. 著書(저서) 著名(저명) 著述(저술) 顯著(현저) 저작권(著作權)
모든·어조사 제(諸)-온갖 사람(놈)과 사물(것)(者놈·것 자)을 빠지거나
남김 없이 전부를 말하는(言말할 언) 것으로 모든(여러)·어조사를
의미. 諸侯(제후) 諸君(제군) 諸般(제반) 諸位(제위) 諸島(제도)
諸行無常(제행무상) 財務諸表(재무제표)

실끝·시초·나머지 서(緒)-실(糸가는실 멱)의 양쪽 끝에 있는
것(者것 자)으로 실끝(실마리)·시초·(끄트머리)나머지를 의미.
緒論(서론) 端緒(단서) 情緒(정서) 頭緒(두서) 緒戰(서전) 緒風(서풍)
관청·표할·쓸 서(署)-그물(罒=网그물 망)처럼 얽히어 연결되어 있는
국가의 사무를 낱낱으로 구별해서 나누어 맡아보고 집행하는
곳(者곳 자)으로 관청·(적어서 나타냄)표하다·쓰다 라는 의미.
暑(더울 서)자와 비슷. 部署(부서) 署名(서명) 署長(서장)
署理(서리) 警察署(경찰서) 官公署(관공서) 消防署(소방서)
더울·더위 서(暑)-해(日해 일)가 내리쬐는 볕의 뜨거운 정도를 구별하여
나타내는 것으로(者것 자) 덥다·더위를 의미. 署(관청 서)자와 비슷.
避暑(피서) 大暑(대서) 寒暑(한서) 暴暑(폭서) 處暑(처서)
잡을·죽일·백정 도(屠)-소·돼지·개 따위를 죽여 주검(尸주검 시)으로
만드는 것(者것 자)이나 그런 일을 업으로 삼는 사람(者놈 자)으로
잡다·죽이다·백정을 의미. 屠殺(도살) 屠畜場(도축장) 密屠殺(밀도살)

(臣 臣)(臥 卧)(臨 臨)
(監 監)(鑑 鑑)(濫 濫)(藍 藍)
(覽 覽)(艦 艦)(鹽 鹽)(臤 臤)
(堅 堅)(繁 繁)(賢 賢)(腎 腎)

신하·이끌 신(臣)-옛 글자를 보면 몸을 굽히고 눈을 치켜뜨고
임금을 올려다 보고 있는 눈의 모양을 본뜬 것으로 임금을 섬기고
나랏일을 맡아 다스리는 사람으로 신하·이끌다 라는 의미.
臣下(신하) 使臣(사신) 奸臣(간신) 功臣(공신) 忠臣(충신)
武臣(무신) 君臣有義(군신유의) 君爲臣綱(군위신강)
누울·쉴·잘 와(臥)-임금을 섬기는 신하(臣신하 신)처럼 몸을 낮추어
사람(人사람 인)이 등이나 옆구리를 바닥에 대고 몸을 가로 놓는
것으로 눕다→쉬다→자다 라는 의미. 臥病(와병) 臥龍(와룡) 臥佛(와불)
볼·임할 림(臨)-옛 글자를 보면 신하(臣신하 신)가 몸을 굽히고 눈을
치켜뜨고 임금을 올려다 보는 것처럼 눈을 치켜뜬 사람(人사람 인→亻)이
몸을 구부리고 물건(品물건 품)을 내려다 보고 있는 것으로 보다→
임하다(다다르다) 라는 의미.君臨(군림) 臨時(임시) 臨床(임상) 臨迫(임박)
臨終(임종) 降臨(강림) 再臨(재림) 臨界點(임계점) 臨機應變(임기응변)
臨戰無退(임전무퇴) 背山臨水(배산임수)

볼·살필·임할·감독할 감(監)-옛 글자를 보면 신하(臣신하 신)가
몸을 굽히고 눈을 치켜뜨고 임금을 올려다 보는 것처럼 눈을
치켜뜬 사람(人사람 인→𠃜)이 무릎을 꿇고 앉아 물이 담겨(一)
있는 그릇(皿그릇 명)을 내려다 보고 있는 것으로 보다·살피다·
임하다·감독하다 라는 의미. 監禁(감금) 監督(감독) 監視(감시)
監獄(감옥) 監察(감찰) 監査(감사)
거울·비칠·경계할 감(鑑)-쇠(金쇠 금)의 표면을 편평하게 다듬고 문질러
얼굴을 비추어 볼(監볼 감) 수 있게 만든 동경(銅鏡)을 나타낸 것으로
거울→비추다→경계(警戒)하다 라는 의미. 鑑賞(감상) 印鑑(인감) 龜鑑(귀감)
鑑識(감식) 年鑑(연감) 鑑別師(감별사) 鑑定書(감정서) 東醫寶鑑(동의보감)
담글·넘칠·범람할·참람할 람(목욕통 함)(濫)-원래는 물을 담아 목욕을
할 수 있게 만든 목욕통을 의미하는 글자로 물(氵=水물 수)이 담긴
목욕통에 임금을 섬기는 신하(臣신하 신)처럼 몸을 구부려
사람(人사람 인→𠃜)이 몸을 담그니 담겨(一) 있던 물이
목욕통(皿그릇 명) 밖으로 흘러나오는 것으로 목욕통→
(몸을)담그다→(물이)넘치다→범람하다→참람(僭濫)하다 라는 의미.
汎濫(범람) 濫獲(남획) 濫用(남용) 濫發(남발) 濫伐(남벌)
쪽·쪽빛·절 람(藍)-풀(艹=艸풀 초)을 빗물이 담긴 항아리에 담가서 우려낸
물로 천이나 실에 빛깔이 임하게(監임할 감)하는 염료로 사용하는 식물로
쪽→쪽빛(남색)→(옛날에 염색하는 일을 맡아 하던 곳)절(사찰)을 의미.
藍色(남색) 伽藍(가람) 甘藍(감람) 靑出於藍(청출어람)
두루볼 람(覽)-살피는(監살필 감) 것처럼 주의하여 빠짐없이 자세히
보는(見볼 견) 것으로 두루 보다 라는 의미. 觀覽(관람) 遊覽(유람)
閱覽(열람) 博覽會(박람회) 展覽會(전람회) 萬機親覽(만기친람)
싸움배 함(艦)-적의 동태(動態)를 살피는(監살필 감) 군사용 배(舟배 주)로
싸움배를 의미. 軍艦(군함) 艦艇(함정) 艦隊(함대) 潛水艦(잠수함)
驅逐艦(구축함) 航空母艦(항공모함)
소금 염(鹽)-임금을 섬기는 신하(臣신하 신)처럼 몸을 구부린
사람(人사람 인→𠃜)이 짠(鹵짤 로) 바닷물을 가마솥(皿그릇 명)에
붓고 끓여서 수분을 증발시켜 만든 자염(煮鹽)으로 소금을 의미.
鹽田(염전) 鹽酸(염산) 鹽分(염분) 鹽藏(염장)
굳을 간(臤)-임금을 돕는 신하(臣신하 신)의 손(又오른손 우)같이
뜻이 확고한 것으로 굳다·어질다 라는 의미.
굳을·굳셀·강할 견(堅)-임금을 섬기는 신하의 굳은(臤굳을 간) 뜻같이
땅(土땅 토)이 무르지 않고 단단한 것으로 굳다·굳세다·강하다 라는 의미.
堅固(견고) 堅實(견실) 剛堅(강견) 堅持(견지) 堅調(견조) 堅果類(견과류)
긴할·급할·팽팽할·줄일 긴(緊)-옛 글자를 보면 솜뭉치에서 솜을
잡아당겨(臣이끌 신) 손(又오른손 우)으로 꼬아서 실(糸가는실 멱)을
만들어 내는 것으로 길쌈의 과정에서 제일 중요하고 꼭 필요한
공정(工程)을 나타낸 것으로 긴하다(요긴하다)→급하다→팽팽하다→

(늘어지지 않게 팽팽하게)줄이다 라는 의미. 緊張(긴장) 緊急(긴급)
要緊(요긴) 緊密(긴밀) 緊縮(긴축) 要緊(요긴) 緊迫(긴박) 緊談(긴담)
어질 현(賢)-임금을 섬기는 신하같이 뜻이 굳고(臤 굳을 간)
어려운 처지에 있는 사람에게 재물(貝재물 패)을 주어서
도와주는 것같이 마음이 너그러운 것으로 어질다 라는 의미.
聖賢(성현) 賢明(현명) 先賢(선현) 賢母良妻(현모양처)
콩팥·자지 신(腎)-몸(月=肉몸 육)를 임금을 섬기는 신하의 굳은(臤 굳을 간)
뜻같이 변하지 않고 늘 일정한 상태를 유지하게 하는 기능을 하는 장기인
콩팥이나 몸(月=肉몸 육)에서 굳은(臤 굳을 간) 것으로 수컷의 성기(性器)인
자지를 의미.腎臟(신장) 副腎(부신) 腎不全(신부전) 海狗腎(해구신)

(至 ✦)(室 ✦)(屋 ✦)
(握 ✦)(到 ✦)(倒 ✦)
(致 ✦)(姪 ✦)(臺 ✦)

이를·지극할 지(至)-옛 글자를 보면 날아온 화살이 땅에 거꾸로 박혀
있는 모양으로 날아온 화살이 땅에 닿는다는 것으로 이르다·지극하다
라는 의미. 至尊(지존) 至極(지극) 至當(지당) 至急(지급) 夏至(하지)
至誠感天(지성감천) 至高至順(지고지순) 自初至終(자초지종)
방·아내 실(室)-집(宀움 면)에서 사람이 이르러(至이를 지) 머무는 곳으로
방·아내를 의미. 室內(실내) 寢室(침실) 畵室(화실) 浴室(욕실) 居室(거실)
敎務室(교무실) 休憩室(휴게실) 化粧室(화장실) 高臺廣室(고대광실)
집 옥(屋)-한 집안을 주장(主掌)하는(尸주장할 시) 사람이
이르러(至이를 지) 사는 곳으로 집을 의미.
家屋(가옥) 屋外(옥외) 韓屋(한옥) 社屋(사옥) 屋外(옥외)
잡을·쥘 악(握)-손(扌=手손 수)에 사람이 집(屋집 옥)에 이르러
머물듯이 머물러 있게 움키고 놓지 않는 것으로 잡다·쥐다
라는 의미. 手(악수) 掌握(장악) 把握(파악) 握力(악력)
이를·주밀할 도(到)-날아온 화살이 땅에 이르(至이를 지)듯이 어떤
장소나 시간에 거룻배가 칼(刂=刀거룻배·칼 도)같이 정확히 닿는
것으로 이르다·주밀하다 라는 의미. 到着(도착) 到處(도처)
到來(도래) 當到(당도) 到達(도달) 殺到(쇄도) 用意周到(용의주도)
자빠질·거꾸로될 도(倒)-사람(亻=人사람 인)이 엎어져 땅바닥에
닿는(到이를 도) 것으로 자빠지다(넘어지다)·거꾸로 되다 라는
의미. 倒産(도산) 壓倒(압도) 倒置(도치) 卒倒(졸도) 打倒(타도)
一邊倒(일변도) 抱腹絶倒(포복절도) 主客顚倒(주객전도)

극진할·이를·부를·드릴·풍치 치(致)-옛 글자를 보면 지극히(至지극할 지)
천천히 걸어서(夊천천히걸을 쇠→夊칠 복) 극에 도달한 것으로 극진하다·
이르다·부르다·드리다·풍치(風致)를 의미. 極致(극치) 理致(이치)
致富(치부) 致誠(치성) 致賀(치하) 景致(경치) 韻致(운치) 風致(풍치)
致死量(치사량) 致命傷(치명상) 不一致(불일치) 格物致知(격물치지)
조카 질(姪)-여자(女계집 녀)가 시집에 이르러(至이를 지) 낳은 형제자매의
자식으로 조카를 의미. 叔姪(숙질) 姪女(질녀) 姪婦(질부) 甥姪(생질)
높을·돈대·관청 대(臺)-옛 글자를 보면 지붕이 뾰족하고(屮) 높이(高) 지은
건물 아래에 사람이 이르러(至이를 지) 사방을 관망할 수 있는 곳으로
높다·돈대·관청을 의미. 臺本(대본) 舞臺(무대) 燈臺(등대) 鏡臺(경대)
寢臺(침대) 築臺(축대) 鏡臺(경대) 展望臺(전망대) 陳列臺(진열대)
審判臺(심판대) 乾燥臺(건조대)

(西 🔸)(煙 🔸)(兩 🔸 🔸)(賈 🔸)
(價 🔸)(票 🔸)(標 🔸)(漂 🔸)
(栗桌 🔸)(粟桌 🔸)(要嬰 🔸)
(腰 🔸)(覃 🔸)(潭 🔸)(舁 🔸)
(罨罊 🔸)(遷邐 🔸)

서쪽·서녘 서(西)-옛 글자를 보면 새가 깃들여 있는 둥지 모양을
본뜬 것으로 날이 저물면 새가 둥지로 깃들이듯이 해가 지평선
아래로 깃들이는 방향으로 서쪽·서녘을 의미. 西歐(서구) 西洋(서양)
西紀(서기) 西域(서역) 西海岸(서해안) 偏西風(편서풍) 西遊記(서유기)
東奔西走(동분서주) 東問西答(동문서답) 東家食西家宿(동가식서가숙)
연기 연(煙)-불(火불 화)을 땔 때 새가 깃들여 있는 둥지(西)처럼
흙(土흙 토)을 쌓아 만든 화덕에서 뿌옇게 나오는 것으로 연기를 의미.
煙氣(연기) 煤煙(매연) 煙霧(연무) 禁煙 吸煙者(흡연자) 無煙炭(무연탄)
덮을 아(两)-그릇의 아가리에 뚜껑을 씌워서 보이지
않게 막은 것으로 덮다·가리어 숨기다 라는 의미.
앉은장사·살·팔 고(값 가)(賈)-일정한 곳에 차려 놓은 가게에 가득
덮어(覀=两덮을 아) 놓은 값나가는 물건(貝재물 패)을 사고 파는
것으로 앉은장사·사다·팔다 라는 의미. 買(살 매)자와 비슷.

185

값 가(價)-사람(亻=人사람 인)이 값나가는 물건을 사고 팔(賈살·팔 고) 때
주거나 받는 돈으로 값을 의미. 價格(가격) 物價(물가) 價値(가치)
原價(원가) 株價(주가) 時價(시가) 過大評價(과대평가) 同價紅裳(동가홍상)
표·쪽지 표(票)-중요한 내용을 쓴 글자나 기호가 가득 덮여(覀=襾덮을 아)
있는 작은 종잇조각으로 증거로 보여(示보일 시) 주는 표·쪽지를 의미.
投票(투표) 郵票(우표) 開票(개표) 票決(표결) 得票(득표) 車票(차표)
暗票(암표) 錢票(전표) 證票(증표) 賣票所(매표소) 浮動票(부동표)
표할·기록할·표지 표(標)-나무(木나무 목)에 중요한 내용을 글이나 기호로
써서 표(票표 표)처럼 나타낸 것으로 표하다·기록하다·표지를 의미.
目標(목표) 標準(표준) 指標(지표) 標識(표지) 標示(표시) 商標(상표)
標的(표적) 標榜(표방) 座標(좌표) 里程標(이정표)
뜰·떠서흐를·빨래할 표(漂)-물(氵=水물 수) 위로 솟아 표(票표 표)같이 겉으로
드러내어 보이게 왔다갔다하는 것으로 뜨다·떠다니다 라는 의미. 더러운
물건을 물에 떠다니듯이 흔들어서 때를 빼 희게 하는 것으로 빨래하다
라는 의미가 파생됨. 漂流(표류) 漂白劑(표백제) 流離漂泊(유리표박)
밤 률(栗)-옛 글자(㮚)를 보면 가시가 돋쳐 있는 밤송이
속에 새가 둥지에 깃들어 있는(鹵=西의 옛글자→覀) 것처럼
밤알이 깃들여 있는 나무(木나무 목)로 밤을 의미.
生栗(생률) 栗谷(율곡) 棗東栗西(조동율서) 棗栗梨柿(조율이시)
조·겉곡식 속(粟)-옛 글자(㮚)를 보면 까끄라기가 돋쳐 있는
이삭에 새가 둥지에 깃들여 있는(鹵=西의 옛글자→覀) 것처럼
낟알(米낟알 미)이 깃들여 있는 조·겉곡식을 의미.
黍粟(서속) 俸粟(봉속) 寒粟(한속) 滄海一粟(창해일속)
중요할·구할 요(要)-옛 글자(𡢓)를 보면 절구(臼절구 구)처럼 속이 파인
자궁의 구멍(囟아이숨구멍 신) 안에서 태아가 자라고 있는 여자(女계집 녀)는
소중하고 중요롭다는 것으로 중요하다·구하다(바라다) 라는 의미.
重要(중요) 主要(주요) 必要(필요) 要求(요구) 要請(요청) 緊要(긴요)
要塞(요새) 要點(요점) 要約(요약) 需要(수요) 不要不急(불요불급)
허리 요(腰)-몸(月=肉몸 육)에서 없으면 안 될 만큼 중요한(要중요할 요)
부분으로 허리를 의미. 腰痛(요통) 腰帶(요대) 腰折(요절) 腰椎(요추)
미칠·뻗을·펼·길·넓고깊을 담(覃)-아직 어둠이 덮여(覀=襾덮을 아) 있는
이른 새벽(早새벽 조) 날이 차츰 밝을 무렵의 먼동의 빛같이 넓고 길게
뻗어 나가는 것으로 미치다·뻗다·길다·펴다·넓고 깊다 라는 의미.
못·깊을 담(潭)-물(氵=水물 수)이 넓고 깊게(覃넓고깊을 담) 파인 땅에 괴어
있는 곳으로 못·깊다 라는 의미. 潭水(담수) 潭陽(담양) 白鹿潭(백록담)
높은데올라갈 간(舝)-마주 들고(舁마주들 여) 머리 위의
숨구멍(囟아이숨구멍 신) 있는 자리같이 제일 꼭대기로
올라가는 것으로 높은 데로 올라가다 라는 의미.

옮길 천(覂)-옛 글자(覂)를 보면 높은 자리로 올라가(舁높은데올라갈 간→舁)
듯이 자리를 잡고 앉아서(卩병부 절) 살 만한 곳으로 터전을 바꾸는 것으로
옮기다 라는 의미.

옮길·바뀔 천(遷)-옛 글자(遷)를 보면 터전을 바꾸어(覂→覂옮길 천)
가는(辶=辵쉬엄쉬엄갈 착) 것으로 옮기다·바뀌다(변하다) 라는 의미.
變遷(변천) 遷都(천도) 左遷(좌천) 播遷(파천) 改過遷善(개과천선)

(豆豆)(頭頭)(壹壺)(痘痘)
(短短)(豈豈)(凱凱)(登登)
(燈燈)(證證)

제기·콩 두(豆)-원래는 뚜껑이 덮인 높다란 굽이 달린 제기(祭器) 모양을
본뜬 것으로 나중에 같은 음을 빌려 콩이라는 의미로 가차됨. 豆乳(두유)
豆腐(두부) 綠豆(녹두) 胡豆(호두) 米豆場(미두장) 種豆得豆(종두득두)

머리·위·두목·시초·마리 두(頭)-제사에 쓰는 음식을 담은
제기(豆제기 두)처럼 뇌(腦)가 들어 있는 사람의 몸 맨 위에
붙어 있는 부분(頁머리 혈)으로 머리·위·두목·시초·마리를 의미.
頭腦(두뇌) 念頭(염두) 沒頭(몰두) 頭痛(두통) 頭目(두목) 頭領(두령)
頭書(두서) 頭數(두수) 白頭山(백두산) 龍頭蛇尾(용두사미)

전일할·갖은한 일(壹)-옛 글자를 보면 병(壺병 호) 안에
길한(吉길할 길→壹) 것이 들어 있는 것으로 전일하다 라는 의미로
음을 빌려 一(하나 일)의 갖은자로 씀. 壹意(일의) 壹佰萬(일백만)

역질·마마 두(痘)-피부에 콩(豆콩 두)같이 둥근 발진(發疹)이
생기는 병(广병 녁)으로 역질·마마(천연두)를 의미.
牛痘(우두) 痘瘡(두창) 天然痘(천연두) 種痘法(종두법)

짧을·남의허물지목할 단(短)-화살(矢화살 시)을 던져 제기(豆제기 두) 모양의
병에 넣는 투호(投壺)를 하는 것같이 화살을 던지는 거리가 가까운 것으로
짧다(모자라다)→허물을 의미. 短縮(단축) 短命(단명) 短劍(단검) 短篇(단편)
短期(단기) 短身(단신) 短期間(단기간) 長短點(장단점) 高低長短(고저장단)

어찌 기(개가 개)(豈)-옛 글자를 보면 산(山) 모양의 장식이 달린
받침대에 북(豆)을 달아놓은 것으로 승리를 축하하는 노래인
개가(凱歌=개선가)를 의미. 나중에 반어(反語)의 어조사인 어찌라는
의미로 가차됨. 豈敢(기감) 豈唯(기유) 豈不(기불) 豈樂(개락)

개선할·싸움이긴풍류 개(凱)-싸움에서 이기고 돌아와
개선가(豈개가 개)를 부르며 안석(几안석 궤)에 몸을 기대고
앉아서 즐거워하는 것으로 개선하다·싸움에서 이긴 풍류를 의미.

凱歌(개가) 凱旋歌(개선가) 凱旋門(개선문) 凱旋將軍(개선장군)

오를·높일·나갈 등(登)-두 발로 걸어서(癶걸을 발) 굽이 높은
제기(豆제기 두)같이 높은 데로 가는 것으로 오르다(올리다)·높이다·
나가다(다니다) 라는 의미. 登校(등교) 登頂(등정) 登錄(등록) 登山(등산)
登院(등원) 登載(등재) 登場(등장) 登壇(등단) 登記簿(등기부)
登龍門(등용문) 登記郵便(등기우편) 怒氣登天(노기등천)

등·등불 등(燈)-불(火불 화)을 켜서 높은 데에 올려(登오를 등)
주위를 밝히는 기구로 등(등잔)·등불을 의미. 燈臺(등대)
電燈(전등) 燃燈(연등) 燈油(등유) 燈燭(등촉) 街路燈(가로등)
風前燈火(풍전등화) 燈火可親(등화가친) 燈下不明(등하불명)

증명할·증거 증(證)-높은 데에 올라가(登오를 등) 진위를
말하는(言말할 언) 것으로 증명하다·증거를 의미.
證據(증거) 檢證(검증) 保證(보증) 證票(증표) 證券(증권) 立證(입증)
認證(인증) 考證(고증) 物證(물증) 證明書(증명서) 領收證(영수증)

(辰 丙 辰)(脣 脣)(晨 晨)
(振 振)(震 震)(辱 𠨧 𠨧)

별·때 신(다섯째지지 진)(辰)-옛 글자를 보면 조개가 껍데기 밖으로
도끼 모양의 발(斧足부족)을 내밀고 있는 모양을 본뜬 것으로 본래는
대합조개를 의미하는 글자로 후에 흘러가는 시간의 의미가 있는
해와 달과 별들의 통칭으로 사용되면서 별·때라는 의미와
십이지(十二支)의 용(龍)에 해당하는 다섯째 지지로 가차됨.
日辰(일진) 辰韓(진한) 生辰(생신) 壬辰倭亂(임진왜란)
日月星辰(일월성신) 釋迦誕辰日(석가탄신일)

입술 순(脣)-벌렸다 다물었다하는 조개(辰)의 껍데기 같은 사람의 입
가장자리 아래위에 붙은 얇고 부드러운 살(月=肉살 육)로 입술을 의미.
脣音(순음) 脣齒音(순치음) 大陰脣(대음순) 脣亡齒寒(순망치한)

샐녘·새벽·샛별 신(晨)-해(日해 일)가 동쪽 하늘에 조개가 껍데기 밖으로
도끼 모양의 발(斧足부족)을 내밀(辰)듯이 돋아나오는 날이 샐 무렵으로
샐녘·새벽이라는 의미와 새벽 동쪽 하늘에 떠 있는 샛별(금성)을 의미.
晨星(신성) 昏定晨省(혼정신성)

움직일·떨칠·거둘·구원할·정제할 진(振)-손(扌=手손 수)을 조개가 껍데기
밖으로 내민(辰) 도끼 모양의 부족(斧足)을 움직이는 것처럼 흔드는
것으로 움직이다·떨치다(드날리다)·구원하다·정제(整齊)하다 라는 의미.
不振(부진) 振幅(진폭) 振動數(진동수) 振興策(진흥책) 士氣振作(사기진작)

벼락칠·진동할·지진 진(震)-비가(雨비 우) 내리듯이 하늘에서
별(辰별 진)처럼 번쩍이는 불꽃을 지상으로 내리쳐 땅을 흔드는
것으로 벼락치다·진동하다·지진을 의미. 地震(지진) 震度(진도)
震央(진앙) 耐震(내진) 餘震(여진) 震源地(진원지) 腦震蕩(뇌진탕)
욕볼·욕될·욕보일·욕할 욕(辱)-옛 글자를 보면 조개가 껍데기 밖으로
내민(辰) 도끼 모양의 부족(斧足)을 손(寸)으로 건드리고 있는 모양으로
인격상 수치와 모욕을 당하여 부끄러워하는 것으로 욕보다·욕되다·
욕보이다·욕하다 라는 의미. 侮辱(모욕) 恥辱(치욕) 辱說(욕설)
屈辱(굴욕) 雪辱(설욕) 凌辱(능욕) 汚辱(오욕) 困辱(곤욕)
榮辱(영욕) 壽則多辱(수즉다욕)

(匕𠤎)(化化𪓐)(花𦻅)(貨𧵒)

(靴𩌝)(頃𩑠)(傾傾)(它𠀚)

(蛇𧕦)(死𣦵)(屍𡰪)(葬𦼭)

(旨𠤕)(指𢫐)(尼𡰣)(泥𣲴)

(北𣏾)(背𦟝)(乖𣎴)(乘𣝎)

숟가락·비수 비(匕)-옛 글자를 보면 비수처럼 끝이 뾰족한 옛날
숟가락 모양을 본뜬 것으로 숟가락·비수를 의미. 匕首(비수)
변화할·교화·될·조화 화(化)-옛 글자를 보면 왼쪽을 향하고 서 있는
사람(亻사람 인)과 오른쪽을 향하고 거꾸로 서 있는 사람(匕)의
모양으로 사람(亻)이 거꾸로(匕) 바뀌어 달라지는 것으로 변화하다·교화·
되다·조화를 의미. 化(변화할 화)의 匕(化의 古字)는 匕(숟가락 비)와 다른
글자. 美化(미화) 同化(동화) 文化(문화) 消化(소화) 深化(심화) 開化(개화)
化粧(화장) 强化(강화) 惡化(악화) 化學(화학) 變化無雙(변화무쌍)
꽃 화(花)-식물(++=艸풀 초)의 가지나 줄기에 피어 씨나 열매가
되는(化될 화) 것으로 꽃을 의미. 花園(화원) 花草(화초) 花環(화환)
花壇(화단) 梅花(매화) 菊花(국화) 開花(개화) 花郞徒(화랑도)
無窮花(무궁화) 錦上添花(금상첨화) 落花流水(낙화유수)
재물·물건 화(貨)-팔아서 돈이 될(化될 화) 수 있는 자개(貝자개 패)같이
값나가는 것으로 재물·물건을 의미. 貨幣(화폐) 財貨(재화) 財物(재물)
貨物(화물) 通貨(통화) 外貨(외화) 雜貨店(잡화점) 金銀寶貨(금은보화)

가죽신 화(靴)-가죽(革가죽 혁)으로 발에 맞게(化조화 화)
만들어 신는 물건으로 가죽신을 의미. 軍靴(군화)
運動靴(운동화) 手製靴(수제화) 登山靴(등산화)
머리비뚤이·이랑·잠깐·요사이·쯤 경(頃)-원래는 한쪽으로 비스듬히
기울어진 숟가락(匕숟가락 비)처럼 머리(頁머리 혈)를 한쪽으로
비스듬히 기울이는 것으로 머리를 비뚤이다 라는 의미로
기울어진 이랑이나 머리를 기울리는 짧은 시간을 나타내는 잠깐·
요사이·쯤이라는 의미가 파생됨. 頃刻(경각) 食頃(식경) 頃步(경보)
近頃(근경) 年末頃(연말경) 彈指頃(탄지경) 萬頃蒼波(만경창파)
기울어질 경(傾)-똑바로 서 있는 사람(亻=人사람 인)이 한쪽으로 비스듬히
기울어진 숟가락(匕숟가락 비)처럼 머리(頁머리 혈)가 한쪽으로 비스듬히
비뚤어지게 되는 것으로 기울어지다 라는 의미. 傾向(경향) 傾斜(경사)
傾聽(경청) 傾注(경주) 右傾化(우경화) 傾國之色(경국지색)
뱀 사(다를 타)(它)-옛 글자를 보면 머리는 움집(宀움집 면)처럼
생기고 꼬리는 비수(匕비수 비)처럼 뽀족하게 생긴 뱀의 모양을
본뜬 것으로 뱀을 의미.
뱀 사(蛇)-애벌레(虫벌레 훼)처럼 다리가 없고 머리는 움집(宀움집 면)처럼
생기고 꼬리는 비수(匕비수 비)같이 뽀족하게 생긴 것으로 뱀을 의미.
毒蛇(독사) 長蛇陣(장사진) 蛇行川(사행천) 龍頭蛇尾(용두사미)
죽을 사(死)-사람의 목숨이 끊어져 살을 발라낸 뼈(歹살발른뼈 알)만
앙상하게 남은 상태로 되는(匕=化될 화) 것으로 죽다 라는 의미.慘死(참사)
死活(사활) 死刑(사형) 死線(사선) 死守(사수) 決死(결사) 死體(사체)
死亡(사망) 死滅(사멸) 溺死(익사) 安樂死(안락사) 起死回生(기사회생)
주검 시(屍)-집(尸주장할 시) 안에 사람이 죽어(死죽을 사) 있는
것으로 주검을 의미. 屍身(시신) 屍體(시체) 剖棺斬屍(부관참시)
장사지낼·묻을 장(葬)-풀(++=艸풀 초)로 덮어서 죽은(死죽을 사) 사람을
받들고(廾받들 공) 가는 것으로 장사 지내다·(죽은 사람을 땅에)묻다 라는
의미. 葬禮(장례) 火葬(화장) 埋葬(매장) 葬送曲(장송곡) 葬儀社(장의사)
맛·맛있을·뜻·뜻할·조서 지(旨)-원래는 숟가락(匕숟가락 지)으로
음식을 떠서 맛(甘맛 감→日)을 보는 것으로 맛·맛있다 라는 의미로
나중에 음을 빌려 뜻·뜻하다·조서(詔書)라는 의미로 가차됨.
趣旨(취지) 要旨(요지) 論旨(논지) 密旨(밀지) 敎旨(교지)
손가락·가리킬 지(指)-손(扌=手손 수)에서 뜻하는(旨뜻할 지) 것을
지적할 때 사용하는 것으로 손가락·가리키다 라는 의미. 指示(지시)
指摘(지적) 指章(지장) 指定(지정) 指標(지표) 指揮(지휘)
指彈(지탄) 屈指(굴지) 指導者(지도자) 指鹿爲馬(지록위마)
여승 니(그칠 닐)(尼)-원래는 목숨이 끊어진 주검(尸주검 시)처럼
계속되던 움직임이 멈추게 되는(匕=化될 화) 것으로 그치다 라는
의미로 여승이라는 의미는 비구니를 뜻하는 범어(梵語=산스크리트 어)
비쿠니(bhikkhuni-걸식하는 여성)를 음역(音譯) 한 것임.

僧尼(승니) 比丘尼(비구니) 摩尼山(마니산) 釋迦牟尼(석가모니)

수렁·진흙·막힐 니(泥)-흐르던 물(氵=水물 수)이 더 흐르지 못하고
그치어(尼그칠 닐) 머물러 있는 웅덩이로 수렁·진흙·막히다 라는 의미.
泥炭(이탄) 汚泥(오니) 拘泥(구니) 雲泥之差(운니지차) 泥田鬪狗(이전투구)

북녘 북(패하여달아날 배)(北)-옛 글자를 보면 두 사람이 서로 등을
돌리고 서 있는(北) 모양으로 원래는 패하여 등을 돌리고 달아나다
라는 의미로 남녘과 등지고 있는 북녘을 의미. 北緯(북위) 越北(월북)
北端(북단) 北京(북경) 北伐(북벌) 脫北(탈북) 敗北(패배) 北半球(북반구)
北極星(북극성) 東西南北(동서남북) 北風寒雪(북풍한설)

등·등질 배(背)-몸(月=肉몸 육)에서 패하여 달아날(北패하여달아날 배) 때
보이는 뒤쪽으로 등·등지다(배반하다) 라는 의미. 背叛(배반) 背信(배신)
背後(배후) 背景(배경) 違背(위배) 背任(배임) 背泳(배영) 光背(광배)
背水陣(배수진) 背恩忘德(배은망덕) 背山臨水(배산임수)

어그러질·다를 괴(乖)-옛 글자를 보면 양의 뿔(丷양뿔 개→千)처럼
방향을 달리하여(北다를 별→北) 어긋나 있는 것으로 어그러지다·
다르다 라는 의미. 乖離(괴리) 乖僻(괴벽) 乖常(괴상) 違乖(위괴)

오를·다스릴 승(乘)-옛 글자를 보면 사람(大)이 두발(舛)을 벌리고
나무(木나무 목)로 만든 목마(木馬)를 타고 있는 모양으로 오르다(타다)·
다스리다 라는 의미. 乘客(승객) 乘馬(승마) 換乘(환승) 便乘(편승)
乘船(승선) 合乘(합승) 同乘(동승) 乘車券(승차권) 乘降場(승강장)
搭乘客(탑승객) 乘務員(승무원) 大乘的(대승적)

(比𦫳)(批𣂈)(妣𣫮)(琵𤩰)

(皆𣶒)(階𨸤)(昆𣊫)(混𣹢)

(此𣥠)(紫𣴺)(雌𨿀)

견줄·비교할·차례·무리·쫓을 비(比)-옛 글자를 보면 두 사람이 나란히
서서 서로 맞대어 보는 것으로 견주다·비교하다·차례·무리·쫓다(따르다)
라는 의미. 比較(비교) 比例(비례) 比率(비율) 對比(대비) 比等(비등)
比重(비중) 比肩(비견) 比熱(비열) 比翼鳥(비익조)

비평할·비답할 비(批)-손(扌=手손 수)으로 두 사람을 나란히 세우고
맞대어 보듯이 서로 비교하여(比비교할 비) 시비·선악·우열을 가리는
것으로 비평하다·비답하다 라는 의미. 批評(비평) 批判(비판)
批准(비준) 高批(고비) 批答(비답)

죽은어미 비(妣)-앞사람의 뒤를 따라가듯이 아버지를 쫓아(比쫓을 비) 죽은
여자(女계집 녀)로 죽은 어머니를 의미. 考妣(고비) 組妣(조비) 顯妣(현비)

비파 비(琵)-여러 개의 줄이 받침대(珏) 위에 차례(比차례 비)로
있는 현악기로 비파를 의미. 琵琶(비파)

다·같을 개(皆)-차례대로(比차례 비) 빠짐없이 모두 똑같이
아뢰는(白아뢸 백) 것으로 다·같다 라는 의미. 皆勤賞(개근상)
皆兵制(개병제) 皆旣日蝕(개기일식) 餘皆倣此(여개방차)

섬돌·층계·등급 계(階)-언덕(阝=阜언덕 부)을 오르내릴 수 있게
턱이 지게 같은(皆같을 개) 모양으로 층층이 만들어 놓은 것으로
섬돌·층계·등급을 의미. 階段(계단) 階級(계급) 階層(계층)
音階(음계) 位階(위계) 品階(품계) 飛階(비계) 職階(직계)

형·손자·뒤·다·같을 곤(덩어리 혼)(昆)-둥근 해(日해 일)처럼 한데 뭉쳐서
무리(比무리 비)를 이루고 있는 것으로 덩어리·형(맏·언니)·손자(후손)·뒤·
다·같다 라는 의미. 昆弟(곤제) 昆孫(곤손) 昆蟲(곤충)

섞일·흐릴 혼(混)-물(氵=水물 수)이 한데 모여 덩어리(昆덩어리 혼)처럼
합쳐져 맑지 못한 것으로 섞이다·흐리다(혼탁하다) 라는 의미.
混合(혼합) 混雜(혼잡) 混成(혼성) 混亂(혼란) 混濁(혼탁)
混同(혼동) 混線(혼선) 混戰(혼전) 混血兒(혼혈아)

이·이에 차(此)-옛 글자를 보면 일정한 곳에 머물러(止머무를 지) 있는
사람(匕)을 나타낸 것으로 가까운 사물이나 장소를 가리키는 말로
이(이것·이 곳)·이에를 의미. 此後(차후) 此際(차제) 於此彼(어차피)
彼此一般(피차일반) 此日彼日(차일피일)

검붉을·자주빛 자(紫)-실(糸가는실 멱)에 물들인 빛깔이 사람의
발걸음을 멈추어(此그칠 차) 서게 하는 것으로 검붉은 자주빛을 의미.
紫朱色(자주색) 紫外線(자외선) 紫水晶(자수정) 紫禁城(자금성)
紫微星(자미성) 山紫水明(산자수명)

암컷·약할·질 자(雌)-알을 까기 위해 둥지에 머무르는(此그칠 차)
새(隹새 추)로 암컷→(암컷같이 힘이)약하다→(힘이 약하니)지다
라는 의미. 雌雄(자웅) 雌伏(자복) 雌雄同體(자웅동체)

(卜 卜)(占 占)(店 店)(點 黕)

(外 外)(朴 朴)(赴 赴)(兆 兆)

(挑 挑)(桃 桃)(逃 逃)(跳 跳)

점·줄 복(卜)-고대(古代)에 거북의 등딱지나 배딱지, 소의 어깨뼈인
견갑골(肩胛骨)을 불에 달군 쇠꼬챙이로 지져서 갈라진 금의 모양을
보고 길흉화복을 판단했는데 갈라진 금의 모양을 본뜬 것으로
점(점치다)·주다 라는 의미. 卜債(복채) 占卜(점복) 卜師(복사) 卜術(복술)

점칠·점령할 점(占)-점(卜점 복)을 칠 때 거북의 껍질이나 소뼈를
불에 달군 쇠꼬챙이로 지져서 갈라진 금의 모양이 보이는 징조를
말하는(口말할 구) 것으로 점치다 라는 의미와 점을 볼 때 불에 달군
쇠꼬챙이를 거북의 껍질이나 소뼈에 꽂듯이 어떤 위치나 장소(口)를
차지하고 깃발(卜)을 꽂아 놓은 모양으로 점령하다 라는 의미.
占卦(점괘) 占領(점령) 獨占(독점) 占據(점거) 占居(점거)
占有(점유) 占星術(점성술)
가게·상점 점(店)-집(广돌집 엄) 안에 소유한(占점령할 점)
물건을 진열해 놓고 파는 곳으로 가게·상점을 의미.
商店(상점) 店員(점원) 賣店(매점) 支店(지점) 飮食店(음식점)
검은점·점찍을·흉볼·수효·상고할·불켤 점(點)-검은색(黑검을 흑)으로
어떤 위치나 장소에 찍은 작은 표가 점령하듯이(占점령할 점)
차지하고 있는 것으로 점·점찍다·흉보다(흉)·수효·상고하다(세밀히
조사하다)·불을 켜다 라는 의미. 點線(점선) 點檢(점검) 虛點(허점)
點數(점수) 點火(점화) 點滅(점멸) 點呼(점호) 採點(채점)
要點(요점) 點燈(점등) 汚點(오점) 缺點(결점) 紅一點(홍일점)
멀리배척할·바깥 외(外)-날이 저문 저녁(夕저녁 석)에는
점(卜점 복)을 치는 것을 거부하여 밀어 내치는 것으로
멀리 배척하다→(내치는)바깥을 의미. 外換(외환) 外交(외교)
海外(해외) 外貨(외화) 室外(실내) 外部(외부) 除外(제외) 外勢(외세)
外貌(외모) 野外(야외) 門外漢(문외한) 外柔內剛(외유내강)
후박·나무껍질·질박할·순박할·성씨 박(朴)-껍질이 점(卜점 복)을 칠 때 거북의
껍질이나 소뼈처럼 갈라져 떨어지는 나무(木나무 목)로 후박나무·나무껍질·
질박하다·순박하다·성씨를 의미. 素朴(소박) 質朴(질박) 厚朴(후박)
다다를·알릴 부(赴)-달려가서(走달릴 주) 전하여 주기(卜줄 복) 위해
목적지에 이르러 닿는 것으로 다다르다·알리다 라는 의미.
赴任(부임) 赴告·訃告(부고) 赴京使(부경사) 龍宮赴宴錄(용궁부연록)
조짐·조 조(兆)-예지(豫知) 능력이 있는 거북의 등딱지 무늬를
본뜬 것으로 조짐을 의미. 수의 단위인 조(억의 만배)의 의미로
가차하여 씀. 兆朕(조짐) 徵兆(징조) 吉兆(길조) 凶兆(흉조)
亡兆(망조) 前兆(전조) 億兆蒼生(억조창생)
긁을·돋울 도(挑)-손(扌=手손 수)으로 집적거려 무슨
일이 일어나게 할 조짐(兆조짐 조)을 보이는 것으로
긁다·돋우다 라는 의미. 挑戰(도전) 挑發(도발) 挑出(도출)
복숭아 도(桃)-길흉이 생길 기미를 미리 드러내 보이는(兆조짐 조)
나무(木나무 목)로 예부터 주술적으로 귀신을 쫓는다고 믿어 신성하게
여긴 복숭아 나무를 의미. 桃花(도화) 桃色(도색) 黃桃(황도) 紅桃(홍도)
桃仁(도인) 胡桃(호도) 桃李(도리) 天桃(천도) 扁桃腺(편도선)
桃源境(도원경) 桃園結義(도원결의) 武陵桃源(무릉도원)

달아날·도망할 도(逃)-나쁜 일이 생길 것 같은 조짐(兆조짐 조)을
피하여 슬금슬금 가는(辶=辵쉬엄쉬엄갈 착) 것으로 달아나다(피하다)·
도망하다 라는 의미. 逃亡(도망) 逃避(도피) 夜半逃走(야반도주)

뛸·솟구칠 도(跳)-나쁜 일이 생길 것 같은 조짐(兆조짐 조)에
발(足발 족)을 몹시 재게 움직여 급히 가는 것으로 뛰다·솟구치다
라는 의미. 跳躍(도약) 佛跳牆(불도장)

$$(厶\ 6)(私\ 秕)(弘\ 丸)(台\ 旨)$$
$$(始\ 楯)(治\ 滫)(殆\ 艅)(怠\ 昃)$$
$$(胎\ 艆)(颱\ 飀)(公\ 灲)(松\ 枀)$$
$$(頌\ 嫚)(訟\ 訟)(翁\ 羕)$$

사사·나 사(아무 모)(厶)-私(사사 사)의 옛 글자로 팔을 자기 쪽으로
끌어 당겨 감싸는 모양으로 사사(私私)·나를 의미.

사사·나 사(私)-곡식(禾곡식 화)을 사사로이(厶사사 사) 가지고 있는 것으로
사사(私私)·나 라는 의미. 私債(사채) 私設(사설) 私立(사립) 私服(사복)
私席(사석) 私邸(사저) 私見(사견) 私娼街(사창가) 私生活(사생활)
私有財産(사유재산) 私利私慾(사리사욕) 公平無私(공평무사)

넓을·클 홍(弘)-활(弓활 궁)의 시위를 자기 쪽으로 끌어 당겨(厶)
시위의 폭을 넓히는 것으로 넓다·크다 라는 의미.
引(끌 인)자와 비슷. 弘報(홍보) 弘益人間(홍익인간)

별이름(삼태성) 태(나·기를·기쁠 이)(台)-아이의 수태(受胎)·출산(出産)·
생육(生育)을 주관하는 세 신(삼신할머니)이 살고 있는 세 별인
삼태성을 의미. 颱(태풍 태)·臺(대 대)자의 속자로도 씀.
台位(태위) 三台星(삼태성) 天台宗(천태종)

처음·비로소 시(始)-여자(女계집 녀)가 최초로 아이를 수태(受胎)·
출산(出産)·생육(生育)을 하는 것으로 처음·비로소(처음으로)를 의미.
始祖(시조) 시초(始初) 始作(시작) 開始(개시) 始球(시구)
始末書(시말서) 原始時代(원시시대) 始終一貫(시종일관)

다스릴 치(治)-물(氵=水물 수)을 아이를 수태(受胎)·출산(出産)·
생육(生育)을 하는 것같이 인공적으로 홍수가 나면 모아서
가두고 가뭄이 들면 흘려 보내는 것으로 다스리다 라는 의미.
政治(정치) 法治(법치) 統治(통치) 退治(퇴치) 治績(치적) 治粧(치장)
難治病(난치병) 以熱治熱(이열치열) 地方自治(지방자치)

위태할·거의 태(殆)-아이를 수태(受胎)·출산(出産)·생육(生育)하느라고
산모의 몸이 뼈만 앙상하게(歹=歺살발른뼈 알) 남아서 마음을
놓을 수 없을 정도로 불안한 것으로 위태하다·거의 라는 의미.
危殆(위태) 殆半(태반) 不殆(불태)

게으를 태(怠)-아이를 수태(受胎)·출산(出産)·생육(生育)하는
산모같이 행동이 느리고 움직이기 싫어하는 마음(心마음 심)으로
게으르다 라는 의미. 怠慢(태만) 怠業(태업) 懶怠(나태)
怠納(태납) 過怠料(과태료) 倦怠期(권태기)

애밸·태 태(胎)-여자의 몸(月=肉몸 육)에 삼신할머니(台)가 아이를 점지해
주어 아이를 가진 것으로 아이를 배다·(뱃속의 아이를 싸고 있는)태를
의미. 임신 1개월 된 태아를 胚(아기밸 배)라 하고 3개월이 지난 태아를
胎(아기밸 태)라 함. 孕胎(잉태) 胎敎(태교) 受胎(수태) 胎兒(태아)
胎夢(태몽) 胎盤(태반) 胎葉(태엽) 落胎(낙태) 換骨奪胎(환골탈태)

태풍 태(颱)-바람(風바람 풍)이 아이를 수태(受胎)·출산(出産)·생육(生育)하는
것같이 남양(南洋) 열대에서 발생하여 움직이면서 점점 자라나 맹렬히
불어오는 바람으로 태풍을 의미.
颱風警報(태풍경보) 颱風注意報(태풍주의보)

공변될·바를·공사·공작·존칭할 공(公)-양쪽으로 똑같이 나누듯이(八나눌 팔)
아무(厶아무 모)에게나 공평하게 하는 것으로 공변되다·바르다·공사(公事)
·존칭하다 라는 의미. 公園(공원) 公開(공개) 公約(공약) 公演(공연)
公募(공모) 公衆(공중) 公告(공고) 公爵(공작) 公益(공익) 公平(공평)
公認(공인) 公式(공식) 公論(공론) 公務員(공무원) 公職者(공직자)
忠武公(충무공) 先公後私(선공후사)

솔 송(松)-나무(木나무 목)가 난세(亂世)에도 지조(志操)를 지키는
선비같이 어떤 환경에서도 사시사철 잎이 푸르러 제후(公공작 공)로
봉해진 솔(소나무)을 의미. 松魚(송어) 松蟲(송충) 松津(송진)
落葉松(낙엽송) 歲寒松柏(세한송백) 落落長松(낙락장송)

칭송할·기릴 송(頌)-공변되게(公공변될 공) 잘한 일을 머리(頁머리 혈)를
조아리며 칭찬하는 것으로 칭송하다·기리다 라는 의미. 領(거느릴 령)자와
비슷. 稱頌(칭송) 頌詩(송시) 讚頌歌(찬송가) 頌德碑(송덕비)

송사할 송(訟)-백성끼리의 다툼을 관부에 말하여(言말할 언)
바른(公바를 공) 판결을 구하는 것으로 송사하다 라는 의미.
訴訟(소송) 訟事(송사) 爭訟(쟁송)

늙은이·아비 옹(翁)-존경하는 뜻으로 높여 부르는 칭호(公존칭할 공)로
깃털(羽깃 우) 같은 수염을 길게 기른 노인의 성명 아래에 붙이는 말로
늙은이·아비를 의미. 翁主(옹주) 翁姑(옹고) 醉翁(취옹) 塞翁之馬(새옹지마)

(廾廾)(共芇)(供㑞)(恭蘭)
(洪㵲)(巷蘭)(港禰)
(異🎴畁)(翼翼)(畏🎴畠畠)
(巽㝵)(選選)

받들·손맞잡을 공(廾)-공경하여 양손을 나란히 위로 들어 올리고
있는 모양으로 받들다→손을 맞잡다(마주 잡다) 라는 의미.

한가지·함께·무리 공(共)-옛 글자를 보면 여러(廿=廾스물 입-여럿을 의미)
사람이 서로 손을 마주 잡고(廾손맞잡을 공) 있는 것으로 한가지·
함께(같이)·무리 라는 의미. 共同(공동) 共有(공유) 共感(공감)
共謀(공모) 共益(공익) 共犯(공범) 共存(공존) 公共(공공)
共通點(공통점) 共和國(공화국) 自他共認(자타공인)

이바지할·갖출·받들·공궤할 공(供)-한 사람(亻=人사람 인)이
여러(廿=廾스물 입-여럿을 의미) 사람에게 물건을 갖춰
바라지(廾받들 공)하는 것으로 이바지하다·갖추다·받들다·
공궤(供饋)하다(윗사람에게 음식을 드리다) 라는 의미. 供給(공급)
提供(제공) 供養(공양) 佛供(불공) 供物(공물) 供與(공여) 供託金(공탁금)

받들·공손할 공(恭)-여러(廿=廾스물 입-여럿을 의미) 사람이 두 손으로
받들고(廾받들 공) 마음속(小=心마음·속 심)으로 공경하는 것으로 받들다→
공손하다 라는 의미. 恭遜(공손) 恭敬(공경) 恭待(공대) 恭賀新禧(공하신희)

큰물·넓을·클 홍(洪)-여러 줄기의 물(氵=水물 수)이 한 곳으로 흘러들어
무리(共무리 공)처럼 모여 있으니 큰물·넓다·크다 라는 의미.
洪水(홍수) 洪魚(홍어) 洪陵(홍릉) 洪福(홍복)

골목·거리 항(巷)-옛 글자를 보면 마을(邑마을 읍→巳)에 여러(廿=廾스물 입-
여럿을 의미) 갈래로 갈라져 손을 맞잡은(廾손맞잡을 공) 것처럼 이어져 있는
길로 골목(길)·거리를 의미. 卷(말 권)자와 비슷. 巷間(항간) 巷說(항설)

물갈라져흐를·배다니는길·항구 항(港)-여러 갈래의 물(氵=水물 수)이
골목(巷골목 항)처럼 이어져 흘러드는 배가 다니는 길을 나타낸
것으로 지류(支流)→뱃길→(배가 드나드는)항구를 의미.
港口(항구) 空港(공항) 開港(개항)

다를·괴이할·나눌 이(異)-옛 글자를 보면 사람이 얼굴을 다르게
꾸미기 위해 귀신머리(由귀신머리 불→田)처럼 생긴 탈을 두 손으로
얼굴에 쓰고 서 있는 것으로 다르다·괴이하다·나누다 라는 의미.
異見(이견) 差異(차이) 特異(특이) 奇異(기이) 異端(이단)
異邦人(이방인) 突然變異(돌연변이) 同床異夢(동상이몽)
날개·호위할·도울 익(翼)-새나 곤충의 깃(羽깃 우)이 몸 양쪽에
나누어져(異나눌 이) 붙어 있는 것으로 날개(나래)·호위하다·돕다
라는 의미. 翼善(익선) 左右翼(좌우익) 鶴翼陣(학익진) 比翼鳥(비익조)
두려워할·꺼릴 외(畏)-옛 글자를 보면 귀신머리(由귀신머리 불→田)처럼
생긴 탈을 쓴 사람이 손에 몽둥이를 들고 있는 모양으로 두려워하다·
꺼리다 라는 의미. 敬畏(경외) 無所畏(무소외) 後生可畏(후생가외)
겸손할·유순할·부드러울·괘이름 손(巽)-옛 글자를 보면 두 사람이
공손히 무릎을 꿇고(凡) 함께(共함께 공) 신에게 제사를 드리는
것으로 겸손하다·유순하다·부드럽다·괘의 이름을 의미. 巽卦(손괘)
가릴·뽑을 선(選)-뛰어나가기(辶=辵뛸 착) 위해 몸을 굽히고(凡) 서 있는
무리(共무리 공) 가운데서 한 사람을 골라 내는 것으로 가리다·뽑다
라는 의미. 選擇(선택) 選定(선정) 選別(선별) 決選(결선) 嚴選(엄선)
選擧(선거) 選拔(선발) 當選(당선) 選好(선호) 豫選戰(예선전)

(氏 氒 氏)(紙 紙)(昏 昬)
(婚 𡤝)(氐 氐)(低 低)(底 庈)
(抵 㧪)(邸 㙻)(民 民)(民 民)
(眠 眠)(辰 辰)(派 派)(脈 脈)

성씨·씨·각시 씨(氏)-옛 글자를 보면 땅속의 종자(種子)가 뿌리를 내리고
있는 모양으로 뿌리가 같은 혈족을 나타내기 위해 붙이는 칭호인 성씨→
성 또는 이름 뒤에 붙여 쓰는 존칭어인 씨→부인을 존대하여 쓰는
호칭어인 각시를 의미. 氏族(씨족) 姓氏(성씨) 某氏(모씨) 閣氏(각씨)
宗氏(종씨) 攝氏(섭씨) 無名氏(무명씨) 創氏改名(창씨개명)
종이 지(紙)-가는 실(糸가는실 멱) 같은 식물성 섬유를 물에 풀어 대대로
이어지는 성씨(氏성씨 씨)같이 계속 이어져 서로 엉겨 붙도록 하여 만든
것으로 종이를 의미. 便紙(편지) 白紙(백지) 休紙(휴지) 表紙(표지)
壁紙(벽지) 紙幣(지폐) 封紙(봉지) 紙面(지면) 印畵紙(인화지)
試驗紙(시험지) 窓戶紙(창호지) 紙筆硯墨(지필연묵)

날저물·어두울·어지러울 혼(昏)-땅속으로 뿌리(氏성씨 씨)를 내리는
것처럼 땅밑으로 해(日해 일)가 지니 날이 저물다·(날이 저물어)어둡다·
(어두운 것같이 정신이 흐르니)어지럽다 라는 의미.
昏迷(혼미) 黃昏(황혼) 昏絶(혼절) 昏睡狀態(혼수상태)
장가들·며느리집 혼(婚)-옛날에 남자(陽)을 상징하는 해가 지면서
동시에 여자(陰)을 상징하는 달이 뜨는 날이 저무는(昏날저물 혼)
저녁(酉時유시-오후5시~7시)에 남자가 여자(女계집 녀)의 집에 가서
혼례를 치렀던 것에서 장가(丈家-장인의 집)들다·(아들이 장가든)
며느리 집을 의미. 婚姻(혼인) 婚禮(혼례) 結婚(결혼) 約婚(약혼)
婚談(혼담) 破婚(파혼) 離婚(이혼) 再婚(재혼) 請婚(청혼) 新婚(신혼)
婚需品(혼수품) 未婚母(미혼모) 旣婚者(기혼자) 冠婚喪祭(관혼상제)
근본·이를·오랑캐·천할 저(氏)-한 조상의 피를 이어받아 내려온
성씨(氏성씨 씨)의 혈통과 같은(一같을 일) 것으로 근본·이르다·
(중국에서 주변에 살던 혈통이 같은 단일 민족을 멸시하여 이르는 말)
오랑캐·천하다 라는 의미. 氏族(저족)
낮을·굽힐 저(低)-사람(亻=人사람 인)이 오랑캐같이 천하니(氏오랑캐·천할 저)
낮다·굽히다(숙이다) 라는 의미. 低價(저가) 低廉(저렴) 低質(저질)
低俗(저속) 低速(저속) 低溫(저온) 低調(저조) 低級(저급)
低所得(저소득) 低姿勢(저자세) 低氣壓(저기압) 高低長短(고저장단)
밑 저(底)-집(广돌집 엄)의 맨 아랫부분으로 근본(氏근본 저)이 되는
밑바닥인 밑을 의미. 徹底(철저) 海底(해저) 底邊(저변) 底意(저의)
底力(저력) 基底(기저) 底層(저층) 底引網(저인망)
밀·막을·씨름할·다닥칠·대저·다다를 저(抵)-손(扌=手손 수)에 힘을 주고
닥쳐오는 오랑캐(氏오랑캐 저)와 마주쳐서 물러나게 하는 것으로 밀다·
막다(대항하다)·씨름하다(겨루다)·다닥치다(거역하다)·(대체로 보아서)대저·
다다르다(해당하다·상당하다) 라는 의미. 抵抗(저항) 抵觸(저촉)
抵當(저당) 大抵(대저) 抵毁(저훼) 根抵當(근저당)
집 저(邸)-마을(阝=邑고을 읍)의 근본(氏근본 저)이 되는 사람이 사는
곳으로 집을 의미. 邸宅(저택) 官邸(관저) 私邸(사저) 邸下(저하)
백성 민(民)-옛 글자를 보면 옛날에 노예가 도망가지 못하게
눈(目눈 목)을 날카로운 송곳(十송곳 모양) 같은 것으로 찔러 눈을
멀게 하였는데 눈이 먼 사람같이 글을 읽을 줄 모르는 까막눈의
백성을 의미. 國民(국민) 民族(민족) 民俗(민속) 民泊(민박) 市民(시민)
民權(민권) 住民(주민) 民本主義(민본주의) 國泰民安(국태민안)
與民同樂(여민동락) 經世濟民(경세제민) 訓民正音(훈민정음)
잘·쉴 면(眠)-눈(目눈 목)을 눈이 먼 사람(民백성 민)처럼 보이지 않게
감고 몸과 정신이 쉬는 상태가 되는 것으로 자다·쉬다 라는 의미.
眼(눈 안)자와 비슷. 睡眠(수면) 熟眠(숙면) 冬眠(동면) 休眠(휴면)
永眠(영면) 催眠(최면) 不眠症(불면증)

나눌·갈래 파(辰)-옛 글자를 보면 물이 여러 갈래로
나뉘어 갈라지는 모양으로 나누다·갈래를 의미.
물나눠흐를·나눠나갈 파(派)-물(氵=水물 수)이 여러 갈래로
나뉘어(辰나눌 파) 갈라져서 흘러 나가는 것으로 물이 나뉘어
흐르다·나뉘어 나가다 라는 의미. 派兵(파병) 派遣(파견)
黨派(당파) 分派(분파) 派生(파생) 特派員(특파원)
핏줄·맥·연달을 맥(脈)-몸(月=肉몸 육) 안에 혈액이 여러 갈래로
나뉘어(辰나눌 파) 갈라져서 끊이지 않고 계속 따라 흐르는
관(管)처럼 생긴 줄기로 핏줄·맥·연달다 라는 의미.
脈絡(맥락) 動脈(동맥) 靜脈(정맥) 鑛脈(광맥) 山脈(산맥) 診脈(진맥)
命脈(명맥) 亂脈相(란맥상) 不整脈(부정맥) 氣盡脈盡(기진맥진)

(片 片)(爿 爿)(壯 壯)(莊 莊)
(裝 裝)(將 將)(獎 獎)(狀 狀)
(戕 戕)(臧 臧)(藏 藏)(臟 臟)

쪼갤·반쪽·조각 편(片)-옛 글자를 보면 통나무를 반으로 쪼갠
오른쪽의 반쪽 모양을 본뜬 것으로 쪼개다·반쪽·조각을 의미.
片道(편도) 片舟(편주) 破片(파편) 片肉(편육) 阿片(아편)
薄片(박편) 片鱗(편린) 片紙(편지) 一片丹心(일편단심)
조각널·나뭇조각 장(爿)-옛 글자를 보면 통나무를 반으로 쪼갠
왼쪽의 반쪽 모양을 본뜬 것으로 조각널·나뭇조각을 의미.
굳셀·장대할 장(壯)-통나무를 쪼개서 조각널(爿조각널 장)을 만드는
사내(士사내 사)같이 곧고 힘이 센 것으로 굳세다·장대하다 라는 의미.
雄壯(웅장) 健壯(건장) 壯大(장대) 悲壯(비장) 壯觀(장관) 壯士(장사)
壯丁(장정) 壯年期(장년기) 老益壯(노익장) 豪言壯談(호언장담)
성할·씩씩할·엄할·단정할·별장 장(莊)-풀(艹=艸풀 초)이 자라서 우거진
모양이 크고 훌륭한(壯장대할 장) 것으로 성하다·씩씩하다·엄하다·
단정하다·별장을 의미. 莊嚴(장엄) 莊重(장중) 別莊(별장) 莊園(장원)
꾸밀·장식할 장(裝)-크고 훌륭하게(壯장대할 장) 보이게
옷(衣옷 의)을 손질하여 곱게 모양을 내는 것으로 꾸미다·
장식하다 라는 의미. 包裝(포장) 武裝(무장) 裝備(장비)
僞裝(위장) 扮裝(분장) 裝置(장치) 裝飾品(장식품)
장수·나아갈·장차 장(將)-통나무를 쪼개서 만든 조각널(爿조각널 장)같이
굳센 몸(月=肉몸 육)을 가진 사람이 법도(寸법도 촌)에 따라 군대를
통솔하여 전쟁터를 향하여 가는 우두머리로 장수·나아가다·장차를 의미.

將帥(장수) 將軍(장군) 將兵(장병) 主將(주장) 將來(장래) 將次(장차)
將棋(장기) 百戰老將(백전노장) 日就月將(일취월장) 獨不將軍(독불장군)
권면할·포장할·도울 장(獎)−앞으로 장수(將장차·장수 장) 같은 큰(大큰 대)
인물이 될 수 있게 칭찬하여 복돋아주는 것으로 권면하다·포장(褒獎)하다·
돕다 라는 의미. 勸獎(권장) 獎勵(장려) 獎學金(장학금) 獎忠壇(장충단)
형상 상(문서·편지 장)(狀)−나뭇조각(爿나뭇조각 장)에 개(犬큰개 견)의
모양을 그려 놓은 것으로 형상(形狀)이라는 의미와 나뭇조각에 글이나
기호를 적어 놓은 것으로 문서·편지를 의미. 문서나 편지의 의미로
쓸 때는 '장'으로 읽음. 牀(평상 상)자와 비슷. 狀況(상황) 狀態(상태)
現狀(현상) 症狀(증상) 形狀(형상) 慘狀(참상) 窮狀(궁상) 賞狀(상장)
答狀(답장) 令狀(영장) 年賀狀(연하장) 卒業狀(졸업장) 委任狀(위임장)
招待狀(초대장) 情狀參酌(정상참작) 波狀攻擊(파상공격)
찌를·무찌를·죽일 장(戕)−통나무를 쪼개(爿조가널 장)듯이 창(戈창 과)을
속으로 밀어 넣는 것으로 찌르다·무찌르다·죽이다 라는 의미.
종·착할·숨길 장(臧)−전쟁에서 사로잡은 포로(臣포로 신)의 눈을 도망가지
못하게 찔러서(戕찌를 장) 노비로 만든 종·착하다·숨기다 라는 의미.
숨을·감출·곳간 장(藏)−풀(艹=艸풀 초) 속에 보이지 않게
몸을 숨기는(臧숨길 장) 것으로 숨다·감추다·곳간을 의미.
包藏(포장) 貯藏(저장) 埋藏(매장) 秘藏(비장) 所藏品(소장품)
無盡藏(무진장) 冷藏庫(냉장고) 笑裏藏刀(소리장도)
오장 장(臟)−몸(月=肉몸 육) 속에 감추고(藏감출 장) 있는 장기(臟器)로
오장(五臟)을 의미. 內臟(내장) 肝臟(간장) 臟物(장물) 強心臟(강심장)
胃腸藥(위장약) 臟器移植(장기이식) 五臟六腑(오장육부)

（甘甘）（柑柑）（紺紺）（某某）
（謀謀）（媒媒）（煤煤）

맛·달·쾌할 감(甘)−옛 글자를 보면 입(口입 구) 속에 음식(一)을 조금 넣고
맛을 보는 것으로 맛·맛이 좋다(맛나다)·달다·쾌하다(만족하다) 라는 의미.
甘受(감수) 甘草(감초) 甘美(감미) 甘露酒(감로주) 甘味料(감미료)
苦盡甘來(고진감래) 甘言利說(감언이설) 甘呑苦吐(감탄고토)
감귤 감(柑)−나무(木나무 목)에 맛이 단(甘맛·달 감) 열매가
열리는 감귤을 의미. 柑橘(감귤) 蜜柑(밀감) 柑皮(감피)
감색 감(紺)−실(糸가는실 사)에 쪽으로 물을 들인 색이
시원스러운(甘쾌할 감) 것으로 검은빛을 띤 어두운 남색인
감색을 의미. 紺色(감색) 紺靑(감청) 紺紙(감지)

아무 모(某)-원래는 맛(甘맛 감)이 좋은 열매가 열리는 나무(木나무 목)인
매화나무를 나타낸 것으로 후에 어떤 사람이나 사물을 꼭 지정하지
않고 이를 때 쓰는 말로 아무라는 의미로 가차됨.
某氏(모씨) 某種(모종) 某處(모처) 某時(모시) 某日(모일)
꾀할·의논할 모(謀)-어떤 일(某아무 모)을 잘 꾸며 내거나 해결하기
위해 서로 가지고 있는 생각을 말하는(言말할 언)것으로 꾀하다·
의논하다 라는 의미. 陰謀(음모) 圖謀(도모) 謀免(모면)參謀(참모)
無謀(무모) 謀議(모의) 逆謀(역모) 謀反(모반) 共謀者(공모자)
謀利輩(모리배) 權謀術數(권모술수) 中傷謀略(중상모략)
중매·중신들 매(媒)-딸(女딸·시집보낼 여)을 이름을 모르는
아무(某아무 모)에게 시집 보내기 위하여 중간에서 소개하는
것으로 중매·중신들다 라는 의미. 仲媒(중매) 媒體(매체) 媒介(매개)
溶媒(용매) 冷媒(냉매) 觸媒劑(촉매제) 言論媒體(언론매체)
그을음·석탄 매(煤)-어떤 물질(某아무 모)이 불(火불 화)에
탈 때 연기에 섞여 나오는 검은 먼지 같은 것으로
그을음·석탄을 의미. 煤煙(매연) 煤炭(매탄)

(生坐)(性㤬)(姓㜝)(星皨)
(産產)(薩薩)(顔顔)(隆隆)

날·해산할·살 생(生)-옛 글자를 보면 흙(土흙 토)을 뚫고 위로 나오는
새싹(屮떡잎날 철)의 모양을 본뜬 것으로 나다·해산하다(낳다)·살다
라는 의미. 生活(생활) 生産(생산) 學生(학생) 生態(생태) 生育(생육)
生辰(생신) 生鮮(생선) 殺生(살생) 誕生(탄생) 生物(생물) 生命(생명)
生老病死(생로병사) 生死苦樂(생사고락) 各自圖生(각자도생)
성질·성품·성별·색욕 성(性)-마음속(忄=心마음·속 심)에 본디부터
지니고 나오는(生날 생) 것으로 성질·성품·성별·색욕을 의미.
天性(천성) 性品(성품) 性別(성별) 性器(성기) 理性(이성) 異性(이성)
個性(개성) 性慾(성욕) 男性(남성) 性格(성격) 性質(성질) 特性(특성)
知性(지성) 性能(성능) 耐性(내성) 慢性病(만성병) 妥當性(타당성)
성·자손 성(姓)-모계 중심 사회에서 어머니가(女딸 녀) 낳은(生날 생)
자식에게 이어지는 어머니의 혈족 이름인 성(성씨)·자손을 의미.
姓名(성명) 百姓(백성) 姓氏(성씨) 集姓村(집성촌) 萬性譜(만성보)
通姓名(통성명) 同姓同本(동성동본) 易姓革命(역성혁명)
별 성(星)-해(日해 일)같이 빛을 내는(生날 생) 것으로 별을 의미.
流星(유성) 火星(화성) 星河(성하) 星雲(성운) 星座(성좌) 將星(장성)
恒星(항성) 星山別曲(성산별곡) 北斗七星(북두칠성) 人工衛星(인공위성)

낳을·생산할 산(產)-사람의 몸에 새겨 넣은 문신(文문채 문)같이 엄마의
뱃속(厂굴바위 엄)에 있던 아이가 흙을 뚫고 나오는(生날 생) 새싹처럼
엄마의 몸 밖으로 나오는 것으로 낳다·생산하다 라는 의미. 產母(산모)
倒産(도산) 財産(재산) 破産(파산) 遺産(유산) 産卵(산란) 資産(자산)
出産(출산) 産痛(산통) 生産品(생산품) 不動産(부동산) 畜産業(축산업)
보살·도울 살(薩)-풀(艹=艸풀 초)이 무성한 땅(阝=阜땅 부) 같은
사바세계의 중생들이 도를 깨달아 다시 새 사람으로 거듭
태아나게(産낳을 산) 제도(濟度)하고 보살피는 보살을 의미.
菩薩(보살) 菩提薩埵(보리살타) 薩水大捷(살수대첩)
얼굴 안(顏)-수염(須수염 수)이 나는(産낳을 산→产)
머리의 앞면으로 얼굴을 의미. 顏色(안색) 顏面(안면)
童顏(동안) 厚顏無恥(후안무치) 破顏大笑(파안대소)
높을·성할 륭(隆)-하늘에 제사를 지내는(夅하늘에예지낼 륭)
큰 언덕(阝=阜클·언덕 부)처럼 높다·성하다 라는 의미.
隆盛(융성) 隆起(융기) 隆崇(융숭) 隆熙(융희)

(而㐱)(耑㡰)(端蝪)
(耐䄨)(需霝)(儒㒯)

너·같을·말이을·어조사 이(而)-옛 글자를 보면 턱아래로 길게 난 턱수염을
본뜬 것으로 나중에 말을 이어주는 접속사·어조사·너·같다 라는 의미로
가차 됨. 學而(학이) 然而(연이) 而已(이이) 而已矣(이이의) 似而非(사이비)
形而上學(형이상학) 和而不同(화이부동) 敬而遠之(경이원지)
시초 단(耑)-옛 글자를 보면 식물이 땅아래로 턱수염(而턱수염 모양) 같은
뿌리를 내리고 땅위로 싹이 돋아나오는(屮떡잎날 철→山) 모양을 본뜬
것으로 돋아나오기 시작하는 싹같이 어떤 일의 맨 처음으로 시초를 의미.
시초·실마리·끝·바를 단(端)-옛 글자를 보면 사람(大)이 서 있는 땅(一) 위로
턱수염(而턱수염 모양) 같은 뿌리를 내리고 돋아나오기 시작하는
싹(屮떡잎날 철)과 같은 것으로 시초·실마리·끝·바르다 라는 의미.
尖端(첨단) 弊端(폐단) 端緒(단서) 端初(단초) 端午(단오)
極端(극단) 發端(발단) 異端(이단) 末端(말단) 端正(단정)
端整(단정) 端役(단역) 四端七情(사단칠정)
견딜 내(耐)-옛 글자를 보면 남자의 권위를 상징하는
턱수염(而턱수염 모양)이 손(寸헤아릴 촌)에 잡혀서 뽑히는
모욕을 참아 내는 것으로 견디다(참다) 라는 의미. 堪耐(감내)
忍耐(인내) 耐震(내진) 耐久力(내구력) 耐熱性(내열성)

기다릴·구할·쓸 수(需)-옛 글자를 보면 비(雨비 우)가
말을 잇는(而말이을 이) 것처럼 계속 내리니 나가지 못하고
비가 그치기를 바라는 것으로 기다리다→구하다→쓰다 라는 의미.
需要(수요) 需給(수급) 內需(내수) 特需(특수) 婚需(혼수) 祭需(제수)
應需(응수) 必需品(필수품) 盛需期(성수기) 非需期(비수기)
선비 유(儒)-사람(亻=人사람 인)에게 필요한 도리(道理)를
구하는(需구할 수) 선비를 의미. 儒敎(유교) 儒學(유학)
儒生(유생) 儒林(유림) 儒佛仙(유불선) 焚書坑儒(분서갱유)

(井 井)(耕 耕)

우물·우물난간·정전·반듯할 정(井)-물이 솟아나는 우물의 가장자리에
통나무를 네모나게 층층이 얹어서 만든 우물 난간을 본뜬 것으로
우물·우물난간·정전(井田)·반듯하다 라는 의미. 井田(정전) 油井(유정)
井然(정연) 市井雜輩(시정잡배) 天井不知(천정부지) 井臼之役(정구지역)
밭갈 경(耕)-쟁기(耒쟁기 뢰)로 정전(井정전 정)을 파 뒤집는 것으로
밭을 갈다 라는 의미. 農耕(농경) 息耕(식경) 筆耕士(필경사)
耕作地(경작지) 水耕栽培(수경 재배) 晝耕夜讀(주경야독)

(自 自)(鼻 鼻)(息 息)(憩 憩)

스스로·저절로·몸소·몸·자기·부터 자(自)-옛 글자를 보면 사람의
코 모양을 본뜬 것으로 원래는 코를 의미하는 글자였으나 제 힘으로
숨을 쉬는 코같이 스스로·저절로·몸소·몸·자기·부터라는 의미가 파생됨.
白(흰 백)자와 비슷. 自身(자신) 自己(자기) 自然(자연) 自由(자유)
自殺(자살) 各自(각자) 自我(자아) 自首(자수) 自白(자백) 自慢(자만)
自願(자원) 自責(자책) 自宅(자택) 自律(자율) 自尊心(자존심)
自負心(자부심) 自動車(자동차) 自救策(자구책) 自鳴鐘(자명종)
自畵像(자화상) 自販機(자판기) 自初至終(자초지종) 茫然自失(망연자실)
코·비로소 비(鼻)-스스로 숨을 쉬어 자기 몸(自스스로·자기·몸 자)에
산소를 공급하여 주는(畀줄 비) 부분으로 코·비로소(처음으로)라는 의미.
鼻炎(비염) 鼻音(비음) 鼻孔(비공) 阿鼻叫喚(아비규환)
吾鼻三尺(오비삼척) 耳鼻咽喉科(이비인후과)
숨쉴·살·쉴·날·자식 식(息)-코(自코 모양)로 공기를 들이마시고 내쉬어
심장(心염통 심)을 뛰게 하는 것으로 숨쉬다·살다·쉬다(그치다)·나다·
자식을 의미. 休息(휴식) 歎息(탄식) 安息處(안식처) 喜消息(희소식)
妻子息(처자식) 瞬息間(순식간) 萬波息笛(만파식적)
쉴 게(憩)-입안에 있던 혀(舌혀 설)가 나오게(째가 빠지게) 하던 일을
잠시 그치는(息그칠 식) 것으로 쉬다 라는 의미. 休憩室(휴게실)

(舌舌)(話話)(刮刮)(括括)

(活活)(闊闊)(舍舍)(捨捨)

혀 설(舌)-옛 글자를 보면 방패(干방패 간→千)처럼 생긴 혀가 입(口입 구)
밖으로 나와 있는 모양으로 혀를 의미. 告(고할 고)자와 비슷.
舌戰(설전) 毒舌(독설) 舌禍(설화) 長舌(장설) 口舌數(구설수)
말할·이야기할 화(話)-생각이나 느낌을 혀(舌혀 설)를 움직여 소리를
내어 말(言말씀 언)로 나타내는 것으로 말하다·이야기하다 라는 의미.
談話(담화) 對話(대화) 話題(화제) 電話(전화) 話頭(화두)
童話(동화) 說話(설화) 會話(회화) 偶話(우화) 話術(화술)
秘話(비화) 檀君神話(단군신화) 千一夜話(천일야화)
비빌·긁을 괄(刮)-혀(舌혀 설)로 핥듯이 칼(刂=刀칼 도)이 바닥이나
거죽을 살짝 닿으면서 지나가게 문지르는 것으로 비비다→긁다
라는 의미. 刮目相對(괄목상대) 龜背刮毛(귀배괄모)
쌀·묶을 괄(括)-손(扌=手손 수)으로 입 안에 들어 있는 혀(舌혀 설)같이
감싸서 빠져나가지 못하게 막는 것으로 싸다·묶다 라는 의미. 總括(총괄)
包括(포괄) 槪括(개괄) 統括(통괄) 尾括式(미괄식) 括約筋(괄약근)
살 활(물콸콸흐를 괄)(活)-물(氵=水물 수)이 혀(舌혀 설)를 움직여
소리를 내듯이 세차게 쏟아져 나오는 소리를 내며 흐르는 것으로
물이 콸콸 흐르다 라는 의미로 물이 콸콸 흘러가는 것처럼 목숨을
이어 가는 것으로 살다 라는 의미가 파생됨. 浩(넓고클 호)자와 비슷.
活動(활동) 生活(생활) 復活(부활) 快活(쾌활) 活魚(활어) 自活(자활)
死活(사활) 活躍(활약) 活況(활황) 活力素(활력소) 再活用(재활용)
넓을 활(闊)-닫혀 있는 문(門문 문)을 활짝 열어젖히니 콸콸
흘러가는 물처럼(活물콸콸흐를 괄) 널리 이르는 것으로
넓다 라는 의미. 闊步(활보) 廣闊(광활) 闊葉樹(활엽수)
집·쉴·놓을 사(舍)-옛 글자를 보면 길을 가던 나그네들이
봇짐을 내려놓고 임시로 머무르는 건물을 그린 것으로
집(여관)·쉬다·놓다 라는 의미. 廳舍(청사) 驛舍(역사)
畜舍(축사) 官舍(관사) 舍宅(사택) 舍監(사감) 寄宿舍(기숙사)
베풀·버릴 사(捨)-손(扌=手손 수)에 들고 있는 것을 남에게
내놓는(舍놓을 사) 것으로 베풀다·버리다 라는 의미.
拾(주울 습)자와 비슷. 喜捨(희사) 捨石(사석) 四捨五入(사사오입)
取捨選擇(취사선택) 捨生取義(사생취의)

(靑 青)(淸 淸)(請 請)

(晴 晴)(情 情)(精 精)

푸를·젊을 청(靑)-옛 글자를 보면 흙(土흙 토)을 뚫고 돋아나는
싹(屮움날 철)과 우물에서 솟아나는 물(井우물물 정)같이 푸르다·젊다
라는 의미. 靑史(청사) 靑雲(청운) 靑春(청춘) 靑少年(청소년)
靑銅器(청동기) 靑寫眞(청사진) 靑出於藍(청출어람)

맑을·청렴할·정결할 청(淸)-푸른(靑푸를 청) 물(氵=水물 수)같이
맑다·청렴하다·청결하다 라는 의미. 淸潔(청결) 淸明(청명)
淸貧(청빈) 淸掃(청소) 淸算(청산) 淸廉(청렴) 肅淸(숙청)
淸酒(청주) 淸白吏(청백리) 淸風明月(청풍명월)

청할 청(請)-나이가 젊은(靑젊을 청) 사람이 웃어른을 뵙고
자신의 생각이나 느낌을 말하는(言말할 언) 것으로
청하다(바라다·부르다·청탁하다) 라는 의미. 申請(신청) 請願(청원)
請婚(청혼) 請託(청탁) 招請(초청) 要請(요청) 請約(청약)
懇請(간청) 提請(제청) 請求書(청구서) 不請客(불청객)

날갤 청(晴)-비나 눈이 그치고 날(日날 일)이 푸른(靑푸를 청) 하늘같이
밝고 선명해 지는 것으로 날이 개다 라는 의미. 快晴(쾌청) 晴天(청천)
淸明(청명) 晴耕雨讀(청경우독)

정·뜻·실상 정(情)-흙(土흙 토)을 뚫고 나오는 싹(屮움날 철)과 우물에서
솟아나는 물(井우물물 정)같이 마음속(忄=心마음·속 심)에서 생기는
감정으로 정·뜻·실상을 의미. 表情(표정) 冷情(냉정) 情緖(정서)
情熱(정열) 情勢(정세) 情報(정보) 情景(정경) 情慾(정욕)
情趣(정취) 感情(감정) 愛情(애정) 情談(정담) 情況(정황)

찧은쌀·정할·가릴·세밀할·전일할·정기 정(精)-벼를 찧어서 껍질을 벗겨
밝고 선명하게(靑푸를 정) 만든 흰쌀(米쌀 미)을 나타낸 것으로
찧은 쌀·정하다(맑고 깨끗하다)·가리다·세밀하다·전일하다·정기(정신)를
의미. 精密(정밀) 精誠(정성) 精神(정신) 精靈(정령) 精巧(정교)
精舍(정사) 精選(정선) 精肉(정육) 精米所(정미소)

(冎 冎)(咼 咼)(過 過)

(禍 禍)(骨 骨)(滑 滑)

(咼 禍) (髓 髓) (別 剛 別)

뼈발라낼 과(咼)-옛 글자를 보면 곁에 둘러싸여 있는 살을 도려내고
속의 뼈를 따로 추려낸 모양으로 뼈를 발라내다 라는 의미.

입비뚤어질 괘(와)(咼)-입 주위에 둘러싸여 있는 살을 도려내고 속의
뼈를 따로 추려낸(咼뼈발라낼 과) 것처럼 입(口입 구)이 반듯하지
않고 한 쪽으로 기울어진 것으로 입이 비뚤어지다 라는 의미.

그릇할·허물·넘을·지날·지난날 과(過)-사람이 걸어가는(辶=辵쉬엄쉬엄갈 착)
모양이 입이 비뚤어진(咼입비뚤어질 와) 것처럼 반듯하지 않고 한 쪽으로
기울어진 것으로 법도에 맞지 않게 잘못되게 하는 것으로 그릇하다(잘못)·
(그릇된 실수)허물·넘다(정도가 넘치다)·(한도를 넘다)지나다·지난날을 의미.
謝過(사과) 過去(과거) 過度(과도) 過失(과실) 過程(과정) 超過(초과)
過誤(과오) 過激(과격) 過熱(과열) 通過(통과) 過怠料(과태료)
過半數(과반수) 過猶不及(과유불급) 改過遷善(개과천선)

재앙·재화 화(禍)-신(示귀신 기)이 사람에게 입이 비뚤어지는
(咼입비뚤어질 와) 것과 같은 해를 입히는 것으로 재앙·재화를 의미.
災殃(재앙) 災禍(재화) 禍根(화근) 轉禍爲福(전화위복)
吉凶禍福(길흉화복) 滅門之禍(멸문지화)

뼈·골자·꼿꼿할 골(骨)-몸을 꼿꼿하게 지탱해 주기 위해 살 속에 있는 곧고
단단한 조직으로 살(月=肉살 육)을 도려내고 따로 추려낸(咼뼈발라낼 과)
것으로 뼈·골자(골격)·꼿꼿하다 라는 의미. 骨格(골격) 骨幹(골간)
氣骨(기골) 骨盤(골반) 骨髓(골수) 骨折(골절) 遺骨(유골) 骸骨(해골)
露骨的(노골적) 烏骨鷄(오골계) 刻骨難忘(각골난망) 換骨奪胎(환골탈태)
粉骨碎身(분골쇄신) 皮骨相接(피골상접) 骨肉相爭(골육상쟁)

미끄러울 활(익살스러울 골)(滑)-흘러가는 물(氵=水물 수)처럼 저절로
밀려 나갈 정도로 뼈(骨뼈 골)에 기름이 묻어 있어 반들반들한 것으로
미끄럽다→익살스럽다 라는 의미. 圓滑(원활) 滑降(활강) 滑空(활공)
潤滑油(윤활유) 滑走路(활주로) 滑稽(골계) 滑稽畵(골계화)

교활할 활(猾)-중국의 산해경(山海經)이라는 책에 등장하는 상상 속의
짐승으로 개(犭=犬개 견)처럼 생겼고 뼈(骨뼈 골)가 없는 간사하고 꾀가
많은 짐승을 나타낸 것으로 교활하다 라는 의미. 狡猾(교활) 奸猾(간활)

뼛골·골수·마음속 수(髓)-뼈(骨뼈 골) 사이의 공간을
따라(遀=隨따를 수의 옛 글자) 가득 차 있는 부드러운 조직으로
뼛골·골수·마음속을 의미. 骨髓(골수) 精髓(정수) 髓液(수액) 骨髓(골수)

분별할·이별할·다를 별(別)-옛 글자를 보면 살을 도려내고 속의 뼈를
따로 발라내는(咼뼈발라낼 과→另나눌 령→冎) 것처럼 칼(刂=刀칼 도)로
갈라서 서로 떨어지게 하는 것으로 분별하다·이별하다·다르다 라는
의미. 區別(구별) 分別(분별) 離別(이별) 特別(특별) 別名(별명)
識別(식별) 訣別(결별) 鑑別師(감별사) 千差萬別(천차만별)

（鬼鬼）（愧愧）（塊塊）（醜醜）

귀신·뜬것 귀(鬼)－눈이 네 개 달린 머리(由귀신머리 불)와
사람(儿어진사람 인)처럼 다리가 있고 꼬리(厶)가 달린 도깨비를
상상하여 만든 글자로 귀신(도깨비)·뜬것(여기저기 떠돌아다니는
못된 귀신)을 의미. 鬼神(귀신) 魔鬼(마귀) 惡鬼(악귀) 鬼才(귀재)
吸血鬼(흡혈귀) 鬼哭聲(귀곡성) 神出鬼沒(신출귀몰)

부끄러워할 괴(愧)－마음(忄=心마음 심)에 귀신(鬼귀신 귀)을
본 것같이 거리끼어 대할 면목이 없는 것으로 부끄러워하다
라는 의미. 自愧(자괴) 憤愧(분괴)

흙덩어리 괴(塊)－흙(土흙 토)이 엉기어 뭉쳐져 홀로 여기저기 떠돌아다니는
못된 귀신(鬼뜬것 귀)처럼 따로 이루어진 것으로 흙덩어리를 의미.
金塊(금괴) 塊石(괴석) 剛塊(강괴) 傾動地塊(경동지괴)

더러울·추할 추(醜)－술(酉술 유)에 취하여 여기저기 떠돌아다니는 못된
귀신(鬼뜬것 귀)같이 지저분하고 흉한 것으로 더럽다·추하다 라는 의미.
醜雜(추잡) 醜態(추태) 醜聞(추문) 醜惡(추악) 醜男(추남) 性醜行(성추행)

（鹿鹿鹿）（麗麗麗）（慶慶）
（塵塵塵）（麂麂）（薦薦）

사슴 록(鹿)－옛 글자를 보면 머리위 양쪽에 뿔이 나란히
붙어 있는 사슴의 모양을 본뜬 것으로 사슴을 의미.
鹿角(녹각) 小鹿島(소록도) 白鹿潭(백록담) 指鹿爲馬(지록위마)

고울·빛날 려(麗)－옛 글자를 보면 사슴(鹿사슴 록)의 머리위 양쪽에
나란히 붙어(丽붙을 려) 있는 두 뿔을 나타낸 것으로 사슴의 뿔같이
곱다·빛나다 라는 의미. 華麗(화려) 秀麗(수려) 麗水(여수)
高句麗(고구려) 美辭麗句(미사여구)

경사·복·하례할 경(慶)－사슴(鹿사슴 록)은 십장생(十長生) 중의
하나로 장수(長壽)나 祿(녹봉 록)과 발음이 같아서 벼슬을
상징하는 동물로 장수(長壽)나 벼슬을 축하하여 우러러 받들고
마음으로 따르는(癶-愛사모할 애의 옛글자) 예(禮)를 차리는 것으로
경사·복·하례하다 라는 의미. 慶事(경사) 慶賀(경하) 慶福(경복)
慶祝辭(경축사) 慶弔事(경조사) 國慶日(국경일) 建陽多慶(건양다경)

티끌 진(塵)－옛 글자를 보면 여러 마리의 사슴들이(麤→鹿사슴 록)
걸어갈 때 흙(土흙 토)이 일어나 날리는 먼지 같은 것으로 티끌을 의미.
粉塵(분진) 風塵(풍진) 塵肺症(진폐증) 積塵成山(적진성산)

해태 치(해태 태)(廌)-옛 글자를 보면 옳고 그름을 가릴 줄 안다는 전설에 나오는 동물로 머리에 뿔이 있고 몸은 비늘로 덮여 있으며 겨드랑이에는 날개 같은 깃털이 돋아 있는 모양을 상상하여 만든 글자로 해태(해치)를 의미.

천거할 천(薦)-풀(++=艸풀 초)처럼 돋아난 인재를 옳고 그름을 가릴 줄 아는 해태(廌해태 치)같이 가려내 어떤 자리에 추천하는 것으로 천거하다 라는 의미. 推薦(추천) 薦擧(천거) 公薦(공천) 薦度齋(천도재)

(几几)(飢劍)(凡尺)(汎㲴)

상·기댈상 궤(几)-원래는 제사를 지낼 때 제물(祭物)을 얹어 놓는 다리가 달린 탁상을 본뜬 것으로 사람이 앉아 있을 때 팔을 얹어 몸을 기대는 것으로 기댈상(안석)을 의미. 書几(서궤) 賜几杖(사궤장)

곯을·굶을·주릴·흉년들 기(飢)-농사가 잘 되지 않아 먹을(食먹을 식) 것이 적어서 제사를 지낼 때 제사상(几상 궤)에 제물(祭物)을 양껏 얹어 놓지 못하여 좀 비어 있는 것처럼 배가 차지 못하는 것으로 곯다·주리다· 굶다·흉년들다 라는 의미. 虛飢(허기) 飢餓(기아) 飢渴(기갈)

대개·무릇·범상할·모두 범(凡)-옛 글자를 보면 속이 비어 있는 사각틀에 반죽한 흙을 채우고 다져 같은 모양의 흙벽돌을 찍어내는 형틀(거푸집)을 본뜬 것으로 후에 음을 빌어 대개(대부분)·무릇(대저·대체로 보아)·범상하다 (평범하다)·모두(전체)라는 의미로 가차됨. 平凡(평범) 非凡(비범) 凡常(범상) 凡夫(범부) 凡例(범례) 凡事(범사) 凡失(범실) 禮儀凡節(예의범절)

뜰·띄울·떠나갈·넓을 범(汎)-물(氵=水물 수) 위에 형틀(凡)로 찍어낸 흙벽돌이 내려앉지 않고 땅 위에 솟아있는 것처럼 솟아 가라앉지 않는 것으로 뜨다·띄우다·떠나가다·넓다(널리 미치다) 라는 의미. 汎濫(범람) 汎用(범용) 汎意(범의) 汎論(범론) 汎國民(범국민)

(亢穴)(抗扝)(航舷)(坑阬)

가릴·용마루·높을·오를·목·목구멍 항(亢)-옛 글자를 보면 짚으로 가운데가 등성이지게 길게 틀어 엮은 이엉(용마름)으로 양쪽으로 경사진 지붕 가운데 부분의 가장 높은 곳을 덮은 모양으로 가리다·용마루·높다· 오르다·목·목구멍을 의미. 亢進症(항진증) 亢龍有悔(항룡유회)

막을·항거할·대적할·겨룰 항(抗)-손(扌=手손 수)으로 용마루를 이엉(용마름)으로 덮듯이 가리는(亢용마루·가릴 항) 것으로 막다·항거하다·대적하다(대항하다)·겨루다 라는 의미. 抵抗(저항) 對抗(대항) 反抗(반항) 抗議(항의) 抗拒(항거) 抗辯(항변) 抗爭(항쟁) 抗菌(항균) 抗生劑(항생제) 抗訴審(항소심) 不可抗力(불가항력)

배질할·건널 항(航)-배(舟배 주)가 물길을 거슬러 오르게(亢오를 항) 노를 젓는 것으로 배질하다·건너다 라는 의미. 航海(항해) 運航(운항)

航路(항로) 順航(순항) 缺航(결항) 密航(밀항) 航空機(항공기)
구덩이·묻을 갱(坑)-땅(土땅 토) 속으로 목구멍(亢목구멍 항)처럼
깊숙이 파 들어간 굴처럼 생긴 구덩이·묻다 라는 의미.
坑道(갱도) 坑木(갱목) 焚書坑儒(분서갱유)

(弋ᕀ)(代ᑊᕵ)(貸ᕱ)

(垈垈)(貳貳)

주살·취할 익(弋)-화살의 머리를 시위에 끼도록 도려낸 오늬에
줄을 매어 쏘는 주살을 본뜬 것으로 화살에 줄을 매면
잃어버리지 않고 줄을 거두어 다시 사용할 수 있으니
취하다 라는 의미가 파생 됨. 弋不射宿(익불사숙)
대수·대신할 대(代)-사람(亻=人사람 인)이 줄이 연결되어 있는
주살(弋주살 익)처럼 이어져 계속되는 것으로 대수(代數)·대신하다
라는 의미. 伐(칠 벌)자와 비슷. 後代(후대) 時代(시대) 近代(근대)
代役(대역) 代替(대체) 代價(대가) 代表(대표) 現代(현대) 代身(대신)
代案(대안) 代理人(대리인) 代辯人(대변인) 代用品(대용품)
빌려줄 대(貸)-돈(貝재물 패)을 받은 대신(代대신할 대)에 물건이나
부동산을 주거나 물건이나 부동산(貝재물 패)을 담보로 받은
대신(代대신할 대)에 돈을 주는 것으로 빌려주다 라는 의미.
賃貸(임대) 貸與(대여) 貸出(대출) 貸付(대부) 賃貸借(임대차)
집터 대(垈)-조상 대대(代대수 대)로 살아온 집이 있거나 있었던
땅(土땅 토)으로 집터를 의미. 垈地(대지) 裸垈地(나대지)
둘·버금·두마음 이(貳)-弍(二둘 이의 옛 글자)자에 획수를 늘리기
위해 貝(재물 패)자를 더한 것으로 문서나 계약서 등에 돈의
액수를 기록할 때 고치지 못하도록 쓰는 二(둘 이)자의
갖은자로 둘·버금·두 마음을 의미. 任賢勿貳(임현물이)
二十一萬三千五百圓→貳拾壹萬參阡伍佰圓(이십일만삼천오백원)

(支ᕲᕳ)(枝ᕱ)(技ᕱ)

(壹ᕲ)(鼓ᕱ)(喜ᕲ)

(囍囍ᕱ)(尌ᕱ)(樹ᕱ)

가지·사지·갈러날·내줄·지탱할·지지 지(支)-옛 글자를 보면 손(⺕→
又오른손 우)에 쥐고 있는 나뭇가지(木나무 목→十)를 나타낸 것으로
가지→사지→가르다(갈리다)→내주다→지탱하다(버티다)→지지(地支)를
의미. 支援(지원) 支拂(지불) 支給(지급) 依支(의지) 支持(지지)
支配(지배) 干支(간지) 地支(지지) 支柱(지주) 支店(지점) 支社(지사)
收支打算(수지 타산) 氣管支炎(기관지염) 支離滅裂(지리멸렬)
가지 지(枝)-나무(木나무 목)의 원줄기에서 갈라져 나온(支갈러날 지) 줄기로
가지를 의미. 枝葉(지엽) 幹枝(간지) 連理枝(연리지) 金枝玉葉(금지옥엽)
재주 기(技)-손(扌=手손 수)에서 갈라져 나온(支갈러날 지) 것으로
손을 놀려 물건을 만드는 것이 재치가 있고 교묘한 것으로 재주를
의미. 技術(기술) 技能(기능) 特技(특기) 演技(연기) 技(묘기)
競技(경기) 技巧(기교) 格鬪技(격투기) 酒色雜技(주색잡기)
악기이름 주(豈)-옛 글자를 보면 틀에 북을 매달아 놓은
모양으로 악기의 이름을 의미. 壹(하나 일)자와 비슷.
북·칠 고(鼓)-틀에 매달아 놓은 북(豈악기이름 주)을 손에 쥐고 있는
나뭇가지(支가지 지) 같은 채로 두드려 소리내는 것으로 북·(북을)치다
라는 의미. 鼓吹(고취) 鼓動(고동) 小鼓(소고) 法鼓(법고)
鼓舞的(고무적) 申聞鼓(신문고) 自鳴鼓(자명고)
기쁠 희(喜)-악기(豈악기이름 주)를 연주하고 입(口입 구)으로 즐겁게 노래를
부르는 것으로 기쁘다(기쁨) 라는 의미. 歡喜(환희) 喜悅(희열) 喜悲(희비)
喜劇(희극) 喜捨(희사) 喜壽(희수) 喜消息(희소식) 喜怒哀樂(희로애락)
쌍희 희(囍)-기쁨(喜기쁠 희)에 기쁨(喜기쁠 희)을 더한 것으로 기쁜 일이
잇달아 일어나거나 그러기를 바라는 것으로 쌍희(雙喜)를 의미.
세울 주(尌)-북을 매달아 놓은 틀(豈악기이름 주)처럼 규칙이나
법도(寸규칙·법도 촌)를 똑바로 서게 하는 것으로 세우다 라는 의미.
나무·심을·세울 수(樹)-나무를 곧게(木나무·곧을 목) 서 있게(尌세울 주)
하는 것으로 나무·심다·세우다 라는 의미. 樹立(수립) 植樹(식수)
(樹齡(수령) 街路樹(가로수) 果樹園(과수원) 常綠樹(상록수)
闊葉樹(활엽수) 葉樹(낙엽수) 葉樹(침엽수) 風樹之嘆(풍수지탄)

(文𡥜)(紋紋)(閔閔)(憫憫)

글월·편지·문채·아롱질·빛날 문(文)-옛 글자를 보면 사람의 몸에 새긴
문양을 뜬 것으로 몸에 문신을 새기는 것같이 말을 적는 글월(글자·글)·
편지·문채·아롱지다·빛나다 라는 의미. 文字(문자) 文書(문서) 文盲(문맹)
漢文(한문) 文物(문물) 文身(문신) 散文(산문) 文藝(문예) 文明(문명)
文章(문장) 文句(문구) 文學(문학) 論文(논문) 碑文(비문) 文具店(문구점)
文化財(문화재) 文房四友(문방사우)
무늬 문(紋)-실(糸가는실 멱)로 피륙에 수놓은 아롱진(文아롱질 문) 형상으로
무늬(문채)를 의미. 紋樣(문양) 指紋(지문) 波紋(파문) 花紋席(화문석)

위문할·가엾게여길·성씨 민(閔)-불행에 처한 집의 문(門집·문 문) 앞에
위로하기 위해 방문한 사람(文착할 문)이 서 있는 것으로
위문하다·가엾게 여기다·성씨를 의미. 閔妃(민비)
불쌍히여길 민(憫)-마음속(心마음·속 심)으로 가엾게 여기는(閔가엾게여길 민)
것으로 불쌍히 여기다 라는 의미. 憐憫(연민) 憫憫(민망)

(气彡)(氣氣)(汽彳)

구름기운 기(气)-허공에 떠다니는 구름을 본뜬 것으로 생기고 사라지고
모이고 흩어지고 오르고 내리는 구름같이 움직이는 것으로 기운을 의미.
기운·숨·정기 기(氣)-구름 기운(气구름기운 기)처럼 살아 움직이게 하는
것으로 생존을 위해 먹는 쌀(米쌀 미)같이 생명을 유지하고 활동하는
힘의 근원이 되는 것으로 기운·숨·정기를 의미. 景氣(경기) 電氣(전기)
氣溫(기온) 氣候(기후) 空氣(공기) 勇氣(용기) 氣分(기분) 氣流(기류)
氣壓(기압) 氣體(기체) 煙氣(연기) 香氣(향기) 浩然之氣(호연지기)
氣高萬丈(기고만장) 氣絶招風(기절초풍) 士氣衝天(사기충천)
물끓는김 기(汽)-물(氵=水물 수)이 끓을 때 허공에 떠다니는
구름(气구름기운 기)같이 나오는 더운 기운으로 김(수증기)을 의미.
汽車(기차) 汽笛(기적) 汽船(기선)

(父彐)(釜釜)

아비 부(父)-옛 글자를 보면 손(彐)에 지팡이(丨)를 들고 있는
모양으로 먹을 것을 나누어(八여덟·나눌 팔) 한 가정을 어질게
다스리는(乂어질·다스릴 예) 집안의 어른으로 아비(아버지)를 의미.
父親(부친) 父母(부모) 祖父(조부) 師父(사부) 父爲子綱(부위자강)
漁父之利(어부지리) 父傳子傳(부전자전) 君師父一體(군사부일체)
가마 부(釜)-옛 글자를 보면 손으로 잡을 수 있는 볼록한(彐) 손잡이가
달려 있는 뚜껑으로 아가리를 덮을 수 있게 바닥이 우묵하고 네 개의
귀가 달리고 다리가 없게 거푸집에 쇠(金쇠 금)를 녹여 부어서 만든
솥으로 가마(가마솥)를 의미. 釜山(부산) 京釜線(경부선) 破釜沈船(파부침선)

(牙牙)(芽芽)(雅雅)(邪邪)

엄니·어금니·대장기 아(牙)-옛 글자를 보면 위턱의 송곳니가 아래턱의
송곳니와 맞물려 주둥이 밖으로 튀어나온 끝이 뾰족한 멧돼지의
두 송곳니를 본뜬 것으로 엄니(송곳니)→어금니→대장기를 의미.
齒牙(치아) 官牙(관아) 建牙(건아) 牙錢(아전) 牙城(아성) 象牙塔(상아탑)
싹 아(芽)-풀(++=艸풀 초)이 두 송곳니(牙엄니 아)처럼 돋아나오는
떡잎으로 싹을 의미. 胚芽(배아) 發芽(발아) 麥芽(맥아)

바를·우아할 아(雅)-원래는 송곳니(牙엄니 아)처럼 굵고 끝이 뾰족한
부리를 가진 까마귓과의 새 중에서 크기가 제일 작은 새(隹새 추)인
갈까마귀를 의미하는 것으로 다른 종류의 까마귀들과 달리 눈에
흰자위가 있고 목둘레와 가슴, 배가 흰색이고 아름다운 소리를 내는
갈까마귀의 모양에서 바르다·우아하다 라는 의미가 파생됨. 雅量(아량)
雅淡(아담) 清雅(청아) 優雅(우아) 端雅(단아) 雅號(아호) 溫雅(온아)
간사할 사(邪)-옛 글자를 보면 구부러진 멧돼지의 송곳니(牙엄니 아)같이
바르지 못하게 남을 속이고 말을 꾸며대면서 알랑거리는(阝=邑아첨할 압)
것으로 간사하다 라는 의미. 邪惡(사악) 奸邪(간사) 邪慝(사특)
衛正斥邪(위정척사) 己亥邪獄(기해사옥)

(用 甩)(庸 庸)(傭 傭)(備 備 備)

쓸·부릴 용(用)-나무조각을 원형으로 붙여서 둘레에 대나무 마디 같은
테를 둘러 만든 나무통을 본뜬 것으로 무엇를 담는데 사용하는 통처럼
도구(道具)로 쓰다·부리다 라는 의미. 使用(사용) 雇用(고용) 應用(응용)
利用(이용) 費用(비용) 採用(채용) 用量(용량) 作用(작용) 用度(용도)
用務(용무) 惡用(악용) 用器(용기) 用件(용건) 任用(임용)
再活用(재활용) 乘用車(승용차) 無用之物(무용지물)
쓸·고용할·떳떳할·범상할·용렬할 용(庸)-집(广돌집 엄)에서 손(크)에 든
절굿공이(l)로 곡식을 찧듯이 필요에 따라 이롭게 골라 쓰는(用쓸 용)
것으로 쓰다·고용하다·떳떳하다·범상하다·용렬하다(어리석다) 라는 의미.
庸劣(용렬) 中庸(중용) 登庸(등용)
고용살이할·품팔이할 용(傭)-사람(亻=人사람 인)이 삯을 받고 남의 일을
하여 주는(庸고용할 용) 것으로 고용살이하다·품팔이하다 라는 의미.
雇傭(고용) 傭兵(용병) 日傭(일용) 常傭(상용) <참고> 雇傭(고용)은 삯을
받고 남의 일을 해주는 것이고 雇用(고용)은 삯을 주고 사람을 부리는 것임.
갖출·방비할 비(備)-옛 글자를 보면 사람(亻=人사람 인)이 전쟁에 쓸
화살을 화살통에 담고(葡=𤰇갖출 비) 있는 모양으로 필요한 것을
미리 준비하는 것으로 갖추다·방비하다 라는 의미. 準備(준비)
對備(대비) 守備(수비) 具備(구비) 豫備(예비) 再整備(재정비)
無防備(무방비) 警備員(경비원) 常備藥(상비약) 備忘錄(비망록)
常備軍(상비군) 有備無患(유비무환) 才色兼備(재색겸비)

(周 周)(週 週)(調 調)

두루·둘레·주밀할 주(周)-옛 글자를 보면 말하고 먹고 마시고
부르는 데에 두루두루 쓰이는(用쓸용) 입(口입 구)을 나타낸
것으로 두루·둘레·주밀하다 라는 의미. 周圍(주위) 周邊(주변)
圓周(원주) 周旋(주선) 周知(주지) 周年(주년) 周易(주역)

周波數(주파수) 用意周到(용의주도) 周遊天下(주유천하)
주일·이레 주(週)–일요일부터 토요일까지 빠짐 없이 골고루(周두루 주)
돌아가는(辶=辵쉬엄쉬엄갈 착) 칠요일을 이르는 것으로 주일·이레(일곱 날)를
의미. 週末(주말) 每週(매주) 今週(금주) 週期的(주기적) 週刊誌(주간지)
고를·조사할 조(調)–말(言말씀 언)을 빠짐 없이 골고루(周두루 주)
하는 것으로 고르다·조사하다 라는 의미. 調整(조정) 調査(조사)
調節(조절) 協調(협조) 調和(조화) 强調(강조) 順調(순조)
調律(조율) 調達(조달) 調味料(조미료)

(甬甬)(通通)(痛痛)
(勇勇)(誦誦)(桶桶)

쇠북꼭지·휘·솟아오를·골목길 용(대롱 동)(甬)–쇠북(범종)의 가장 위쪽
한 가운데에 볼록하게 솟아있는 속은 비어 있고 구멍이 뚫려 있는
대나무 마디 모양의 소리 대롱으로 종소리의 울림을 도와 주는
음관(音管)을 본뜬 것으로 쇠북꼭지(용통=음관=음통)·휘(곡식을 되는 그릇)·
솟아오르다·골목길·대롱을 의미. 角(뿔 각)자와 비슷. 甬筒(용통)
통할·뚫릴·지날·형통할·왔다갔다할·사귈·간음할·통창할·모두·널리·통 통(通)–
속은 비어 있고 양쪽으로 뚫려 있는 통대의 토막(甬대롱 동)같이 막힘
없이 트여 있는 길을 걸어가는(辶=辵쉬엄쉬엄갈 착) 것으로 통하다·
뚫리다·지나다·형통하다·왔다갔다하다(왕래하다)·사귀다·간음하다·
통창하다(환히 알다)·모두·널리·통(서류·편지·전화 등을 세는 단위)을 의미.
通達(통달) 疏通(소통) 流通(유통) 普通(보통) 融通(융통) 共通(공통)
通過(통과) 交通(교통) 通信(통신) 通行(통행) 通常(통상) 通話(통화)
開通(개통) 通路(통로) 姦通(간통) 通譯(통역) 萬事亨通(만사형통)
아플·상할·심할 통(痛)–병(疒병 녁)이 생긴 부위에서 솟아오르는
(甬솟아오를 용) 괴로운 느낌으로 아프다·상하다·심하다(몹시) 라는
의미. 苦痛(고통) 痛症(통증) 痛歎(통탄) 哀痛(애통) 陣痛(진통)
痛快(통쾌) 痛感(통감) 鎭痛劑(진통제) 大聲痛哭(대성통곡)
날랠·용맹할 용(勇)–쇠북꼭지에서 솟아오르는(甬쇠북꼭지·솟아오를 용)
종소리같이 움직임이 힘(力힘 력)이 가득하고 넘치는 것으로 날래다·
용맹하다(용감하다) 라는 의미. 勇猛(용맹) 勇敢(용감) 勇氣(용기)
勇退(용퇴) 武勇談(무용담) 勇猛精進(용맹 정진) 勇敢無雙(용감무쌍)
읽을·욀·말할 송(誦)–쇠북꼭지에서 솟아오르는(甬쇠북꼭지·솟아오를 용)
종소리같이 글을 소리를 내어 말(言말씀 언)로써 나타내는 것으로
읽다·외다·말하다 라는 의미. 暗誦(암송) 愛誦(애송) 稱誦(칭송) 誦詠(송영)

통 통(桶)-나무(木나무 목)로 속은 비어 있고 위쪽은
터져 있는 휘(甬휘 용)처럼 만든 것으로 통을 의미.
水桶(수통) 鐵桶(철통) 休紙桶(휴지통) 沐浴桶(목욕통)

(甫甫)(補補)(浦浦)(捕捕)
(尃尃)(博博)(蒲蒲)(薄薄)
(簿簿)(搏搏)(縛縛)(賻賻)

아무개·클 보(甫)-옛 글자를 보면 나무를 배모양으로 깎고 가운데를
오목하게 판 홈에 씨실을 둥글게 감은 실꾸리를 넣은 후에 실꾸리가
솟아 나오지 못하도록 대쪽으로 된 북바늘을 끼워 고정시키고 북 옆에
뚫린 구멍으로 실가닥이 나오게 되어 있는 베틀의 북 모양을 본뜬 것으로
음이 父(사내 보)와 같아서 남자의 이름 뒤에 붙이는 미칭으로 아무개(씨)·
크다 라는 의미로 가차(假借) 됨. 杜甫(두보) 濁甫(탁보) 甫吉島(보길도)

기울·도울 보(補)-천 조각을 맞대고 꿰매어 옷(衤=衣옷·입을 의)을
만들듯이 해진 데에 다른 조각을 대고 베틀의 날실 사이를
왔다갔다하는 북(甫)같이 실을 이리저리 얽어서 꿰매는 것으로
깁다(고치다)·돕다(보태다) 라는 의미. 補助(보조) 補充(보충) 轉補(전보)
補藥(보약) 補强(보강) 補修(보수) 補完(보완) 補職(보직) 補語(보어)
立候補(입후보) 補給路(보급로) 補償金(보상금) 補佐官(보좌관)

개·물가 포(浦)-강이나 내에 바닷물(氵=水물 수)이 베틀의 날실
사이를 왔다갔다하는 북(甫)처럼 드나드는 곳으로 개·물가를 의미.
浦口(포구) 木浦(목포) 長生浦(장생포) 濟物浦(제물포)

잡을 포(捕)-손(扌=手손 수)으로 베틀의 날실 사이를 왔다갔다하는
북(甫)같이 이리저리 달아나는 것을 붙들어 쥐는 것으로
잡다 라는 의미. 逮捕(체포) 捕獲(포획) 捕卒(포졸)
捕縛(포박) 捕捉(포착) 捕鯨船(포경선) 捕盜廳(포도청)

펼·깔·두루 부(尃)-옛 글자를 보면 북(甫)을 베틀의 날실 사이를
왔다갔다하게 손(寸)을 움직여서 씨실을 풀어 베를 짜나가듯이
어떤 일을 차리어 벌이는 것으로 펴다·깔다·두루를 의미.
尃(오로지 전)자와 비슷.

장기·통할·넓을 박(博)-십자(十) 모양의 네거리처럼 여러 방향으로 갈라진
줄을 그린 판 위의 경로를 따라 날실의 틈으로 왔다 갔다하는 북같이
번갈아가며 말을 두루(尃두루 부) 움직여 나가는 것으로 장기(노름)→
통한다→넓다 라는 의미. 賭博(도박) 博士(박사) 博識(박식) 該博(해박)
博愛(박애) 博譜(박보) 博物館(박물관) 博覽會(박람회) 博學多識(박학다식)

넓을·클 부(물이름 박)(溥)-물(氵=水물 수)이 넓게 펼쳐져(專펼 부)
있는 것으로 넓다·크다 라는 의미.
엷을·적을·가벼울·애오라지·임박할 박(薄)-풀(++=艸풀 초)이 넓게 펼쳐져 있는
물(溥물이름 박)처럼 두께가 얇게 깔려 있는 것으로 엷을(얇다)·적다·가볍다·
애오라지(겨우·박하다)·임박하다(닥치다)라는 의미. 簿(치부 부)자와 비슷.
淺薄(천박) 稀薄(희박) 刻薄(각박) 薄俸(박봉) 野薄(야박) 薄氷(박빙)
輕薄(경박) 薄色(박색) 薄福(박복) 薄利多賣(박리다매) 美人薄命(미인박명)
적바림·치부·문서 부(簿)-종이가 없던 옛날에 대나무(竹대 죽) 조각을
넓게(溥넓을 부) 만들어 금전이나 물품이 들어오고 나가는 것을 글로
적어 둔 것으로 적바림·치부(치부책·장부)·문서를 의미. 帳簿(장부)
名簿(명부) 簿記(부기) 家計簿(가계부) 學籍簿(학적부) 置簿冊(치부책)
두드릴 박(搏)-손(扌=手손 수)으로 넓게 펴지게(專펼 부)
자꾸 툭툭 치는 것으로 두드리다 라는 의미.
搏動(박동) 脈搏(맥박) 搏殺(박살) 龍虎相搏(용호상박)
얽을·동일·묶을 박(縛)-실(糸가는실 멱)을 베틀의 날실 사이를 왔다 갔다하는
북(甫)같이 이리저리 감아 잡아매어 마디(寸마디 촌)를 지은 것으로
얽다·동이다·묶다 라는 의미. 束縛(속박) 結縛(결박) 自縛(자박)
부의 부(賻)-돈이나 값나가는 물건(貝재물 패)을 초상난 집을
도우려고 베푸는(專펼 부) 것으로 부의(賻儀)를 의미. 賻儀金(부의금)

(叀叀)(專專)(傳傳)
(轉轉)(團團)(惠惠)

물레 전(叀)-옛 글자를 보면 솜이나 털을 자아내서
실을 만드는 물레의 모양을 본뜬 것으로 물레를 의미.
전일할·오로지·임의로할 전(專)-옛 글자를 보면 물레(叀물레 전)를
솜이나 털을 자아내서 실을 만들 때 실이 끊어지지 않게 미루어
생각하여(寸헤아릴 촌) 돌리는 것으로 혼자서 일정한 동작을 규칙적으로
반복하는 물레질을 하듯이 힘과 마음을 오로지 한 곳에만 쓰는 것으로
전일(專一)하다·오로지·임의(任意)로 하다(제멋대로 하다) 라는 의미.
尃(펼 부)자와 비슷. 專用(전용) 專攻(전공) 專念(전념) 專橫(전횡)
專門家(전문가) 專制主義(전제주의) 專業主婦(전업 주부)
전할 전(傳)-사람(亻=人사람 인)에게 실이 끊어지지 않게
전일하여(專전일할 전) 물레를 돌리는 것처럼 끊어지지 않고
이어지는 것으로 전하다 라는 의미. 傳統(전통) 傳達(전달)
遺傳(유전) 傳說(전설) 宣傳(선전) 傳貰(전세) 傳播(전파) 訛傳(와전)
傳來(전래) 傳染病(전염병) 自敍傳(자서전) 名不虛傳(명불허전)

구를·돌·옮길·넘어질·변할 전(轉)-수레의 바퀴(車수레·바퀴 거)가 실이
끊어지지 않게 전일하여(專전일할 전) 물레를 돌리는 것처럼 데굴데굴
돌면서 옮겨 가는 것으로 구르다·돌다·옮기다·넘어지다·변하다 라는 의미.
回轉(회전) 運轉(운전) 逆轉(역전) 反轉(반전) 轉倒(전도) 轉落(전락)
移轉(이전) 轉換點(전환점) 自轉車(자전거) 轉禍爲福(전화위복)
둥글·덩어리질·모을 단(團)-빙 둘러서 에워싼(囗=圍에울 위) 것처럼
한데 뭉쳐져 오로지(專오로지 전) 덩어리가 된 것으로 둥글다·
덩어리지다·모으다 라는 의미. 團體(단체) 集團(집단) 工團(공단)
劇團(극단) 團地(단지) 一致團結(일치단결)
은혜·줄 혜(惠)-솜이나 털을 자아내서 실을 만들어 주는
물레(叀물레 전)같이 베풀어 주어 고맙게 느끼는 마음(心마음 심)으로
은혜·주다 라는 의미. 恩惠(은혜) 惠澤(혜택) 特惠(특혜)
天惠(천혜) 受惠者(수혜자) 互惠主義(호혜주의)

(皮丹)(彼狷)(被㡾)(疲痌)
(波潤)(破岏)(頗鬜)(婆鬐)

가죽·거죽·껍질 피(皮)-옛 글자를 보면 몸에 털이 나 있는 짐승의
거죽을 손으로 벗기는 모양으로 가죽·거죽·껍질을 의미.
皮革(피혁) 表皮(표피) 虎皮(호피) 毛皮(모피) 脫皮(탈피)
鐵面皮(철면피) 皮骨相接(피골상접) 虎死留皮(호사유피)
저·저것 피(彼)-길을 자축거리며(彳자축거릴 척) 걸어가는 이로부터
거죽(皮거죽 피)이 드러나 보일 만큼 떨어져 있는 사물을 가리키는
말로 저·저것(저쪽)을 의미. 彼岸(피안) 於此彼(어차피)
彼此間(피차간) 彼此一般(피차일반) 知彼知己(지피지기)
이불·덮을·입을·미칠 피(被)-옷(衤=衣옷 의)같이 몸의 거죽(皮거죽 피)에
덮는 것으로 이불→덮다→입다→미치다(당하다) 라는 의미.
被服(피복) 被告(피고) 被擊(피격) 被動(피동) 被害(피해)
被殺(피살) 被襲(피습) 被疑者(피의자) 被寫體(피사체)
가쁠·피곤할 피(疲)-병(疒병 역)이 들어 거죽(皮거죽 피)만 남아 누워 있는
사람같이 몸이 지치고 힘에 겨워 고달픈 것으로 가쁘다·피곤하다
라는 의미. 疲困(피곤) 疲勞(피로) 疲弊(피폐) 樂此不疲(요차불피)
물결·움직일·눈광채 파(波)-물(氵=水물 수)이 움직여서 물 표면(皮거죽 피)이
올라갔다 내려왔다 하는 것으로 물결·움직이다·눈광채을 의미.
波浪(파랑) 波動(파동) 電波(전파) 秋波(추파) 波長(파장) 風波(풍파)
世波(세파) 電波(전파) 波及(파급) 波市(파시) 波蝕(파식) 餘波(여파)
高周波(고주파) 防波堤(방파제) 波狀攻擊(파상공격)

깨뜨릴·깨질 **파(破)**-단단한 돌(石돌 석)의 거죽(皮거죽 피)이 갈라지게
깨부수는 것으로 깨뜨리다·깨지다 라는 의미. 破婚(파혼) 破格(파격)
破壞(파괴) 爆破(폭파) 破片(파편) 破局(파국) 破滅(파멸) 破産(파산)
破裂(파열) 破鏡(파경) 打破(타파) 破戒僧(파계승) 破廉恥(파렴치)
破竹之勢(파죽지세) 破顔大笑(파안대소) 破釜沈船(파부침선)
편벽될·자못 **파(頗)**-짐승의 가죽(皮가죽 피)을 한쪽 방향으로
길쭉하게 벗겨내듯이 머리(頁머리 혈)가 한쪽으로 치우쳐 있는
것으로 편벽되다(치우치다)→(생각보다 정도가 심하게)자못을 의미.
偏頗(편파) 頗多(파다) 偏僻(편벽)
늙은계집 **파(婆)**-늙어서 피부에 물결(波물결 파)같은
주름이 있는 여자(女계집 녀)로 늙은 계집(할머니)을 의미.
老婆(노파) 産婆(산파) 媒婆(매파) 老婆心(노파심)

(缶 ⊥ 击)(匋 ⊕)(陶 ⊕)
(䍃 ⊕)(搖 搖)(謠 謠)
(遙 遙)(卸 ⊕)(御 ⊕)

장군·질장구 **부(缶)**-옛 글자를 보면 진흙으로 아가리는 좁고
배는 볼록하게 만들어 구운 토기의 모양을 본뜬 것으로
장군·질장구를 의미. 盎缶(앙부)
질그릇 도(기왓가마 요)**(匋)**-진흙으로 감싸서(勹쌀 포) 장군(缶장군 부)처럼
만든 토기를 구운 윤이 없는 검은 색의 질그릇을 의미.
질그릇·화할·가르칠 **도(陶)**-언덕(阝=阜언덕 부)처럼 생긴 가마에 오짓물로
감싸(勹쌀 포) 구워 만들어 윤이 나는 갈색의 질그릇→화하다(만들다)→
가르치다 라는 의미. 陶醉(도취) 陶瓷器(도자기) 陶藝家(도예가)
질그릇·병 요(독 유)**(䍃)**-아가리가 둥근 옥(月=肉옥둘레 유)처럼 생긴
질장구(缶질장구 부) 모양의 항아리로 독·질그릇·병을 의미.
흔들 **요(搖)**-손으로 잡은(扌=手손·잡을 수) 병(䍃병 요)을
상하좌우로 자꾸 움직이게 하는 것으로 흔들다 라는 의미.
搖亂(요란) 搖動(요동) 搖籃(요람) 搖之不動(요지부동)
노래·소문 **요(謠)**-말(言말씀 언)로 전하여 내려오며 민중 사이에 불려오던
질그릇(䍃질그릇 요)같이 소박한 민요 같은 것으로 노래→소문를 의미.
歌謠(가요) 民謠(민요) 童謠(동요) 俗謠(속요) 謠言(요언)
노닐·멀 **요(遙)**-이리저리 돌려가며 질그릇(䍃질그릇 요)을 만들듯이
마음 내키는 대로 쉬엄쉬엄(辶=辵쉬엄쉬엄갈 착) 걸어 다니는 것으로
노닐다·멀다 라는 의미. 遙遠(요원) 逍遙(소요)

짐부릴·벗을 사(卸)-물이나 오줌 같은 액체를 담은 장군(缶=缶장군 부)을
등에 짊어진 사람이 무릎을 꿇고(卩무릎을 꿇은 모습) 짊어지고 있던
장군을 풀어 내려놓는 것으로 짐을 부리다·벗다 라는 의미. 積卸(적사)

거느릴·나갈·어거할 어(御)-자축거리며(彳자축거릴 척) 나가 등에 짊어진
짐을 부리는(卸짐부릴 사) 사람을 나타낸 것으로 거느리다·나가다·어거하다
라는 의미로 백성을 거느리고 바른 길로 나가게 하는 임금에 관한 일에
공경하는 뜻을 나타내는 말로 씀. 制御(제어) 御史(어사) 御眞(어진)
御用(어용) 御殿(어전) 御命(어명) 御寶(어보) 崩御(붕어)

(尹尹)(君君)(郡郡)(群羣羣)

다스릴·벼슬이름·성씨 윤(尹)-옛 글자를 보면 손(彐)에 지휘봉(丿)을 쥐고
있는 모양으로 다스리다·벼슬이름·성씨를 의미. 判尹(판윤) 尹善道(윤선도)

임금·아버지·그대 군(君)-손(彐)에 지휘봉(丿)를 쥐고 나라나 집안을
말(口말할 구)로 다스리는 사람으로 임금·아버지·그대를 의미. 君主(군주)
君臨(군림) 夫君(부군) 檀君(단군) 君臣有義(군신유의) 梁上君子(양상군자)

고을 군(郡)-손(彐)에 지휘봉(丿)를 쥔 벼슬아치가 말(口말할 구)로
다스리는 행정 구획의 하나인 도(道) 아래의 고을(阝=邑골 읍)로
군(郡)을 의미. 郡守(군수) 郡廳(군청) 郡民(군민) 郡邑(군읍)

무리·모일 군(群)-본래 글자는 羣으로 손(彐)에 지팡이(丿)를 쥔
목동(牧童)이 입(口입 구)으로 소리를 내어 양떼(羊양 양)를 모는
것으로 무리(떼)·모이다 라는 의미. 群衆(군중) 群舞(군무) 學群(학군)
症候群(증후군) 群鷄一鶴(군계일학) 群雄割據(군웅할거)

(聿聿)(筆筆)(律律)(建建)
(健健)(書書)(晝晝晝)
(畫畫畫)(劃劃)(盡盡盡)

붓 율(聿)-옛 글자를 보면 손으로 붓을 쥐고 있는 모양으로 붓을 의미.

붓 필(筆)-대나무(竹대 죽) 조각을 엮어서 만든 죽간(竹簡)에
손에 쥐고(聿붓 율) 글자를 쓸 때 사용하는 것으로 것으로 붓을
의미. 筆記(필기) 執筆(집필) 筆跡(필적) 鉛筆(연필) 粉筆(분필)
隨筆(수필) 紙筆墨(지필묵) 筆寫本(필사본) 大書特筆(대서특필)

법·풍류 률(律)-여러 사람이 자축거리며(彳자축거릴 척) 길을 걸어
다닐 때 누구나 지켜야 할 것을 붓(聿붓 율)으로 분명히 밝히어
적어 놓은 것으로 사람이 사회생활을 하면서 지켜야 하는
행위 규범으로 법(법률·규칙·법칙)· 풍류(음악의 가락·음률)을 의미.
法律(법률) 自律(자율) 旋律(선율) 規律(규율) 律令(율령) 律動(율동)
調律(조율) 二律背反(이율배반) 千篇一律(천편일률)
세울 건(建)-사람이 길게 걸어(廴길게걸을 인) 나가는 것처럼 뜻하는
바를 이루어 나아갈 수 있는 계획을 붓(聿붓 율)으로 적어 놓은 것으로
(계획을)세우다 라는 의미. 建物(건물) 建設(건설) 建築(건축) 創建(창건)
建國(건국) 再建(재건) 建坪(건평) 建造物(건조물) 封建制(봉건제)
굳셀·건강할 건(健)-사람(亻=人사람 인)이 뜻하는 바를 이루어
나아갈 수 있는 계획을 세워(建세울 건) 꿋꿋하게 밀고 나아가는
것같이 굳세다·건강하다 라는 의미. 建康(건강) 健兒(건아) 健壯(건장)
剛健(강건) 穩健(온건) 健在(건재) 保健所(보건소) 健忘症(건망증)
글·책·편지 서(書)-붓(聿붓 율)으로 생각이나 느낌을 말하듯이(曰말할 왈)
적어 나타낸 것으로 글·책·편지를 의미. 讀書(독서) 書類(서류) 文書(문서)
書籍(서적) 著書(저서) 圖書館(도서관) 敎科書(교과서) 焚書坑儒(분서갱유)
낮 주(晝)-옛 글자를 보면 붓(聿붓 율)으로 지평선(一같을 일) 위로
해(日해 일)가 떠서(丨) 지기 전(丨)까지의 동안을 표시해 나타낸
것으로 낮을 의미. 晝夜(주야) 白晝(백주) 晝耕夜讀(주경야독)
그림 화(그을·나눌 획)(畫)-옛 글자를 보면 붓(聿붓 율)으로 밭의 경계를
사방으로 금을 그어(画) 구분한 것으로 원래는 긋다·나누다 라는 의미로
나중에 붓(聿붓 율)으로 밭(田밭 전)의 경계를 금을 그어 나타내듯이
선을 그어서 사물의 형상을 평면(一같을 일) 위에 나타낸 그림이라는
의미로 씀. 畫家(화가) 映畫(영화) 畫面(화면) 壁畫(벽화) 畫廊(화랑)
畫伯(화백) 肖像畫(초상화) 風景畫(풍경화) 自畫自讚(자화자찬)
그을·새길·계획할 획(劃)-선을 그어 그린 그림(畫그림 화)같이
칼(刂=刀칼 도)로 선을 파서 뚜렷하게 나타낸 것으로 긋다·
새기다·계획하다 라는 의미. 計劃(계획) 區劃(구획) 企劃(기획)
劃策(획책) 劃順(획순) 劃一的(획일적) 劃期的(획기적)
다할·마칠·다 진(盡)-화로(皿그릇 명)에 담아 놓은 숯불(灬=火불 화)이
마침내(聿마침내 율) 다 타고 불꽃이 사라져 없어지는(隶불탄끝 신)
것처럼 있던 것이 다 없어진 것으로 다하다·마치다·다(모두)를 의미.
賣盡(매진) 極盡(극진) 消盡(소진) 未盡(미진) 衰盡(쇠진)
脫盡(탈진) 苦盡甘來(고진감래) 氣盡脈盡(기진맥진)

(隷 隶)(康 𠭏)(慷 ⿰忄康)(糠 ⿰米康)

(逮 逮)(隷 隷 隸)(唐 唐)

(糖 糖)(庚 ⿱米⿰)

미칠·더불·밑 이(隶)-옛 글자를 보면 손(⸜)으로 꽁무니에 붙은
꼬리(氺)를 잡고 있는 모양으로 미치다(닿다)·더불다·밑을 의미.

편안할·화락할·성할 강(康)-옛 글자를 보면 풍년이 들어 집(广돌집 엄)에서
손(⸜)에 절굿공이(丨)를 들고 낟알(米낟알 미→氺)을 찧고 있으니 편하고
걱정없이 좋은 것으로 편안하다·화락(和樂)하다·성하다 라는 의미.
建康(건강) 平康(평강) 康寧殿(강녕전) 壽福康寧(수복강녕)

강개할 강(慷)-마음(忄=心마음 심)이 성한(康성할 강) 것처럼
의기(義氣)가 복받치어 원통해 하고 슬퍼하는 것으로 강개하다
라는 의미. 悲憤慷慨(비분강개) 悲歌慷慨(비가강개)

겨 강(糠)-집(广돌집 엄)에서 손(⸜)에 절굿공이(丨)를 들고 곡식의 낟알
(米낟알 미→氺)을 찧어 벗겨 낸 껍질인 겨를 의미. 糟糠之妻(조강지처)

미칠·잡아가둘 체(逮)-뛰어가서(辶=辵뛸 착) 손으로 꼬리를
잡은(隶미칠 이) 것으로 미치다·잡아 가두다 라는 의미.
逮捕(체포) 逮捕令狀(체포영장)

종·붙이·전중이·검열할·팔분글씨 례(隷)-옛 글자(隷)를 보면 제단(祭壇)에
올리는 능금(柰능금 내)을 관리하는 벼슬아치가 몸 가까이 거느리고
다니는 하인(下人)으로 종·붙이·전중이(징역을 사는 사람)·검열하다·
팔분글씨(예서체)를 의미. 奴隷(노예) 隷書(예서)

황당할·빌·당나라 당(唐)-집(广돌집 엄)에서 손(⸜)에 절굿공이(丨)를
들고 빈 절구에 공이질하는 것처럼 말하는(口말할 구) 것이
거짓되고 터무니 없는 것으로 황당하다·비다·당나라를 의미.
荒唐(황당) 唐突(당돌) 唐惶(당황) 唐麵(당면)

엿·사탕 당(糖)(糖)-쌀(米쌀 미)로 집(广돌집 엄)에서 고두밥을 지어
엿기름물에 삭힌 뒤에 자루에 넣어 짜내 국물을 진득진득해질 때까지
고아서 굳기 전에 손(⸜)으로 여러 번 잡아 늘여서 절굿공이(丨)처럼
길쭉하게 만들어 먹는(口먹을 구) 것으로 엿·사탕을 의미.
血糖(혈당) 果糖(과당) 糖蜜(당밀) 糖尿病(당뇨병) 無加糖(무가당)
雪糖(설탕) 砂糖(사탕) 糖水肉(탕수육)

일곱째천간 경(庚)-옛 글자를 보면 수확한 벼이삭을 홀태의 쇠발
사이에 넣고 두 손으로 잡아당겨 알곡을 훑어내는 모양으로
나중에 음을 빌어 일곱째 천간을 나타냄. 庚戌國恥(경술국치)

(舛拃)(桀桀)(傑傑)(舜舞舞)
(瞬瞬)(隣隣)(憐憐)

어그러질·어수선할 천(舛)-옛 글자를 보면 왼쪽으로 향하고 있는 발과
오른쪽으로 향하고 있는 발이 서로 등지고 있는 모양으로
어그러지다·어수선하다 라는 의미.
닭의홰 걸(桀)-옛 글자를 보면 나무(木나무 목)의 높은 가지 위에
두 발로(舛어그러질 천) 올라서 있는 것으로 닭의 홰를 의미.
두드러질·준걸 걸(傑)-사람(亻=人사람 인)이 닭의 홰(桀닭의홰 걸)같이 높은
곳에 올라서 있는 것으로 두드러지다(뛰어나다)·(뛰어난 사람)준걸을 의미.
傑作(걸작) 俊傑(준걸) 傑出(걸출) 英傑(영걸) 英雄豪傑(영웅호걸)
무궁화·순임금 순(舜)-옛 글자(舜→舜)를 보면 모진 그릇(匚모진그릇 방)처럼
생긴 꽃 속에 불꽃(炎불꽃 염) 같은 무늬가 있고 잎은 서로 등지고 있는
모양으로 어긋나게(舛어그러질 천) 돋아나는 무궁화·순임금을 의미.
堯舜(요순) 舜花(순화)
눈끔적일 순(瞬)-눈(目눈 목)을 아침에 피었다가 저녁에 지는
무궁화(舜무궁화 순)같이 잠깐 감았다가 뜨는 것으로 눈을 끔적이다
라는 의미. 瞬間(순간) 瞬發力(순발력) 瞬息間(순식간)
이웃·이웃할 린(隣)-고을(阝=邑고을 읍)에서 이삭에 붙어 있는
낟알(米낟알 미)처럼 서로 이어져 맞닿아(舛어그러질 천) 있는
집으로 이웃·이웃하다 라는 의미. 隣近(인근) 隣接(인접)
隣家(인가) 善隣(선린) 交隣(교린) 近隣公園(근린공원)
어여삐여길·불쌍히여길 련(憐)-마음속(忄=心마음·속 심)에서 사랑스럽거나
가엾고 애처로운 것을 보면 도깨비불(粦도깨비불 린)같이 저절로 일어나는
감정으로 어여삐 여기다·불쌍히 여기다 라는 의미. 憐憫(연민)
可憐(가련) 哀憐(애련) 同病相憐(동병상련) 乞人憐天(걸인연천)

(艮見)(眼眼)(根根)(銀銀)
(退退)(限限)(恨恨)(豸豸)

221

(狠 ⟨狠⟩)(懇 ⟨懇⟩)

거스를·그칠·한정할·간방·괘이름 간(艮)–옛 글자를 보면 눈(目눈 목→日)을
뒤로 돌려 외면하고 있는 사람(人사람 인)의 모양으로 외면하다→
거스르다→그치다→한정하다 라는 의미. 艮方(간방) 艮卦(간괘)

눈알·볼 안(眼)–눈(目눈 목)을 이리저리 돌리어(艮거스를 간)
사물을 인식하는 것으로 눈알·보다 라는 의미. 血眼(혈안)
着眼(착안) 眼鏡(안경) 眼科(안과) 眼球(안구) 眼目(안목)
慧眼(혜안) 近視眼(근시안) 白眼視(백안시)

뿌리·밑 근(根)–땅속에 묻혀서 나무(木나무 목)를 머물러(艮그칠 간) 있게
하는 밑동으로 뿌리·밑(근본)을 의미. 根本(근본) 根絶(근절) 根幹(근간)
根源(근원) 蓮根(연근) 禍根(화근) 採根(채근) 根性(근성) 根據地(근거지)
根抵當(근저당) 事實無根(사실무근) 草根木皮(초근목피)

은·돈·하얄 은(銀)–눈을 뒤로 돌릴(艮거스를 간) 때 나타나는 흰자위처럼
하얀 금속(金쇠 금)으로 은·돈·하얗다 라는 의미. 銀貨(은화) 銀幕(은막)
銀行(은행) 水銀(수은) 銀魚(은어) 銀髮(은발) 銀粧刀(은장도)
銀河水(은하수) 銀婚式(은혼식) 金銀寶貨(금은보화)

물러갈·물리칠·겸양할·덜 퇴(退)–옛 글자를 보면 자리를 옮겨
가는(辶=辵쉬엄쉬엄갈 착) 해(日해 일)처럼 뒷걸음쳐(夂뒤에올 치)
가는 것으로 물러가다·물리치다·겸양하다·덜다 라는 의미.
早退(조퇴) 退化(퇴화) 後退(후퇴) 辭退(사퇴) 退勤(퇴근) 退職(퇴직)
退場(퇴장) 退治(퇴치) 退步(퇴보) 衰退(쇠퇴) 隱退(은퇴) 脫退(탈퇴)
擊退(격퇴) 退學(퇴학) 退陣(퇴진) 退却(퇴각) 進退兩難(진퇴양난)
臨戰無退(임전무퇴) 換骨脫退(환골탈퇴) 冊床退物(책상퇴물)

정할·지경·한정·막힐 한(限)–땅(阝=阜땅 부)의 경계를 한정하는(艮한정할 절)
것으로 정하다·지경·한정·막히다 라는 의미. 限度(한도) 限界(한계)
期限(기한) 局限(국한) 權限(권한) 限職(한직) 無限大(무한대)
無限定(무한정) 限定版(한정판) 無制限(무제한) 限時的(한시적)
上限線(상한선) 時限爆彈(시한폭탄) 有限會社(유한회사)

한할·뉘우칠 한(恨)–마음속(忄=心마음·속 심)에 응어리져
머물러(艮그칠 간) 있는 것으로 한하다·뉘우치다 라는 의미.
恨歎(한탄) 悔恨(회한) 怨恨(원한) 痛恨(통한) 餘恨(여한)

짐승 치(해태 태)(豸)–옛 글자를 보면 먹이를 잡으려고 몸을 잔뜩
웅크리고 있는 고양이과 동물을 본뜬 것으로 짐승·해태를 의미.
獬豸(해치) 獬豸冠(해치관)

간절할 간(懇)–몸을 잔뜩 웅크린 짐승(豸짐승 치)이 한곳에서
움직이지 않고(艮그칠 간) 먹이를 노리고 있는 것처럼
정성스럽고 절실한 것으로 간절하다 라는 의미.

지성스러울 간(懇)-몸을 잔뜩 웅크린 짐승(豸짐승 치)이 한곳에서
움직이지 않고(艮그칠 간) 먹이를 노리고 있는 것처럼 정성스럽고
절실한 마음(心마음 심)으로 지성스럽다 라는 의미.
懇曲(간곡) 懇切(간절) 懇請(간청) 懇求(간구) 懇談會(간담회)

(良良)(浪澳)(郎鬱)
(廊廙)(朗鬱)(娘虜)

좋을·어질·자못·때문 량(良)-옛 글자를 보면 낟알이 작은 것은 내리고
크고 좋은것만 가려내는 체 모양을 본뜬 것으로 좋다·어질다(착하다)·자못·
때문을 의미. 善良(선량) 良心(양심) 改良(개량) 不良(불량) 良識(양식)
良好(양호) 良民(양민) 優良(우량) 賢母良妻(현모양처) 美風良俗(미풍양속)

물결·유랑할·함부로 랑(浪)-물(氵=水물 수)이 체를 흔들어
체질하는(良때문 량) 것처럼 찰랑거리는 것으로 물결(파도)·
물결이 일다·유랑하다·함부로(방자하다)를 의미.
風浪(풍랑) 波浪(파랑) 激浪(격랑) 流浪(유랑) 浪說(낭설)
放浪者(방랑자) 浪漫(낭만) 浪費(낭비) 孟浪(맹랑)
浮浪者(부랑자) 虛浪放蕩(허랑방탕) 虛無孟浪(허무맹랑)

땅이름·벼슬이름·사내·남편 랑(郎)-원래는 체로 가려낸 낟알같이
크고 좋은(良좋을 량) 영지(阝=邑고을·영지 읍)나 영지를 가지고 있는
벼슬아치를 의미하는 것으로 땅 이름→벼슬 이름→사내→남편이라는
의미가 파생 됨. 新郎(신랑) 郎君(낭군) 花郎道(화랑도)

행랑·곁채 랑(廊)-집(广돌집 엄)에서 사내(郎사내 랑)가 기거(起居)를 하는
곳으로 행랑을 의미. 行廊(행랑) 畵廊(화랑) 回廊(회랑) 舍廊房(사랑방)

달밝을 랑(朗)-달(月달 월)이 체로 가려낸 크고 좋은(良좋을 량)
낟알같이 환한 것으로 밝다 라는 의미.
明朗(명랑) 淸朗(청랑) 朗讀(낭독) 朗誦(낭송) 朗報(낭보)

젊은계집 낭(娘)-체로 가려낸 크고 좋은(良좋을 량) 낟알같이 혈기가 왕성한
여자(女계집 녀)로 젊은 계집(각시·아씨)을 의미. 娘子(낭자) 娘子軍(낭자군)

(㕡㕡)(沿㳂)(鉛鈆)(船舡)

산속늪 연(㕡)-산과 산 사이에 움푹 패어 들아간(八나눌 팔)
골짜기 아래로 흘러든 물이 늘 고여 있고 구멍(口구멍 구)같이
푹푹 빠지는 질퍽한 곳으로 산속의 늪을 의미.

물따라내려갈·따를·좇을 연(沿)-골짜기의 물(氵=水물 수)이 흘러
늪(㕡산속늪 연)에 이르는 것으로 물 따라 내려가다·가장자리·
따르다·좇다 라는 의미. 浴(몸씻을 욕)자와 비슷.

223

沿岸(연안) 沿革(연혁) 沿道(연도) 沿海岸(연해안)
납·분 연(鉛)-금속(金쇠 금)으로 질퍽한 늪(습산속늪 연)처럼 무른
금속으로 납·(납이 산화할 때 생기는 가루로 만든 화장품)분을 의미.
鉛筆(연필) 黑鉛(흑연) 亞鉛(아연) 鉛華粉(연화분)
배 선(船)-잔을 떠받치는 그릇인 잔대(舟잔대 주)같이 사람과 짐을 싣고
산속 늪(습산속늪 연)처럼 물이 늘 고여 있는 강이나 바다에 떠다니는
배를 의미. 漁船(어선) 船員(선원) 船舶(선박) 風船(풍선) 乘船(승선)
滿船(만선) 造船所(조선소) 船着場(선착장) 遊覽船(유람선) 巡視船(순시선)

(谷爾)(俗偸)(浴爾)

(欲爾)(慾慾)(裕爾爾)

(容仒爾)(溶爾)(鎔鑌)

골·궁할 곡(谷)-산과 산 사이에 움푹 패어 들어간(八나눌 팔)
곳으로 흘러든(入들 입) 물이 흘러나가는 초입(口어귀 구)인
골짜기를 나타낸 것으로 골(골짜기)→(막혀있다)궁하다 라는 의미.
溪谷(계곡) 栗谷(율곡) 深山幽谷(심산유곡) 進退維谷(진퇴유곡)
풍속·속될 속(俗)-예로부터 사람(亻=人사람 인)의 생활에 골짜기(谷골 곡)로
흘러든 물같이 흘러들어 굳어 버린 습관으로 풍속·속되다 라는 의미.
民俗(민속) 風俗(풍속) 風習(풍습) 俗談(속담) 俗世(속세) 俗稱(속칭)
俗說(속설) 歲時風俗(세시풍속) 美風良俗(미풍양속) 禮俗相交(예속상교)
몸씻을·목욕할 욕(浴)-물(氵=水물 수)이 흘러내리는 골짜기(谷골 곡)처럼
몸에 물을 끼얹어 깨끗이 하는 것으로 몸을 씻다·목욕하다 라는 의미.
浴室(욕실) 坐浴(좌욕) 沐浴湯(목욕탕) 半身浴(반신욕) 森林浴(삼림욕)
日光浴(일광욕) 海水浴場(해수욕장) 沐浴齋戒(목욕재계)
하고자할·바랄 욕(欲)-다하여 없어지(谷궁할 곡)거나 부족한(欠부족할 흠)
물건을 장차 얻거나 가졌으면 하고 원하는 것으로 하고자 하다·바라다·
라는 의미. 欲求(욕구) 欲望(욕망) 欲情(욕정) 欲速不達(욕속부달)
욕심낼·탐낼 욕(慾)-분수에 지나치게 하고자 하는(欲하고자할 욕)
마음(心마음 심)을 가지는 것으로 욕심내다·탐내다 라는 의미.
慾心(욕심) 意慾(의욕) 食慾(식욕) 過慾(과욕) 情慾(정욕)
貪慾(탐욕) 野慾(야욕) 虛慾(허욕) 私利私慾(사리사욕)
넉넉할·너그러울 유(裕)-옛 글자를 보면 옷(衤=衣옷 의) 안으로
골짜기(谷골 곡)로 흘러드는 물처럼 몸이 들어가고도 남음이 있는 것으로
넉넉하다·너그럽다 라는 의미. 餘裕(여유) 富裕(부유) 裕福(유복) 裕隔(유격)

얼굴·꾸밀·용납할·용서할 용(容)-옛 글자를 보면 풍수지리에서 산의 정기가 흘러 들어 모인 혈(穴혈 혈) 자리(O→ㅁ)의 생긴 모양을 나타낸 것으로 얼굴(모양이나 형상을 뜻하는 옛말)·꾸미다·용납하다·용서하다 라는 의미.
許容(허용) 容量(용량) 包容(포용) 容器(용기) 容貌(용모) 受容(수용)
容恕(용서) 寬容(관용) 內容(내용) 容納(용납) 容易(용이) 容認(용인)
容積率(용적률) 容疑者(용의자) 美容師(미용사) 形容詞(형용사)
녹을 용(溶)-물(氵=水물 수)이 받아들여서(容용납할 용) 풀어져 섞이는 것으로 녹다 라는 의미. 溶解(용해) 溶媒(용매) 溶質(용질) 水溶液(수용액)
녹일 용(鎔)-쇠(金쇠 금)가 열을 받아들여서(容용납할 용) 액체가 되게 하는 것으로 녹이다 라는 의미. 鎔岩(용암) 鎔接(용접) 鎔鑛爐(용광로)

(亦)(跡)(赤)(赦)

또·다 역(亦)-옛 글자를 보면 사람(大→亣)의 양쪽(八나눌 팔) 팔 밑의 오목한 곳으로 겨드랑이를 의미하는 글자였으나 나중에 또(또한)·다(모두) 라는 의미로 가차됨. 亦是(역시)
此亦(차역) 其亦(기역) 亦然(역연) 不亦說乎(불역열호)
발자국 적(跡)-발(𧾷발 족)로 밟은 자리가 겨드랑이(亦겨드랑이 액)처럼 오목하게 들어간 자국으로 발자국(발자취)을 의미.
追跡(추적) 遺跡(유적) 行跡(행적) 筆跡(필적) 軌跡(궤적)
足跡(족적) 史跡地(사적지) 名勝古跡(명승고적)
붉을·빌 적(赤)-옛 글자를 보면 죄를 지은 사람(大→土)을 불살라(火불사를 화) 죽이는 것으로 붉다·비다(없다) 라는 의미.
赤潮(적조) 赤字(적자) 赤道(적도) 赤信號(적신호) 赤血球(적혈구)
赤外線(적외선) 赤裸裸(적나라) 赤壁賦(적벽부) 赤手空拳(적수공권)
죄사할 사(赦)-죄를 지은 사람(大큰 대→土)을 불살라(火불사를 화) 죽이지 않고 곤장으로 볼기를 맞는(攵=攴칠 복) 형벌을 받고 지은 죄를 용서해 주는 것으로 죄를 사하다(용서하다) 라는 의미.
赦罪(사죄) 赦過(사과) 特赦(특사) 特別赦免(특별사면)

(身)(射䠶)(謝)

몸·몸소·나 신(身)-옛 글자를 보면 머리부터 발까지 사람의 모양을 본뜬 것으로 몸·몸소·나(자기 자신)를 의미. 身體(신체) 自身(자신)
代身(대신) 屍身(시신) 變身(변신) 獨身者(독신자) 隱身處(은신처)
修身齊家(수신제가) 殺身成仁(살신성인) 敗家亡身(패가망신)
쏠 사(射)-옛 글자(䠶)를 보면 옛날 선비들이 꼭 배워야 할 육예(六藝) 중 하나로 몸(身몸 신)를 단련하기 위해 활시위에 오늬를 메워서 손으로 당겨 화살(矢화살 시→寸)이 날아가게 하는 것으로 쏘다 라는 의미. 射擊(사격) 發射(발사) 注射(주사)

射精(사정) 射殺(사살) 日射病(일사병) 放射能(방사능) 亂反射(난반사)
사절할·사례할·빌 사(謝)-말(言말씀 언)을 활을 쏘듯이(射쏠 사)
톡 쏘아 붙여 요구나 제의를 거절하여 받아들이지 않는 것으로
사절하다→사례하다→빌다 라는 의미. 感謝(감사) 謝禮(사례)
謝絶(사절) 謝過(사과) 謝恩會(사은회) 百拜謝罪(백배사죄)

(采 米)(番 番)(飜 飜)
(審 宙)(播 播)

분별할 변(采)-짐승의 발자국 모양을 본뜬 것으로 짐승의 발자국을 보고
어떤 짐승의 발자국인지를 가려서 아는 것으로 분별하다 라는 의미.
차례·번들 번(番)-짐승이 밭(田밭 전)을 밟고 지나간 자국같이 순서 있게
분별하여(采분별할 변) 죽 이어져 나가는 관계로 차례(순서·순번)·번을 들다
라는 의미. 當番(당번) 番號(번호) 番地(번지) 順番(순번) 學番(학번)
每番(매번) 單番(단번) 前番(전번) 軍番(군번) 非番(비번) 週番(주번)
券番(권번) 局番(국번) 千萬番(천만번) 不寢番(불침번)
날·뒤치락엎치락할·뒤칠·번역할 번(翻=飜)-차례대로 돌아가며
번을 드는(番차례·번들 번) 것같이 새가 공중에 떠서 이리저리
빙빙 돌며 나는(飛날 비) 것으로 날다·(이리저리)뒤치락엎치락하다→
뒤치다(뒤집다)→(어떤 언어를 다른 언어로 뒤집어 고침)번역하다 라는
의미가 파생됨. 飜覆(번복) 飜譯(번역) 飜案曲(번안곡)
살필·자세할·궁구할 심(審)-집(宀움집 면) 안을 짐승이 밭(田밭 전)을
밟고 지나간 발자국이 어떤 짐승의 발자국인지 분별하기(采분별할 변)
위해서 들여다보는 것처럼 살피다·자세하다·궁구하다 라는 의미.
審判(심판) 誤審(오심) 審問(심문) 審議(심의) 審査員(심사원)
陪審員(배심원) 抗訴審(항소심) 不審檢問(불심검문)
심을·씨뿌릴·헤칠 파(播)-손(扌=手손 수)으로 분별해(采분별할 변)
낸 씨앗을 밭(田밭 전)에 묻거나 흩어지게 던지는 것으로
씨를 심다·씨를 뿌리다·헤치다(펴다·베풀다) 라는 의미.
播種(파종) 傳播(전파) 播多(파다) 俄館播遷(아관파천)

(弈 𢍉)(拳 拳)(券 券)
(卷 卷)(圈 圈)

구부릴·움켜쥘 권(釆)-짐승의 발(采)에 달린 구부러진 발톱처럼
양손(廾손맞잡을 공)을 오그리고 있는 것으로 구부리다·움켜쥐다
라는 의미. 釆는 釆자의 이체자(異體字).

주먹 권(拳)-다섯 손가락을 구부려 움켜쥔(釆=釆구부릴·움켜쥘 권)
손(手손 수)으로 주먹을 의미. 拳銃(권총) 拳鬪(권투) 拳法(권법)
跆拳道(태권도) 太極拳(태극권) 赤手空拳(적수공권)

엄쪽·계약서·문서 권(券)-옛 글자를 보면 돈 지불을 약속하는 표쪽(어음)을
분변하기(釆분변할 변) 위해 양손(廾손맞잡을 공)으로 칼(刀칼 도)로 가르듯이
두 쪽으로 나누어 가지는 것으로 엄쪽→계약서→문서를 의미. 債券(채권)
證券(증권) 旅券(여권) 福券(복권) 商品券(상품권) 入場券(입장권)

두루마리·말·굽을·책 권(卷)-글을 분변하기(釆분변할 변) 쉽게
양손(廾손맞잡을 공)을 구부려 움켜쥐고(釆=釆구부릴·움켜쥘 권)
무릎을 굽힌(㔾) 것처럼 둥글게 말아 놓은 종이로 두루마리·말다·
굽다·(글을 쓴 두루마리)책을 의미. 席卷(석권) 壓卷(압권)
卷雲(권운) 卷數(권수) 別卷(별권) 卷頭辭(권두사)

짐승우리 권(圈)-둥글게 말아 놓은 두루마리(卷두루마리 권)처럼
울타리로 사방을 삥 둘러싸서(囗=圍에울 위) 짐승을 가두어 두는
우리같이 한정된 일정한 구역이나 범위를 의미. 圈域(권역)
商圈(상권) 野圈(야권) 首都圈(수도권) 生活圈(생활권) 勢力圈(세력권)

(長 扗 髙)(張 潴)(帳 幨)

어른·오래·좋을·잘할·길·클 장(長)-옛 글자를 보면 머리카락을 길게 기른
허리가 굽은 노인이 지팡이를 짚고 서 있는 모습으로 어른(두목)→
오래다→좋다→잘하다→길다→크다 라는 의미가 파생됨. 成長(성장)
長壽(장수) 延長(연장) 長男(장남) 班長(반장) 長官(장관) 長篇(장편)
長考(장고) 長短點(장단점) 長幼有序(장유유서)

활당길·벌릴·베풀 장(張)-활(弓활 궁)의 시위를 당겨서 크게(長클 장)
넓히는 것으로 활당기다·벌리다·베풀다 라는 의미.
誇張(과장) 緊張(긴장) 主張(주장) 擴張(확장) 伸張(신장) 張皇(장황)
出張(출장) 白紙張(백지장) 甲午更張(갑오경장) 虛張聲勢(허장성세)

장막·휘장·치부책 장(帳)-머리에 쓰는 두건(巾두건 건) 모양으로
크게(長클 장) 만들어 볕이나 비바람을 막고 속을 보지 못하게
빙 둘러치는 것으로 장막·휘장·치부책을 의미.
揮帳(휘장) 帳幕(장막) 帳簿(장부) 通帳(통장) 日記帳(일기장)
練習帳(연습장) 土地臺帳(토지대장) 布帳馬車(포장마차)

(非非非)(悲悲)(排排)
(輩輩)(罪罪)

어길·아닐·그를·나무랄 비(非)-옛 글자를 보면 양쪽으로 어긋나 있는
새의 양날개 모양을 본뜬 것으로 서로 등지고 어그러져 있는 것처럼
틀리게 하는 것으로 어기다(~하지 않다)·아니다·그르다·(그르다고)나무라다
라는 의미. 非難(비난) 非情(비정) 非理(비리) 非凡(비범) 非番(비번)
非違(비위) 非主流(비주류) 非常識(비상식) 非正常(비정상) 似而非(사이비)
非常口(비상구) 非需期(비수기) 非夢似夢(비몽사몽) 是非曲直(시비곡직)
슬플 비(悲)-옳지 않은(非그를 비) 원통한 일을 겪어 마음(心마음 심)이
괴롭고 아픈 것으로 슬프다(슬퍼하다) 라는 의미. 悲劇(비극) 悲鳴(비명)
悲觀(비관) 悲慘(비참) 慈悲(자비) 喜悲(희비) 悲歎(비탄) 悲痛(비통)
벌여놓을·밀·물리칠 배(排)-손(扌=手손 수)으로 닫혀 있는 것을
젖혀 양쪽으로 어긋나 있는 새의 양날개처럼 서로 등지고
어그러지게(非어길 비) 하는 것으로 벌여놓다·밀다(밀치다)·
물리치다 라는 의미. 排斥(배척) 排擊(배격) 排出(배출) 排列(배열)
排卵(배란) 排除(배제) 排置(배치) 排球(배구) 排氣量(배기량)
무리·견줄·순서 배(輩)-서로 등지고 어그러져(非어길 비) 있는
수레바퀴(車수레·바퀴 거)의 바퀴살처럼 여럿이 모여서 한 덩어리가
된 것으로 무리(패)·견주다·순서를 의미. 輩出(배출) 先後輩(선후배)
同年輩(동년배) 暴力輩(폭력배) 不良輩(불량배) 謀利輩(모리배)
죄 죄(罪)-그물(罒=网그물 망)로 물고기를 잡듯이 도의(道義)에
어긋난(非그를 비) 사람을 잡아서 잘못에 대하여 벌을 줄 만한
행위(行爲)를 한 것으로 죄를 의미. 犯罪(범죄) 謝罪(사죄)
罪惡(죄악) 斷罪(단죄) 罪過(죄과) 免罪符(면죄부) 罪責感(죄책감)
詐欺罪(사기죄) 賂物罪(뇌물죄) 綱常罪人(강상죄인)

(革革)(菫菫)(勤勤)
(謹謹)(僅僅)(漢漢)
(難難)(歎歎)(嘆嘆)

가죽·고칠·날개벌릴 혁(革)-동물의 거죽을 벗겨서 무두질하여
펼쳐 말리는 모양으로 가죽·고치다·날개를 벌리다 라는 의미.
皮革(피혁) 革帶(혁대) 革命(혁명) 革新(혁신) 改革(개혁)
變革(변혁) 革罷(혁파) 易姓革命(역성혁명)

흙바를·진흙·때·조금 근(堇)-차지게 이긴 흙(土흙 토)을 다른 물체의
표면에 양옆으로 날개를 벌리듯이(革날개벌릴 혁) 덧붙이는 것으로
흙을 바르다·진흙·때·조금을 의미.

부지런할 근(勤)-때를 조금도(堇때·조금 근) 가리지 않고
꾸준히 힘써(力힘쓸 력) 일하는 것으로 부지런하다 라는 의미.
勤勉(근면) 勤勞(근로) 勤務(근무) 夜勤(야근) 退勤(퇴근)
缺勤(결근) 皆勤賞(개근상) 勤政殿(근정전) 勤儉節約(근검절약)

삼갈·공경할 근(謹)-말(言말씀 언)을 때(堇때 근)를 가려
조심해서 하는 것으로 삼가다·공경하다 라는 의미.
謹愼(근신) 謹弔=謹吊(근조) 謹嚴(근엄) 謹賀新年(근하신년)

겨우 근(僅)-사람(亻=人사람 인)이 극히 미세한 알갱이로 이루어진
진흙(堇진흙 근)같이 기껏해야 아주 작은 정도에 불과하다는 것으로
겨우를 의미. 僅少(근소) 僅僅(근근) 僅僅扶持(근근부지)

물이름·한나라·놈·은하수 한(漢)-옛 글자를 보면 진흙(堇진흙 근→𦰩)이
풀린 것처럼 매우 흐린 물이 흐르는 중국 양쯔강(揚子江)의 지류인
한수(漢水)를 가리키는 것으로 이 지역에 세운 나라의 이름인 한나라·
놈·(한수의 물처럼 밤하늘에 길게 흐르는)은하수(銀河水)를 의미.
漢江(한강) 漢城(한성) 漢陽(한양) 漢方(한방) 漢藥(한약) 漢族(한족)
漢文(한문) 怪漢(괴한) 門外漢(문외한) 冷血漢(냉혈한)

어려울·근심·꾸짖을·힐난할 난(難)-진흙(堇진흙 근→𦰩)을 부리로 개어
새(隹새 추)가 둥지를 짓는 것처럼 쉽지 않다는 것으로 어렵다·근심하다·
꾸짖다·힐난하다 라는 의미. 難局(난국) 國難(국난) 難民(난민)
難色(난색) 困難(곤란) 難航(난항) 災難(재난) 避難(피난) 難解(난해)
難題(난제) 非難(비난) 難關(난관) 苦難(고난) 難處(난처) 受難(수난)
難易度(난이도) 難治病(난치병) 難破船(난파선) 白骨難忘(백골난망)
難攻不落(난공불락) 難兄難弟(난형난제) 進退兩難(진퇴양난)

탄식할·감탄할·아름답다할 탄(歎)-하품하듯이(欠하품할 흠) 입을 크게
벌리고 진흙(堇진흙 근→𦰩)같이 끈적끈적한 신음 소리를 내는 것으로
탄식하다·감탄하다·아름답다 하다 라는 의미. 歎息(탄식) 歎聲(탄성)
歎辭(탄사) 歎服(탄복) 驚歎(경탄) 痛歎(통탄) 慨歎(개탄) 恨歎(한탄)
感歎詞(감탄사) 歎願書(탄원서)

한숨쉴·탄식할 탄(嘆)-입(口입 구) 밖으로 진흙(堇진흙 근→𦰩)같이
끈적끈적한 숨을 길게 몰아서 내쉬며 한탄하는 것으로 한숨쉬다·
탄식하다 라는 의미. 悲嘆(비탄) 風樹之嘆(풍수지탄) 麥秀之嘆(맥수지탄)

(韋 韋)(圍 圍)(偉 偉)

(緯 緯)(違 違)(衛 衛)

다룬가죽 위(韋)–동물의 몸에서 벗겨낸 생가죽을 펼쳐 놓고(口)
빙 돌아가며(舛) 주걱처럼 생긴 칼로 긁어서 털을 밀어내고 기름을
제거하여 부드럽게 하기 위해 무두질을 하는 모양으로 무두질한
가죽인 다룬가죽을 의미. <참고>동물의 몸에서 벗겨낸 생가죽을
皮(가죽 피)라 하고 무두질한 가죽을 韋(다룬가죽 위)라 하며 무두질한
가죽을 펼쳐 말린 것을 革(가죽 혁)이라 함. 韋編三絶(위편삼절)

에워쌀·두를 위(圍)–동물의 몸에서 벗겨낸 생가죽을 빙 돌아가며
무두질하듯이(韋다룬가죽 위) 사방을 삥 둘러싸는(口에울 위) 것으로
에우다·두르다 라는 의미. 範圍(범위) 包圍(포위) 周圍(주위)

뛰어날·클 위(偉)–사람(亻=人사람 인)의 됨됨이가 무두질하여 부드럽게
만든 가죽(韋다룬가죽 위)같이 훌륭한 것으로 뛰어나다·크다 라는 의미.
偉大(위대) 偉業(위업) 偉容(위용) 偉力(위력) 偉人傳(위인전)

씨 위(緯)–베틀에 세로로 걸려 있는 날실 사이를 주걱처럼 생긴
칼로 긁어서 무두질하듯이(韋다룬가죽 위) 가로로 왔다갔다하며
피륙을 짜는 실(糸가는실 멱)로 씨(씨줄·씨실)를 의미.
緯度(위도) 北緯(북위) 經緯(경위) 經天緯地(경천위지)

어길 위(違)–사방을 삥 둘러싸고(口에울 위) 있는 범위를
벗어나(舛어그러질 천) 가는(辶=辵쉬엄쉬엄갈 착) 것으로
피하다→떨어지다→다르다→어기다 라는 의미. 違法(위법)
違反(위반) 違憲(위헌) 違背(위배) 違約金(위약금) 違和感(위화감)

호위할·지킬·막을 위(衛)–생가죽을 빙 돌아가며 무두질하듯이(韋다룬가죽 위)
주위를 걸어 다니며(行다닐 행) 보호하거나 감시하는 것으로 호위하다·
지키다·막다 라는 의미. 衛生(위생) 衛星(위성) 保衛(보위) 護衛(호위)
防衛費(방위비) 自衛權(자위권) 親衛隊(친위대) 衛正斥邪(위정척사)

(京 京)(景 景)(影 影)(鯨 鯨)

(涼 涼)(諒 諒)(掠 掠)(尤 尤)

(尤 尤)(就 就)(蹴 蹴)

서울·클·언덕·근심할 경(京)–옛 글자를 보면 지붕이 뾰족하고
크고 높이 지은 집의 모양을 본뜬 것으로 대궐(大闕)에 임금이
살고 있는 수도(首都)로 서울·크다·언덕·근심하다 라는 의미.
京城(경성) 京鄕(경향) 歸京(귀경) 京畿道(경기도)

볕·빛·클·경치·사모할 경(景)–해(日해 일)가 큰(京클 경) 집 위에
떠서 비추고 있는 모양으로 볕·빛·크다·경치·사모하다(우러러보다)
라는 의미. 背景(배경) 景致(경치) 風景(풍경) 경기(景氣)
景品(경품) 絶景(절경) 雪景(설경) 夜景(야경) 景福宮(경복궁)

그림자 영(影)–물체가 빛(景빛 경)을 가려서 물체의 뒤에
몸에 난 터럭(彡터럭 삼)같이 드리워지는 검은 형상으로
그림자를 의미. 影像(영상) 投影(투영) 陰影(음영) 殘影(잔영)
惡影響(악영향) 無影塔(무영탑) 影印本(영인본)

고래 경(鯨)–큰 집같이 큰(京클 경) 물고기(魚물고기 어)로
고래를 의미. 鯨浪(경랑) 捕鯨船(포경선)

서늘할 량(凉)–물(氵=水물 수)이 흐르는 언덕(京언덕 경)에
있는 정자(亭子)같이 시원한 것으로 서늘하다 라는 의미.
納凉(납량) 淸凉飮料(청량음료)

믿을·생각하여줄 량(諒)–어떤 말(言말씀 언)을 꼭 그렇게 될 것이라고
생각하여 언덕(京언덕 경)에 기대는 것처럼 의지하는 것으로 믿다·
생각하여 주다 라는 의미. 諒解(양해) 諒知(양지)

노략질할 략(掠)–손(扌=手손 수)으로 큰(京클 경) 집에 사는 사람을
잡아가거나 재물을 빼앗아 가는 것으로 노략질한다 라는 의미.
掠奪(약탈) 擄掠(노략)

한발굽을·절뚝발이 왕(尢)–사람(大)의 한쪽 다리가 굽은(乚)
모양을 본뜬 것으로 한발굽을·절뚝발이를 의미.

더욱·탓할·원망할 우(尤)–절뚝발이(尢절뚝발이 왕)가 어깨에 짐(丶)을
진 것처럼 갈수록 더 심해지는 것으로 더욱·탓하다·원망하다 라는
의미. 尤極(우극) 尤物(우물) 尤甚(우심) 誰怨孰尤(수원숙우)

나갈·이룰 취(就)–크고(京클 경) 높이 지은 집처럼 점점 더(尤더욱 우)
높은 곳으로 향하여 가는 것으로 나가다(나아가다)·이루다 라는 의미.
就職(취직) 就業(취업) 成就(성취) 就航(취항) 就寢(취침)
就學(취학) 就任式(취임식) 日就月將(일취월장)

찰·밟을 축(蹴)–발(足발 족)로 내어 질러 나아가게(就나아갈 취) 하는 것으로
차다·밟다 라는 의미. 蹴球(축구) 一蹴(일축) 始蹴(시축) 先蹴(선축)

(高高)(稿稾)(膏稾)

(豪豪)(毫稾)

높을·높일·높이·고상할·비쌀·큰소리 고(高)-성문(同) 위에 높이 세워진
지붕(亠)과 창(口)이 있는 누각의 모양을 본뜬 것으로 높다·높이다·
높이·고상하다·비싸다·소리가 크다 라는 의미. 高價(고가) 高尙(고상)
高潔(고결) 高貴(고귀) 崇高(숭고) 高級(고급) 高低(고저) 高速(고속)
高度(고도) 殘高(잔고) 最高(최고) 高位層(고위층) 等高線(등고선)
高氣壓(고기압) 天高馬肥(천고마비) 高聲放歌(고성방가)
볏짚·초잡을·원고 고(稿)-원래는 벼(禾벼 화)가 높게(高높을 고)
자라서 여문 낟알을 떨어내고 남은 거친 줄기와 잎부분으로
볏짚을 의미하는 것으로 시문이나 글을 볏짚같이 거칠게 초벌로
쓰는 것에서 초잡다·원고 라는 의미가 파생됨. 稿料(고료)
投稿(투고) 寄稿(기고) 脫稿(탈고) 草稿(초고) 原稿紙(원고지)
기름·기름질·기름지게 할 고(膏)-고기(月=肉고기 육)의 윗(高위 고)부분에
있는 지방으로 기름·기름지다·기름지게 하다 라는 의미. 膏藥(고약)
軟膏(연고) 石膏(석고) 膏血(고혈) 絆創膏(반창고) 膏粱珍味(고량진미)
돼지갈기·호걸·호협할 호(豪)-목덜미에 높이(高높을 고) 솟아난
돼지(豕돼지 시)의 갈기털같이 굳센 것으로 호걸·호협하다 라는
의미. 豪氣(호기) 豪放(호방) 豪雨(호우) 豪族(호족) 豪快(호쾌) 豪華(호화)
文豪(문호) 富豪(부호) 强豪(강호) 英雄豪傑(영웅호걸) 豪言壯談(호언장담)
길고뾰족한털·털끝·붓 호(毫)-목덜미에 높이(高높을 고) 솟아난 돼지의
갈기털(毛털 모)처럼 길고 끝이 뾰족한 것으로 길고 뾰족한 털·털끝·
붓을 의미. 毫毛(호모) 揮毫(휘호) 秋毫(추호)

(喬喬)(橋橋)(矯矯)
(僑僑)(嬌嬌)

우듬지무지러진나무·창끝갈고리·높을·교만할 교(喬)-높이(高높을 고) 자란
나무의 꼭대기 줄기가 갈고리처럼 굽어(夭굽을 요) 있는 것으로
우듬지가 무지러진 나무·창끝 갈고리·높다·교만하다 라는 의미.
喬木(교목) 喬松(교송) 喬遷(교천)
다리 교(橋)-나무(木나무 목)를 높이(喬높을 교) 세워 만든
것으로 다리를 의미. 橋梁(교량) 橋脚(교각) 架橋(가교)
鐵橋(철교) 浮橋(부교) 連陸橋(연륙교)
바로잡을·거짓 교(矯)-곧은 화살(矢화살·곧을 시)처럼 우듬지가
굽은 나무(喬우듬지무지러진나무 교)를 곧게 만드는 것으로
바로잡다·거짓(속이다)을 의미. 矯正(교정) 矯殺(교살)
矯飾(교식) 矯導所(교도소) 矯角殺牛(교각살우)

우거할 교(僑)-사람(亻=人사람 인)이 창 끝에 달려 있는 갈고리(喬창끝갈고리 교)처럼 남의 집에 임시로 몸을 붙여 사는 것으로 우거하다 라는 의미.
僑胞(교포) 僑民(교민) 華僑(화교) 在日僑胞(재일교포)
태도·맵시·아리따울 교(嬌)-여자(女계집 녀)가 머리를 굽히고(夭굽을 요) 요염하게 교태를 부리며(妖아양부릴 요) 크게 소리를 (高큰소리 고) 내니 태도가 맵시가 있고 곱다는 것으로 태도·맵시·아리땁다 라는 의미.
嬌態(교태) 嬌聲(교성) 愛嬌(애교)

(鬥 )(斲 )(鬪 鬭 )

싸울 투(鬥)-옛 글자를 보면 두 사람이 서로 상대방의 손을 잡고 다투는 모양으로 싸우다 라는 의미.
쪼갤·깎을 착(斲)-제사에 사용하는 술잔(豆+丑연향술잔 두)을 도끼(斤도끼 근)로 가르는 것으로 쪼개다·깎다 라는 의미.
다툴·싸울 투(鬪)-본래 글자는 鬭로 상대방을 쪼개(斲쪼갤 착) 버릴 것처럼 다투는(鬥싸울 두) 것으로 다투다·싸우다 라는 의미.
鬪爭(투쟁) 鬪志(투지) 戰鬪(전투) 鬪魂(투혼) 決鬪(결투) 拳鬪(권투)
亂鬪劇(난투극) 格鬪技(격투기) 孤軍奮鬪(고군분투) 惡戰苦鬪(악전고투)

(囟 囟 )(腦 )(惱 )

아이숨구멍·정수리 신(囟)-옛 글자(囟)를 보면 갓난아이의 두개골(頭蓋骨)이 아직 굳지 않아서 열려 있는 숨구멍 모양을 본뜬 것으로 아이 숨구멍·(숨구멍이 있는 자리)정수리를 의미. 囱(굴뚝 총)자와 비슷.
머릿골 뇌(腦)-몸(月=肉몸 육)에서 구불구불 흐르는 내(巛=川내 천)처럼 주름이 잡혀있는 회백색의 물질이 아이숨구멍(囟아이숨구멍 신)이 있는 두개골(頭蓋骨) 속에 있는 것으로 머릿골을 의미.
頭腦(두뇌) 腦裏(뇌리) 洗腦(세뇌) 首腦部(수뇌부) 腦卒中(뇌졸중)
腦震蕩(뇌진탕) 腦下垂體(뇌하수체)
괴로워할·번뇌할 뇌(惱)-마음(忄=心마음 심)이 구불구불 흘러가는 내(巛=川내 천)같이 끊임없이 흘러나오는 생각이나 감정이 뒤얽혀 산란하고 발딱거리는 갓난아이의 숨구멍(囟아이숨구멍 신)처럼 요동치는 것으로 괴로워하다·번뇌하다 라는 의미.
苦惱(고뇌) 煩惱(번뇌) 惱殺(뇌쇄)

(囱囟囱)(悤悤)(總總)
(聰聰)(窓窗窗)

굴뚝 총(창호·창 창)(囱)-옛 글자를 보면 불을 땔 때 연기가 빠져
나가도록 지붕이나 벽에 만든 구멍을 본뜬 것으로 굴뚝·창호·창을 의미.

바쁠·총총할 총(悤)-불을 땔 때 굴뚝(囱굴뚝 총)에서 빠져 나오는 연기같이
쉴 새 없이 일이 많거나 급해서 마음속(心마음·속 심)에 겨를이 없는
것으로 바쁘다·총총하다 라는 의미. 悤急(총급) 悤忙之間(총망지간)

합할·다·거느릴 총(總)-불을 땔 때 굴뚝에서 쉴 세 없이 빠져 나오는 연기
같이 무척 급하고 바쁜(悤총총할 총) 일들을 누에고치에서 뽑은 가느다란
실을 이어서 한데 감은 실타래(糸가는실 멱)같이 하나로 만드는 것으로
합하다·다(모두)·거느리다라는 의미. 總力(총력) 總量(총량) 總選(총선)
總裁(총재) 總計(총계) 總稱(총칭) 總體的(총체적) 國務總理(국무총리)

귀밝을·총명할 총(聰)-귀(耳귀 이)로 쉴 세 없이 바쁘게(悤바쁠 총)
들리는 많은 소리를 잘 듣는 것으로 귀가 밝다·총명하다 라는 의미.
聰明(총명) 聰氣(총기) 聰敏(총민) 聰明自誤(총명자오)

창 창(窓)-본래 글자는 窗으로 지붕이나 벽에 만든 구멍(穴구멍 혈)으로
공기나 빛이 쉴세 없이 바쁘게(悤바쁠 총) 들어오는 곳으로 창(창문)을
의미. 窓門(창문) 窓口(창구) 鐵窓(철창) 封窓(봉창) 同窓會(동창회)
窓戶紙(창호지) 學窓時節(학창시절)

(來来)(麥麥)

올 래(來)-옛 글자를 보면 이삭이 달린 보리의 모양을 본뜬 것으로
원래는 보리를 나타낸 것으로 나중에 오다 라는 의미로 가차됨.
去來(거래) 未來(미래) 來年(내년) 來日(내일) 往來(왕래)
由來(유래) 到來(도래) 苦盡甘來(고진감래)

보리 맥(麥)-옛 글자를 보면 이삭과 뿌리가 달린 보리의 모양을 본뜬
것으로 보리를 의미. 麥酒(맥주) 麥芽(맥아) 菽麥(숙맥) 麥秀之歎(맥수지탄)

(夾夾)(挾挾)(峽峽)
(狹狹)(俠俠)

낄·좁을·좌우에가질 협(夾)−사람(大)이 양쪽 겨드랑이에 사람(人사람 인)을
끼고 있는 모습으로 끼다·좁다·좌우에 가지다 라는 의미.
來(올 래)자와 비슷. 夾門(협문) 夾室(협실) 夾路(협로) 夾竹桃(협죽도)
낄·갇힐 협(挾)−손(扌=手손 수)으로 죄여 좁은 사이에 끼인(夾좁을·낄 협)
것처럼 빠져나가지 못하게 하는 것으로 끼이다·갇히다 라는 의미.
挾攻(협공) 挾殺(협살) 挾雜(협잡) 挾擊(협격)
산골짜기 협(峽)−산(山뫼 산) 사이에 끼인 좁은(夾낄·좁을 협) 곳으로
산골짜기를 의미. 峽谷(협곡) 海峽(해협) 大韓海峽(대한해협)
좁을 협(狹)−개(犭=犬개 견)가 구멍에 끼일(夾낄·좁을 협) 정도로
사이가 좁다 라는 의미. 猝(갑자기 졸)자와 비슷. 狹小(협소)
偏狹(편협) 狹窄(협착) 狹義(협의) 狹心症(협심증)
협기·호협할 협(俠)−사람(亻=人사람 인)이 좁은 사이에 끼인(夾좁을·낄 협)
것같이 위험한 처지에서 벗어나게 도와주는 의로운 것으로 협기를 의미.
俠客(협객) 俠氣(협기) 豪俠(호협) 義俠心(의협심)

(卒灸)(醉醊)(碎硶)
(粹粊)(萃萲)

군사·무리·창졸·다할·죽을 졸(卒)−옛 글자를 보면 상체에 입은
옷(衣옷 의) 위에 X모양의 표지(標識)가 되어 있는 것으로
군사·무리·창졸(갑자기)·다하다(마치다)·죽다 라는 의미.
來(올 래)자와 비슷. 兵卒(병졸) 倉卒(창졸) 卒倒(졸도) 卒業(졸업)
捕卒(포졸) 高卒(고졸) 腦卒中(뇌졸중) 烏合之卒(오합지졸)
술취할·침혹할 취(醉)−술 단지(酉=술 단지 모양)에 술이
다할(卒다할 졸) 때까지 마시어 술에 취하다·침혹하다(심취하다)
라는 의미. 醉客(취객) 心醉(심취) 瘋醉(마취) 醉氣(취기)
醉興(취흥) 陶醉(도취) 滿醉(만취) 宿醉(숙취)
부술 쇄(碎)−돌(石돌 석) 덩어리를 무리를(卒무리 졸) 지은 것처럼
여러 조각이 나게 두드려 깨뜨리는 것으로 부수다 라는 의미.
粉碎(분쇄) 破碎(파쇄) 碎氷船(쇄빙선) 粉骨碎身(분골쇄신)
순수할·정할 수(粹)−겉껍질을 벗긴 흰 쌀(米쌀 미)을 한 동아리를
이룬 무리(卒무리 졸)처럼 한데 모아 놓은 것같이 다른 것이
조금도 섞이지 않은 것으로 순수하다·정하다 라는 의미.
純粹(순수) 精粹(정수) 國粹主義(국수주의)
모을 췌(萃)−풀(艹=艸풀 초)이 무리(卒무리 졸)를 지어 나 있는 것같이
여럿을 한 곳으로 오게 하는 것으로 모으다 라는 의미.
拔萃(발췌) 拔萃案(발췌안) 出類拔萃(출류발췌)

(朮朮)(術術)(述述)
(刹刹)(殺殺)

삽주·차조 출(朮)-옛 글자를 보면 삽주(국화과의 여러해살이 풀)의 뿌리줄기에
잔뿌리가 붙어 있는 모양으로 삽주·차조를 의미. 蒼朮(창출) 白朮(백출)
길·꾀·재주· 술업·술법 술(術)-길(行길·갈 행)을 밟아가듯이 삽주(朮삽주 출)의
잔뿌리처럼 복잡하게 얽혀있는 문제를 해결해 가는 교묘한 생각이나
방법으로 길(방법·수단)·꾀·재주·(재주 있는 일에 종사하는)술업·술법을 의미.
技術(기술) 藝術(예술) 美術(미술) 呪術(주술) 醫術(의술) 手術(수술)
魔術(마술) 術策(술책) 算術(산술) 施術(시술) 占術(점술) 易術(역술)
學術誌(학술지) 處世術(처세술) 權謀術數(권모술수)
말할·지을 술(述)-쉬엄 쉬엄 가는(辶=辵쉬엄쉬엄갈 착) 것같이
삽주(朮삽주 출)의 잔뿌리처럼 복잡하게 얽혀있는 일의 내용을
풀어서 밝히는 것으로 말하다·짓다 라는 의미 陳述(진술)
述懷(술회) 論述(논술) 著述(저술) 譯述(역술) 敍述語(서술어)
절 찰(刹)-옛 글자를 보면 삽주(朮삽주 출→木나무 목)의 잔뿌리같이
얽혀있는 속세(俗世)의 인연(因緣)을 칼(刂=刀칼 도)로 베어(乂벨 예)
내듯이 끊어내는 곳으로 절을 의미. 利(이로울 리)자와 비슷.
寺刹(사찰) 古刹(고찰) 刹那(찰나) 名勝大刹(명승대찰)
죽일 살(감할·빠를 쇄)(殺)-삽주(朮=朮삽주 출)의 잔뿌리를 베어(乂벨 예)
내듯이 사람을 몽둥이로 쳐서(殳몽둥이·칠 수) 생명이 없어지게 하는
것으로 죽이다·없애다·지우다·감하다·빠르다 라는 의미.
殺菌(살균) 殺害(살해) 殺伐(살벌) 暗殺(암살) 被殺(피살) 射殺(사살)
毒殺(독살) 相殺(상쇄) 殺到(쇄도) 殺風景(살풍경) 殺生有擇(살생유택)

(麻麻)(磨磨)(摩摩)
(魔魔)(痲痲)

삼 마(麻)-한쪽 벽이 없는 집(广돌집 엄) 안에 삼줄기의
껍질(朮삼줄기껍질 빈)을 벗겨서 나란히(林) 걸어 놓고 말리는
모양으로 섬유 식물인 삼을 의미. 麻袋(마대) 麻布(마포)
大麻草(대마초) 快刀亂麻(쾌도난마) 麻衣太子(마의태자)
갈 마(磨)-삼(麻삼 마)의 껍질을 벗겨내듯이 표면을 매끄럽게 하기
위해 돌(石돌 석)에 대고 문질러 벗겨내는 것으로 갈다 라는 의미.
研磨·練磨(연마) 磨滅(마멸) 磨崖佛(마애불) 磨斧爲針(마부위침)

문지를 마(摩)-가는 삼실을 만들기 위해 말린 삼(麻삼 마)의
껍질을 손(手손 수)으로 비비는 것으로 문지르다 라는 의미.
摩擦(마찰) 按摩(안마) 摩天樓(마천루) 摩尼山(마니산)
마귀·마술 마(魔)-환각 물질이 들어 있는 삼(麻삼 마)의 이삭이나 잎을
말린 대마초를 피운 것같이 사람을 미혹하여 미치게 하는 요사스러운
귀신(鬼귀신 귀)으로 마귀(악마)→마술을 의미. 惡魔(악마) 魔鬼(마귀)
魔法(마법) 魔術(마술) 病魔(병마) 魔手(마수) 火魔(화마) 斷末魔(단말마)
魔方陣(마방진) 伏魔殿(복마전) 殺人魔(살인마) 好事多魔(호사다마)
마비될·저릴·홍역 마(痲)-병들어 침상에 누워(疒병들어누울 녁) 있는
사람이 고통을 덜기 위해 환각 물질이 들어 있는 삼(麻삼 마)의
이삭이나 잎을 말린(林) 대마초를 피워서 감각을 잃게 하는 것으로
마비되다→저리다→홍역을 의미. 痲醉(마취) 痲藥(마약) 痲痺(마비)

(黃柬黃)(橫橫)(廣廣)
(鑛鑛)(擴擴)

누를·황제 황(黃)-옛 글자를 보면 보면 허리에 누른 옥띠를
두르고(口=圍에울 위) 양팔과 다리를 벌리고 사람이 서(大큰 대) 있는
모습으로 다섯 방위(方位)를 지키는 오방신장(五方神將) 중에서 중앙을
지키는 신장인 중앙황제(中央黃帝)를 나타낸 것으로 오행(五行)의
土(흙 토)에 해당하고 오방(五方)의 中央(중앙)에 해당하며 오색(五色)의
黃(누를 황)에 해당하는 색으로 누르다(누른빛)·황제를 의미.
<참고> 東方靑帝(동방청제) 西方白帝(서방백제) 南方赤帝(남방적제)
北方黑帝(북방흑제) 中央黃帝(중앙황제)를 오방신장(五方神將)이라 함.
黃沙(황사) 黃金(황금) 黃海(황해) 黃昏(황혼) 黃河(황하) 黃泉(황천)
黃銅(황동) 朱黃色(주황색) 黃巾賊(황건적) 黃粱之夢(황량지몽)
가로·옆·거스를 횡(橫)-곧게 서 있는 나무(木곧을·나무 목)의 방향을
사람의 허리에 띠를 두른(黃) 것처럼 옆으로 가로지른 것으로
가로·옆·거스르다 라는 의미. 橫暴(횡포) 橫領(횡령) 橫財(횡재)
橫隊(횡대) 專橫(전횡) 縱橫無盡(종횡무진) 橫斷步道(횡단보도)
非命橫死(비명횡사) 合從連橫(합종연횡) 橫說竪說(횡설수설)
넓을 광(廣)-집(广돌집 엄)의 넓이가 황제(黃황제 황)가 거처하는 궁궐같이
크다는 것으로 넓다 라는 의미. 廣場(광장) 廣告(광고) 廣野(광야)
廣範圍(광범위) 廣域市(광역시) 崇德廣業(숭덕광업) 高臺廣室(고대광실)
쇳돌 광(鑛)-금속(金쇠 금)을 만들어 내는 근본이 되는 요소들을
넓게(廣넓을 광) 포함하고 있는 광물인 쇳돌(광석)을 의미.
炭鑛(탄광) 鑛夫(광부) 鑛山(광산) 採鑛(채광) 廢鑛(폐광)
鑛脈(광맥) 鑛物(광물) 鐵鑛石(철광석) 鑛泉水(광천수)

넓힐 확(擴)-손(扌=手손 수)으로 늘려서 본디보다 넓게(廣넓을 광)
하는 것으로 넓히다 라는 의미. 擴散(확산) 擴大(확대) 擴張(확장)
擴充(확충) 擴延(확연) 擴聲器(확성기)

(齊齊)(濟濟)(劑劑)

고를·가지런할·같을·삼갈·엄숙할·다스릴·빠를 제(齊)-옛 글자를 보면 곡식의
이삭이 높고 낮거나 크고 작은 차이가 없이 똑같이 나와 있는 모양으로
고르다·가지런하다·같다·삼가다·엄숙하다·다스리다·빠르다 라는 의미.
一齊(일제) 齊唱(제창) 修身齊家(수신제가) 伯夷叔齊(백이숙제)
구제할·건질·이룰·그칠·건널 제(濟)-흐르는 물(氵=水물 수)을
다스려(齊다스릴 제) 수재(水災)를 예방하여 사람을 도와주는
것으로 구제하다·건지다·이루다·그치다·건너다 라는 의미.
救濟(구제) 經濟(경제) 百濟(백제) 濟州島(제주도) 濟度衆生(제도중생)
제약할 제(劑)-병을 다스리기(齊다스릴 제) 위해 약재(藥材)를
칼(刂=刀칼 도)로 잘라서 약을 만드는 것으로 제약하다 라는 의미.
調劑(조제) 洗劑(세제) 鎭痛劑(진통제) 解熱劑(해열제) 消化劑(소화제)
抗生劑(항생제) 起爆劑(기폭제) 營養劑(영양제)

(龍龍)(襲襲)

용 룡(龍)-머리는 낙타와 뿔은 사슴, 눈은 토끼, 귀는 소, 목덜미는 뱀,
배는 큰 조개, 비늘은 잉어, 발톱은 매, 주먹은 호랑이와 비슷한 상상의
동물인 용을 형상화한 것으로 용을 의미. 恐龍(공룡) 龍宮(용궁)
龍沼(용소) 潛龍(잠용) 登龍門(등용문) 鷄龍山(계룡산) 左靑龍(좌청룡)
龍頭蛇尾(용두사미) 畵龍點睛(화룡점정) 龍虎相搏(용호상박)
껴입을·염습할·인할·습작할·엄습할 습(襲)-용(龍용 룡)의 몸 표면를 덮고
있는 비늘처럼 옷을 입은(衣옷·입을 의) 위에 겹쳐서 또 입는 것으로
껴입다→죽은 이의 몸에 수의(壽衣)를 입히고 그 위에 베로 싸고 이불을
덮는 것으로 염습(殮襲)하다→예로부터 전하여 내려오는 습속을 그대로
하는 것으로 인(因)하다→학풍이나 아버지의 봉작 따위를 물려받는
것으로 습작(襲爵)하다→갑자기 들이닥쳐 적을 위에서 내리눌러 덮치는
것으로 엄습(掩襲)하다 라는 의미가 파생됨. 襲擊(습격) 攻襲(공습)
急襲(급습) 奇襲(기습) 踏襲(답습) 世襲(세습) 逆襲(역습)
被襲(피습) 掩襲(엄습) 襲爵(습작) 殮襲(염습) 因襲(인습)

(夊ㅋ)(各즁)(閣閤)(客兞)
(額頿)(格楍)(洛渦)(落蔋)
(絡絡)(略睧)(路蹱)(露霿)
(冬寏)(終綖)(中ㅕ)
(夆ㅟ)(降鴄)

뒤처져올·뒤에올 치(夊)-옛 글자를 보면 앞쪽을 향하고 있는 발의 모양을
본뜬 止(그칠 지)자 와는 반대로 뒤쪽을 향하고 있는 발의 모양을 본뜬
것으로 뒤로 가는 것처럼 뒤떨어져 오는 것으로 뒤처져 오다·
뒤에 오다 라는 의미. 攵(칠 복) 夂(편안히걸을 쇠)자와 비슷.

각각·따로 각(各)-뒤처져 오는(夊뒤처져올 치) 것처럼 따로 떨어져 하나하나
어귀(口어귀 구)에 이르는 것으로 각각·따로를 의미. 各自(각자) 各種(각종)
各處(각처) 各地(각지) 各其(각기) 各界各層(각계각층) 各樣各色(각양각색)

다락집·내각 각(閣)-집(門집 문)을 따로따로(各따로 각) 층층이 높이 지은
것으로 다락집(층집·누각)·내각을 의미. 樓閣(누각) 殿閣(전각) 閣僚(각료)
內閣(내각) 碑閣(비각) 山神閣(산신각) 普信閣(보신각) 沙上樓閣(사상누각)

붙일·손 객(客)-지나가는 사람이 남의 집(宀움 면)에 찾아와 따로(各따로 각)
머물러 사는 것으로 붙이다(의탁하다)·손(손님)을 의미. 容(얼굴 용)자와 비슷.
客室(객실) 客舍(객사) 客死(객사) 客觀(객관) 賀客(하객) 客地(객지)
顧客(고객) 乘客(승객) 客席(객석) 客談(객담) 客體(객체) 刺客(자객)
客氣(객기) 旅客船(여객선) 不請客(불청객) 主客顚倒(주객전도)

현판·수효 액(額)-글자를 써서 널빤지에 붙여(客붙일 객) 건물의
머리(頁머리 혈)에 걸어 놓는 것으로 현판을 의미. 손님(客손 객)의
머리(頁머리 혈)를 세어서 나타낸 머릿수로 수효(數爻)를 의미.
額數(액수) 總額(총액) 金額(금액) 殘額(잔액) 額子(액자)
扁額(편액) 差額(차액) 額面價(액면가) 賜額書院(사액서원)

격식·자격·바를·궁구할·다툴·대적할 격(格)-나무(木나무 목)는 생긴 모양새에
따라 쓰임이 각각(各각각 각) 결정되는 것같이 신분이나 지위, 주위 환경에
걸맞은 일정한 방식으로 격식·자격·바르다·궁구하다·다투다·대적하다 라는
의미. 規格(규격) 性格(성격) 嚴格(엄격) 體格(체격) 格鬪(격투)
格式(격식) 格差(격차) 格調(격조) 格言(격언) 破格(파격) 人格(인격)

合格(합격) 失格(실격) 嚴格(엄격) 價格(가격) 品格(품격) 格言(격언)
神格化(신격화) 資格證(자격증) 缺格事由(결격사유) 格物致知(격물치지)

낙수·서울 락(洛)−원래는 중국 황하(黃河)의 지류인 낙수(洛水)를 가리키는
물 이름으로 중국 역대 9개 왕조의 수도였던 낙양(洛陽)은 허난성(河南省)
북서부 낙수에 위치하므로 낙수·서울(수도)을 의미. 洛花(낙화=모란)
洛陽(낙양) 洛水(낙수) 洛東江(낙동강) 駕洛國(가락국) 河圖洛書(하도낙서)

마을·이룰·떨어질 락(落)−풀(++=艸풀 초)에 맺혀 있는 물방울(氵=水물 수)처럼
각각의(各각각 각) 집이 많이 모여 이루어진 것으로 마을·(마을)이루다
라는 의미. 풀(++=艸풀 초)에 맺혀 있는 물방울이 각각으로
낙수(洛낙수 락)의 물처럼 위에 아래로 내려가는 것으로 떨어지다
라는 의미. 墮落(타락) 暴落(폭락) 脫落(탈락) 落葉(낙엽) 落書(낙서)
群落(군락) 落雷(낙뢰) 陷落(함락) 落選(낙선) 當落(당락) 漏落(누락)
零落(영락) 村落(촌락) 部落(부락) 落成式(낙성식) 烏飛梨落(오비이락)

줄·두를·쌀·이을·연락할·맥 락(絡)−실(糸가는실 멱)처럼 가늘고 길게
만들어 무엇이 각각(各각각 각)으로 떨어지지 않게 묶는 데에 쓰는
것으로 줄·두르다·싸다·잇다·연락하다·맥(경락)을 의미.
脈絡(맥락) 經絡(경락) 籠絡(농락) 連絡船(연락선) 連絡網(연락망)

간략할·꾀할·다스릴·노략질할 략(略)−밭(田밭 전)의 경계를
각각(各각각 각)으로 나누어 농사를 짓는 것으로 간략하다·꾀하다·
다스리다·노략질하다 라는 의미. 侵略(침략) 攻略(공략) 戰略(전략)
政略(정략) 智略(지략) 計略(계략) 策略(책략) 簡略(간략) 省略(생략)
略圖(약도) 略少(약소) 略字(약자) 略式(약식) 略歷(약력) 略稱(약칭)
大略(대략) 中傷謀略(중상모략) 黨利黨略(당리당략)

길 로(路)−사람이 걸어서(⻊=足걸을 족) 각각의(各각각 각) 방면으로
오가는 곳으로 길을 의미. 道路(도로) 鐵路(철로) 航路(항로) 陸路(육로)
歸路(귀로) 進路(진로) 路線(노선) 路資(노자) 路程(노정)
經路(경로) 迷路(미로) 活路(활로) 路祭(노제) 農路(농로)
街路樹(가로수) 天路歷程(천로역정) 激化一路(격화일로)

이슬·드러날·드러낼 로(露)−비가 내린(雨비올 우) 것처럼 물체의 표면에
머물러(⻊=足그칠 족) 각각(各각각 각)으로 맺혀 있는 작은 물방울로
이슬·드러나다·드러내다 라는 의미. 露宿(노숙) 露店(노점) 露出(노출)
露天(노천) 露骨(노골) 暴露(폭로) 吐露(토로) 甘露酒(감로주)

겨울 동(冬)−사계절 중 맨 뒤에 오는(夂뒤에올 동) 얼음(冫얼음 빙)이
어는 계절로 겨울을 의미. 冬眠(동면) 冬至(동지) 越冬(월동)
冬節期(동절기) 嚴冬雪寒(엄동설한)

끝·마지막·마칠·죽을 종(終)−누에고치에서 뽑은 가느다란 실을 이어서
한데 감아 뭉쳐 놓은 실타래(糸가는실 멱)의 사계절 중 맨 뒤에 오는
겨울(冬겨울 동)같이 맨 끝 부분을 나타낸 것으로 끝·마지막·마치다(끝나다)·
죽다 라는 의미. 終了(종료) 終結(종결) 臨終(임종) 終戰(종전) 終末(종말)
終禮(종례) 終乃(종내) 終點(종점) 終禮(종례) 終着(종착) 終止符(종지부)

終身刑(종신형) 終務式(종무식) 始終一貫(시종일관) 自初至終(자초지종)
걸을 과(癶)-옛 글자를 보면 뒤쪽을 향하고 있는 발의 모양을 본뜬
夂(뒤에올 치)자를 좌우로 뒤집은 모양으로 걷다 라는 의미.
내려올 강(夅)-降(내릴 강)자의 옛 글자로 뒤쪽을 향하고 있는
발의 모양을 본뜬 夂(뒤에올 치)자와 夂자를 좌우로 뒤집은
모양인 癶(걸을 과)로 이루어진 것으로 뒤쪽으로 향해 있는
두 발의 모양에서 아래로 내려오다 라는 의미.
내릴·떨어질 강(항복할 항)(降)-높은 언덕(阝=阜언덕 부) 위에서 아래로
내려오는(夅내려올 강) 것으로 내리다·떨어지다·항복하다 라는 의미.
下降(하강) 降臨(강림) 降等(강등) 沈降(침강) 降雨量(강우량)
昇降機(승강기) 降伏(항복) 投降(투항)

(矛㐮)(柔㮔)(務緐)(霧霧)

세모진창 모(矛)-끝이 뾰쪽한 화살촉처럼 세모지고 장식이 달린 자루가
긴 장병기(長兵器)의 모양을 본뜬 것으로 창을 의미. 矛盾(모순) 戈矛(과모)
부드러울·유순할·연약할 유(柔)-창(矛창 모)의 자루로 쓰는 잘 휘어지는
나무(木나무 목)같이 유연한 것으로 부드럽다·유순하다·연약하다 라는 의미.
柔軟(유연) 溫柔(온유) 柔順(유순) 柔弱(유약) 懷柔(회유) 柔道(유도)
外柔內剛(외유내강) 優柔不斷(우유부단)
힘쓸·일할 무(務)-창(矛세모진창 모)을 서로 맞부딪치며(攵=攴칠 복)
힘(力힘 력)을 다하는 것으로 힘쓰다·(힘써)일하다 라는 의미.
任務(임무) 勤務(근무) 業務(업무) 義務(의무) 債務(채무)
責務(책무) 事務室(사무실) 公務員(공무원) 急先務(급선무)
안개·안개자욱할 무(霧)-비(雨비 우) 같은 미세한 물방울이 몸을
움직여 일하는(務일할 무) 것처럼 공중에 떠다니며 연기같이
부옇게 보이는 것으로 안개·안개가 자욱하다 라는 의미.
霧散(무산) 雲霧(운무) 薄霧(박무) 五里霧中(오리무중)

(鬲䰜鬲)(隔鬲)(融融)
(虜虜)(戲戲)

오지병·사이·막을 격(다리굽은솥 력)(鬲)-옛 글자를 보면 굽은 다리가
세 개 달린 솥 모양을 본뜬 것으로 세발솥·(주둥이를 막아 놓은)오지병·
사이·막다 라는 의미.
막힐·막을·멀 격(隔)-언덕(阝=阜언덕 부)으로 주둥이를 막아 놓은
오지병(鬲오지병 격)같이 가로막혀 있으니 막히다·막다·멀다 라는
의미. 隔差(격차) 間隔(간격) 隔離(격리) 懸隔(현격) 隔意(격의)

隔阻(격조) 隔週(격주) 遠隔調定(원격조정) 隔世之感(격세지감)
녹을·화할·융통할 융(融)-솥(鬲다리굽은솥 력) 안에 넣은 음식이
익으면서 머리를 세우고 올라오는 뱀(虫벌레 충)같이 김이
피어오르니 녹다·(피어오르는 김처럼 막힘 없이)융통하다·(솥 안에서
음식이 익는 것처럼)화하다 라는 의미. 金融(금융) 融解(융해)
融和(융화) 鎔融(용융) 融資(융자) 融通性(융통성) 核融合(핵융합)
솥 권(鬳)-범의 무늬(虍범의문채 호)가 새겨진 다리가 굽은
세발솥(鬲다리굽은솥 력)으로 제사 때 쓰는 솥을 의미.
드릴 헌(獻)-제사 때 쓰는 솥(鬳솥 권)에 개(犬큰개 견)를
삶아서 신에게 제물로 바치는 것으로 드리다 라는 의미.
獻血(헌혈) 獻身(헌신) 貢獻(공헌) 文獻(문헌) 獻納(헌납)
獻金(헌금) 憲政(헌정) 獻花(헌화) 奉獻(봉헌)

(鼎 鼎)(員 鼎 員)(圓 圓)
(韻 韻)(損 損)(貞 貞 鼎)
(眞 眞)(鎭 鎭)(愼 愼)(顚 顚)

솥·셋이모일 정(鼎)-양쪽에 두 개의 손잡이가 있고 발이 세 개 달린
솥처럼 생긴 고대(古代)의 제기(祭器) 모양을 본뜬 것으로 솥·
셋이 모이다 라는 의미. 鼎運(정운) 九鼎(구정) 三國鼎立(삼국정립)
관원·인원 원(員)-옛 글자(鼎)를 보면 아가리(口입·어귀 구)가 동그란
솥(鼎솥 정→貝)처럼 둥글다 라는 의미로 나중에 일정한 지역 안에
사는 사람들이(口인구 구) 동그랗게 모여서 같은 솥(鼎솥 정→貝)에서
푼 밥을 먹고 생활을 함께 영위하며 집단을 이루고 있는 사람이나
그 사람들의 수를 뜻하는 인원·관원 이라는 의미로 가차됨.
職員(직원) 從業員(종업원) 會員(회원) 定員(정원) 增員(증원)
店員(점원) 船員(선원) 公務員(공무원) 乘務員(승무원)
會社員(회사원) 警護員(경호원) 消防隊員(소방대원)
둥글·온전할·둘레 원(圓)-옛 글자를 보면 사방을 빙 둘러싼(口=圍에울 위)
것처럼 아가리(口입·어귀 구)가 동그란 솥(鼎솥 정→貝)같이 둥글다·
온전하다·둘레를 의미. 일본 화폐 단위 円(엔)은 圓의 속자.
圓滿(원만) 圓卓(원탁) 圓形(원형) 半圓(반원) 圓熟(원숙)
大團圓(대단원) 圓周率(원주율) 圓舞曲(원무곡)
화할·울림·운치·운 운(韻)-소리(音소리 음)가 여러 사람이(員인원 원) 내는
것처럼 어우러져 고르게 퍼져나가는 것으로 화(和)하다·울림·운·운치를
의미. 韻律(운율) 音韻(음운) 餘韻(여운) 韻致(운치) 韻文(운문)

덜·감할·잃을·상할 손(損)-손(扌=手손 수)으로 같은 솥에서 푼 밥을
먹고 사는 인원(員인원 원)을 적게 줄이는 것으로 덜다·감하다·
잃다·상하다 라는 의미. 損害(손해) 損失(손실) 損傷(손상)
破損(파손) 損壞(손괴) 缺損(결손) 損益(손익)
점칠·정절·곧을·굳을 정(貞)-옛 글자(鼎)를 보면 옛날에 나라에서
종묘에 제사를 지낼 때에 점(卜점 복)을 치는 용도로 쓰던
솥(鼎솥 정→貝) 모양의 제기(祭器)를 나타낸 것으로 이 그릇에
담긴 제물(祭物)은 변하지 않아서 나중에 변하지 않는 여자의
정절·곧다·굳다 라는 의미로 씀. 貞淑(정숙) 貞節(정절) 童貞 貞操(정조)
신검스러울·정할·바를·참·진실로 진(眞)-옛 글자를 보면
숟가락(匕숟가락 비)을 음식을 담은 솥(鼎솥 정→貝)처럼 생긴
제기(祭器)에 꽂고 점을 치는(乚점칠 은) 것이 사람이 바라는
바를 들어주는 신령한 힘이 있는 것으로 신검스럽다→정하다→
바르다→참→진실로를 의미. 眞實(진실) 眞理(진리) 眞僞(진위)
眞談(진담) 眞價(진가) 眞率(진솔) 眞相(진상) 眞本(진본)
眞髓(진수) 純眞(순진) 靑寫眞(청사진) 眞面目(진면목)
누를·진정시킬·진정할·수자리·변방 진(鎭)-쇠(金쇠 금)로 만든 칼날의
서슬같이 날카로운 기세를 억눌러 안정되게(眞정할 진) 하는 것으로
누르다·진정시키다·진정하다·수자리·변방을 의미. 鎭壓(진압) 鎭火(진화)
重鎭(중진) 진영(鎭營) 鎭靜劑(진정제) 鎭痛劑(진통제) 鎭魂曲(진혼곡)
삼갈 신(愼)-마음(忄=心마음 심)을 진실로 바르게(眞진실로·바를 진)
하여 잘못이나 허물이 없도록 조심하는 것으로 삼가다 라는 의미.
愼重(신중) 謹愼(근신) 愼獨(신독)
엎드러질·거꾸로설·이마·근본 전(顚)-옛 글자를 보면 숟가락(匕숟가락 비)을
음식을 담은 솥(鼎솥 정→貝)처럼 생긴 제기(祭器)에 꽂고 점을
치는(乚점칠 은) 사람이 머리(頁머리 혈)가 땅에 닿도록 엎드리고 있는
것으로 엎드러지다·거꾸로 서다·이마·근본(시초)를 의미.
顚覆(전복) 顚末(전말) 七顚八起(칠전팔기) 主客顚倒(주객전도)

(今月今)(含舍)(琴琴)(衾衾)
(念念)(陰陰)(吟吟)(貪貪)

이제·곧 금(今)-옛 글자를 보면 입 속에 무언가를 넣고 삼키지 않은
상태로 지니고 있는 모양으로 원래는 머금다·품다 라는 의미로 후에
이제(지금)·곧(바로)이라는 의미로 가차됨. 只今(지금) 昨今(작금) 今日(금일)
今年(금년) 今番(금번) 方今(방금) 今明間(금명간) 東西古今(동서고금)

243

머금을·품을 함(含)-원래 今은 머금다·품다 라는 의미의 글자로 후에
이제(지금)·곧(바로)이라는 의미로 가차되어 쓰이자 원래의 의미를 확실히
하기 위해 口(입 구)자를 추가하여 만든 글자로 입 속에 무언가를 넣고
삼키지 않고(今) 입(口입 구)에 지니고 있는 것으로 머금다·품다 라는 의미.
包含(포함) 含蓄(함축) 含量(함량) 含有(함유) 含默(함묵)

거문고 금(琴)-옛 글자를 보면 현악기의 울림통 위에 줄을 떠받치는
괘(珏쌍옥 각)와 소리를 품고(今) 있는 속이 빈 울림통의 단면(斷面)을 본뜬
것으로 거문고를 의미. 心琴(심금) 風琴(풍금) 奚琴(해금) 彈琴臺(탄금대)

이불 금(衾)-옷을 입은(衣옷·입을 의) 것처럼 잘 때에 몸을 품어(今)
주는 것으로 이불을 의미. 鴛鴦衾枕(원앙금침) 孤枕單衾(고침단금)

생각할·욀 념(念)-입 속에 무언가를 넣고 삼키지 않은 상태로 머금고(今)
있는 것처럼 마음속(心마음·속 심)에 잊어 버리지 않고 기억하여 두고
있는 것으로 생각하다·외다 라는 의미. 忿(분할 분)자와 비슷.
執念(집념) 觀念(관념) 念願(염원) 槪念(개념) 念佛(염불)
默念(묵념) 念慮(염려) 理念(이념) 留念(유념) 紀念碑(기념비)

그늘·음기·그림자·세월·음부·몰래 음(陰)-언덕(阝=阜언덕 부)의 뒤쪽같이
해를 품고(今) 있는 구름(云구름 운) 때문에 햇볕이 들지 않는 곳으로
그늘(응달)·음기·그림자·세월·음부·몰래를 의미. 陰陽(음양)
陰曆(음력) 綠陰(녹음) 陰地(음지) 陰凶(음흉) 陰害(음해)
陰謀(음모) 陰極(음극) 陰數(음수) 一寸光陰(일촌광음)

읊을·신음할 음(吟)-입(口입 구) 속에 무언가 머금고(今) 소리를
내는 것처럼 앓는 소리를 내는 것으로 읊다·신음하다 라는 의미.
吟味(음미) 呻吟(신음) 吟遊詩人(음유시인) 吟風弄月(음풍농월)

탐할·욕심낼 탐(貪)-재물(貝재물 패)을 몹시 가지고 싶은 욕심을 마음 속에
품는(今) 것으로 탐하다(탐내다)·욕심내다 라는 의미. 貧(가난할 빈)자와
비슷. 貪慾(탐욕) 食貪(식탐) 貪官汚吏(탐관오리) 小貪大失(소탐대실)

(令令)(領領)(嶺嶺)(零零)
(冷冷)(齡齡)(命命)

명할·법령·하여금·착할 령(令)-옛 글자를 보면 사람을 한곳에
모아(스모을 집) 무릎을 꿇리고(卩병부 절) 무엇을 하게 하는
명령을 내리는 것으로 명하다·법령(규칙)·하여금·착하다 라는
의미. 命令(명령) 法令(법령) 令狀(영장) 假令(가령) 號令(호령)
發令(발령) 司令官(사령관) 巧言令色(교언영색) 朝令暮改(조령모개)

다스릴·거느릴·차지할·받을 령(領)-아랫사람에게 무엇을 하게 하는
명령(令명할 령)을 내리는 우두머리(頁머리 혈)같이 다스리다·
거느리다·차지하다·받다 라는 의미. 領土(영토) 領域(영역)

占領(점령) 要領(요령) 領海(영해) 橫領(횡령) 領空(영공)
綱領(강령) 頭領(두령) 領收證(영수증) 大統領(대통령)
산고개·재 령(嶺)-높은 산(山뫼 산)을 다스리듯이(領다스릴 령) 오를 수
있도록 길이 나 있는 비탈진 곳으로 산고개·재를 의미. 嶺南(영남)
嶺東(영동) 險嶺(험령) 分水嶺(분수령) 大關嶺(대관령) 高嶺土(고령토)
비뚝뚝떨어질·떨어질·셈나머지·아무것도없을 령(零)-비(雨비 우)가 윗사람이
아랫사람에게 명령(令명할 령)을 내리듯이 떨어지는 것으로 비가 뚝뚝
떨어지다(비가 내리다)·떨어지다·(셈을 다 치르지 못하고 떨어진)셈나머지·
(나머지가 떨어져)아무것도 없다·(값이 없는 수=0)영을 의미.
零下(영하) 零點(영점=0점) 零敗(영패) 零落(영락) 零細民(영세민)
찰 랭(冷)-차가운 얼음(冫얼음 빙)같이 냉정하게 명령하는(令명할 령)
것처럼 인정이 없고 쌀쌀한 것으로 차다 라는 의미.
冷情(냉정) 冷徹(냉철) 冷凍(냉동) 冷淡(냉담) 冷戰(냉전)
冷待(냉대) 冷笑(냉소) 冷房(냉방) 冷藏庫(냉장고)
나이 령(齡)-순서대로 자라나는 이(齒순서·이 치)같이 규칙(令규칙 령)적으로
이어져 자라나는 것으로 세상에 나서 지낸 햇수인 나이를 의미.
年齡(연령) 妙齡(묘령) 高齡者(고령자) 老齡化(노령화) 適齡期(적령기)
분부·목숨 명(命)-원래는 사람들(口인구 구)에게 무엇을 하라고 하늘이
내려준 명령(令명할 령)인 분부를 의미하는 것으로 하늘이 내린 분부를
잘 수행하기 위해 숨을 쉬며 생명을 유지해 나가는 힘으로 목숨(생명)
이라는 의미가 파생됨. 生命(생명) 運命(운명) 命令(명령) 任命(임명)
革命(혁명) 宿命(숙명) 使命(사명) 壽命(수명) 延命(연명) 命脈(명맥)
命題(명제) 知天命(지천명) 非命橫死(비명횡사)

(合合)(給紷)(答荅)
(拾拾)(塔墖)

합할·짝·맞을 합(合)-그릇 뚜껑(스)이 그릇의 아가리(口입 구)를
덮고 있는 모양으로 둘이 서로 어울려 하나가 되는 것으로
합하다·짝·맞다(적합하다) 라는 의미. 統合(통합) 聯合(연합)
綜合(종합) 合格(합격) 集合(집합) 結合(결합) 和合(화합)
適合(적합) 談合(담합) 合宿(합숙) 烏合之卒(오합지졸)
줄·공급할·족할 급(給)-실(糸가는실 멱)을 이어서 한데 모아 하나로
만든(合합할 합) 실타래의 실같이 물건이 끊어 지지 않게 계속 대어
주는 것으로 주다·공급하다·족하다(넉넉하다) 라는 의미. 供給(공급)
需給(수급) 給與(급여) 支給(지급) 給食(급식) 還給(환급) 給仕(급사)
給油船(급유선) 下都給(하도급) 成果給(성과급) 自給自足(자급자족)

대답·그려냐할·갚을 답(答)-옛날 종이가 발명되기 전에 대(竹대 죽)를
쪼갠 조각에 글로 적어서 묻거나 요구하는 것에 꼭 맞게(合맞을 합)
답하는 것으로 대답·그려냐하다(대답하다)·갚다(보답하다) 라는 의미.
對答(대답) 應答(응답) 答辯(답변) 解答(해답) 報答(보답) 答禮(답례)
答狀(답장) 回答(회답) 答案紙(답안지) 愚問賢答(우문현답)
거둘·주울 습(열 십)(拾)-손(扌=手손 수)으로 떨어지거나 흩어져 있는 것을
집어 한데 모으는(合합할 합) 것으로 거두다·줍다 라는 의미. 十(열 십)의
갖은자. 拾得物(습득물) 收拾策(수습책) 壹阡貳佰參拾伍(일천이백삼십오)
탑 탑(塔)-흙(土흙 토)을 쌓아 올린 기단 위에 풀(++=艸새 초)의 잎처럼
끝이 뾰족한 손잡이가 달린 그릇 뚜껑(亼)이 그릇의 아가리(口입 구)를
덮고 있는 것처럼 여러 층으로 쌓아올린 것으로 탑을 의미.
佛塔(불탑) 石塔(석탑) 尖塔(첨탑) 鐵塔(철탑) 象牙塔(상아탑)
金字塔(금자탑) 司令塔(사령탑) 時計塔(시계탑) 送電塔(송전탑)
管制塔(관제탑) 記念塔(기념탑) 牛骨塔(우골탑)

(亥亥)(刻刻)(核核)

(該該)(骸骸)

돌·열두째지지 해(亥)-송곳니가 입 밖으로 튀어나와 있는 멧돼지 모양을
본뜬 것으로 돌(돼지)·열두째 지지를 의미. 亥時(해시) 辛亥革命(신해혁명)
새길·시각 각(刻)-멧돼지(亥돼지 해)가 날카로운 칼(刂=刀칼 도) 같은
송곳니로 나무뿌리를 깎아 내는 것처럼 새기다(깎다) 라는 의미와
하루의 시간을 십이지(亥열두째지지 해)같이 칼(刂=刀칼 도)로 잘라
12등분한 것으로 시각(시간)을 의미. 彫刻(조각) 刻印(각인)
刻苦(각고) 刻薄(각박) 深刻(심각) 浮刻(부각) 遲刻(지각)
時刻(시각) 卽刻(즉각) 刻骨難忘(각골난망) 刻舟求劍(각주구검)
씨·알맹이 핵(核)-나무(木나무 목)의 열매 속에 멧돼지(亥돼지 해)의
송곳니같이 단단한 껍질에 싸여 있는 것으로 씨·알맹이를 의미.
핵심(核心) 결핵(結核) 핵폭발(核爆發) 핵무기(核武器) 핵분열(核分裂)
핵실험(核實驗) 세포핵(細胞核) 核廢棄物(핵폐기물)
마땅할·갖출·겸할·그 해(該)-말하는(言말할 언) 것이 똑같이 생긴
멧돼지(亥돼지 해)의 두 송곳니처럼 서로 어긋나지 아니하고
들어맞는 것으로 마땅하다(맞다)·갖추다·겸하다·그 라는 의미.
該博(해박) 該當(해당) 該當者(해당자)
뼈·몸 해(骸)-죽은 사람의 살이 썩고 남은 뼈(骨뼈 골)가
멧돼지(亥돼지 해)의 송곳니같이 하얀 백골(白骨)로
뼈·(죽은 사람의)몸을 의미. 骸骨(해골) 殘骸(잔해) 遺骸(유해)

(昔⽔朁苔)(惜惵)(借僣)
(錯錯)(籍籍)

옛·옛날·오랠 석(昔)-옛 글자(朁)를 보면 물이 오르락내리락 물결을
일으키며 흘러가는 것처럼 지나간 지 꽤 오래된 날(日날 일)을 나타낸
것으로 옛·옛날·오래다 라는 의미. 昔年(석년) 今昔之感(금석지감)
아낄·아까워할 석(惜)-마음(忄=心마음 심)에 들어서 오랫(昔오랠 석)
동안 소중하게 여기는 것으로 아끼다·아까워하다 라는 의미.
哀惜(애석) 惜敗(석패) 惜別(석별) 買占賣惜(매점매석)
빌려올 차(借)-사람(亻=人사람 인)이 남의 돈이나 물건을 얼마의
시간이 지난(昔오랠 석) 뒤에 갚거나 돌려 주기로 하고 갖다가 쓰는
것으로 빌려 오다 라는 의미. 借名(차명) 假借(가차) 賃借人(임차인)
賃貸借(임대차) 借用證(차용증) 貸借對照表(대차대조표)
꾸밀·섞일·어긋날·그릇할 착(錯)-쇠(金쇠 금)로 만든 기물(器物)에
녹이 스는 것을 방지하고 아름답게 보이도록 금속 표면에 다른
금속의 얇은 막을 입혀 오래(昔오랠 석) 사용할 수 있게 만든
것으로 꾸미다·섞이다·어긋나다(엇갈리다)·그릇하다 라는 의미.
錯覺(착각) 錯視(착시) 錯雜(착잡) 錯亂(착란) 錯誤(착오)
문서·서책·호적 적(籍)-대(竹대 죽)를 쪼갠 조각에 따비(耒따비(쟁기) 뢰)로
땅을 파는 것처럼 새기어 오랜(昔오랠 석) 시간이 지난 뒤에도
볼 수 있게 만든 것으로 문서·서책·호적을 의미. 書籍(서적) 戶籍(호적)
國籍(국적) 除籍(제적) 黨籍(당적) 本籍(본적) 學籍簿(학적부)

(曾曽)(增增)(憎憎)
(贈贈)(僧僧)(層層)
(會會)(繪繪)(膾膾)

거듭·일찍·이에 증(曾)-옛 글자를 보면 물을 담은 솥 위에 포개어 얹은
시루에서 김이 올라오는 모양으로 거듭·일찍·이에를 의미. 曾祖父(증조부)
曾祖母(증조모) 曾孫子(증손자) 未曾有(미증유) 顯曾祖考(현증조고)
불을·더할·늘릴·많을 증(增)-흙(土흙 토)을 물을 담은 솥 위에
시루를 포개어 얹은 것처럼 거급(曾거급 증) 쌓아 올리는 것으로
붇다·더하다·늘리다·많아지다 라는 의미. 增加(증가) 增産(증산)

增强(증강) 增殖(증식) 增稅(증세) 增資(증자) 增幅(증폭) 增減(증감)
增大(증대) 急增(급증) 增築(증축) 增設(증설) 割增(할증) 增發(증발)

미워할 증(憎)-마음(忄=心마음 심)에 거슬려 물을 담은 솥 위에 포개어 얹은 시루에서 올라오는 김처럼 싫은 생각이 거듭(曾거듭 증)되는 것으로 미워하다 라는 의미. 憎惡(증오) 愛憎(애증) 可憎(가증) 愛憎厚薄(애증후박)

줄 증(贈)-재물(貝재물 패)을 이러한 까닭에(曾이에 증) 가지도록 건네는 것으로 주다 라는 의미. 贈呈(증정) 寄贈(기증) 贈與稅(증여세)

중 승(僧)-사람(亻=人사람 인)이 불문(佛門)에 귀의(歸依)하여 불도(佛道)를 닦고 거듭(曾거듭 증) 태어나려고 하는 사람으로 중(승려)을 의미. 僧侶(승려) 女僧(여승) 僧坊(승방) 僧兵(승병) 禪僧(선승) 帶妻僧(대처승) 破戒僧(파계승) 行脚僧(행각승)

층·층층대 층(層)-집(尸)을 물을 담은 솥 위에 시루를 포개어 얹은 것처럼 거듭(曾거듭 증) 쌓아 올린 것으로 층·층층대를 의미. 高層(고층) 階層(계층) 特權層(특권층) 層層臺(층층대) 上流層(상류층) 層層侍下(층층시하)

모을·회계할·기회 회(會)-음식을 담은(一) 그릇을 물을 담은 솥 위에 시루를 포개어 얹은 것처럼 거듭(曾거급 증) 포개어 얹고 뚜껑(人)을 덮어서 한데 합한 것으로 모으다(모이다)·회계하다·기회를 의미. 曾(일찍 증)자와 비슷. 會同(회동) 會談(회담) 集會(집회) 敎會(교회) 社會(사회) 面會(면회) 總會(총회) 會議(회의) 機會(기회) 會計(회계) 會見(회견) 會館(회관) 會費(회비) 會食(회식) 會合(회합) 鄕友會(향우회) 司會者(사회자) 會者定離(회자정리) 牽强附會(견강부회)

그림 회(繪)-가는 실(糸가는실 멱) 같은 선(線)이 모여서(會모일 회) 어떤 형상을 그려 낸 것으로 그림을 의미. 繪畵(회화) 繪圖(회도)

회·회깟 회(膾)-생고기(月=肉고기 육)를 잘게 썰어서 모아(會모을 회) 놓은 것으로 회·회갓을 의미. 膾炙(회자) 肉膾(육회) 生鮮膾(생선회)

이에·곧·너 내(乃)-옛 글자를 보면 유방이 볼록하게 튀어나온 여자의 옆모습을 본뜬 것으로 원래는 젖(유방)을 의미하는 글자로 나중에 이에(이리하여)·곧(즉)·너 라는 의미로 가차됨. 終乃(종내) 乃至(내지) 人乃天(인내천)

아이밸 잉(孕)-유방이 툭 튀어나온 여자(乃이에 내)가 뱃속에 아이(子자식 자)를 가지고 있는 모양으로 아이를 배다 라는 의미. 孕胎(잉태) 孕婦(잉부) 降孕(강잉)

벼패일·빼어날·아름다울·수재 수(秀)-벼(禾벼 화)의 줄기를 볼록하게
튀어나온 여자의 유방(乃이에 내) 같은 이삭이 뚫고 나오는 것으로
벼가 패다·빼어나다·아름답다·수재 라는 의미. 俊秀(준수) 優秀(우수)
秀麗(수려) 秀才(수재) 秀作(수작) 麥秀之嘆(맥수지탄)
지나칠·통할·사무칠·환할 투(透)-벼(禾벼 화)의 줄기를 볼록하게
튀어나온 여자의 유방(乃이에 내) 같은 이삭이 뚫고 나오는
것처럼 거침없이 뛰어(辶=辵뛸 착) 가는 것으로 지나치다·통하다·
(속 깊이 미치어 통하다)사무치다·환하다 라는 의미. 透明(투명)
浸透(침투) 透徹(투철) 透視(투시) 透映(투영) 透過(투과)
달랠·꾈·당길·가르칠 유(誘)-말(言말씀 언)을 예쁘고 곱게(秀아름다울 수)
해서 남을 자기 생각대로 끄는 것으로 달래다·꾀다·
(꾀어 자기 쪽으로 오게 끌어)당기다·가르치다 라는 의미.
誘惑(유혹) 勸誘(권유) 誘引(유인) 誘致(유치) 誘導彈(유도탄)
새살찔 전(隽)-새(隹새 추)가 볼록하게 튀어나온 여자의
유방(乃이에 내)처럼 살이 많은 것으로 새가 살찌다 라는 의미.
가질·이끌 휴(携)-손에(扌=手손 수) 살찐 새(隽새살찔 전)를 잡고 있는
것으로 가지다(들다)·이끌다 라는 의미. 提携(제휴) 携帶品(휴대품)

(庶庶)(席席)(度度)(渡渡)

무리·여러·거의·서자 서(庶)-돌집(广돌집 엄) 안에서 많은(廿스물 입) 사람이
불(灬=火불 화)을 피우고 사는 것으로 무리·여러·거의·서자를 의미.
庶民(서민) 庶務(서무) 庶子(서자) 庶母(서모) 庶政刷新(서정쇄신)
돗·자리·펼·깔·베풀 석(席)-돌집(广돌집 엄) 안에 많은(廿스물 입) 사람이
앉을 수 있게 수건(巾수건 건)처럼 헝겊으로 만들어 밑에 까는 것으로
돗(돗자리)·자리·펴다·깔다·베풀다 라는 의미. 坐席(좌석) 客席(객석)
缺席(결석) 卽席(즉석) 參席(참석) 席卷(석권) 首席(수석) 主席(주석)
方席(방석) 出席簿(출석부) 觀衆席(관중석) 坐不安席(좌불안석)
뼘잴·법도·지날 도(헤아릴 탁)(度)-집(广돌집 엄) 안의 많은(廿스물 입)
물건의 길이를 손(又오른손 우)을 벌려서 알아보는 것으로 뼘을 재다·
법도·지나다·헤아리다 라는 의미. 速度(속도) 用度(용도) 限度(한도)
態度(태도) 角度(각도) 尺度(척도) 制度(제도) 密度(밀도) 深度(심도)
極度(극도) 度量(도량) 溫度計(온도계) 難易度(난이도) 度外視(도외시)
來年度(내년도) 衆生濟度(중생제도)
건널·건네줄 도(渡)-물(氵=水물 수)을 넘어서 맞은 편으로
지나는(度지날 도) 것으로 건너다·건네다 라는 의미.
渡來(도래) 渡河(도하) 賣渡(매도) 讓渡稅(양도세)
過渡期(과도기) 渡船場(도선장) 不渡手票(부도수표)

(丩 丩)(叫 呌)(糾 絴)(收 攺)

덩굴·얽힐 구(丩)-옛 글자를 보면 다른 것을 감고 오르는
식물의 줄기 모양을 본뜬 것으로 덩굴·얽히다 라는 의미.

부르짖을 규(叫)-복잡하게 얽힌(丩얽힐 구) 감정을 참지 못하여
소리 높여 크게 말하는(口말할 구) 것으로 부르짖다 라는 의미.
絶叫(절규) 阿鼻叫喚(아비규환)

동여맬·얽힐·꼬을·살필 규(糾)-실(糸가는실 멱)을 이리저리
걸어서(丩얽힐 구) 묶는 것으로 동여매다·얽히다·꼬다·살피다
라는 의미. 糾彈(규탄) 糾明(규명) 糾合(규합) 勞使紛糾(노사분규)

잡을·거둘 수(收)-죄인을 달아나지 못하게 손에 든 포승줄(攵=攴)로
이리저리 걸어서(丩얽힐 구) 묶는 것으로 잡다→거두다 라는 의미.
回收(회수) 收去(수거) 收益(수익) 押收(압수) 還收(환수) 吸收(흡수)
買收(매수) 收監(수감) 秋收(추수) 徵收(징수) 撤收(철수) 收縮(수축)
收奪(수탈) 沒收(몰수) 收集(수집) 領收證(영수증) 收支打算(수지타산)

(微 徺)(徵 嶶)(懲 懲)

가늘·작을·쇠약할·은미할 미(微)-옛 글자를 보면 다리를
절뚝거리며(彳자축거릴 척) 머리를 산발(散髮)한 사람(兼이
손에 지팡이를 짚고(攵=攴) 가는 것으로 가늘다·작다·쇠약하다·
은미(隱微)하다 라는 의미. 微笑(미소) 微風(미풍) 微妙(미묘)
幾微(기미) 微細(미세) 稀微(희미) 微弱(미약) 輕微(경미)
微賤(미천) 顯微鏡(현미경) 微溫的(미온적) 微官末職(미관말직)

부를·거둘·징험할 징(徵)-옛 글자를 보면 다리를 절뚝거리며(彳자축거릴 척)
머리를 산발(散髮)하고 허리를 구부리고 서있는(壬나타날 정) 죄인을
몽둥이로 쳐서(攵칠 복) 죄를 밝히는 것으로 부르다·거두다·징험하다
라는 의미. 特徵(특징) 象徵(상징) 徵候(징후) 徵收(징수) 徵兆(징조)
徵集(징집) 徵表(징표) 徵兵(징병) 追徵(추징) 徵用(징용) 徵驗(징험)
課徵金(과징금) 白骨徵布(백골징포)

징계할 징(懲)-죄인을 불러들여(徵부를·거둘 징) 잘못을 꾸짖어
마음(心마음 심)에 고통을 가하는 것으로 징계하다 라는 의미.
懲戒(징계) 懲役(징역) 懲罰(징벌) 嚴懲(엄징) 勸善懲惡(권선징악)

(單 單)(彈 彈)(禪 禪)(戰 戰)

홀로·홀·다만 단(單)-옛 글자를 보면 혼자서 사냥을 할 때 사용하던
사냥도구의 모양으로 홀로·홀·다만(오직)이라는 의미로 가차됨.
簡單(간단) 單語(단어) 單純(단순) 單獨(단독) 單位(단위) 單身(단신)

名單(명단) 單行本(단행본) 傳單紙(전단지) 單一民族(단일민족)
單刀直入(단도직입) 匹馬單騎(필마단기) 簡單明瞭(간단명료)
탄환·쏠·퉁길·탈·탄핵할 탄(彈)–활(弓활 궁) 시위에 하나씩(單홑 단)
얹어서 잡아당겼다가 놓으면 튀어 날아가는 둥근 물건으로
탄환(탄알)·쏘다(튀기다)·퉁기다·(현악기의 줄을 퉁겨 소리를 내다)타다·
탄핵하다(치다) 라는 의미. 爆彈(폭탄) 彈丸(탄환) 彈壓(탄압)
糾彈(규탄) 砲彈(포탄) 指彈(지탄) 彈劾(탄핵) 彈道(탄도)
誘導彈(유도탄) 彈力性(탄력성) 彈琴臺(탄금대)
터닦을·고요할·전위할 선(禪)–옛날 임금이 땅을 고르고 다져
제단(示–제단 모양)을 만들어 하늘과 산천에 홀로(單홀로 단)
조용히 제사 지내는 봉선(封禪)을 의미하는 것으로 터를 닦다·
고요하다·(왕위를 고요하게 전해 줌)전위하다·(고요히 생각하는 일)좌선하다
라는 의미. 坐禪(좌선) 禪定(선정) 禪位(선위) 禪讓(선양) 禪宗(선종)
禪師(선사) 禪寺(선사) 口頭禪(구두선) 禪問答(선문답) 面壁參禪(면벽참선)
싸움할·무서워떨 전(戰)–오로지(單다만 단) 이기려고 창(戈창 과)을
써서 서로 다투는 것으로 싸움하다·무서워서 떨다 라는 의미.
戰爭(전쟁) 戰鬪(전투) 作戰(작전) 挑戰(도전) 逆戰(역전)
舌戰(설전) 戰死(전사) 觀戰(관전) 參戰(참전) 休戰線(휴전선)
惡戰苦鬪(악전고투) 百戰老將(백전노장) 臨戰無退(임전무퇴)

(屯屯)(鈍鈍)(純純)
(頓頓)(春萅萅)

모일·둔칠 둔(屯)–옛 글자를 보면 뿌리를 내리고(乚숨을 은) 땅 위로
돋아 나온 떡잎이(屮떡잎날 철) 아직 곧게 자라나지 못하고 머리를
숙이고(丿삣침 별) 있는 모양으로 나아가지 못하고 한 곳에 여러 사람이
모여 머물러 있는 것으로 모이다·둔치다(진을 치다) 라는 의미.
屯田(둔전) 駐屯地(주둔지) 駐屯軍(주둔군)
무딜·둔할 둔(鈍)–쇠로 만든 병장기(金쇠·병장기 금)의 끝이나 날이
뿌리를 내리고(乚숨을 은) 땅 위로 돋아 나온 떡잎이(屮떡잎날 철)
곧게 자라나지 못하고 머리를 숙이고(丿삣침 별) 있는 것처럼
구부러져서 날카롭지 못한 것으로 무디다·둔하다 라는 의미.
鈍濁(둔탁) 鈍感(둔감) 愚鈍(우둔) 鈍器(둔기) 鈍角(둔각)
순전할 순(純)–누에고치에서 뽑은 가느다란 실(糸가는실 멱)이
한 곳에 모여(屯모일 둔) 있는 것같이 전혀 다른 것의 섞임이
없이 순수하고 결함이 없이 완전한 것으로 순전하다 라는 의미.
純粹(순수) 純潔(순결) 純情(순정) 溫純(온순) 純益(순익) 不純(불순)
單純(단순) 純綿(순면) 淸純(청순) 純度(순도) 至高至順(지고지순)

절할·꾸벅거릴·졸·별안간·가지런할 돈(무딜·둔할 둔)(頓)-뿌리를
내리고(ㄴ숨을 은) 땅 위로 돋아 나온 떡잎이(屮떡잎날 철)
곧게 자라나지 못하고 머리를 숙이고(ノ삣침 별) 있는 것처럼
머리(頁머리 혈)를 숙이는 것으로 절하다·꾸벅거리다·(꾸벅거리고)졸다·
(깜박 조는 동안)별안간·가지런하다 라는 의미. 整頓(정돈) 査頓(사돈)
頓首(돈수) 頓悟(돈오) 頓悟漸修(돈오점수) 斗頓(두돈)
봄 춘(春)-옛 글자(萅)를 보면 풀(屮풀 초)이 뿌리를 내리고(ㄴ숨을 은)
땅 위로 돋아 나온 떡잎이(屮떡잎날 철) 아직 곧게 자라나지 못하고
머리를 숙이고(ノ삣침 별) 있는 시기(日때 일)로 봄을 의미.
靑春(청춘) 春風(춘풍) 春雪(춘설) 春困症(춘곤증) 春香傳(춘향전)
春夏秋冬(춘하추동) 立春大吉(입춘대길) 一場春夢(일장춘몽)

(乇 乇 乇)(託 託)(托 乇)(宅 宅)

맡길·부탁할 탁(풀잎 적)(乇)-옛 글자를 보면 땅(一) 속에 뿌리를
내리고(ㄴ숨을 은) 돋아 나온 잎이 머리를 숙이고(ノ삣침 별) 있는
모양으로 풀잎·맡기다·부탁하다 라는 의미.
부탁할 탁(託)-말(言말씀 언)로 어떤 일을 해 달라고 맡기는(乇맡길 탁)
것으로 부탁하다 라는 의미. 付託(부탁) 委託(위탁) 請託(청탁) 依託(의탁)
結託(결탁) 託送(탁송) 寄託金(기탁금) 託兒所(탁아소) 供託金(공탁금)
맡길 탁(托)-제 손으로 직접 할(扌=手손수할 수) 일을 남에게
해 달라고 부탁하는(乇부탁할 탁) 것으로 맡기다 라는 의미.
托鉢僧(탁발승) 托卵(탁란) 三從之托(삼종지탁) 無依無托(무의무탁)
집 택(宅)-땅을 파고 지붕을 덮은 움(宀움 면)같이 사람이 속에
들어가 몸을 맡기고(乇맡길 탁) 살기 위해 지은 것으로 집을 의미.
住宅(주택) 邸宅(저택) 宅地(택지) 自宅(자택) 陰宅(음택) 宅配(택배)

(由 由 由)(油 油)(宙 宙 宙)

(抽 抽)(笛 笛)(軸 軸)

말미암을·까닭 유(由)-옛 글자를 보면 등잔에 꽂혀 있는 심지에
불이 켜져 있는 모양으로 등잔 속에 담겨 있는 기름이 심지에
스며들어 불을 붙게 하듯이 어떤 일이 생기된 원인이나 근거가
되는 것으로 말미암다·까닭을 의미. 理由(이유) 事由(사유) 由來(유래)
緣由(연유) 經由地(경유지) 自由奔放(자유분방) 自由自在(자유자재)
기름 유(油)-물(氵=水물 수) 같은 액체로 등잔에 꽂혀 있는
심지에 스며들어 불을 일으키는(由까닭 유) 연료로 쓰이는
것으로 기름을 의미. 原油(원유) 油田(유전) 油價(유가)

輕油(경유) 廢油(폐유) 燈油(등유) 注油所(주유소) 油管(송유관)
食用油(식용유) 油印物(유인물) 産油國(산유국) 揮發油(휘발유)
집·하늘 주(宙)-지붕을 덮은 어두운 움(宀움 면) 안에
등잔불(由까닭 유)이 켜져 있는 모양으로 집·(땅 위를 덮고 있는
둥근 지붕에 등잔불 같은 별이 있는 공간)하늘을 의미.
宇宙船(우주선) 宇宙停車場(우주정거장) 宇宙萬物(우주만물)
뺄·뽑을 추(抽)-손(扌=手손 수)으로 등잔에 불을 켜기 위해(由까닭 유)
꽂혀 있는 심지를 밖으로 나오게 하는 것으로 빼다·뽑다 라는 의미.
抽出(추출) 抽象(추상) 抽象畵(추상화) 抽象名詞(추상명사)
피리 적(笛)-대나무(竹대 죽) 토막에 구멍을 뚫고 등잔에 꽂아서
불이 일어나게 하는 심지같이(由말미암을 유) 떨림판 역할을 하는
겹서를 꽂아서 입에 물고 불어 소리를 내는 관악기인 피리를 의미.
警笛(경적) 汽笛(기적) 鼓笛隊(고적대) 萬波息笛(만파식적)
굴대·축·중요할 축(軸)-수레바퀴(車수레·바퀴 거)의 한가운데에
뚫린 구멍에 등잔에 꽂아 놓은 심지같이(由말미암을 유)
나무막대나 쇠막대를 꽂아서 수레가 바로 놓이게 해 주는
것으로 굴대·축·중요하다 라는 의미. 地軸(지축) 主軸(주축)
車軸(차축) 對稱軸(대칭축) 座標軸(좌표축) 天方地軸(천방지축)

(吳吳)(娛娛)(誤誤)

크게말할·오나라·성씨 오(吳)-옛 글자를 보면 사람이 머리를 뒤로
젖히고(夨머리기울 녈) 큰 소리로 말하는(口말할 구) 모습으로 크게 말하다·
오나라·성씨를 의미. 吳越同舟(오월동주) 吳牛喘月(오우천월)
즐거울·기쁠 오(娛)-여자(女계집 녀)가 머리를 뒤로 젖히고(夨머리기울 녈)
큰 소리로 말하여(口말할 구) 좋은 감정을 밖으로 나타내는 것으로
즐거워하다·기쁘다 라는 의미. 娛樂室(오락실) 娛樂會(오락회)
그릇할·잘못할 오(誤)-말할(言말할 언) 때 머리를 뒤로
젖히고(夨머리기울 녈) 큰 소리로 말하는(口말할 구) 것은
도리나 예의에 벗어난 것으로 그릇하다·잘못하다 라는 의미.
誤解(오해) 過誤(과오) 誤認(오인) 誤算(오산) 誤報(오보) 誤答(오답)
誤審(오심) 誤判(오판) 施行錯誤(시행착오) 魯魚之誤(노어지오)

(亶亶)(壇壇)(檀檀)

많을·믿을·도타울 단(亶)-곳간(亩곳집 름)에 간직하여 둔 많은 곡식같이
인정이 많고 지평선 위로 해가 떠오르는 아침(旦아침 단)에 해를 향해
정성을 드리는 믿음이 깊은 것으로 많다·믿다·도탑다(두텁다) 라는 의미.

제터·단 단(壇)-흙(土흙 토)을 쌓아 곳간(亩곳집 름)처럼 높게 만들어 놓고
지평선 위로 해가 떠오르는 아침(旦아침 단)에 해를 향해 제(祭)를 지내는
자리로 제터·단을 의미. 祭壇(제단) 演壇(연단) 花壇(화단) 基壇(기단)
講壇(강단) 登壇(등단) 社稷壇(사직단) 老姑壇(노고단) 神壇樹(신단수)
향나무·박달나무 단(檀)-나무(木나무 목)가 곡식을 간직해 두기 위해
지은 곳간(亩곳집 름)처럼 재질이 튼튼하고 단단하며 지평선 위로
떠오르는 해(旦아침 단)같이 붉은 것으로 향나무·박달나무를 의미.
檀君(단군) 檀紀(단기)

(予𩲸)(野埜)(豫𧰼)(序序)

줄·취할·나 여(予)-베틀의 날실 틈으로 주고 받으면서 씨실을 풀어
주며 베를 짜는 북의 모양을 본뜬 것으로 주다·취하다·나를 의미.
들·들판·촌스러울·야만·백성 야(野)-마을(里마을 리)에 살고 있는
사람들이 곡식을 취하는(予취할 여) 논이나 밭이 있는 넓은 땅으로
들·들판·촌스럽다·야만·백성을 의미. 分野(분야) 視野(시야)
平野(평야) 野望(야망) 野心(야심) 野菜(야채) 野慾(야욕)
野卑(야비) 野薄(야박) 野生花(야생화) 野遊會(야유회)
먼저·머뭇거릴 예(豫)-베틀의 날실 틈으로 북을 주고 받으면서(予줄·취할 여)
씨실을 풀어 날실과 씨실을 서로 어긋매끼게 엮어서 베를 만들듯이
생각을 서로 어긋매끼게 엮어서 마음 속으로 그린 모양(象모양 상)을
미리 만들어 보는 것으로 먼저(미리·사전에)·(어떤 일을 결행하기 전에
망설이는 것으로)머뭇거리다 라는 의미. 豫想(예상) 豫測(예측) 豫防(예방)
豫約(예약) 豫買(예매) 豫定(예정) 豫感(예감) 豫算(예산) 豫告(예고)
豫言(예언) 豫習(예습) 豫備軍(예비군) 執行猶豫(집행유예)
차례·서낼 서(序)-집(广돌집 엄) 안에서 베틀의 날실 틈으로 주고
받는(予줄·취할 여) 북에서 풀려 나오는 씨줄같이 주욱 이어진
혈통을 순서 있게 구분하여 벌여 나가는 관계로 차례·서문을 쓰다
라는 의미. 順序(순서) 序列(서열) 秩序(질서) 序文(서문) 序論(서론)
序詩(서시) 序曲(서곡) 序幕(서막) 序數(서수) 長幼有序(장유유서)

(厂𠂆)(危𩑶)

(厌反→矦䇆→侯侯)(喉㗋)

(候候俟)(詹䁾)(擔擔)

위태로울 위(우러러볼·사모할 첨)(产)-옛 글자를 보면
사람(亻사람 인→勹)이 높은 벼랑(厂굴바위 엄) 위에 서
있는 것으로 위태롭다·우러러보다·사모하다 라는 의미.
위태할 위(危)-높은 벼랑 위에 위태롭게(产위태로울 위) 서 있는
사람을 무릎을 구부리고(㔾) 밑에서 쳐다보고 있는 모양으로
마음을 놓을 수 없을 정도로 보기에 위험한 것으로 위태하다
라는 의미. 危險(위험) 危急(위급) 危殆(위태) 危機(위기)
危重(위중) 危篤(위독) 安危(안위) 累卵之危(누란지위)
과녁 후(厌)-원래는 矦(임금 후)자의 옛 글자로 후에
굴바위(厂굴바위 엄)처럼 생긴 것으로 화살(矢화살 시)을
쏠 때 표적으로 세워 놓은 과녁이라는 의미로 씀.
임금 후(矦)-원래 임금을 의미하는 厌(과녁 후)자가 과녁이라는
의미로 쓰이자 후에 새로 만든 글자로 우러러 받들고 마음으로
따르는(产사모할 첨) 화살처럼 곧은(矢화살·곧을 시) 임금을 의미.
제후 후(侯)-임금(矦임금 후 产→コ)에게 일정한 영토(領土)를 받고
그 영토를 다스리던 사람(亻사람 인)으로 제후를 의미.
諸侯(제후) 侯爵(후작) 封侯(봉후)
목구멍 후(喉)-입(口입 구)과 임금에게 딸려 있는 제후(侯제후 후)같이
서로 이어져 맞닿아 있는 곳으로 목구멍을 의미.
咽喉(인후) 喉頭癌(후두암) 喉舌(후설) 喉舌之臣(후설지신)
살필·염탐할·물을·바랄·기다릴·조짐·기후 후(候)-사람(亻=人사람 인)이
일정한 영토를 가지고 그 영내의 백성을 다스리는 제후(侯제후 후)같이
살피고 탐색하는 것으로 살피다·염탐하다·묻다·바라다·기다리다·조짐·
기후를 의미. 氣候(기후) 候補(후보) 徵候(징후) 問候(문후)
斥候兵(척후병) 症候群(증후군) 惡天候(악천후)
소곤거릴·이를·볼 첨(詹)-사모하는(产사모할 첨) 사람(儿어진사람 인)에게 낮은
소리로 가만히 말하는(言말할 언) 것으로 소곤거리다·이르다·보다 라는 의미.
짐·질·맡을 담(擔)-손(扌=手손 수)으로 들고 다른 곳에 이르게(詹이를 첨)
하도록 꾸려 놓은 물건으로 짐·지다·맡다 라는 의미. 擔當(담당)
擔任(담임) 分擔(분담) 全擔(전담) 擔保(담보) 負擔(부담) 加擔(가담)

(婁 䍟 婁)(屢 屢)(樓 樓)(數 數)

포갤·거듭·쌓을 루(婁)-옛 글자를 보면 여자가 두 손으로 머리 위에
물건을 겹겹이 포개어 쌓아 올리는 모양으로 포개다·거듭·쌓다 라는 의미.
여러 루(屢)-넓게 벌여 차려놓은(尸베풀·펼 시) 물건을 겹겹이
포개어 쌓아(婁포갤·쌓을 루) 올려놓은 것처럼 수효가 많은 것으로
여러를 의미. 屢次(누차) 屢回(누회) 屢年(누년) 屢見不鮮(누견불선)

다락·망루 루(樓)-나무(木나무 목)를 겹겹이 포개어 쌓아(婁포갤·쌓을 루)
올려 여러 층으로 높이 지은 집으로 다락(다락집)·망루를 의미.
樓閣(누각) 望樓(망루) 摩天樓(마천루) 沙上樓閣(사상누각)
셀·셈·셈칠·운수 수(數)-손으로 산가지를 하나씩 들어서(女=攴)
쌓아(婁쌓을 루) 올려 수효를 헤아리는 것으로 세다·셈·셈하다·운수를 의미.
點數(점수) 數學(수학) 額數(액수) 變數(변수) 分數(분수) 術數(술수)
運數(운수) 相當數(상당수) 大多數(대다수) 未知數(미지수) 過半數(과반수)
手數料(수수료) 口舌數(구설수) 權謀術數(권모술수) 不知其數(부지기수)

(㡀㡀)(敝敝)(弊弊)
(蔽蔽)(幣幣)

해진옷 폐(㡀)-천(巾수건 건)으로 만든 옷이 오래되어 낡아서
이리저리 갈라져(八=別나눌 별) 떨어진 모양으로 해진 옷을 의미.
해질·깨질·무너질·버릴·활줌통 폐(敝)-옷이 오래되어 낡아서 이리저리
갈라져 떨어진(㡀해진옷 폐) 것처럼 손에 든 몽둥이로 쳐서(女=攴칠 복)
여러 조각으로 쪼개지거나 갈라진 것으로 해지다·깨지다·무너지다·
버리다 라는 의미와 나무를 八자 모양으로 깎아서 활대를 양쪽으로
연결해 주는(㡀) 활의 한가운데의 손으로 쥐는 막대(女=攴) 부분으로
활줌통을 의미. 敝件(폐건) 敝履(폐리) 敝衣破冠(폐의파관)
폐단·해질·곤할 폐(弊)-해져서(敝해질 폐) 못 쓰게 된 것을 버리지
못하고 두 손으로 붙잡고(廾손맞잡을 공) 있는 것으로 어떤 일이나
행동에서 나타나는 괴롭고 귀찮고 번거롭고 해로운 것으로 폐단·
해지다·곤하다 라는 의미. 弊端(폐단) 疲弊(피폐) 病弊(병폐)
積弊(적폐) 民弊(민폐) 弊習(폐습) 惡弊(악폐)
가릴·덮을 폐(蔽)-돋아난 풀(艹=艸풀 초)이 땅을 덮고 있는 것처럼
해진(敝해질 폐) 부분을 보이지 않게 가리워 감추는 것으로
가리다·덮다 라는 의미. 隱蔽(은폐) 蔽一言(폐일언) 建蔽率(건폐율)
비단·돈·폐백 폐(幣)-옛날에 상품을 교환할 때에 활대를 양쪽으로 연결해
주는 활줌통(敝활줌통 폐)같이 중간에서 양편의 관계를 맺어 주는 물건으로
돈 대신에 사용하였던 피륙(巾수건 건)인 비단·돈(화폐)·폐백을 의미.
貨幣(화폐) 造幣(조폐) 幣帛(폐백) 幣物(폐물) 僞造紙幣(위조지폐)

(甲甲)(押押)(卑卑卑)
(婢婢)(碑碑)(牌牌)

껍질·갑옷·으뜸·첫째천간·아무개 갑(甲)−무늬가 새겨져 있는 거북의 등딱지
모양을 본뜬 것으로 껍질(껍데기)·갑옷·으뜸(첫째)·첫째천간·아무개를 의미.
還甲(환갑) 甲富(갑부) 甲種(갑종) 回甲宴(회갑연) 鐵甲船(철갑선)
甲午年(갑오년) 甲殼類(갑각류) 甲骨文(갑골문) 裝甲車(장갑차)
甲申政變(갑신정변) 甲論乙駁(갑론을박) 甲男乙女(갑남을녀)
수결둘·눌러놓을·잡을 압(押)−도장 대신 손(扌=手손 수)으로 거북의
등딱지(甲껍질 갑)에 새겨져 있는 무늬 같은 일정한 자형(字形)을
자필로 쓰는 것으로 수결을 두다(인치다)·누르다·잡다 라는 의미.
抽(뺄 추)자와 비슷. 押收(압수) 押留(압류) 押送(압송) 差押(차압)
낮을 비(卑)−옛 글자를 보면 거북의 등딱지(甲껍질 갑)에 새겨져 있는
무늬 같은 것을 손에 든 끝이 날카로운 연장(十)으로 문신을 새겨
넣은 천한 노비같이 신분이 낮다 라는 의미. 卑屈(비굴) 卑下(비하)
卑劣(비열) 卑賤(비천) 野卑(야비) 卑俗語(비속어) 男尊女卑(남존여비)
여종 비(婢)−남의 집에서 천한(卑낮을 비) 일을 하는 여자(女계집 녀)로
여종(계집종)을 의미. 奴婢(노비) 官婢(관비) 婢妾(비첩)
비석·빗돌 비(碑)−돌(石돌 석)에 죽은 사람의 공적(功績)을 후세에
오래도록 전하기 위해 거북의 등딱지(甲껍질 갑)에 새겨져 있는
무늬처럼 손에 든 끝이 날카로운 도구(十)로 글을 새겨서 세워
놓은 것으로 비석·빗돌을 의미. 碑石(비석) 墓碑(묘비) 碑文(비문)
紀念碑(기념비) 斥和碑(척화비) 頌德碑(송덕비)
패·호패 패(牌)−나무를 작게 쪼갠 조각(片조각 편)에 이름·신분·특징
따위를 알리기 위해 거북의 등딱지(甲껍질 갑)에 새겨져 있는 무늬처럼
손에 든 끝이 날카로운 연장(十)으로 그림이나 글씨를 새겨 놓은 것으로
패·호패 를 의미. 防牌(방패) 馬牌(마패) 位牌(위패) 門牌(문패) 名牌(명패)
曰牌(왈패) 號牌(호패) 感謝牌(감사패) 賜牌之地(사패지지)

(曲田)(農農農)(濃濃)
(豊豊豊)(禮禮)(體體)

굽을·곡조·잠박 곡(曲)−옛 글자를 보면 대오리나 싸리나무를 둥글게
구부려서 만든 바구니의 모양을 본뜬 것으로 굽다(굽히다)·곡조·
잠박(蠶箔)을 의미. 曲線(곡선) 屈曲(굴곡) 懇曲(간곡) 戲曲(희곡)
歌曲(가곡) 作曲(작곡) 曲藝(곡예) 曲折(곡절) 變曲點(변곡점)
曲學阿世(곡학아세) 不問曲直(불문곡직) 九曲肝腸(구곡간장)
농사·농사지을 농(農)−대오리나 싸리나무를 거칠게 엮어 짜서 만든
잠박(曲잠박 곡)에 누에를 올려 기르거나 철(辰때 신)에 따라 논밭에
농작물을 재배하는 것으로 농사·농사짓다 라는 의미. 農業(농업)
農藥(농약) 農場(농장) 農事(농사) 農村(농촌) 農民(농민) 農協(농협)

農産物(농산물) 農作物(농작물) 農耕地(농경지) 士農工商(사농공상)
무르녹을·질을 농(濃)-농사를 지어(農농사지을 농) 얻은 열매가 익을 대로
익어서 물(氵=水물 수)이 흘러나올 정도로 흐무러진 것으로 무르녹다·질다
라는 의미. 濃度(농도) 濃縮(농축) 濃厚(농후) 濃淡(농담) 雪濃湯(설농탕)
풍년·많을·성할·클 풍(豊)-옛 글자(豐)를 보면 제기(豆제기이름 두)에 수확한
햇곡식이 가득 담긴(曲→曲) 모양으로 풍년·풍년들다·성하다·크다·비대하다
라는 의미. 豊年(풍년) 豊富(풍부) 豊盛(풍성) 豊足(풍족) 豊滿(풍만)
예도·예의 례(禮)-신(示귀신 기)에게 수확한 햇곡식을 제기(豆제기이름 두)에
가득 담아(曲→曲) 제사를 드리는 것으로 예도·예의를 의미. 禮節(예절)
禮義(예의) 敬禮(경례) 禮服(예복) 禮物(예물) 答禮(답례) 缺禮(결례)
婚禮(혼례) 葬禮式(장례식) 禮俗相交(예속상교) 克己復禮(극기복례)
몸·모양·근본 체(體)-사람의 형상을 이루는 뼈(骨뼈 골)와 뼈에 딸린
많은(豊많을 풍) 부분으로 이루어진 것으로 몸·모양(꼴)·근본을 의미.
體溫(체온) 體操(체조) 團體(단체) 體罰(체벌) 固體(고체) 體驗(체험)
體格(체격) 身體(신체) 體感(체감) 肉體(육체) 體育(체육) 媒體(매체)
體重(체중) 具體的(구체적) 共同體(공동체) 物我一體(물아일체)

(丰 丰)(夆 夆)(峯 峯)

(逢 逢)(蜂 蜂)(奉 奉 奉)

(邦 邦 邦)(彗 彗)(慧 慧)

풀성할·예쁠 봉(丰)-옛 글자를 보면 땅속에 뿌리를 박은 초목이
자라서 무성하게 된 것으로 초목이 무성하다·예쁘다 라는 의미.
끌 봉(夆)-남보다 뒤져 오는(夂뒤져올 치) 사람을 무성하게(丰풀성할 봉)
자랄 수 있게 이끌어 주는 것으로 끌다(이끌다) 라는 의미.
산봉우리 봉(峯)-산(山뫼 산)에서 끌어(夆끌 봉) 올린 것처럼 뽀족하게 솟은
꼭대기로 산봉우리를 의미. 靈峯(영봉) 最高峯(최고봉) 希望峯(희망봉)
맞을·만날 봉(逢)-길에 나가서(辶=辵쉬엄쉬엄갈 착) 오는 사람을 기다렸다가
이끌어(夆끌 봉) 안으로 들이는 것으로 맞다(맞이하다)·만나다 라는 의미.
相逢(상봉) 逢着(봉착) 逢變(봉변)
벌 봉(蜂)-벌레(虫벌레 훼)의 몸 끝에 끌어(夆끌 봉) 올린 것처럼
뽀족하게 솟은 침이 있는 벌을 의미. 蜂起(봉기) 養蜂(양봉)
蜂針(봉침) 分蜂(분봉) 韓蜂(한봉) 露蜂房(노봉방)
받들·드릴·높일 봉(奉)-옛 글자를 보면 무성하게(丰풀성할 봉)
자란 약초를 받쳐들고(廾받들 공) 있는 손(手손 수→龶) 모양으로
받들다·드리다(바치다)·높이다 라는 의미. 奉仕(봉사) 奉養(봉양)

信奉(신봉) 奉祝(봉축) 奉送(봉송) 奉安(봉안) 滅私奉公(멸사봉공)
나라 방(邦)-옛 글자를 보면 초목이 무성한(丰풀성할 봉) 영토에
고을(邑골 읍=阝)을 이루고 사는 사람들로 구성된 나라를 의미.
聯邦(연방) 盟邦(맹방) 邦畵(방화) 友邦國(우방국) 異邦人(이방인)
비·혜성 혜(彗)-무성한(丰풀성할 봉) 초목의 가지를 한데 모아(丰丰)
묶은 것을 손(크)으로 잡고 먼지나 쓰레기를 쓸어 내는 기구인
비(빗자루)·(빗자루처럼 생긴)혜성을 의미. 彗星(혜성)
슬기로울·지혜·총명할 혜(慧)-비(彗비 혜)로 먼지나 쓰레기를 쓸어 내는
것같이 사리(事理)를 밝히어 일을 잘 처리해 나가는 마음(心마음 심)의
작용으로 총명하다·슬기롭다·지혜를 의미. 智慧(지혜) 慧眼(혜안)

(丯丰)(㓞㓞)(契㓞)
(㓞㓞)(潔㓞)

새길·산란할 개(丯)-금(彡)을 그어(ㅣ) 표시한 것으로
새기다(적다)·산란(散亂)하다 라는 의미.
새길 갈(맺을·약속할 계)(㓞)-금을 그어 표시한(丯새길 개) 것을
칼(刀칼 도)로 파는 것으로 새기다 라는 의미.
계약할·맺을 계(契)-나무판에 글로 새겨(㓞새길 갈) 놓은
중대한(大큰 대) 약속으로 계약하다·맺다 라는 의미. 契約(계약)
契機(계기) 契員(계원) 親睦契(친목계) 金蘭之契(금란지계)
삼한끝·깨끗할·조촐할·고요할 결(묶을 혈)(㓞)-삼의 줄기에서 벗겨낸
껍질을 산란하지(丯산란할 개) 않게 가지런히 묶고 끝을 칼(刀칼 도)로
잘라서 실타래(糸가는실 멱-실타래 모양)같이 깔끔하게 정돈한 것으로
삼한끝→깨끗하다→조촐하다→고요하다 라는 의미.
맑을·청렴할 결(潔)-물(氵=水물 수)이 가지런히 정돈되어 군더더기가
없고 깔끔한 삼한끝같이 깨끗한(㓞삼한끝·깨끗할 결) 것으로 맑다
라는 의미. 淸潔(청결) 純潔(순결) 簡潔(간결) 淨潔(정결) 高潔(고결)
不潔(불결) 潔癖症(결벽증) 聖潔敎會(성결교회) 淸廉潔白(청렴결백)

(害害)(割劐)(憲憲)

해할·해롭게할·해칠 해(害)-집(宀움집 면) 안에서 드러나지 않게 가만히
깍아(丯새길 개) 내듯이 남의 흠을 잡아내어 나쁘게 말하여(口말할 구)
남에게 해가 되게 하는 것으로 해하다·해롭게하다·해치다 라는 의미.
被害(피해) 損害(손해) 殺害(살해) 災害(재해) 妨害(방해) 侵害(침해)
迫害(박해) 公害(공해) 迫害(박해) 傷害(상해) 病蟲害(병충해)
利害得失(이해득실) 百害無益(백해무익)

벨·가를·나눌 할(割)−해치(害해칠 해)듯이 사물을 칼(刂=刀칼 도)로
자르는 것으로 베다·가르다·나누다 라는 의미. 割引(할인) 役割(역할)
割賦(할부) 分割(분할) 割當(할당) 割愛(할애) 割與(할여) 割禮(할례)
割增料(할증료) 群雄割據(군웅할거) 割腹自殺(할복자살)

법 헌(憲)−사회생활에 해(害해할 해)가 되는 눈(罒=目눈 목)에
보이는 것과 보이지 않는 생각(心생각 심)을 규제하여 마땅히
따르고 지키게 하는 규범으로 법을 의미. 憲法(헌법) 改憲(개헌)
違憲(위헌) 憲兵(헌병) 制憲節(제헌절) 立憲主義(입헌주의)

(彔 彔 彔)(綠 綠)(祿 祿)
(錄 錄)(剝 剝)

깎을·새길·본디·근본 록(彔)−옛 글자를 보면 멧돼지(彑돝머리 계)가
날카로운 송곳니(丿송곳니 모양)로 땅을 파고 땅속의
나무뿌리(氺나무뿌리 모양)를 잘라 먹고 있는 것으로
깎다→새기다→본디→근본을 의미. 彖(돼지달아날 단)자와 비슷.

초록빛·푸를 록(綠)−누에고치에서 뽑은 가는 실(糸가는실 멱)로 짠 비단에
새겨(彔새길 록) 넣듯이 물을 들인 거죽에 드러나는 색이 풀의 빛깔같이
푸른 색을 약간 띤 녹색으로 초록빛·푸르다 라는 의미. 緣(인연 연)자와
비슷. <참고> '푸르다'라는 것은 어떤 특정한 빛깔(색)을 나타내는 것이
아니고 맑은 가을 하늘이나 깊은 바다, 풀의 빛깔같이 밝고 선명한
빛깔의 느낌을 나타내는 형용사(形容詞)이다. 綠色(녹색) 綠茶(녹차)
綠地(녹지) 綠豆(녹두) 綠陰(녹음) 常綠樹(상록수) 葉綠體(엽록체)
綠陰芳草(녹음방초) 草綠同色(초록동색) 綠水靑山(녹수청산)

복록·녹봉 록(祿)−신(示귀신 기)으로부터 인간이 본디(彔본디 록) 받은
것으로 복록·녹봉을 의미. 祿俸(녹봉) 福祿(복록) 貫祿(관록) 祿邑(녹읍)

기록할·문서 록(錄)−오래도록 보존하기 위해 쇠(金쇠 금)에
글을 새겨(彔새길 록) 넣는 것으로 기록하다(적다)·문서를 의미.
記錄(기록) 登錄(등록) 目錄(목록) 錄音(녹음) 錄畵(녹화) 附錄(부록)
備忘錄(비망록) 芳名錄(방명록) 回顧錄(회고록) 默示錄(묵시록)

벗길·떨어질 박(剝)−물건의 거죽이나 껍질을 깎아(彔깎을 록) 내듯이
칼(刂=刀칼 도)로 베어서 떼어 내는 것으로 벗기다·떨어지다(떼어지다)
라는 의미. 剝奪(박탈) 剝製(박제) 剝皮(박피) 剝離(박리)

（冉冄杁）（再再）（冄冋）
（稱橳稱）（那邢邢）（冓冓）
（構構）（購購）（講講）

가는털늘어질·약할·타달거릴·나아갈·침범할 염(冉)-본래 글자는 冄으로
가는 털이 힘없이 아래로 드리운 모양으로 가는 털이 늘어지다·약하다·
타달거리다·나아가다·침범하다 라는 의미.
두번·거듭 재(再)-아래로 늘어진 가는 털(冉가는털늘어질 염) 위에 또
한 번(一한번 일) 포개는 것으로 두 번(두 번 하다)·거듭(거듭하다·다시 하다)
라는 의미. 再開(재개) 再考(재고) 再演(재연) 再起(재기) 再湯(재탕)
再婚(재혼) 再會(재회) 再拜(재배) 再活用(재활용) 再建築(재건축)
再檢討(재검토) 再放送(재방송) 再造之恩(재조지은) 丁酉再亂(정유재란)
들 칭(冄)-손가락을 오므려(爫=爪손톱 조) 아래로 늘어진(冉가는털늘어질 염)
것을 잡아 위로 올리는 것으로 들다 라는 의미.
저울질할·일컬을·칭찬할 칭(稱)-늘어진 벼(禾벼 화) 이삭을 손으로
들어(冄들 칭) 올리고 무게를 헤아려 보는 것으로 저울질하다·
일컫다·칭찬하다 라는 의미. 名稱(명칭) 呼稱(호칭) 指稱(지칭)
自稱(자칭) 愛稱(애칭) 稱讚(칭찬) 對稱(대칭)
나라이름·어찌·저·어조사 나(那)-본래 글자는 邢으로 원래는 가는 털이
아래로 늘어진(冉가는털늘어질 염) 사람들이 사는 나라(阝=邑나라 읍)의
이름을 의미. 나중에 어찌·저(저것)·어조사 라는 의미로 가차됨.
那落(나락) 刹那(찰나) 徐那伐(서나벌)
재목어긋매껴쌓을 구(冓)-물건을 우물 난간(井우물난간 정)처럼
서로 어긋나게 맞추어 거급(再거듭 재)하여 층층이 쌓아 올리는
것으로 쌓다·짜다 라는 의미.
집세울·지을·얽을·맺을 구(構)-나무(木나무 목)를 우물 난간(井우물난간 정)
처럼 서로 어긋나게 맞추어 거급(再거듭 재)하여 층층이 쌓아 올려 집을
만드는 것으로 집을 세우다·짓다·얽을·(집을 짓듯이 생각을 얽어)짜내다·
(없는 일을 있는 것처럼 지어서)꾸미다·맺다(결성하다) 라는 의미.
構成(구성) 構築(구축) 構想(구상) 虛構(허구) 構圖(구도)
機構(기구) 構造物(구조물) 構內食堂(구내식당)
살 구(購)-돈(貝재물 패)을 내주고 쌓아(冓재목어긋매껴쌓을 구) 놓고
파는 물건을 자기 것으로 만드는 것으로 사다 라는 의미.
購買(구매) 購入(구입) 購讀者(구독자) 購販場(구판장)

261

풀이할·강론할·강화 강(講)-알기 쉽게 쉬운 말(言말씀 언)로 서로
어긋매끼어 쌓여(冓재목어긋매껴쌓을 구) 있는 어려운 것을 밝혀
말하는 것으로 풀이하다(설명하다)·강론하다·강화하다(화해하다)
라는 의미. 講義(강의) 講演(강연) 講座(강좌) 受講(수강)
講壇(강단) 講師(강사) 講究(강구) 講和條約(강화조약)

(皀 ⊗ 良)(卽 ⽊ ⽊)(節 箊)

(旣 ⽊)(慨 ⽊)(槪 ⽊ ⽊)

(鄕 ⽊ ⽊)(響 ⽊)(卿 ⽊)

향내날·고소할 급(皀)(皀)-옛 글자를 보면 흰쌀밥이 담긴
그릇의 모양으로 흰쌀밥에서 향기로운 냄새가 피어오르는
것으로 향내 나다·(냄새나 맛이)고소하다 라는 의미.
곧·나아갈 즉(卽)-옛 글자를 보면 고소한(皀고소할 급) 냄새가 나는
밥그릇 앞에 가까이 무릎을 꿇고 앉아(卩-무릎을 꿇고 앉아 있는 모양)
때를 놓치거나 자리를 옮기지 않고 바로 밥을 먹는 것으로 곧·나아가다
라는 의미. 卽時(즉시) 卽刻(즉각) 卽席(즉석) 卽答(즉답) 卽位(즉위)
卽效(즉효) 卽死(즉사) 卽興(즉흥) 一觸卽發(일촉즉발) 卽決審判(즉결심판)
대마디·때·인·절개·절제할 절(節)-대나무(竹대 죽)가 곧게 자라
나아갈(卽나아갈 즉) 때마다 일정한 간격으로 생기는 것으로
대나무 마디·(시간의 마디)때(시기)·인(부절)·(대나무 마디같이 곧은)절개·
(일정한 간격으로 생기는 대나무 마디같이)절제하다 라는 의미.
季節(계절) 名節(명절) 節約(절약) 節電(절전) 禮節(예절) 節次(절차)
節氣(절기) 關節(관절) 調節(조절) 節槪(절개) 時節(시절) 節制(절제)
音節(음절) 符節(부절) 貞節(정절) 使節團(사절단) 變節者(변절자)
換節期(환절기) 禮儀凡節(예의범절)
마칠·다할·이미 기(旣)-옛 글자를 보면 고소한(皀고소할 급) 냄새가 나는
밥을 목에 차게 먹은(旡목에차게먹을 기) 사람이 뒤돌아 무릎을 꿇고 앉아
입을 벌리고 트림을 하고 있는 모습으로 어떤 일이 다 끝났다는 것으로
마치다·다하다·이미를 의미. 旣存(기존) 旣約(기약) 旣決囚(기결수)
旣婚者(기혼자)旣成服(기성복) 旣得權(기득권) 皆旣月蝕(개기월식)
旣約分數(기약분수) 旣往之事(기왕지사) 旣定事實(기정사실)
강개할·분격할·슬플 개(慨)-억울하고 원통하여 마음속(忄=心마음·속 심)에서
향기로운 냄새가 피어오르는(皀향내날 급) 것처럼 분이 치밀어 올라 기가
막혀서(旡숨막힐 기) 한숨을 쉬며 한탄하는 것으로 강개하다·분격하다·
슬퍼하다 라는 의미. 憤慨(분개) 慨歎(개탄) 慨然(개연) 感慨無量(감개무량)

말깍이·졸가리·대강·절개 개(槪)-원래는 나무(木나무 목)를 방망이 모양으로
만들어 말이나 되에 곡식의 낱알을 수북하게 담고 수북하게 쌓여 있는
부분이 다 없어지도록(旣다할 기) 밀어서 평평하게 하는 데 쓰는 기구인
평미레(말깍이)를 의미하는 것으로 평미레→졸가리→대강(대개)→절개
라는 의미가 파생됨. 大槪(대개) 槪念(개념) 節槪(절개) 槪論(개론)
槪要(개요) 槪略(개략) 氣槪(기개) 槪括(개괄)

시골·고장·고향 향(鄕)-본래 글자는 鄕으로 마을의 길거리(鄕거리 향→乡·阝)
에서 흰쌀밥의 향기로운 냄새가 나는(皀향내날 급) 곳으로 시골→고장(마을)
→고향을 의미. 故鄕(고향) 鄕愁(향수) 歸鄕(귀향) 鄕約(향약) 落鄕(낙향)
失鄕民(실향민) 望鄕歌(망향가) 理想鄕(이상향) 錦衣還鄕(금의환향)

소리울림·맞은소리 향(響)-마을(邑골 읍→乡)에서 소리를 지르면 향기로운
냄새가 피어오르(皀향내날 흡)듯이 퍼져 나간 소리(音소리 음)가 맞은 편
마을(邑골 읍=阝)에서 다시 들리는 것으로 소리 울리다(진동하다)·
맞은소리(메아리)를 의미. 影響(영향) 音響(음향) 響應(향응)
反響(반향) 殘響(잔향) 交響曲(교향곡) 交響樂團(교향악단)

벼슬·경 경(卿)-옛 글자를 보면 향기로운 냄새가 나는(皀향내날 급)
흰쌀밥이 담긴 그릇을 가운데 두고 두 사람이 무릎을 꿇고 마주
앉아(夘→卯) 신에게 제사를 드리는 모습으로 옛날에 나라에서
신에게 드리는 제사를 주관하는 제사장 같은 높은 신분을 나타낸
것으로 벼슬·경(칭호)을 의미. 樞機卿(추기경) 卿大夫(경대부)

(勺彡)(的睍)(約糹)
(酌酧)(釣釸)

구기·잔·잔질할 작(勺)-옛 글자를 보면 기름이나 술 따위를
풀 때 쓰는 작은 국자에 음료가 담겨있는 모양을 본뜬
것으로 구기·잔·잔질하다 라는 의미. 銀勺(은작)

과녁·표할·적실할·밝을 적(的)-원래는 화살을 쏠 때 나무판을
선명하게 드러나게 흰(白흰 백) 가죽으로 감싸고(勹쌀 포) 한가운데에
점을 찍어(丶귀절찍을 주) 목표로 세워 놓은 것으로 과녁→표(標)하다
(목표로 삼다)→밝다(선명하다)→적실하다(확실하다) 라는 의미. 的中(적중)
的實(적실) 標的(표적) 目的(목적) 私的(사적) 劇的(극적) 露骨的(노골적)
論理的(논리적) 劃期的(획기적) 利己的(이기적) 未必的故意(미필적고의)

맺을·맹세할·간략할·검소할 약(約)-문자가 없던 시절 실(糸가는실 멱)로
감싸(勹쌀 포) 묶어 매듭(一)을 맺어 표시하는 것으로 묶어서 맺다→
맹세하다(언약하다)→(묶어서)간략하게 하다→검소하다 라는 의미.
約束(약속) 約婚(약혼) 條約(조약) 誓約(서약) 節約(절약) 要約(요약)
規約(규약) 豫約(예약) 請約(청약) 期約(기약) 協約(협약) 約定(약정)

集約(집약) 約數(약수) 契約書(계약서) 百年佳約(백년가약)
잔질할·짐작할 작(酌)-술 단지(酉술 단지 모양)에 든 술을 구기로 퍼서
술잔(勺구기·잔 작)에 붓는 것으로 잔잘하다(따르다)→짐작하다 라는 의미.
酌婦(작부) 對酌(대작) 酬酌(수작) 自酌(자작) 斟酌(짐작) 參酌(참작)
前酌(전작) 無酌定(무작정) 情狀參酌(정상참작)
낚시·낚을 조(釣)-쇠(金쇠 금)를 구부려 구기(勺구기 작) 모양으로
만든 것으로 낚시·낚다 라는 의미. 釣絲(조사) 釣師(조사)
釣臺(조대) 釣竿(조간) 釣鉤(조구)

(勻勻)(均坰)

고를 균(가지런할·적을 윤)(勻)-두루 감싸서(勹쌀 포) 위아래(二두 이)의
차이가 없이 똑같게 하는 것으로 고르다 라는 의미. 勻旨(균지)
평평할·고를 균(均)-땅(土땅 토)을 높낮이가 없이 고르게(勻고를 균)
하는 것으로 평평하다·고르다 라는 의미. 均衡(균형) 均等(균등)
平均(평균) 均一(균일) 均割(균할) 均配(균배) 均質(균질)
均役法(균역법) 均田法(균전법) 成均館(성균관)

(句句)(拘拘)(狗狷)(苟莟)
(敬敬)(警瞥)(驚驚)

글귀·굽을·담당할 구(句)-한 문장 안에서 위 아래로 감싸인(勹쌀 포)
말(口말할 구)의 덩어리(토막)라는 의미로 2개 이상의 단어들이 모여서
하나의 의미를 이루는 단위로 문장 속의 짧은 토막 말인 글귀→굽다→
담당하다(맡아보다)라는 의미. 包(쌀 포)자와 비슷. 句節(구절) 句文(구문)
對句(대구) 絶句(절구) 警句(경구) 語句(어구) 文句(문구) 結句(결구)
慣用句(관용구) 名詞句(명사구) 高句麗(고구려) 法句經(법구경)
形容詞句(형용사구) 美辭麗句(미사여구) 一言半句(일언반구)
<참고> 節(대마디 절)은 대나무(竹대 죽)의 마디같이 여러 개의 마디로
이루어진 한 문장 안에서 다만(卽다만 즉) 마디(매듭) 역할만 하는 것으로
주어와 술어를 갖추었으나 독립하지 않고 문장의 일부인 마디를 의미.
잡을·거리낄 구(拘)-손(扌=手손 수)을 구부려(句굽을 구) 움켜쥐고 놓지 않는
것으로 잡다·거리끼다 라는 의미. 抱(품을 포)자와 비슷. 拘束(구속)
拘留(구류) 拘引(구인) 拘禁(구금) 不拘(불구) 拘碍(구애) 拘置所(구치소)
개 구(狗)-개(犭=犬큰개 견)의 귀가 아직 굽어(句굽을 구) 있는 어린 개를
의미. 走狗(주구) 海狗腎(해구신) 堂狗風月(당구풍월) 泥田鬪狗(이전투구)
羊頭狗肉(양두구육) 兎死狗烹(토사구팽) 喪家之狗(상가지구)

구차할·겨우·다만·진실로 구(苟)-구부러진 풀(++=艸풀 초)의 잎처럼
말이나 행동이 떳떳하거나 버젓하지 못하고 굽히는(句굽을 구)
것으로 구차하다·겨우·다만·진실로 라는 의미.
苟且(구차) 苟安(구안) 苟生(구생) 苟命圖生(구명도생)

삼갈·공경 경(敬)-행동거지를 진실로(苟진실로 구) 하고 자기를
쳐서(攵=攴칠 복) 잘못이 없도록 미리 조심하는 것으로 삼가다·
공경하다 라는 의미. 恭敬(공경) 尊敬(존경) 敬聽(경청)
敬禮(경례) 敬畏(경외) 敬老席(경로석) 敬天愛人(경천애인)

경계할·깨달을 경(警)-삼가하여(敬삼갈 경) 조심스럽게 말을 하는(言말할 언)
것으로 경계하다·깨닫다 라는 의미. 警句(경구) 警告(경고) 警護(경호)
警鐘(경종) 警戒(경계) 警備艇(경비정) 警覺心(경각심) 警察署(경찰서)

놀랄 경(驚)-윗사람을 공경하고 어려워하여(敬공경·삼갈 경)
말(馬말 마)같이 겁을 내는 것으로 놀라다(놀래다) 라는 의미.
驚蟄(경칩) 驚異(경이) 驚歎(경탄) 驚惶(경황) 驚愕(경악)
驚氣(경기) 驚血(경혈) 驚天動地(경천동지)

(旬旬)(殉殉殉)(筍筍)

열흘·찰 순(旬)-한 달(30일)을 차이가 없이 똑같이 나누어 감싸(勹쌀 포)
묶은 날(日날 일)의 개수로 열흘(십 일)·차다 라는 의미. 初旬(초순)
旬望(순망) 旬朔(순삭) 七旬(칠순) 旬年(순년) 漢城旬報(한성순보)

따라죽을·바칠 순(殉)-옛 글자를 보면 죽은(歹살발른뼈 알) 사람의 뒤를
쫓아(徇쫓을 순→旬)가는 것으로 따라 죽다·바치다 라는 의미.
殉葬(순장) 殉敎(순교) 殉職(순직) 殉愛譜(순애보) 殉國烈士(순국열사)

죽순 순(筍)-대나무(竹대 죽)의 땅속줄기에서 돋아나는 것으로 겉을
싸고(勹쌀 포) 있는 껍질 속에 日자 모양의 마디가 있는 어리고 연한
싹으로 죽순을 의미. 石筍(석순) 雨後竹筍(우후죽순)

(匃匃)(曷曷)(渴渴)(謁謁)

빌·청구할·줄 갈(匃)-남에게 몸을 굽히고(勹) 나에게 없는(亾없을 무)
돈이나 곡식 등을 거저 달라고 간곡히 부탁하여 얻는 것으로
빌다(구걸하다)·청구하다·주다 라는 의미.

어찌 갈(曷)-무슨 까닭으로 그러하냐고 말하여(曰말할 왈)
달라고 요구하는(匃청구할 갈) 것으로 느낌과 물음을
함께 나타내는 말로 어찌를 의미.

목마를·급할 갈(渴)-마실 물(氵=水물 수)이 없어서 구걸하듯이
말하며(曰말할 왈) 주기를(匃줄 갈) 바라는 것으로 목마르다·급하다(서두르다)
라는 의미.渴症(갈증) 渴望(갈망) 渴求(갈구) 解渴(해갈) 枯渴(고갈)

아뢸·뵐 알(謁)-윗사람에게 말씀드려(言말할 언) 어찌한다고(曷어찌 갈)
알리는 것으로 아뢰다·뵙다 라는 의미. 謁見(알현) 拜謁(배알)

(匊㿟)(菊𮥬)(麴𮥫)

줌·움킬 국(匊)-쌀(米쌀 미)을 손안에 넣어 싸듯이(勹쌀 포) 다섯 손가락을
오무려 쥘 만한 분량(分量)으로 줌·움키다(움켜쥐다) 라는 의미.
국화 국(菊)-여러해살이풀(++=艸풀 초)로 쌀(米쌀 미) 모양의
꽃잎이 둥그렇게 감싸고(勹쌀 포) 있는 꽃이 피는 국화를 의미.
菊花(국화) 霜菊(상국) 梅蘭菊竹(매란국죽)
누룩·술 국(麴)-보리(麥보리 맥)를 움켜서(匊움킬 국) 둥그런
덩어리로 만든 것으로 누룩이나 누룩으로 만든 술을 의미.
淸麴醬(청국장) 麴醇傳(국순전) 麴君(국군)

(勿𠂬)(物牣)(忽𢖩)(易易)
(賜𧶛)(易昜)(陽陽)(楊楊)
(揚揚)(瘍瘍)(傷傷)(場場)
(腸腸)(湯湯)(暢暢)

동리기·말·없을 물(먼지떨이 몰)(勿)-옛 글자를 보면 천신에게 제사를
지내던 신성한 지역인 소도(蘇塗)에 세우는 깃발 모양을 본뜬 것으로
금지나 부정을 뜻하는 말다·없다 라는 의미. 勿論(물론) 勿驚(물경)
勿忘草(물망초) 非禮勿視(비례물시)
만물·일·헤아릴 물(物)-소(牜소 우)같이 자연적인 것이나
깃발(勿동리기 물)같이 인공적인 것으로 세상에 존재하는
모든 것으로 만물(물건)·일·헤아리다 라는 의미. 物件(물건)
財物(재물) 物質(물질) 物價(물가) 物理(물리) 物體(물체)
貨物車(화물차) 物心兩面(물심양면) 見物生心(견물생심)
문득·가벼울·소홀히할·잊을 홀(忽)-없었던(勿없을 물) 생각(心생각 심)이
갑자기 떠오르는 것으로 문득(홀연)→가볍다→소홀히 하다→잊다
라는 의미. 疏忽(소홀) 忽待(홀대) 忽然(홀연) 忽略(홀략)
忽視(홀시) 忽顯忽沒(홀현홀몰)

변할·바꿀 역(쉬울 이)(易)-도마뱀 모양을 본뜬 것으로 카멜레온 같은 도마뱀은 주위의 환경에 따라 몸의 색깔을 쉽게 바꿀 수 있으므로 쉽다→변하다(바뀌다)→바꾸다 라는 의미. 쉽다라는 의미로 쓰일 때는 '이'로 바꾸다라는 의미로 쓰일 때는 '역'으로 읽음. 昜(빛날 양)자와 비슷. 交易(교역) 貿易(무역) 周易(주역) 易經(역경) 易學(역학) 易地思之(역지사지) 平易(평이) 容易(용이) 簡易(간이) 難易度(난이도)

하사할·줄·은혜 사(賜)-임금이 신하의 공로나 공적에 따라 재물(貝재물 패)로 바꾸어(易바꿀 역) 내려 주는 것으로 하사하다·주다·은혜를 의미. 賜藥(사약) 恩賜(은사) 厚賜(후사) 下賜品(하사품) 御賜花(어사화) 賜額書院(사액서원)

빛날 양(昜)-해(日해 일)가 지평선(一) 위로 돋아나 빛이 깃발(勿동리기 물)처럼 환하게 비치는 것으로 빛나다 라는 의미.

볕·해·밝을·양지 양(陽)-언덕(阝=阜언덕 부)에 빛이 환하게 비치는(昜빛날 양) 것으로 볕→해→밝다→양지를 의미. 陽地(양지) 陰陽(음양) 夕陽(석양) 太陽(태양) 陽氣(양기) 漢陽(한양) 建陽多慶(건양다경) 斜陽産業(사양산업)

버들 양(楊)-늘어진 가지의 잎이 나부끼며 빛나는(昜빛날 양) 나무(木나무 목)로 버들(버드나무)을 의미. 垂楊(수양) 白楊木(백양목) 楊貴妃(양귀비)

오를·드날릴·나타날·칭찬할 양(揚)-손(扌=手손 수)을 해(日해 일)가 지평선(一) 위로 돋아나 빛이 깃발(勿동리기 물)처럼 환하게 비치는 것처럼 아래에서 위로 높이 들어 올리는 것으로 오르다(올리다)·드날리다·나타내다·칭찬하다 라는 의미. 激揚(격양) 引揚(인양) 止揚(지양) 讚揚(찬양) 抑揚(억양) 揚力(양력) 揚水機(양수기) 國威宣揚(국위선양) 景氣浮揚(경기부양) 意氣揚揚(의기양양) 立身揚名(입신양명)

종기·머리헐 양(瘍)-병(疒병 녁)의 일종으로 해(日해 일)처럼 동그랗게 피부 위(一)로 깃발(勿동리기 물)처럼 솟아 올르는 것으로 종기·헐다 라는 의미. 腫瘍(종양) 腦腫瘍(뇌종양) 潰瘍(궤양) 胃潰瘍(위궤양)

다칠·상할·해칠·근심할 상(傷)-사람(亻=人사람 인)이 화살을 맞아 상처(昜상처 상→昜)를 입은 것으로 다치다·상하다·해치다·근심하다 라는 의미. 傷處(상처) 傷心(상심) 傷害(상해) 重傷(중상) 負傷(부상) 死傷(사상) 殺傷(살상) 落傷(낙상) 損傷(손상) 凍傷(동상) 致命傷(치명상) 骨折傷(골절상) 中傷謀略(중상모략)

마당·터·때 장(場)-땅(土땅 토)을 해(日해 일)가 지평선(一) 위로 돋는 것처럼 위로 끌어 오려 깃발(勿동리기 물)처럼 높아지게 닦아 놓은 곳으로 마당·터·때를 의미. 登場(등장) 場所(장소) 市場(시장) 出場(출장) 現場(현장) 職場(직장) 當場(당장) 退場(퇴장) 劇場(극장) 廣場(광장) 農場(농장) 運動場(운동장) 一場春夢(일장춘몽)

창자 장(腸)-몸(月=肉몸 육) 안에 긴 관(管) 모양으로 점막(粘膜)에 해(日해 일)가 지평선(一) 위로 돋는 것처럼 깃발(勿동리기 물) 모양의 융털이 덮여 있는 창자를 의미. 肝腸(간장) 腸炎(장염)

斷腸(단장) 結腸(결장) 腎腸(신장) 盲腸炎(맹장염) 大腸癌(대장암)
胃腸藥(위장약) 大腸菌(대장균) 九折羊腸(구절양장)
물끓을 탕(湯)−물(氵=水물 수)이 해(日해 일)가 지평선(一) 위로 돋는
것처럼 돋아나 깃발(勿동리기 물)처럼 부글부글 솟아 오르는 것으로
물이 끓다(끓이다) 라는 의미. 湯藥(탕약) 湯劑(탕제) 再湯(재탕)
冷湯(냉탕) 溫湯(온탕) 補身湯(보신탕) 蔘鷄湯(삼계탕)
雙和湯(쌍화탕) 沐浴湯(목욕탕) 汗蒸湯(한증탕)
화창할·통할 창(暢)−번개가 칠 때 하늘에 번개불(申펼 신)이
뻗치며 환해지듯이 해(日해 일)가 지평선(一) 위로 돋아나 빛이
깃발(勿동리기 물)처럼 환하게 비치는 것으로 화창하다·통하다
라는 의미. 和暢(화창) 流暢(유창) 暢懷(창회) 文化暢達(문화창달)

(复亳)(復復)(覆覆)
(履履履)(複襥)(腹膊)

돌아갈 복(다시 부)(复)−옛 글자를 보면 대장간의 화덕에 숯불을
피우기 위하여 풀무를 발로 천천히(夂천천히걸을 쇠) 밟아서 바람을
불어넣는 풀무질을 하는 모양을 본뜬 것으로 반복하여 풀무질하는
것처럼 같은 일을 되풀이하는 것으로 돌아가다·다시 라는 의미.
돌아갈·회복할·되풀이할 복(다시 부)(復)−자축거리며 걸어가던(彳자축거릴 척)
길을 되짚어 떠난 곳으로 다시(复다시 부) 오거나 다시 그 상태가 되는
것으로 돌아가다·회복하다·되풀이하다(거듭하다)·다시(또)를 의미.
反復(반복) 回復(회복) 復歸(복귀) 往復(왕복) 報復(보복) 復職(복직)
復習(복습) 復舊(복구) 復學生(복학생) 光復節(광복절) 復古風(복고풍)
克己復禮(극기복례) 復活(부활) 復興(부흥) 重言復言(중언부언)
엎칠·엎더질·돌이킬 복(덮을 부)(覆)−덮어(覀=両덮을 아) 씌우듯이
물건의 위아래가 반대로 돌아가도록(復돌아갈 복) 뒤집어엎는 것으로
엎치다(엎다)·엎드러지다(엎어지다)·돌이키다 라는 의미. 덮다 라는
의미로 쓰일 때는 '부'로 읽음. 反覆(반복) 顚覆(전복) 覆面(복면)
飜覆(번복) 覆蓋(복개) 覆盆子(복분자) 覆瓦(부와) 覆瓦之書(부와지서)
가죽신·신을·밟을 리(履)−옛 글자(履)를 보면 몸을 주장하는(尸주장할 시)
다리를 자축거리며 걷는(彳자축거릴 척) 발에 배(舟배 주)처럼 생긴
신을 착용하고 땅을 디디면서 천천히 걷는(夂천천히걸을 쇠) 것으로
가죽신→신다→밟다 라는 의미.
履修(이수) 履行(이행) 履歷書(이력서) 瓜田不納履(과전불납리)
겹옷·겹칠 복(複)−옷을 입은(衤=衣옷·입을 의) 위에 포개서 또다시(复다시 부)
덧입는 것으로 겹옷·겹치다·거듭을 의미. 複寫(복사) 重複(중복) 複雜(복잡)
複道(복도) 複利(복리) 複製品(복제품) 複合語(복합어) 複式競技(복식경기)

배·두터울 복(腹)-몸(月=肉몸 육)에서 풀무질하는 것처럼
반복하여(复거듭 부) 숨을 들이마시고 내쉬는 곳으로
배·두텁다 라는 의미. 腹部(복부) 腹痛(복통) 腹案(복안) 空腹(공복)
腹話術(복화술) 抱腹絶倒(포복절도) 腹式呼吸(복식호흡)

(余 余 余)(餘 餘)(途 途)

(塗 塗)(徐 徐)(敍 敍)

(斜 斜)(除 除)(茶 茶)

나·나머지·남을 여(余)-지붕을 땅 속에 뿌리를 박은 기둥 하나가 떠받치고
있는 우산 모양의 집을 나타낸 것으로 나중에 자기 자신을 지칭하는
나·나머지·남다 라는 의미로 가차됨. 余等(여등) 余月(여월) 余輩(여배)
나머지·남을·끝 여(餘)-밥을 먹고(食밥·먹을 식) 남은(余남을 여) 부분으로
나머지·남다·끝을 의미. 餘裕(여유) 餘暇(여가) 殘餘(잔여) 餘力(여력)
餘波(여파) 餘地(여지) 餘震(여진) 餘韻(여운) 餘分(여분) 餘恨(여한)
餘生(여생) 餘白(여백) 窮餘之策(궁여지책) 迂餘曲折(우여곡절)
길 도(途)-사람이 쉬엄쉬엄 걸어 다닌(辶=辵쉬엄쉬엄갈 착) 흔적이
남아(余남을 여) 있는 곳으로 길(도로)을 의미. 別途(별도) 途中(도중)
用途(용도) 途中(도중) 日暮途遠(일모도원) 開發途上國(개발도상국)
진흙·맥질할·바를 도(塗)-물(氵=水물 수)의 기운이 남아(余남을 여) 있어
축축한 흙(土흙 토)으로 진흙·매흙질하다·바르다(칠하다) 라는 의미.
塗料(도료) 塗裝(도장) 塗飾(도식) 塗炭(도탄)
천천히·서서히할·더딜·찬찬히할 서(徐)-자축거리며 걷는(彳자축거릴 척)
것처럼 행동이 급하지 않고 넉넉히 남음이(余남을 여) 있게 느리게
하는 것으로 천천히·서서히 하다·더디다·찬찬히 하다 라는 의미.
徐行(서행) 徐徐히(서서히) 徐羅伐(서라벌)
펼·차례·줄·베풀·지을 서(敍)-어느 한도에 차고 남은 부분이(余나머지 여)
있게 손에 쥔 연장으로 두드려서(攵똑똑두드릴 복) 길게 늘리는 것으로
(길게 늘어놓다)펴다→(순서 있게 길게 늘어놓은)차례→주다→(차려 벌이다)
베풀다→짓다 라는 의미가 파생 됨. 敍述(서술) 追敍(추서) 敍勳(서훈)
敍事(서사) 敍情詩(서정시) 自敍傳(자서전) 敍品式(서품식)
비낄·기울 사(斜)-어느 한도에 차고 남은 부분(余나머지 여)을 덜어 내려고
말(斗말 두)을 한쪽으로 쏠리게 비스듬히 하는 것으로 비끼다·기울다 라는
의미. 傾斜(경사) 斜線(사선) 斜塔(사탑) 斜視(사시) 斜陽産業(사양산업)

섬돌·덜·제할·버릴·바꿀·다스릴·벼슬줄 제(除)-비탈진 언덕(阝=阜언덕 부)을
편하고 쉽게 오르내릴 수 있게 흙을 깍아 만든 계단처럼 집(余)의 앞뒤에
돌을 깍아 올라서기 편하게 놓은 돌층계로 섬돌·덜다·제하다(나누다)·
버리다·바꾸다·다스리다·벼슬을 주다 라는 의미. 削除(삭제) 除外(제외)
除去(제거) 解除(해제) 免除(면제) 排除(배제) 除籍(제적) 掃除(소제)
除隊(제대) 除算(제산) 切除術(절제술) 除草劑(제초제) 加減乘除(가감승제)
차 다(차)(茶)-풀(++=艸풀 초)처럼 끝이 뾰족한(人) 차나무(木나무 목)의
어린잎을 나타낸 것으로 찻잎을 달이거나 우린 음료인 차를 의미.
茶禮(차례) 綠茶(녹차) 紅茶(홍차) 葉茶(엽차) 茶房(다방)
茶道(다도) 茶飯事(다반사) 茶菓會(다과회)

(貴𧶼賢)(遺𧶼)(遣𧼒)

귀하게여길·귀할·높을 귀(貴)-옛 글자를 보면 사람(人사람 인)을
두 손(臼깍지낄 국)(臾→中)으로 재물(貝재물 패)같이 받들고 있는
것으로 귀하게 여기다·귀하다·(신분이나 지위가)높다 라는 의미.
責(꾸짖을 책)자와 비슷. 貴重(귀중) 貴族(귀족) 稀貴(희귀)
貴賓(귀빈) 品貴(품귀) 貴態(귀태) 尊貴(존귀) 貴金屬(귀금속)
貴婦人(귀부인) 富貴榮華(부귀영화) 貧富貴賤(빈부귀천)
떨어뜨릴·잃어버릴·남을·끼칠·줄 유(遺)-길을 가다가(辶=辵쉬엄쉬엄갈 착)
가지고 있던 귀한(貴귀할 귀) 물건을 빠뜨려 흘린 것으로
떨어뜨리다(흘리다)·잃어버리다·남다(남기다)·끼치다·주다 라는
의미. 遺産(유산) 遺傳(유전) 遺物(유물) 遺骨(유골) 遺書(유서)
遺跡地(유적지) 後遺症(후유증) 遺失物(유실물) 遺家族(유가족)
보낼·쫓을 견(遣)-옛 글자를 보면 떠나가도록(辶=辵쉬엄쉬엄갈 착)
두 손(臼깍지낄 국)(臾→中)으로 잡고 있는 사람(人사람 인)을
놓아주는(自→目) 것으로 보내다·쫓다 라는 의미. 派遣(파견)

(送遊𧼒)(朕舟𦩘)
(勝𦩘)(騰騰)

보낼·전송할 송(送)-본래 글자는 遊으로 辶(쉬엄쉬엄갈 착)과
𢦏(불씨 선→关)을 결합한 것으로 불(火불 화)을 양손으로 받쳐
들고(廾손맞잡을 공) 다른 곳으로 옮겨 가는(辶=辵쉬엄쉬엄갈 착)
것으로 보내다·전송하다 라는 의미. 傳送(전송) 歡送(환송) 送金(송금)
發送(발송) 放送局(방송국) 送別會(송별회) 輸送機(수송기)
運送料(운송료) 虛送歲月(허송세월) 送舊迎新(송구영신)

짐·나·조짐 짐(朕)-옛 글자를 보면 배(舟배 주→月)를 양손(廾손맞잡을 공)
으로 잡은 상앗대(丨)로 방향을 조종하면서 밀고 나가는 것으로 천하를
다스리는 천자가 자기 자신을 일컫던 말로 짐→나→(하늘의 달 모양을
보고 분별하는 것으로)조짐을 의미. 兆朕(조짐)

견딜·맡을·이길·나을 승(勝)-옛 글자를 보면 배(舟배 주→月)를
양손(廾손맞잡을 공)으로 잡은 상앗대(丨)로 방향을 조종하면서
밀고 나가는 것같이 자기 자신(朕나 짐)의 힘(力힘 력)으로 계속해서
버티면서 살아 나가는 것으로 견디다·감당하다·맡다·이기다·낫다
라는 의미. 勝利(승리) 勝負(승부) 勝敗(승패) 優勝(우승) 決勝(결승)
逆轉勝(역전승) 判定勝(판정승) 名勝古跡(명승고적) 百戰百勝(백전백승)

뛰놀·달릴·오를 등(騰)-옛 글자를 보면 배(舟배 주→月) 위에서
양손(廾손맞잡을 공)으로 잡은 상앗대(丨)로 방향을 조종하면서 밀고 나가는
것처럼 말(馬말 마)이 달려나가기 위해 뛰어오르는 것으로 뛰놀다·달리다·
오르다 라는 의미. 急騰(급등) 暴騰(폭등) 騰落(등락) 氣勢騰騰(기세등등)

(亨宐亨)(烹亯)(享亯)(郭鞤)
(敦皷皷)(孰皷皷)(熟鼛)

형통할 형(亨)-조상의 신주(神主)를 모셔 놓은 사당(高높일 고)에서
조상에게 드린 제사를 무사히 마치니(了마칠 료) 온갖 일이 뜻대로 되는
것으로 형통하다 라는 의미. 享(드릴 향)자 와 비슷. 萬事亨通(만사형통)

삶을 팽(烹)-형통하게(亨형통할 형) 해 달라고 드리는 제사에 바칠 고기를
불(灬=火불 화)로 익히는 것으로 삶다 라는 의미. 兎死狗烹(토사구팽)

드릴·흠향할 향(享)-조상의 신주(神主)를 모셔 놓은 사당(高높일 고)에서
자손(子자손 자)이 제사를 드리니 조상이 받아서 먹는 것으로 드리다·
흠향하다 라는 의미. 享年(향년) 享有(향유) 奉享(봉향) 享樂客(향락객)

밝성·둘레·성씨 곽(郭)-옛날에 안팎 이중(二重)으로 둘러쌓은 성곽(城郭)에서
안쪽의 왕궁(王宮)을 둘러쌓은 성(城)을 내성(內城)이라 하고 그 바깥쪽에
백성들이 사는 고을을 둘러쌓은 성(城)을 외성(外城)·외곽(外郭)이라 했는데
왕궁(王宮)을 둘러쌓은 내성(內城) 바깥쪽에 조상에게 제사를
드리는(享드릴 향) 백성들이 모여 사는 고을(阝=邑고을 읍)을 둘러쌓은
성으로 밝성(외성)→둘레를 의미. 城郭(성곽) 外郭(외곽) 內廓(내곽)

도타울·권면할 돈(敦)-옛 글자를 보면 조상에게 제사를 드릴 때 제물로
드린 삶은 고기(臺→享드릴 향)를 손으로 잡고(攵=攴칠 복) 서로 나누어
먹으니 인정이나 사랑이 많고 깊다는 것으로 도탑다→권면하다
라는 의미. 敦篤(돈독) 敦厚(돈후) 敦實(돈실) 敦義門(돈의문)

누구·어느·아무 숙(孰)-옛 글자(𤈭)를 보면 솥에 조상의 제사에 제물로
드릴 고기(享→享드릴 향)를 손으로 잡아(丮잡을 극→丸) 넣고 삶고 있는
것으로 원래는 익히다 라는 의미로 후에 음(音)를 빌려 누구·어느·무엇
이라는 의미로 가차됨. 孰知(숙지) 誰怨孰尤(수원숙우)

익힐·흐물흐물할·익을 숙(熟)-옛 글자를 보면 솥에 조상의 제사에
제물로 드릴 고기(享→享드릴 향)를 손으로 잡아(丮잡을 극→丸) 넣고
불(灬=火불 화)을 가하여 흐물흐물하게 삶고 있는 것으로 익히다·
무르게 되다·익다 라는 의미. 熱(더울 열)자와 비슷. 成熟(성숙)
未熟(미숙) 能熟(능숙) 熟達(숙달) 親熟(친숙) 早熟(조숙) 熟議(숙의)
圓熟(원숙) 熟眠(숙면) 熟知(숙지) 熟練工(숙련공) 深思熟考(심사숙고)

(丘 𝕴 𡊁 坓)(岳 𡶖)

언덕·무덤 구(丘)-옛 글자(𡊁)를 보면 땅(土땅 토→一)에 사람이 서로
등지고(北등질 배→斤) 서있는 것처럼 조금 높고 양쪽으로 비탈진
모양의 언덕(구릉)→무덤을 의미. 丘陵(구릉) 沙丘(사구) 段丘(단구)
比丘尼(비구니) 首丘初心(수구초심) 靑丘永言(청구영언)

큰산 악(岳)-옛 글자를 보면 언덕(丘언덕 구)처럼 비탈진
산(山뫼 산)의 봉우리가 높이 솟아 있는 것으로 큰 산을 의미.
嶽(큰산 악)자와 동자. 山岳會(산악회) 冠岳山(관악산) 北岳山(북악산)

(申 ⌇ 甶)(伸 𠊓)(神 𥘰)(坤 坤)

(電 電)(雷 畾 䨩 䨻)

펼·거듭·아뢸·아홉째지지 신(申)-옛 글자를 보면 하늘에서 번쩍이며
거듭하여 큰 소리를 내면서 뻗어 나가는 번갯불 모양을 본뜬 것으로
펴다·거듭·아뢰다 라는 의미로 후에 음(音)를 빌려 원숭이를 상징하는
아홉째 지지로 씀. 甲(껍질 갑)·由(말미암을 유)자와 비슷.
申告(신고) 追申(추신) 回申(회신) 申請書(신청서) 申聞鼓(신문고)
申申當付(신신당부) 甲申政變(갑신정변) 申師任堂(신사임당)

펼 신(伸)-원래는 펴다 라는 의미의 申자가 아뢰다·아홉째 지지로
쓰이자 후에 펴다 라는 의미를 확실히 하기 위해 만든 글자로
사람(亻=人사람 인)이 소리를 내며 뻗어 나가는 번갯불(申)처럼
몸을 쭉 펴고 팔다리를 뻗어 기지개를 켜는 것으로 넓고 길게
펴다 라는 의미. 伸張(신장) 屈伸(굴신) 伸縮性(신축성)

영검할·신 신(神)-하늘에서 번쩍이며 거듭하여 큰 소리를 내면서 뻗어
나가는 번갯불(申)을 나타내 보이는(示보일 시) 것처럼 사람의 기원대로
나타내 보이는 영험한 신을 의미. 精神(정신) 鬼神(귀신) 神秘(신비)

神奇(신기) 神靈(신령) 神聖(신성) 神仙(신선) 神通(신통) 神童(신동)
神出鬼沒(신출귀몰) 天佑神助(천우신조) 天地神明(천지신명)
땅·순할·괘이름 곤(坤)–흙(土흙 토)이 넓고 크게 펼쳐져(申펼 신) 있는
대지(大地)같이 만물을 생육(生育)하는 것으로 땅·순하다·괘이름을 의미.
坤卦(곤괘) 坤德(곤덕) 乾坤坎離 (건곤감리)
번개·번쩍할·전기 전(電)–비가 올(雨비올 우) 때 하늘에서 번쩍이며 거듭하여
큰 소리를 내면서 뻗어 나가는(申) 빛으로 번개→번쩍하다→전기를 의미.
電氣(전기) 電話(전화) 電波(전파) 電送(전송) 充電(충전) 放電(방전)
電流(전류) 電鐵(전철) 電算室(전산실) 發電所(발전소) 乾電池(건전지)
천둥 뢰(雷)–옛 글자(靁)를 보면 비가 올(雨비올 우) 때 하늘에서
번개가 칠 때 네 개의 수레바퀴(畾)가 굴러가는 소리가 나는
것으로 천둥(우레)을 의미. 地雷(지뢰) 雷管(뇌관) 雷聲(뇌성)
魚雷(어뢰) 落雷(낙뢰) 避雷針(피뢰침) 附和雷同(부화뇌동)

(寽 寽)(侵侵㑴)(浸浸㴉)
(寢寢㝊)

침범할 침(寽)–옛 글자를 보면 빗자루(帚비 추)로 방을 쓸어 나아가듯이
남의 경계나 지역을 함부로 쳐들어가 손(又오른손 우)으로
건드리거나 해치는 것으로 침범하다 라는 의미.
침노할 침(侵)–다른 사람(亻=人사람 인)의 경계나 지역을
침범하여(寽침범할 침) 조금씩 빼앗는 것으로 침노하다 라는 의미.
侵略(침략) 侵攻(침공) 侵犯(침범) 侵蝕(침식) 侵害(침해)
잠글·적실·젖을·점점 침(浸)–물(氵=水물 수)에 물체를 넣고
침범하(寽침범할 침)듯이 차츰차츰 가라앉게 하는 것으로
잠그다·적시다·젖다·점점·스며들다 라는 의미.
浸透(침투) 浸蝕(침식) 浸水(침수) 浸漸(침점) 浸禮敎(침례교)
눌·쉴·잘 침(寢)–집(宀움 면) 안에서 앉거나 누워 쉴 수 있도록 나무를
판판하고 넓게 쪼개어 낸 조각(爿조각널 장)으로 만든 침상(寢牀)에
침범하(寽침범할 침)듯이 들어가는 것으로 눕다·쉬다·자다 라는 의미.
寢臺(침대) 寢室(침실) 寢牀(침상) 同寢(동침) 就寢(취침) 寢具(침구)

(冊 冊 册)(扁 㞿 扁)(篇篇)
(編編)(遍 遍)(偏偏)(典典)

(侖侖)(倫俞)(輪𤑳輪)(論論)

책·문서·꾀 책(冊)-옛날에 종이가 발명되기 전에 문자를 기록하던 댓조각을
끈으로 엮어서 만든 죽간을 본뜬 것으로 책·문서·꾀를 의미. 冊은 간체자.
冊床(책상) 空冊(공책) 書冊(서책) 冊房(책방) 冊曆(책력) 漫畫冊(만화책)

현판·작을·낮을 편(扁)-문(戶집·지게문 호) 위에 죽간(冊책 책)에 글씨를
쓴 것같이 목판(木板)에 글씨를 새겨 걸어 놓는 것으로 현판(편액)→
작다→낮다(납작하다)라는 의미. 扁額(편액) 扁平(편평) 扁桃腺(편도선)

책·편 편(篇)-대나무(竹대 죽) 조각을 엮어서 지게문(戶지게문 호)을
만들듯이 책(冊책 책)의 내용을 일정한 단락으로 나누어서 묶은
것으로 책·편을 의미. 玉篇(옥편) 前篇(전편) 後篇(후편) 詩篇(시편)
短篇集(단편집) 長篇小說(장편소설) 千篇一律(천편일률)

엮을·책끈 편(머리딿을 변)(編)-실(糸가는실 멱)로 대나무 조각을
차례대로 엮어서 지게문(戶지게문 호)이나 죽간(冊책 책)을 만들듯이
차례대로 묶는 것으로 엮다(매다)·책끈·머리를 땋다 라는 의미.
改編(개편) 編成(편성) 編入(편입) 編曲(편곡) 編修(편수) 編輯(편집)
編年體(편년체) 編織物(편직물) 韋編三絶(위편삼절) 編髮(변발)

두루·번 편(遍)-쉬엄쉬엄 걸어서(辶=辵쉬엄쉬엄갈 착) 대나무 조각을
차례대로 엮어 지게문(戶지게문 호)이나 죽간(冊책 책)을 만드는 것처럼
차례대로 빠짐 없이 골고루 이르는 것으로 두루·번(횟수)를 의미.
普遍(보편) 遍歷(편력) 遍在(편재) 一篇(일편) 讀書百遍(독서백편)

치우칠 편(偏)-사람(亻=人사람 인)이 외기둥에 세워서 비스듬하게 서 있는
지게문(戶지게문 호)이나 한쪽의 생각만 적은 책(冊책 책)같이 균형을 잃고
한쪽으로 쏠려 있는 것으로 치우치다 라는 의미. 偏見(편견) 偏食(편식)
偏見(편견) 偏頗(편파) 偏愛(편애) 偏重(편중) 不偏不黨(불편부당)

경서·법·주장할·떳떳할 전(典)-옛 글자를 보면 유교의 사상과 교리를 써
놓은 댓조각을 끈으로 엮어 만든 죽간(冊책 책)을 책상(丌책상 기) 위에
올려놓은 모양으로 사람이 행할 바를 적은 중요한 서적인 경서(經書)·법·
주장하다(맡다·맡기다·저당잡히다)·떳떳하다 라는 의미. 辭典(사전) 法典(법전)
經典(경전) 字典(자전) 典型的(전형적) 典當鋪(전당포) 百科事典(백과사전)

뭉치·덩어리·둥굴 륜(侖)-옛날에 문자를 기록한 댓조각을 한데
모아(亼모을 집) 끈으로 엮어 만든 죽간(冊책 책)을 둘둘 말아
뭉쳐 놓은 것으로 뭉치·덩어리·둥글다 라는 의미.

무리·차례·인륜 륜(倫)-사람(亻=人사람 인)들이 한데 모여(亼모을 집)
똘똘 뭉쳐서(侖뭉치·덩어리 륜) 질서 있게 살아가기 위해 정해 놓은
순서같이 인간 관계에서 사람으로서 마땅히 지켜야 할 떳떳한
도리를 나타낸 것으로 무리→차례→인륜을 의미.
倫理(윤리) 天倫(천륜) 三綱五倫(삼강오륜)

돌·바퀴·둘레 륜(輪)-옛 글자를 보면 수레바퀴(車수레·바퀴 거)의 중심에
모인(스모을 집) 막대를 바퀴의 테두리에 부챗살 모양으로 댓조각을 이어서
묶어 놓은 죽간(冊책 책)처럼 연결하여 바퀴가 굴러가게 하는 것으로
돌다·바퀴·둘레를 의미. 輸(실어낼 수)자와 비슷함. 輪廓(윤곽) 輪廻(윤회)
輪姦(윤간) 年輪(연륜) 競輪(경륜) 輪番(윤번) 輪作(윤작) 五輪旗(오륜기)
의논할 론(論)-사람들이 모여서(스모을 집) 어떤 문제를 해결하기 위해
가지고 있는 묘한 생각(冊꾀 책)를 서로 주고받으며 말하는(言말할 언)
것으로 의논하다 라는 의미. 言論(언론) 論理(논리) 論議(논의) 討論(토론)
論述(논술) 辯論(변론) 勿論(물론) 論難(논란) 論爭(논쟁) 結論(결론)
論說(논설) 論旨(논지) 擧論(거론) 卓上空論(탁상공론) 論功行賞(논공행상)

(商 商)(敵 敵)(適 適)
(摘 摘)(滴 滴)

나무뿌리·밑동·실과꼭지 적(商)-옛 글자를 보면 나무가 서(立설 립)
있게 땅 속에 깊이 박혀서 떠받치고 있는 오래 된(古묵을 고)
부분으로 나무의 뿌리·밑동·실과(實果)의 꼭지를 의미.
원수·적수·짝·상당할·대적할 적(敵)-나무가 서 있게 떠받치고 있는
밑동(商밑동 적)을 쳐서(攵=攴칠 복) 쓰러뜨리는 것으로 맞서 싸워 서로
쓰러뜨리려고 하는 상대인 원수·적수·짝·상당하다·대적하다 라는 의미.
敵對(적대) 宿敵(숙적) 敵陣(적진) 敵軍(적군) 匹敵(필적) 敵手(적수)
倭敵(왜적) 敵意(적의) 衆寡不敵(중과부적) 仁者無敵(인자무적)
갈·맞갖을 적(適)-땅 속으로 깊숙이 뻗어가는(辶=辵쉬엄쉬엄갈 착) 나무의
뿌리(商나무뿌리 적)처럼 향해 가다·맞갖다(알맞다) 라는 의미. 適切(적절)
適當(적당) 適應(적응) 適合(적합) 適法(적법) 快適(쾌적) 最適化(최적화)
適任者(적임자) 適材適所(적재적소) 悠然自適(유연자적) 適者生存(적자생존)
딸·들춰낼 적(摘)-손(扌=手손 수)으로 실과의 꼭지(商실과꼭지 적)를
잡아 따다 라는 의미와 손(扌=手손 수)으로 땅 속에 깊이 박혀 있는
나무의 뿌리(商나무뿌리 적)같이 숨은 일을 뒤져서 드러나게 하는 것으로
들추어내다 라는 의미. 摘發(적발) 指摘(지적) 摘示(적시) 摘載(적재)
물방울·스며내릴 적(滴)-물(氵=水물 수)이 실과의 꼭지(商실과꼭지 적)에
매달려 있는 과일처럼 동그랗게 맺혀 똑똑 떨어지는 것으로 물방울·스며
내리다(물방울이 떨어지다) 라는 의미. 硯滴(연적) 餘滴(여적) 點滴(점적)

(巨巫巨)(拒拒)(距距)

클·많을 거(巨)-옛 글자를 보면 두 곳 사이의 거리를 재는 큰 자(工)를
손(크)으로 잡고 있는 사람(大)의 모습으로 원래는 자를 의미하는
것으로 지금은 크다·많다 라는 의미로 쓰임. 巨物(거물) 巨漢(거한)
巨創(거창) 巨匠(거장) 巨額(거액) 巨視(거시) 名門巨族(명문거족)
막을 거(拒)-손(扌=手손 수)으로 큰 자를 손으로 잡고 있는 사람(巨)처럼
적을 잡고 넘어오지 못하게 밀어내는 것으로 막다·겨루다(저항하다)·어기다·
거절하다 라는 의미. 拒否(거부) 拒絕(거절) 抗拒(항거) 拒逆(거역)
며느리발톱·떨어질·이를 거(距)-원래는 닭의 발(足발 족) 뒤쪽에 뾰족하고
딱딱하게 돌출해 있는(巨) 며느리발톱을 나타낸 것으로 며느리발톱은 땅을
짚는 발가락과 따로 뒤에 떨어져 있으니 떨어지다·이르다 라는 의미가
파생됨. 拒絕(거절) 距離(거리) 射程距離(사정거리) 可視距離(가시거리)

(交交交)(校校)(郊郊)
(較較較較)(效效)

엇걸릴·사귈·벗·바꿀·흘레할 교(交)-옛 글자를 보면 사람이 두 다리를
꼬고 서 있는 모양으로 엇걸리다(교차하다)·사귀다·벗(벗하다)·바꾸다·
흘레하다(교미하다) 라는 의미. 交流(교류) 交際(교제) 交接(교접)
交通(교통) 交感(교감) 交替(교체) 交易(교역) 絕交(절교) 交代(교대)
交尾(교미) 交換券(교환권) 管鮑之交(관포지교) 竹馬交友(죽마교우)
바로잡을·학교·장교 교(校)-잘못된 사람을 곧은 나무(木곧을·나무 목)같이
바르게 고치는(交바꿀 교) 것으로 바로잡다(교정하다)·학교·장교를 의미.
學校(학교) 登校(등교) 將校(장교) 校庭(교정) 校訂(교정) 廢校(폐교)
鄕校(향교) 校則(교칙) 校服(교복) 校監(교감) 校歌(교가)
성밖·시외·들 교(郊)-도읍(阝=邑도읍 읍)에서 오고가고(交사귈 교) 할 수 있는
가까운 곳으로 성밖·교외·들을 의미. 近郊(근교) 郊外(교외) 郊村(교촌)
비교할 교(수레귀 각)(較)-옛 글자를 보면 수레(車수레 거)의 양옆에
기댈 수 있게 꽂아 놓은 틀(爻형상 효→交엇갈릴 교)인 수레귀를 나타낸
것으로 일치하지 않은(交엇갈릴 교) 것을 견주어 서로간의 차이점·유사점
따위를 밝히는 것으로 비교하다(견주다) 라는 의미.
比較(비교) 較正(교정) 日較差(일교차) 長短相交(장단상교)
본받을·힘쓸·증험할 효(效)-벗(交벗 교)을 본보기로 하여 똑똑
두드려서(攵=攴똑똑두드릴 복) 본을 뜨듯이 그대로 따라 하는 것으로
본받다(배우다)·힘쓰다·증험하다(효험) 라는 의미. 效果(효과) 效率(효율)
藥效(약효) 效驗(효험) 無效(무효) 卽效(즉효) 公訴時效(공소시효)

(丂丂)(巧丂)(兮兮)(甹甹)
(聘聘)(極極)(于亏)(宇宇)
(亏亏)(夸夸)(誇誇)(亐亐)
(污污)(號號)(丮丮)
(巩巩巩巩)(恐恐恐)(築築)

교묘할 교(丂)–끝이 뾰쪽하고 구부러진 생김새가
묘하다는 것으로 교묘하다 라는 의미.
공교할·예쁠·재주 교(巧)–장인이 만든(工장인·지을 공) 물건의
생김새가 교묘하다는(丂교묘할 교) 것으로 공교하다·예쁘다·
재주를 의미. 巧妙(교묘) 技巧(기교) 精巧(정교) 奸巧(간교)
工巧(공교) 七巧板(칠교판) 巧言令色(교언영색)
어조사 혜(兮)–어구(語句)를 나누어(八나눌 팔) 말을 솜씨 있게(丂교묘할 교)
하는 것으로 어구(語句)의 사이에 끼우거나 끝에 붙여 말을 한 번
멈추었다가 음조가 다시 올라감을 나타내는 어조사(語助辭)를 의미.
끌 병(甹)–모르는 일이나 물건이 원인이나 이유가 되어(由말미암을 유)
관심이나 주의를 교묘하게(丂교묘할 교) 쏠리게 하는 것으로
끌다(당기다) 라는 의미.
찾아갈·사신보낼·장가들·부를 빙(聘)–귀(耳귀 이)가 솔깃하게
끌리는(甹끌 병) 소리를 듣고 그와 관련된 곳으로 가는 것으로
찾아가다·사신을 보내다·장가 들다·부르다 라는 의미.
招聘(초빙) 聘母(빙모) 聘丈(빙장) 聘家(빙가) 報聘使(보빙사)
용마루·지극할·다할·극진할·한끝 극(極)–원래는 곧은 나무(木곧을·나무 목)
기둥을 건너 지른 들보(一같을 일) 위에 또(又또 우) 직각 방향으로
교묘하게(丂교묘할 교) 건너 얹은 마룻대를 나타낸 것으로 집에서
가장 중심을 이루고 가장 높은 지붕마루(용마루)가 되는 부분으로
용마루·(용마루 같이 사물의 최상 최종의 곳)극·이르다·다하다·극진하다·
지극하다 라는 의미. 積極(적극) 消極(소극) 極甚(극심) 窮極(궁극)
極致(극치) 極度(극도) 極限(극한) 極端(극단) 極盡(극진) 至極(지극)
登極(등극) 兩極(양극) 罔極(망극) 極盛(극성) 太極旗(태극기)
北極星(북극성) 極惡無道(극악무도) 極樂淨土(극락정토)

277

어조사 우(于)-둘(二둘 이) 사이를 연결하여 주는 갈고리(亅갈고리 궐)같이
한문에서 목적과 동작 또는 장소와 동작 사이의 문법적 관계를 나타내는
~부터·~까지·~에게라는 의미와 실질적인 뜻은 없고 다른 글자들을
보조해 주는 어조사로 쓰임. 干(방패 간)자와 비슷. 于先(우선) 于今(우금)

처마·지붕·집·하늘 우(宇)-집(宀움 면)에서 둘(二둘 이) 사이를 연결하여
주는 갈고리(亅갈고리 궐)같이 종도리(一같을 일)와 처마도리(一같을 일)에
연결된 서까래가 처마도리 밖으로 내민 부분으로 처마→지붕→집→
하늘(세계)을 의미. 宇宙(우주) 宇宙船(우주선) 宇宙基地(우주기지)

이지러질 휴(어조사 우)(亏)-둘(二둘 이) 사이가 연결 되지 않고
한쪽이 떨어져 있는 모양으로 이지러지다 라는 의미.

큰체할·사치할 과(夸)-사람(大)이 한 쪽이 차지 않아(亏이지러질 휴)
부족한 것을 그럴 듯하게 꾸미는 것으로 큰체하다·사치하다 라는 의미.

자랑할 과(誇)-말(言말씀 언)로 드러내어 큰체하며(夸큰체할 과)
뽐내는 것으로 자랑하다 라는 의미.
誇示(과시) 誇張(과장) 誇大妄想(과대망상)

땅이름 울(어조사 우)(亐)-가운데가 둥그스름하게
푹 패어 있는 땅의 이름을 의미.

웅덩이·흐린물괴일·더러울 오(汚)-물(氵=水물 수)이 가운데가
둥그스름하게 푹 패어 있는 땅(亐땅이름 울)에 괴어 있는
것으로 웅덩이·흐린 물이 괴이다·더럽다 라는 의미.
汚染(오염) 汚名(오명) 汚物(오물) 汚點(오점) 貪官汚吏(탐관오리)

부르짖을·크게울·부를·호령·이름·표할 호(號)-범의 소리(虎범의소리 효)같이
교묘하게(丂교묘할 교) 소리 높여 크게 외치는 것으로 부르짖다·크게 울다·
부르다·호령·이름·표하다 라는 의미. 番號(번호) 信號(신호) 符號(부호)
號令(호령) 商號(상호) 記號(기호) 暗號(암호) 雅號(아호) 號角(호각)
稱號(칭호) 號外(호외) 號室(호실) 國號(국호) 宅號(택호) 赤信號(적신호)

잡을 극(丮)-옛 글자를 보면 사람이 몸을 굽히고(乙굽힐 을)
손(手손 수)으로 움켜 쥐고 있는 모양으로 잡다 라는 의미.

굳을 공(巩)-옛 글자(玒→巩→巩) 보면 장인이 만든(工장인·만들 공)
물건을 손으로 단단히 잡고(丮잡을 극) 있는 것으로 굳다 라는 의미.

두려울 공(恐)-무서워 겁을 내어 몸이 딱딱하게 굳어(巩굳을 공) 버리게
만드는 마음(心마음 심)으로 두려워하다 라는 의미. 恐慌(공황) 恐怖(공포)
恐喝(공갈) 恐水病(공수병) 恐妻家(공처가) 惶恐無地(황공무지)

지을·쌓을·다질 축(築)-옛 글자를 보면 대나무(竹대 죽)같이
단단하게(巩→巩굳을 공) 나무(木나무 목)를 차곡차곡 포개어
얹어서 구조물을 만드는 것으로 짓다·쌓다·다지다 라는 의미.
建築(건축) 增築(증축) 構築(구축) 築造(축조) 改築(개축) 築臺(축대)

(埶 ᵉ) (蓺 ᵉ) (藝 ᵉ)
(熱 ᵉ) (勢 ᵉ)

심을 예(埶)-옛 글자를 보면 나무(木나무 목→先버섯 록)를 무릎을
꿇고 앉은 사람이 두 손으로 잡고(丮잡을 극→丸둥글 환)
땅(土땅 토)에 묻는 것으로 심다 라는 의미.
심을 예(蓺)-풀(++=艸풀 초)과 나무(木나무 목→先버섯 록)를 무릎을
꿇고 앉은 사람이 두 손으로 잡고(丮잡을 극→丸둥글 환)
땅(土땅 토)에 묻는 것으로 심다 라는 의미.
재주·글 예(藝)-초목을 땅에 심어(蓺심을 예) 잘 자라도록 키우는 것처럼
무엇을 잘하는 타고난 소질을 가리켜 말하는(云이를 운) 것으로
재주·글(학문)를 의미. 藝術(예술) 武藝(무예) 書藝(서예) 陶藝(도예)
園藝(원예) 工藝品(공예품) 藝體能(예체능) 演藝人(연예인) 學藝會(학예회)
더울·더위 열(熱)-땅에 심은(埶심을 예) 나무를 잘 자라도록 키우는 것처럼
세차게 타오르는 불(灬=火불 화)의 열기가 높은 것으로 덥다·더위를 의미.
熟(익을 숙)자와 비슷. 過熱(과열) 熱情(열정) 熱氣(열기) 熱風(열풍)
熱戰(열전) 發熱(발열) 熱烈(열렬) 熱望(열망) 熱辯(열변)
熱帶夜(열대야) 太陽熱(태양열) 以熱治熱(이열치열)
권세·세력·형세 세(勢)-땅에 심은(埶심을 예) 나무를 잘 자라도록 키우는
것처럼 힘(力힘 력)이 기운차게 뻗치는 것으로 권세·세력·형세를 의미.
姿勢(자세) 攻勢(공세) 症勢(증세) 實勢(실세) 態勢(태세)
劣勢(열세) 加勢(가세) 强勢(강세) 破竹之勢(파죽지세)

(其 ᵍ) (基 ᵍ) (期 ᵍ) (旗 ᵍ)
(欺 ᵍ) (棋 ᵍ) (斯 ᵍ)

그·어조사 기(其)-옛 글자를 보면 곡식을 까불러 고르는 키(笸키 기)를
받침대(丌책상 기) 위에 올려 놓은 모양으로 원래는 키를 의미하는 것으로
나중에 어떤 사물을 가리키는 지시대명사인 그·그것이라는 의미와
한문의 구절 끝에 붙여 다른 글자를 보조하여 주는 어조사로 가차됨.
其他(기타) 其間(기간) 各其(각기) 及其也(급기야) 不知其數(부지기수)
터·근본 기(基)-키(笸키 기)를 밑에서 받치고 있는 받침대(丌책상 기)같이
지었거나 지을 집을 받쳐 주는 땅(土땅 토)으로 터·근본를 의미.
基礎(기초) 基本(기본) 基金(기금) 基盤(기반) 基準(기준) 基調(기조)
基壇(기단) 基質(기질) 基因(기인) 基督敎(기독교) 基幹産業(기간산업)

기약·기한·시기·바랄·기다릴 기(期)-이미 말한 것이나 이미 아는 것을
가리키는 지시대명사 그(其그 기)같이 이미 정해진 약속·미리 한정한 기한·
미리 정해진 시기(때)를 옛날 태음력(月달·세월 월)을 기준으로 정한 것으로
기약한다·기한·시기(때)·(이미 정해진 약속과 미리 정해진 시기를) 기다리다·
바라다 라는 의미. 早期(조기) 期限(기한) 期約(기약) 期間(기간)
定期(정기) 時期(시기) 初期(초기) 任期(임기) 期待(기대) 滿期(만기)
適期(적기) 思春期(사춘기) 全盛期(전성기) 産卵期(산란기) 更年期(갱년기)
기 기(旗)-깃발(㫃깃발 언)에 글자나 그림을 그리거나 써서 어떤 특정한
단체를 가리키는(其그 기) 상징으로 쓰는 물건으로 기나 표를 의미.
旗手(기수) 國旗(국기) 軍旗(군기) 叛旗(반기) 旗章(기장) 太極旗(태극기)
속일 기(欺)-몸을 키질하(其)듯이 흔들고 입을 하품하(欠하품할 흠)듯이
크게 벌린 과장된 몸짓과 달콤한 말로 거짓을 참으로 곧이 듣게 하여
남을 속이다 라는 의미. 詐欺(사기) 欺瞞(기만) 欺世盜名(기세도명)
장기·바둑 기(棋)-옛 글자를 보면 나무(木나무 목)로 만든 말을
받침대가 있는 판(其) 위에 벌려 놓고 서로 번갈아가며 말을
움직여 승부를 기리는 놀이인 장기·바둑을 의미.
將棋(장기) 棋士(기사) 棋譜(기보) 棋院(기원) 圍棋十訣(위기십결)
짜갤·이·말그칠 사(斯)-원래는 키(其)로 곡식을 까불러 알곡과 쭉정이를
따로따로 구별되게 하는 것같이 도끼(斤도끼 근)로 찍어서 둘로 갈라지게
하는 것으로 짜개다 라는 의미로 나중에 지시 대명사인 이(이것) 라는
의미와 문장 끝에 붙여 한 문장을 종결되게 하는 어조사로 가차 됨.
斯界(사계) 斯道(사도) 阿斯達(아사달) 斯文亂賊(사문난적)

(卯卵卯)(柳桺栁)(留畱畱)
(貿貿貿)(卯卯)

토끼·동방·무성할 묘(卯)-옛 글자(卯)를 보면 두 개의 문짝이 양쪽으로
열려있는 모양을 본뜬 것으로 하루의 문이 열리는 오전 5시부터 7시로
동이 트는 동쪽을 나타내는 넷째지지를 상징하는 토끼·무성하다 라는 의미.
卬(나 앙)자와 비슷. 토끼를 의미하는 글자는 兎(토끼 토)를 참조하세요.
卯酒(묘주) 卯時(묘시) 己卯士禍(기묘사화) 乙卯倭變(을묘왜변)
버들·성씨 류(柳)-옛 글자(桺)를 보면 나아가는(丣나아갈 유→卯무성할 묘)
나무(木나무 목)로 생장이 빨라서 무성한 숲을 이루는 버들(버드나무)·
성씨를 의미. 花柳界(화류계) 柳成龍(유성룡) 路柳墻花(노류장화)
머무를·오랠 류(留)-옛 글자(畱)를 보면 문을 열고 나아가(丣나아갈 유→卯)
밭(田밭 전)에서 오랫동안 농사일을 하고 있는 것으로 머무르다·오래다
라는 의미. 滯留(체류) 保留(보류) 抑留(억류) 留念(유념) 留學(유학)
押留(압류) 留任(유임) 留置場(유치장) 人死留名(인사유명)

바꿀·무역할 무(貿)-지방과 지방, 나라와 나라의 문호를 두 개의 문짝을
양쪽으로 열어 놓은(卯) 것처럼 개방하고 서로 재화(貝재물 패)를
서고팔거나 교환하는 것으로 바꾸다·무역하다 라는 의미.
貿易(무역) 貿易風(무역풍) 貿易商(무역상) 貿易收支(무역수지)
알 란(卵)-옛 글자를 보면 얇고 투명한 막 안에 검은점들이
동그랗게 있는 개구리의 알을 본뜬 것으로 알을 의미.
鷄卵(계란) 産卵(산란) 受精卵(수정란) 累卵之危(누란지위)

(壬 工 王)(任 任)(妊 妊)(賃 賃)

(壬 🔨 🔨)(廷 🔨)(庭 庭)(呈 🔨)

(程 🔨)(淫 🔨)(聖 🔨)

간사할·짊어질·북방·천간 임(壬)-씨실을 감은 실꾸리를 넣고 베틀의 날실
사이를 왔다갔다 하면서 씨실을 풀어 피륙을 짜는 북 모양을 본뜬 것으로
간사하다·짊어지다 라는 의미로 후에 음을 빌려 방위로는 북방·아홉 번째
천간을 나타내는 글자로 가차됨. 壬午軍亂(임오군란) 壬辰倭亂(임진왜란)
맡을·맡길 임(任)-사람(亻=人사람 인)이 짐을 짊어진(壬짊어질 임) 것처럼
어떤 일에 대한 책임을 지고 담당하는 것으로 맡다·맡기다 라는 의미.
仕(벼슬할 사)자와 비슷. 責任(책임) 任命(임명) 任務(임무) 任期(임기)
解任(해임) 任員(임원) 放任(방임) 擔任(담임) 背任(배임) 就任辭(취임사)
아이밸 임(妊)-여자(女계집 녀)가 배 속에 씨실을 감은 실꾸리를 북 속에
넣은(壬북 모양) 것처럼 아이를 품고 있는 것으로 아이를 배다 라는 의미.
妊娠(임신) 懷妊(회임) 避妊(피임) 妊産婦(임산부)
품팔이·품삯·세낼 임(賃)-어떤 일이나 물건을 맡고(任맡을 임) 대가로
돈(貝재물 패)을 받거나 주는 것으로 품팔이·품삯·세내다(빌리다) 라는
의미. 賃金(임금) 運賃(운임) 賃借(임차) 賃貸(임대) 無賃乘車(무임승차)
빼어날·곧을·줄기·나타낼 정(壬)-옛 글자를 보면 초목이
땅(土땅 토) 위로 똑바로 뻗어 나온(丿삣침 별) 모양으로
빼어나다·곧다·(곧은)줄기·나타내다 라는 의미.
조정·앞마당 정(廷)-길게 걸어(廴길게걸을 인) 나아가
임금님 앞에 곧게(壬곧을 정) 늘어선 신하들과 임금님이
정사를 논하는 곳으로 조정→앞마당을 의미.
延(끌 연)자와 비슷. 朝廷(조정) 宮廷(궁정) 法廷(법정)
뜰 정(庭)-집(广돌집 엄) 앞에 있는 앞마당(廷앞마당 정)으로
뜰을 의미. 庭園(정원) 家庭(가정) 校庭(교정)

나타낼·보일·드릴 정(呈)-무언가를 말을 해서(口말할 구)
초목이 땅(土땅 토) 위로 똑바로 뻗어 나온(丿삣침 별)
것처럼 밖으로 드러내 보이는 것으로 나타내다(드러내다)·
보이다·드리다 라는 의미. 贈呈(증정) 獻呈(헌정) 謹呈(근정)
헤아릴·준거할·법·한도·과정·길 정(程)-벼(禾벼 화)의 이삭에
달려 있는 낟알의 개수를 입으로 소리 내어(口입·말할 구)
초목이 땅(土땅 토) 위로 똑바로 뻗어 나온(丿삣침 별)
것처럼 밖으로 드러나 보이게 세는 것으로 헤아리다·
준거하다·법·한도·과정·길을 의미. 過程(과정) 程度(정도)
規程(규정) 工程(공정) 旅程(여정) 章程(장정) 日程(일정)
方程式(방정식) 里程標(이정표) 鵬程萬里(붕정만리)
적실·과할·음란할 음(淫)-옛 글자를 보면 물(氵=水물 수)이 나오게
손(爪손톱 조)으로 곧게(壬곧을·줄기 정→壬) 발기된 성기를 주물러서
성적 쾌감을 얻는 수음(手淫)을 하는 것으로 (물로)적시다·
(음욕이)과하다·음란하다 라는 의미. 淫亂(음란) 姦淫(간음)
淫慾(음욕) 書淫(서음) 沈淫(침음) 觀淫症(관음증) 賣淫婦(매음부)
성인·통할 성(聖)-귀(耳귀 이)로 다른 사람이 묻는 말을 듣고
드러내 보이듯이(呈드러낼·보일 정) 막힘이 없이 능하게 답을 잘하는
사람으로 성인·통하다 라는 의미. 聖域(성역) 神聖(신성) 聖經(성경)
聖歌(성가) 聖賢(성현) 聖靈(성령) 聖堂(성당) 聖誕節(성탄절)

(凶凶)(函)(兇兇)(匈匃)

(胸胸)(內丙)(离离)(離離)

(禽禽)(禹禹)(偶偶)(遇遇)

(愚愚)(萬萬)(厲厲)(勵勵)

흉할 흉(凶)-목이 베인(乂벨 예) 사람이 구덩이(凵입벌릴 감)에 빠져
있는 모양으로 보기에 불길하다는 것으로 흉하다 라는 의미.
凶兆(흉조) 凶器(흉기) 陰凶(음흉) 凶物(흉물) 凶年(흉년) 凶計(흉계)
凶作(흉작) 凶家(흉가) 凶測(흉측) 凶惡犯(흉악범) 吉凶禍福(길흉화복)
흉할 흉(兇)-구덩이(凵입벌릴 감)에 빠진 사람이 허우적거리는
모양(儿)으로 운이 사납거나 불길(不吉)한 것으로 흉하다 라는 의미.
흉악할 흉(兇)-사람(儿)의 생김새가 흉하게(凶흉할 흉) 험상궂고
무서운 것으로 흉악하다 라는 의미. 元兇(원흉) 兇漢(흉한)

가슴·요란할·오랑캐 흉(匈)-갈비뼈가 싸고(勹쌀 포) 있는 X 모양으로 생긴
몸통(ㄥ)에 있는 것으로 가슴→요란하다→오랑캐 라는 의미. 匈奴(흉노)
가슴·마음 흉(胸)-사람의 몸(月=肉몸 육)에서 요란하게(匈요란할 흉)
뛰는 부분으로 가슴·(가슴 속에 있는)마음을 의미. 胸廓(흉곽)
胸像(흉상) 胸筋(흉근) 胸部(흉부) 胸背(흉배) 胸式呼吸(흉식호흡)
짐승의발자국 유(内)-원래는 짐승의 꽁무니에 가늘고 길게 붙어 있는
꼬리를 본뜬 것으로 나중에 날짐승이 발로 땅을 밟은 흔적으로 짐승의
발자국이라는 의미로 씀. 아직도 우리말에는 꼬리를 밟히다·꼬리를
감추다·꼬리를 물다 등과 같이 꼬리를 흔적(자취)의 의미로 쓰이고 있음.
헤어질 리(离)-구덩이에 빠진 사람이 허우적거리는(凶흉할 흉) 것처럼
둥지에서 태어난 짐승의 새끼가 허우적거리며 둥지 밖으로 빠져 나와
발로 땅을 밟은 흔적인 발자국(内짐승의발자국 유)을 남기고 떠나가는
것으로 헤어지다(떠나다) 라는 의미. 离宮(이궁) 离方(이방)
떠날·흩어질·이별할 리(離)-날짐승(隹새 추) 중에서 알에서 부화하자마자
눈을 뜨고 깃털도 나왔고 아직 날수는 없지만 걸을 수는 있는
새끼 새들이 구덩이에 빠진 사람이 허우적거리는(凶흉할 흉) 것처럼
좁은 나무 구멍의 둥지를 허우적거리며 빠져 나와 땅으로 뛰어 내려
땅을 밟은 흔적인 발자국(内짐승의발자국 유)을 남기고 다른 곳으로
옮겨 가는 것으로 떠나다·흩어지다·헤어지다 라는 의미. 距離(거리)
離脫(이탈) 分離(분리) 離婚(이혼) 隔離(격리) 離散(이산) 離別(이별)
亂離(난리) 離間(이간) 離陸(이륙) 離職(이직) 流離乞食(유리걸식)
離合集散(이합집산) 會者定離(회자정리) 支離滅裂(지리멸렬)
사로잡을·새 금(禽)-원래는 짐승을 잡으려고 짐승이 지나다니는 길에
구덩이를 파고 그 위에 막대기를 걸쳐 놓고 흙으로 덮은(人) 함정에 빠진
길짐승(离짐승이름 리)을 사로잡다 라는 의미로 나중에 날짐승의 총칭인 새
라는 의미로 가차됨. 禽獸(금수) 猛禽(맹금) 家禽(가금) 飛禽走獸(비금주수)
원숭이·허수아비 우(禺)-옛 글자를 보면 머리는 귀신의 머리(甶귀신머리 불)
같고 꽁무니에 가늘고 긴 꼬리(内꽁무니에 붙어 있는 꼬리 모양)가
붙어 있는 원숭이→허수아비를 의미.
제웅·짝·합할·우연 우(偶)-옛날에 액을 미리 막기 위하여
사람(亻=人사람 인)을 대신하여 짚으로 허수아비(禺허수아비 우)처럼
만든 사람 모양의 물건으로 제웅→(사람을 대신하는 제웅 같은)짝→
합하다→(짝을 맺는 것처럼 어쩌다가 저절로 되는 것으로)우연이라는
의미가 파생됨. 偶然(우연) 偶像(우상) 土偶(토우) 配偶者(배우자)
偶發的(우발적) 對偶法(대우법)
만날·대접할 우(遇)-길을 가다가(辶=辵쉬엄쉬엄갈 착) 짚으로
허수아비(禺허수아비 우)처럼 만든 사람 모양의 제웅에 동전을 넣고
음식을 차려서 길가에 내놓은 제웅을 만나다→(동전을 넣고 음식을 차려서
길가에 내놓은 제웅같이)대접하다 라는 의미가 파생됨. 境遇(경우)
待遇(대우) 處遇(처우) 禮遇(예우) 不遇(불우) 千載一遇(천재일우)

283

어리석을·고지식할 우(愚)-사람 모양으로 만든 허수아비(禺허수아비 우)의
마음(心마음 심) 같은 것으로 형상만 사람일 뿐 마음이 없는 허수아비같이
아무 생각이 없는 사람을 가리키는 것으로 어리석다·고지식하다 라는 의미.
愚鈍(우둔) 愚直(우직) 愚昧(우매) 愚弄(우롱) 愚惡(우악) 萬愚節(만우절)
愚問賢答(우문현답) 愚公移山(우공이산)
일만·골 만(萬)-옛글자를 보면 양손(++=艸) 모양의 집게발과 日자
모양의 몸통과 몸통 끝에 긴 꼬리(内꽁무니에 붙어 있는 꼬리 모양)가
붙어 있는 전갈의 모양을 본뜬 것으로 많은 수를 나타내는
일만·골(萬의 순 우리말)을 의미. 萬若(만약) 萬物(만물) 萬般(만반)
萬能(만능) 萬歲(만세) 萬邦(만방) 萬感(만감) 萬年雪(만년설)
萬有引力(만유인력) 千辛萬苦(천신만고) 森羅萬象(삼라만상)
갈 려(厲)-절벽(厂굴바위 엄)의 바위에 전갈(萬)이 집게발의 날을
날카롭게 세우기 위하여 문지르는 것으로 갈다 라는 의미.
힘쓸·권면할 려(勵)-숫돌에 갈아(厲갈 려) 날이 서게 하려고
힘(力힘 력)을 들이고 있는 것으로 힘쓰다·권면하다 라는 의미.
激勵(격려) 奬勵(장려) 督勵(독려) 刻苦勉勵(각고면려)

(攸攸)(悠悠)(修修)(條條)

자득할·멀·바 유(攸)-사람(亻=人사람 인)이 자기를 채찍질하여(攴=攵칠 복)
일의 방법이나 방도를 스스로 깨달아(丨위아래로통할 곤) 얻은 것으로
자득하다·(일의 방법이나 방도)바·(자득하기 까지는)멀다(아득하다) 라는 의미.
멀·한가할 유(悠)-스스로 깨달아 얻기(攸자득할 유) 까지를
마음속(心마음·속 심)으로 생각하니 아득하도록 멀다라는 의미와
스스로 깨달아 얻으니 마음에 여유가 있는 것으로 한가하다
라는 의미. 悠然(유연) 悠久(유구) 悠遠(유원) 悠悠自適(유유자적)
닦을·다스릴 수(修)-스스로 깨달아 얻기(攸자득할 유) 위하여
실지로 터럭을 그려(彡터럭그릴 삼) 보면서 익히는 것으로
(힘써 익히다)닦다·다스리다 라는 의미. 硏修(연수) 修理(수리)
修行(수행) 修道(수도) 補修(보수) 修養(수양) 修了(수료) 修練(수련)
修業(수업) 修習(수습) 修飾語(수식어) 修身齊家(수신제가)
곁가지·조리·조목 조(條)-원래는 나무(木나무 목)의 원가지에서
다시 곁으로 멀리(攸멀 유) 뻗은 작은 가지인 곁가지를 의미하는
것으로 곁가지→조리→조목이라는 의미가 파생됨. 條件(조건)
條項(조항) 條例(조례) 條約(조약) 條理(조리) 條目(조목)
星條旗(성조기) 金科玉條(금과옥조) 乙巳保護條約(을사보호조약)

(亞亞)(惡惡)(啞啞)

버금·무리 아(亞)-구부려져 못생긴 물건이 나란히 붙어 있는
모양을 본뜬 것으로 버금·무리를 의미. 亞流(아류) 亞鉛(아연)
亞熱帶(아열대) 亞細亞(아세아-Asia의 음역)

악할·모질·더러울 악(미워할·부끄러울 오)(惡)-마음(心마음 심)이 구부러져(亞)
성질이 거칠고 사나운 것으로 악하다·모질다·더럽다·미워하다·부끄러워하다
라는 의미. 惡魔(악마) 劣惡(열악) 惡臭(악취) 惡夢(악몽) 醜惡(추악)
凶惡(흉악) 暴惡(포악) 邪惡(사악) 惡談(악담) 罪惡(죄악) 惡鬼(악귀)
粗惡(조악) 險惡(험악) 愚惡(우악) 惡循環(악순환) 勸善懲惡(권선징악)
極惡無道(극악무도) 嫌惡(혐오) 憎惡(증오) 羞惡之心(수오지심)

벙어리 아(啞)-입(口입 구) 밖으로 소리를 내는 목구멍이
구부러져(亞) 말을 못하는 사람으로 벙어리를 의미.
聾啞(농아) 盲啞(맹아) 啞鈴(아령) 啞然失色(아연실색)

(九九九)(究肉)(軌軌)
(染樑)(丸丸)(執執)

아홉·많을 구(모을 규)(九)-양쪽 열 손가락(ナ七)에서 끝에 하나를
구부린(乚=乙굽힐 을) 것으로 아홉을 의미. 아홉은 한 자리 수 중에서
가장 끝에 있는 가장 큰 수(數)이므로 많다·모으다 라는 의미가 파생됨.
九泉(구천) 九尾狐(구미호) 九萬里(구만리) 九曲肝腸(구곡간장)
九死一生(구사일생) 九折羊腸(구절양장) 九尺長身(구척장신)

궁리할·궁구할 구(究)-굴(穴굴窟 혈)을 뚫고 들어가듯이 속속들이 파고들어
깊이(九오랠 구) 연구하는 것으로 궁리하다·궁구하다 라는 의미. 硏究(연구)
講究(강구) 探究(탐구) 窮究(궁구) 追究(추구) 究明(구명) 學究熱(학구열)

굴대·법·쫓을 궤(軌)-수레바퀴(車수레·바퀴 거)의 한가운데에 뚫린
구멍에 끼워 두 바퀴를 연결하는(九합을 규) 막대기로 굴대(축)·
(수레의 굴대 같은)법·쫓다 라는 의미. 軌道(궤도) 軌跡(궤적) 軌範(궤범)

물들일·물들·젖을·더럽힐 염(染)-나무(木나무 목)에서 뽑은
수액(氵=水물 수)에 옷감을 여러 번(九많을 구) 담가서 수액의
빛깔이 옮아서 묻거나 스미게 하는 것으로 물들이다·물들다·젖다·
더럽히다 라는 의미. 梁(나무다리 량)자와 비슷. 染色(염색) 染料(염료)
感染(감염) 汚染(오염) 傳染(전염) 染織(염직) 染色體(염색체)

구를·둥글·탄자 환(丸)-옛 글자를 보면 손안에 모은(九모을 규) 것을
굴려서 점(丶점 주)처럼 모가 없이 동그랗게 만든 것으로 구르다·둥글다·
탄자(알·탄알)를 의미. 丸藥(환약) 彈丸(탄환) 丸玉(환옥) 投砲丸(투포환)

잡을·가질·지킬 집(執)-옛 글자를 보면 죄를 지은 사람(大→土)의 두 발목에
쇠고랑(羍격심할 임-쇠고랑 모양)를 채우고 도망가지 못하게 손으로
잡고(丮잡을 극→丸) 있는 것으로 잡다·손에 쥐다)가지다·죄인을 도망가지
못하게)지키다 라는 의미. 執行(집행) 執權(집권) 執着(집착) 執筆(집필)
我執(아집) 執念(집념) 執刀(집도) 執事(집사) 固執不通(고집불통)

(也㐾)(地坔)(池㳚)(他㐡)

이를·어조사 야(也)-옛 글자를 보면 여자의 생식기(生殖器) 모양을
본뜬 것으로 나중에 가차되어 어구(語句)의 끝에 써서 결정의 뜻을
나타내거나 의문·반문·감탄 등의 뜻을 나타내는 이르다·어조사로 쓰임.
及其也(급기야) 言則是也(언즉시야) 獨也靑靑(독야청청)
땅 지(地)-흙(土흙 토)에 식물이 뿌리를 내리고 자라게 하는
여자의 생식기(也) 같은 곳으로 땅을 의미. 地域(지역) 地球(지구)
地圖(지도) 團地(단지) 地震(지진) 地獄(지옥) 墓地(묘지) 地帶(지대)
陸地(육지) 居住地(거주지) 地平線(지평선) 易地思之(역지사지)
못 지(池)-물(氵=水물 수)이 여자의 생식기(也)처럼 움푹 팬 곳에
괴어 있는 못을 의미. 貯水池(저수지) 乾電池(건전지)
配水池(배수지) 水源池(수원지) 酒池肉林(주지육림)
남·다를 타(他)-나 이외의 다른 사람(亻=人사람 인)을
가리켜 말하는(也이를 야) 것으로 남·다르다 라는 의미.
他國(타국) 他鄕(타향) 其他(기타) 自他(자타) 他殺(타살)
他地(타지) 利他(이타) 排他的(배타적) 他山之石(타산지석)

(倝㑉)(幹榦)(乾㪳)(韓韓)
(朝嘲)(潮潚)(廟廟)

해돋을·아침해빛날 간(倝)-옛 글자를 보면 돋아나는 싹(屮움날 철→十)처럼
해(日해 일)가 지평선 아래(丅아래 하→十)에서 솟아오르며(入들 입→人) 빛이
환하게 비치는 것으로 해가 돋다·아침 해가 빛나다 라는 의미.
줄기·몸 간(幹)-옛 글자를 보면 해가 돋아나오는(倝해돋을 간) 것처럼
가지와 잎이 돋아나는 나무의 곧은(木나무·곧을 목→干줄기 간) 부분으로
줄기·(몸통)몸을 의미. 幹部(간부) 根幹(근간) 幹事(간사) 骨幹(골간)
語幹(어간) 才幹(재간) 幹事(간사) 骨幹(골간) 幹線道路(간선도로)
基幹産業(기간산업) 白頭大幹(백두대간)

하늘·마를 건(乾)-해가 돋아(乾해돋을 간) 날아오르는 새(乙새 을)처럼
솟아오르는 곳으로 하늘을 의미. 햇빛이 나서(乾아침해빛날 간) 물기가
날으는 새(乙새 을)처럼 날아가서 없어지는 것으로 마르다(말리다)
라는 의미. 乾燥(건조) 乾杯(건배) 乾草(건초) 溫乾(온건) 乾性(건성)
乾魚物(건어물) 乾電池(건전지) 乾坤坎離(건곤감리)

나라이름·한국 한(韓)-아침 햇빛이 환하게 비치어(乾아침해빛날 간)
무두질한 가죽(韋다룬가죽 위)처럼 부드럽고 따뜻한 나라로 한국을 의미.
韓服(한복) 韓屋(한옥) 韓食(한식) 韓半島(한반도) 大韓民國(대한민국)

아침·조정·조회할 조(朝)-옛 글자를 보면 해가 돋아서(乾해돋을 간→卓)
수평선 위에 배(舟배 주→月달 월)처럼 떠 있는 무렵으로
아침·조정·조회하다 라는 의미. 朝廷(조정) 朝會(조회)
朝夕(조석) 朝三暮四(조삼모사) 朝令暮改(조령모개)

밀물·조수 조(潮)-바닷물(氵=水물 수)이 아침에 모여 조회하듯이
(朝아침·조회할 조) 모여들어 해수면(海水面)이 높아지는 것으로
밀물·조수를 의미. 滿潮(만조) 干潮(간조) 潮流(조류) 赤潮(적조)
低潮(저조) 思潮(사조) 潮力(조력) 防潮堤(방조제)

사당·묘당 묘(廟)-집(广돌집 엄) 안에 조상의 위패(位牌)가
조회하는(朝조회할 조) 것처럼 다 함께 모셔져 있는 사당·
묘당을 의미. 宗廟(종묘) 廟堂(묘당) 宗廟社稷(종묘사직)

(更耍耍雪)(硬㗂)
(便㦡)(鞭鞭)

고칠·대신할·시각 경(다시 갱)(更)-옛 글자를 보면 잘못되거나 틀린 것을
거듭(再거듭 재) 손질(ㅋ손 모양)하여 바로잡아 고치다·(고쳐)바꾸다(대신하다)·
(고쳐서 또)다시를 의미. 다시라는 의미로 쓰일 때는 '갱'으로 읽음.
지평선(一) 아래로 해(日해 일)가 져 있는 밤시간을 다섯(乂=五의 옛 글자)
으로 나누어 부르는 시간의 이름을 의미. 變更(변경) 更迭(경질)
三更(삼경) 更新(경신) 更新(갱신) 更生(갱생) 更年期(갱년기)
追更豫算(추경예산) 甲午更張(갑오경장)

굳셀·단단할 경(硬)-돌(石돌 석)같이 강하게 다시 고친(更고칠 경) 것으로
굳세다·단단하다 라는 의미. 强硬(강경) 硬直(경직) 硬論(경론)
硬度(경도) 生硬(생경) 肝硬變症(간경변증) 動脈硬化(동맥경화)

편할 편(오줌 변)(便)-사람(亻=人사람 인)이 불편한 것을 고쳐(更고칠 경)
편리하도록 만드니 편하다 라는 의미. 사람(亻=人사람 인)이 먹은 음식이
바뀌어(更고칠 경) 나오는 것으로 똥·오줌을 의미. 똥·오줌의 의미로 쓰일
때는 '변'으로 읽음. 使(부릴 사)자와 비슷. 便安(편안) 便利(편리)
不便(불편) 簡便(간편) 便益(편익) 便紙(편지) 郵便(우편) 便所(변소)

便器(변기) 便秘(변비) 相對便(상대편) 便宜店(편의점) 航空便(항공편)
채찍 편(鞭)-가죽(革가죽 혁)으로 소나 말을 때려 몰고
다니기 편하게(便편할 편) 만든 것으로 채찍을 의미.
敎鞭(교편) 鞭毛(편모) 鞭蟲(편충) 走馬加鞭(주마가편)

(且且)(祖祖)(組組)(租租)
(助助)(査査)(宜宜)

또·아직 차(且)-옛 글자를 보면 도마처럼 생긴 제기(祭器)의 일종인
적대(炙臺) 위에 제물(祭物)로 바치는 고기를 놓고 그 위에 거듭하여
놓은 것으로 '또'라는 의미와 어떤 일이 끝나지 아니하고 거듭하여
지속되고 있는 것으로 '아직' 의미. 苟且(구차) 且置(차치) 重且大(중차대)
할아버지·근본 조(祖)-제단(示보일 시-제단의 모양)에 제물(祭物)로
바치는 고기를 적대(炙臺) 위에 놓고 그 위에 또(且또 차) 놓은 것처럼
위로 거듭된 여러 세대의 조상으로 할아버지·(조상 같은)근본을 의미.
祖上(조상) 先祖(선조) 祖國(조국) 始祖(시조) 元祖(원조)
祖父(조부) 玄祖(현조) 高祖父(고조부) 曾祖母(증조모)
끈·섞어짤·얽어만들 조(組)-실(糸가는실 멱)을 적대(炙臺) 위에 고기를 놓고
그 위에 또(且또 차) 놓은 것처럼 여러 겹으로 꼬거나 엮어서 만든 것으로
끈·썩어 짜다·얽어 만들다 라는 의미. 祖(할아버지 조)자와 비슷. 組織(조직)
組成(조성) 骨組(골조) 組立(조립) 改組(개조) 勞動組合(노동조합)
구실 조(租)-한 해 동안 수확한 곡식(禾곡식 화)을 적대(炙臺) 위에 고기를
놓고 그 위에 또(且또 차) 놓은 것처럼 합한 양에 따라 나라에 해마다
바치는 세금으로 구실(조세)를 의미. 租稅(조세) 賭租(도조) 租庸調(조용조)
도울 조(助)-적대(炙臺) 위에 고기를 놓고 그 위에 또(且또 차) 놓은
것처럼 힘(力힘쓸 력)을 보태어 어떤 일이 잘되게 돕다 라는 의미.
扶助(부조) 助手(조수) 協助(협조) 補助(보조) 共助(공조)
救助(구조) 援助(원조) 助詞(조사) 助産員(조산원)
사실할·조사할·사돈 사(査)-원래는 통나무(木나무 목)를 적대(炙臺) 위에
고기를 놓고 그 위에 또(且또 차) 놓은 것처럼 떼로 엮어서 만든 뗏목을
의미하는 것으로 나중에 떼로 엮어서 만든 뗏목처럼 혼인으로 엮어진
관계로 사돈이라는 의미와 떼로 엮어서 만든 뗏목처럼 엮이어 겉으로
드러나지 아니한 사건이나 사물의 내용을 명확히 알기 위해 자세히
살펴보거나 찾아보는 것으로 사실(査實)하다·조사하다 라는 의미가 파생됨.
搜査(수사) 調査(조사) 檢査(검사) 審査(심사) 監査(감사) 探査(탐사)
査察(사찰) 實査(실사) 踏査(답사) 査頓(사돈) 査丈(사장) 考査場(고사장)

마땅할·옳을 의(宜)-집(宀움집 면)에서 제물(祭物)로 바치는 고기를
적대(炙臺) 위에 놓고 그 위에 또(且또 차) 올리고 조상에게 제사를
지내는 것은 마땅하다·옳다 라는 의미. 宜(펼 선)자와 비슷.
便宜(편의) 宜當(의당) 時宜適切(시의적절)

(無 㷇 㷇)(舞 㒵 㒵)

없을·않을 무(無)-옛 글자(㷇→無)를 보면 무당(大→𠂉)이 양손에 잎이
많이(卄스물 입) 달린 나무(木나무 목)를 들고 굿을 하는 모양으로
나중에 灬(火)자를 첨가하여 불에 태워 없애는(灬=火불사를 화) 것으로
없다·않다 라는 의미로 가차됨. 無視(무시) 無關(무관) 無效(무효)
無理(무리) 無能(무능) 無料(무료) 虛無(허무) 無敵(무적) 無顔(무안)
無識(무식) 無謀(무모) 有備無患(유비무환) 無我之境(무아지경)
춤·춤출 무(舞)-옛 글자를 보면 굿을 하는 무당(大→𠂉)이
양손에 잎이 많이(卄스물 입) 달린 나무(木나무 목)를 들고
발을 어수선하게(舛어수선할 천) 밟으며 춤을 추는 것으로
춤·춤추다 라는 의미. 舞臺(무대) 舞踊(무용) 歌舞(가무)
僧舞(승무) 亂舞(난무) 群舞(군무) 鼓舞的(고무적)

(去 㚏)(法 㳒 㳒)(却 㕣)

(脚 㘇)(劫 㤼)(盍 盍)(蓋 蓋)

갈·버릴·내쫓을·제할·감출 거(去)-옛 글자를 보면 사람(大큰·지날 대→土)이
밥그릇(厶밥그릇 거→厶)처럼 생긴 보금자리를 떠나는 것으로
가다(떠나다)→지나가다(과거)→버리다→내쫓다→제하다(없애다)→
감추다 라는 의미가 파생됨. 過去(과거) 去來(거래) 除去(제거)
撤去(철거) 收去(수거) 去就(거취) 消去(소거) 退去(퇴거)
去勢(거세) 逝去(서거) 割去(할거) 歸去來辭(귀거래사)
법·본받을 법(法)-옛 글자(㳒)를 보면 물(氵=水물 수)에 해태(廌해태 치)가
죄인을 가려내어 던져버리는(去버릴 거) 것으로 글자 모양이 간략히 변한
지금의 法자는 물(氵=水물 수)이 위에서 아래로 흐르는 것처럼 순리에
어긋나지 않게 살아갈(去갈 거) 수 있게 모든 사람이 마땅히 따라야
하는 강제적 사회생활 규칙으로 법·본받다 라는 의미. 憲法(헌법)
遵法(준법) 方法(방법) 違法(위법) 禮法(예법) 便法(편법) 刑法(형법)
法治(법치) 法則(법칙) 法規(법규) 法律(법률) 法案(법안) 適法(적법)
法庭(법정) 法官(법관) 法令(법령) 法典(법전) 司法府(사법부)

물리칠·물러날 각(却)-무릎을 구부리고(卩병부 절) 뒷걸음쳐 가는(去갈 거)
것으로 물리치다·물러나다 라는 의미. 退却(퇴각) 忘却(망각) 却說(각설)
棄却(기각) 燒却(소각) 冷却(냉각) 賣却(매각) 却下(각하) 償却(상각)
다리 각(脚)-몸(月=肉몸 육)에서 무릎을 구부리고(卩병부 절)
뒷걸음쳐 갈(去갈 거) 수 있게 해주는 부분으로 다리를 의미.
立脚(입각) 脚光(각광) 橋脚(교각) 健脚(건각) 脚色(각색) 脚本(각본)
脚註(각주) 馬脚(마각) 脚線美(각선미) 獵色行脚(엽색행각)
위협할·겁탈할·겁 겁(劫)-내쫓으려고(去내쫓을 거) 강한 힘(力힘 력)으로
으르고 협박하는 것으로 위협하다·겁탈하다 라는 의미. 범어(梵語)인
칼파(kalpa-어떤 시간의 단위로도 계산할 수 없는 무한히 긴 시간)의
음역으로 한 사람이 흙이 다 없어질(去제할 거) 때까지
가래(力힘 력-가래 모양)로 파는 시간. 즉, 천지가 한 번 개벽한
때부터 다음 개벽할 때까지의 동안으로 겁을 의미.
劫姦(겁간) 劫奪(겁탈) 劫迫(겁박) 永劫(영겁) 億劫(억겁)
덮을·덮개·합할 합(盍)-담겨 있는 음식이 보이지 않게(去감출 거)
그릇(皿그릇 명)에 씌우는 것으로 덮다·덮개·합하다 라는 의미.
덮을·가릴·뚜께·이엉·대개 개(蓋)-풀(++=艸풀 초)을 엮어서 보이지 않게
덮는(盍덮을 합) 것으로 덮다·가리다·뚜께(뚜껑)·이엉·대개(모두·대략)를 의미.
大蓋(대개) 蓋然性(개연성) 頭蓋骨(두개골) 開腹手術(개복수술)
口蓋音化(구개음화) 覆蓋工事(복개공사) 力拔山氣蓋世(역발산기개세)

(丁↑)(釘�)(訂虧)(頂幀)
(亭亭)(停停)(打扚)(宁宀)
(貯贮)(寧寧)

못·장정·성할·당할·넷째천간 정(丁)-원래는 못대가리를 강조한 못 모양을
본뜬 것으로 못을 의미하는 글자로 (못처럼 곧고 단단한)장정·(혈기왕성한
장정처럼)성하다·(이르러 맞닿는 못처럼)당하다·넷째 천간을 의미. 壯丁(장정)
白丁(백정) 兵丁(병정) 丁寧(정녕) 目不識丁(목불식정) 丁卯胡亂(정묘호란)
못·못박을 정(釘)-쇠(金쇠 금)로 장정(丁장정 정)같이
곧고 단단하게 만든 것으로 못·못박다 라는 의미.
押釘(압정) 釘頭(정두) 地釘(지정) 眼中之釘(안중지정)
바로잡을·평론할 정(訂)-굽거나 잘못된 것을 고쳐 못(丁못 정)처럼 곧게
말하는(言말할 언) 것으로 바로잡다·평론하다 라는 의미. 訂正(정정)
改訂(개정) 修訂(수정) 校訂(교정) 再訂(재정) 增訂版(증정판)

정수리·꼭대기·일 정(頂)-못(丁못 정)의 대가리(頁머리 혈)같이
머리의 제일 위쪽에 있는 정수리·꼭대기·(머리 위에)이다
라는 의미. 項(목 항)자와 비슷. 頂點(정점) 絶頂(절정)
登頂(등정) 天頂(천정) 頂上會談(정상회담) 頂門一鍼(정문일침)
정자·여관·우뚝할 정(亭)-높은(高높을 고) 곳에서 풍경을 바라볼 수 있게
벽이 없이 지붕을 丁(못 정)자 모양처럼 받치고 있는 기둥만 있게 지은
집으로 정자·여관·우뚝하다 라는 의미. 亭子(정자) 料亭(요정) 亭主(정주)
亭閣(정각) 老人亭(노인정) 八角亭(팔각정) 土亭秘訣(토정비결)
머무를·멈출 정(停)-사람(亻=人사람 인)이 길을 가는 도중에
여관(亭여관 정)에서 묵는 것으로 머무르다·멈추다 라는 의미.
停止(정지) 停泊(정박) 停戰(정전) 停電(정전) 調停(조정)
停滯(정체) 停會(정회) 停車(정차) 停滯(정체) 停職(정직)
停學(정학) 停車場(정거장) 停留所(정류소) 停年退職(정년퇴직)
칠·두드릴 타(打)-손(扌=手손 수)으로 못(丁못 정)을 박듯이 때리는 것으로
치다·두드리다 라는 의미. 打擊(타격) 打作(타작) 打破(타파) 打倒(타도)
打診(타진) 打席(타석) 强打(강타) 打開策(타개책) 致命打(치명타)
打樂器(타악기) 決定打(결정타) 利害打算(이해타산) 一網打盡(일망타진)
조회받는곳·모을 저(宁)-집(宀움집 면) 안에 부역(賦役)에
징집된 장정(丁장정 정)이 모여 있는 것으로 조회(朝會)를
받는 곳·모으다 라는 의미. 宇(집 우)자와 비슷.
쌓을·저축할 저(貯)-재물(貝재물 패)을 집(宀움집 면) 안에 부역에 징집된
장정(丁장정 정)이 모이는 것같이 모아 둔것으로 쌓다·저축하다 라는 의미.
貯蓄(저축) 貯金(저금) 貯藏(저장) 貯水池(저수지) 貯金通帳(저금통장)
편안할·정녕 녕(寧)-집(宀움집 면) 안의 가운데(心가운데 심)에
음식이 그릇(皿그릇 명)에 풍성하게(丁성할 정) 담겨 있으니
편안하다·정녕을 의미. 安寧(안녕) 丁寧(정녕) 壽福康寧(수복강녕)

(可叿)(哥哥)(歌謌)(河泇)
(何𠂤何)(荷𦱶)(奇奇)
(寄寗)(騎騎)(阿阿)

가히·옳을·허락할 가(可)-옛 글자를 보면 솜씨 있게(丂공교할 교)
하는 말(口말할 구)을 듣고 충분히 사리에 맞다고 수긍하는 것으로
가히·옳다·허락하다 라는 의미. 可決(가결) 可能(가능) 可動(가동)
可恐(가공) 認可(인가) 可望(가망) 不可(불가) 可否(가부) 許可(허가)
可憎(가증) 可變(가변) 可憐(가련) 可及的(가급적) 莫無可奈(막무가내)

燈火可親(등화가친) 可視光線(가시광선) 不問可知(불문가지)

소리·형·지명할 가(哥)-원래는 歌(노래 가)자의 옛 글자로 可자를 겹쳐서
솜씨 있게(丂공교할 교) 하는 말이(口말할 구) 이어져 나오는 것을 나타낸
것으로 소리·형(성 밑에 붙여 부르는 말)·지명하다 라는 의미.

哥哥(가가) 金哥(김가) 李哥(이가)

노래 가(歌)-소리(哥소리 가)에 곡조를 붙여 하품(欠하품할 흠)하듯이
입을 크게 벌리고 소리 내어 부르는 것으로 노래를 의미.

歌謠(가요) 歌手(가수) 歌曲(가곡) 歌舞(가무) 軍歌(군가)
歌詞(가사) 歌劇(가극) 校歌(교가) 祝歌(축가) 戀歌(연가)
詠歌(영가) 愛國歌(애국가) 讚頌歌(찬송가) 四面楚歌(사면초가)

강 하(河)-물(氵=水물 수)이 모자람이 없이 충분히(可가히 가)
넓고 길게 흐르는 큰 물줄기인 강을 의미. 河川(하천) 氷河(빙하)
運河(운하) 河口(하구) 渡河(도하) 黃河(황하) 河馬(하마)
銀河水(은하수) 熱河日記(열하일기) 百年河淸(백년하청)

어찌·무엇 하(何)-옛 글자를 보면 사람이 어깨에 물건을 올려
놓은 모양으로 원래는 메다 라는 의미로 후에 의문을 나타내는
말인 어찌·무엇이라는 의미로 가차됨. 伺(엿볼 사)자와 비슷.

何時(하시) 何必(하필) 何等(하등) 何如歌(하여가) 何如間(하여간)
幾何學(기하학) 何首烏(하수오) 六何原則(육하원칙)
不知何歲月(부지하세월) 幾何級數(기하급수)

연꽃·멜·짐 하(荷)-여러해살이 부엽식물(++=艸풀 초)로 사람이
어깨에 물건을 올려놓은(何) 것같이 불보살을 올려놓는
받침대의 모양인 연꽃을 의미하는 글자로 후에 메다·짐이라는
의미로 가차됨. 荷役(하역) 荷重(하중) 出荷(출하) 入荷(입하)
過負荷(과부하) 荷置場(하치장) 手荷物(수하물) 賊反荷杖(적반하장)

기이할·짝안맞을 기(의지할 의)(奇)-사람(大)이 보통과는 달라서
가히(可가히 가) 유별나고 이상하다 할 만한 것으로 기이하다·
짝이 안 맞은 홀수를 의미. 奇蹟(기적) 奇怪(기괴) 奇異(기이)
奇計(기계) 奇拔(기발) 奇特(기특) 奇數(기수) 奇襲(기습)
獵奇(엽기) 珍奇(진기) 神奇(신기) 奇智(기지) 奇妙(기묘)
好奇心(호기심) 奇岩絶壁(기암절벽) 奇怪罔測(기괴망측)

붙여살·부탁할·전할 기(寄)-원래는 남의 집(宀움집 면)에 의지하여
사람(大)이 얹혀 살 수 있도록 받아들이는(可허락할 가) 것으로
붙어살다 라는 의미로 붙어살다→부탁하다→전하다 라는 의미가
파생됨. 寄居(기거) 寄贈(기증) 寄託(기탁) 寄稿(기고) 寄航(기항)
寄附(기부) 寄與(기여) 寄別(기별) 寄宿舍(기숙사) 寄生蟲(기생충)
寄着地(기착지) 生寄死歸(생기사귀)

말탈·마병 기(騎)-말(馬말 마)의 등에 붙어사는(寄붙어살 기) 것처럼
몸을 얹는 것으로 말을 타다→마병을 의미. 騎馬(기마) 騎手(기수)
騎兵隊(기병대) 騎士道(기사도) 騎虎之勢(기호지세)

언덕·의지할·아첨할 아(阿)-원래는 땅(阝=阜땅 부)이 몸을 기댈 수
있도록 받아들이는(可허락할 가) 것처럼 비스듬하게 기울어져 있는
언덕을 의미하는 것으로 언덕→의지하다→아첨하다 라는 의미가 파생됨.
阿諂(아첨) 阿附(아부) 阿片(아편-영어 opium의 음역) 阿利水(아리수)
阿斯達(아사달) 阿房宮(아방궁) 阿修羅(아수라-범어asur(아수르)의 음역)
阿鼻叫喚(아비규환-범어 avici의 음역과 raurava의 의역을 아울러 이르는 말)
阿羅漢(아라한) 曲學阿世(곡학아세)

(司 司)(詞詞)(飼 飼)(祠祠)

맡을·주장할·벼슬 사(司)-옛 글자를 보면 사람이 어떤 일을 하도록
손으로 가리키며 입으로 명령을 하는 것으로 맡다·주장(主掌)하다·
벼슬을 의미. 可(옳을 가)자와 비슷. 司祭(사제) 上司(상사)
司書(사서) 司令官(사령관) 司會者(사회자) 司法府(사법부)
말씀·글 사(詞)-원래는 말(言말씀 언)로 개인의 감정이나 정서를
주관적(司주장할 사)으로 표현한 시(詩)를 의미하는 것으로 지금은
말씀(말)·글(문장)이라는 의미로 씀. 臺詞(대사) 歌詞(가사) 作詞(작사)
品詞(품사) 動詞(동사) 名詞(명사) 形容詞(형용사) 感歎詞(감탄사)
먹일·칠 사(飼)-가축에게 먹이(食밥 식)를 주는 일을
맡아하여(司맡을 사) 기르는 것으로 먹이다·치다(기르다)
라는 의미. 飼料(사료) 飼育(사육) 放飼(방사)
사당 사(祠)-조상의 신주를 모셔 놓고(示보일 시) 제사를
주재(主宰)하는(司주장할 사) 집으로 사당을 의미.
祠堂(사당) 祠院(사원) 顯忠祠(현충사) 表忠祠(표충사)

(奐 奐)(換換)(喚喚)

빛날·클 환(奐)-옛 글자를 보면 산모(産母)의 다리 사이로 나오는
아기를 두 손으로 받는 모양으로 빛나다·크다 라는 의미.
바꿀 환(換)-손(扌=手손 수)으로 빛나는(奐빛날 환) 재화(財貨)를
서로 교환하는 것으로 바꾸다 라는 의미. 交換(교환) 轉換(전환)
換拂(환불) 換錢(환전) 換氣(환기) 換乘(환승) 換率(환율)
互換(호환) 換差損(환차손) 換骨奪胎(환골탈태)
부를 환(喚)-입(口입 구)으로 소리내어 크게(奐클 환) 외치는
것으로 부르다 라는 의미. 喚呼(환호) 喚聲(환성) 喚起(환기)
使喚(사환) 召喚狀(소환장) 阿鼻叫喚(아비규환)

(𣲗 𣲗)(淵淵)(肅肅)

293

못 연(開)-옛 글자를 보면 넓고 깊게 파여 사방이 둘러싸인
땅에 물이 늘 고요하게 고여 있는 모양으로 못을 의미.
못 연(淵)-물(氵=水물 수)이 넓고 깊게 파여 사방이 둘러싸인
땅에 늘 고요하게 고여 있는(開) 곳으로 못을 의미.
深淵(심연) 淵源(연원) 陶淵明(도연명) 天淵之差(천연지차)
엄숙할·삼갈·경계할 숙(肅)-손으로 붓(聿붓 사)을 잡고 미리
마음을 못(開못 연)처럼 고요하게 가다듬고 조심하는 것으로
엄숙하다· 삼가다·경계하다 라는 의미.
靜肅(정숙) 嚴肅(엄숙) 肅然(숙연) 自肅(자숙) 肅淸(숙청)

(寒寒)(塞塞)

찰·가난할 한(寒)-옛 글자를 보면 집(宀움집 면) 안에 풀(艹풀 초)을
깔고 덮고 누워 있는 사람(人사람 인)이 얼음(氵얼음 빙)같이
차다·가난하다 라는 의미. 寒波(한파) 惡寒(오한) 貧寒(빈한)
寒食(한식) 寒氣(한기) 防寒服(방한복) 歲寒圖(세한도)
嚴冬雪寒(엄동설한) 脣亡齒寒(순망치한) 寒冷前線(한랭전선)
변방 새(막을 색)(塞)-옛 글자를 보면 집(宀움집 면)처럼 흙이나 돌
따위로 높이 쌓아올린(壵펼 전) 큰 담이 손을 맞잡은(廾손맞잡을 공)
것처럼 길게 이어져 있는 적의 침입을 막는 나라의 경계가 되는
변두리의 땅(土땅 토)으로 변방·막다 라는 의미. 要塞(요새) 語塞(어색)
窮塞(궁색) 腸閉塞症(장폐색증) 拔本塞源(발본색원) 塞翁之馬(새옹지마)

(寅寅寅)(演演)

당길·나아갈·공경할·셋째지지·범 인(寅)-옛 글자를 보면 활에 화살을 걸은
활시위를 두 손으로 당겨 쏘는 모습으로 당기다·나아가다·공경하다 라는
의미로 나중에 범을 상징하는 셋째지지로 가차 됨. 丙寅洋擾(병인양요)
멀리흐를·펼·넓힐·익힐 연(演)-물(氵=水물 수)이 활시위를 당겨 쏜 화살이
나아가는(寅당길·나아갈 연) 것처럼 멀리 흐르는 것으로 멀리 흐르다·펴다·
넓히다·익히다 라는 의미. 公演(공연) 演說(연설) 演習(연습) 演奏(연주)
演劇(연극) 演算(연산) 講演(강연) 演壇(연단) 演技者(연기자)

(疇疇)(疇疇)(壽壽)

이랑 주(疇)-구불구불 길게 이어져 있는
밭의 이랑을 본뜬 것으로 이랑을 의미.
오랠 주(壽)-구불구불 길게 이어져 있는 밭의 이랑(疇이랑 주)처럼
먹고(口먹을 구) 산 동안이 길다는 것으로 오래다 라는 의미.

수할·나이·목숨 수(壽)-옛 글자를 보면 나이가 많은
늙은이(耂늙은이 노)같이 오래(屬오랠 주) 산 것으로
수하다(오래 살다)·나이·목숨을 의미. 壽命(수명) 長壽(장수)
天壽(천수) 稀壽(희수) 壽衣(수의) 萬壽(만수) 壽則多辱(수즉다욕)

(荢荢)(對對)(業業)

풀성할 착(荢)-옛 글자를 보면 한 포기의 풀 뿌리에서 줄기가 많이
자라나서 더부룩하게 된 무더기 모양으로 풀이 무성하다 라는 의미.
마주설·짝·당할·대답할 대(對)-무성하게(荢풀성할 착) 땅(一같을 일)
위로 자라난 줄기를 보고 서서 길이를 헤아려(寸치·헤아릴 촌)
보고 있는 것으로 마주서다·짝·당하다(대적하다)·대답하다 라는
의미. 對答(대답) 對話(대화) 反對(반대) 絶對(절대) 對應(대응)
對處(대처) 對象(대상) 對照表(대조표) 對角線(대각선) 對備策(대비책)
敵對視(적대시) 相對便(상대편) 刮目相對(괄목상대)
업·일할 업(業)-한 집안의 살림이 무성하게(荢풀성할 착) 자라나는
나무(木나무 목)처럼 늘어나게 하기 위해 하는 일로 업(직업)·일하다
라는 의미. 職業(직업) 就業(취업) 業務(업무) 罷業(파업)
授業(수업) 企業(기업) 業績(업적) 作業(작업) 創業(창업)
産業(산업) 失業者(실업자) 從業員(종업원) 德業相勸(덕업상권)

(叚叚叚)(假假)(暇暇)

빌릴 가(叚)-옛 글자(叚)를 보면 높은 곳에 올라가기 위해 층층대를
양손으로 잡고 오르는 모양으로 남의 물건을 돌려 주기로 하고
갖다가 쓰는 것으로 빌리다 라는 의미. 段(층계 단)자와 비슷.
빌릴·거짓·가령 가(假)-사람(亻=人사람 인)이 없는 사실을 잠시
빌려서(叚빌릴 가) 쓰는 것으로 빌리다·거짓·가령 이라는 의미.
假裝(가장) 假面(가면) 假定(가정) 假飾(가식) 假設(가설) 假說(가설)
假髮(가발) 假想(가상) 假借(가차) 假稱(가칭) 假令(가령) 假名(가명)
假裝(가장) 假押留(가압류) 狐假虎威(호가호위)
겨를·한가할 가(暇)-하루(日날 일) 중 일을 하다가 잠시 시간을
빌려(叚빌릴 가) 여유가 생긴 것으로 겨를·한가하다 라는 의미.
休暇(휴가) 閑暇(한가) 餘暇(여가) 病暇(병가)

(以以以)(似似似)

써 이(以)-옛 글자를 보면 쟁기를 가지고 사람이 밭을 가는 모습으로
~을 가지고·~로써·~에 따라·~부터 라는 의미. 以上(이상) 以下(이하)
以內(이내) 以後(이후) 以心傳心(이심전심) 交友以信(교우이신)

같을·이를 사(似)-사람이(亻=人사람 인) 쟁기를 가지고(以써 이)
밭을 가는 모습은 비슷하다는 것으로 같다(닮다)·잇다 라는 의미.
近似(근사) 似而非(사이비) 類似品(유사품) 非夢似夢(비몽사몽)

(牽牽)(達韃)

새끼양 달(牽)-아주 더할 수 없을 정도로 심하게(大큭할 다) 이리저리
왔다갔다 뛰어다니며 노는 양(羊노닐·양 양)으로 새끼 양을 의미.
이를·이룰·통할·사무칠·보낼 달(達)-옛 글자를 보면 아주 더할 수 없을
정도로 심하게(大큭할 다→土) 이리저리 왔다갔다 뛰어다니며 노는
양(羊노닐·양 양)의 새끼처럼 사람이 뛰어가(辶=辵뛸 착) 어떤 위치에 닿는
것으로 이르다(도착하다)·(목적을)이루다·사무치다(통하다)·보내다 라는 의미.
通達(통달) 傳達(전달) 配達(배달) 到達(도달) 發達(발달) 達成(달성)
達辯(달변) 熟達(숙달) 未達(미달) 達觀(달관) 四通八達(사통팔달)

(疑秨秨)(凝㠇)

의심할 의(안정할 응)(疑)-옛 글자를 보면 비수(匕비수 비)와
화살(矢화살 시)를 들고 있는 사내(子사내 자→マ)가 길에
멈춰서서(止머무를 지→疋발 소) 머뭇거리는 모양으로
헷갈리다→의심하다 라는 의미. 疑心(의심) 嫌疑(혐의)
懷疑(회의) 質疑(질의) 疑惑(의혹) 疑問(의문)
疑懼心(의구심) 被疑者(피의자) 半信半疑(반신반의)
물얼·엉길·이룰 응(凝)-물이 얼어서 굳어진 얼음(冫얼음 빙)처럼
한데 뭉쳐져서 일정한 상태를 유지하는(疑안정할 응) 것으로
물이 얼다·엉기다·이루다 라는 의미. 凝固(응고) 凝縮(응축)
凝結(응결) 凝視(응시) 凝集(응집) 凝血(응혈)

(鼠 㡍 㷠)(獵㹜)

쥐·좀도둑 서(鼠)-옛 글자를 보면 앞니로 먹이를 갉아먹고 있는
꼬리가 긴 쥐의 모양을 본뜬 것으로 쥐→좀도둑을 의미.
鼠皮(서피) 鼠賊(서적) 首鼠兩端(수서양단)
사냥할 렵(獵)-개(犭=犬큰개 견)가 굴(巛굴 천) 속에 숨어 있는
쥐(鼠쥐 서)를 잡는 것으로 사냥하다 라는 의미. 狩獵(수렵) 涉獵(섭렵)
獵奇(엽기) 川獵(천렵) 密獵(밀렵) 獵銃(엽총) 獵色行脚(엽색행각)

(丑丮)(燕燕)(南峯南)

(爵爵)(龜龜)(六六)

(互互)(碧碧)(傘傘)

둘째지지 축(丑)-옛 글자를 보면 손으로 물건을 잡고 있는
모양으로 나중에 소를 상징하는 둘째 지지로 가차됨.
癸丑士禍(계축사화) 鷄鳴丑時(계명축시)

제비·연나라 연(燕)-옛 글자를 보면 날개를 펼치고 날고 있는
제비의 모양을 본뜬 것으로 제비·연나라를 의미.
燕京(연경) 燕尾服(연미복) 燕岐郡(연기군) 燕巖集(연암집)

남녘 남(南)-옛 글자를 보면 움이(屮움날 철→十) 땅을 양쪽으로
나누고(八나눌 팔→冂) 찌르듯이(¥찌를 임) 돋아나는 볕이 잘 드는
쪽으로 남녘(남쪽)을 의미. 南極(남극) 南海(남해) 南韓(남한)
南向(남향) 南端(남단) 江南(강남) 南村(남촌) 南半球(남반구)

술잔·작위·벼슬 작(爵)-옛 글자를 보면 참새처럼 생긴
술잔을 손으로 들고 있는 모양을 본뜬 것으로 옛날에
왕이 작위를 내릴 때 선물로 주던 술잔·작위·벼슬을 의미.
爵位(작위) 公爵(공작) 侯爵(후작) 高官大爵(고관대작)

거북·점칠 귀(손얼어터질 균)(거북·나라이름 구)(龜)-예지(豫知) 능력이
있는 거북의 모양을 본뜬 것으로 거북→점치다→터지다(트다·갈라지다)
라는 의미가 파생됨. 龜鑑(귀감) 龜船(귀선) 龜甲(귀갑) 龜裂(균열)
龜旨歌(구지가) 龜尾市(구미시)

여섯 륙(六)-옛 글자를 보면 작고 허름하게 만든 오두막집을
본뜬 것으로 후에 주역의 64괘를 만드는 6개의 획(六爻육효)을
가리키는 수(數) 여섯(6)이라는 의미로 가차됨. 死六臣(사육신)
六大洲(육대주) 六十甲子(육십갑자) 五臟六腑(오장육부)

어그러질·서로 호(互)-실패에 실이 반듯하지 아니하고 가운데가
불록하게 감겨 있는 모양으로 어그러지다·서로 라는 의미.
相互(상호) 互換(호환) 互稱(호칭) 互角之勢(호각지세)

청강석·깊게퍼런은빛 벽(碧)-옥(玉옥 옥→王)같이 퍼렇고
흰빛(白흰빛 백)이 나는 돌(石돌 석)로 청강석·
깊게 퍼런 은빛(푸르다)을 의미. 碧眼(벽안) 碧溪水(벽계수)
碧梧桐(벽오동) 碧昌牛(벽창우) 桑田碧海(상전벽해)

일산·우산 산(傘)-햇볕을 가리기 위해 세워진 큰 양산(陽傘)을 본뜬 것으로
일산·우산을 의미. 日傘(일산) 雨傘(우산) 陽傘(양산) 落下傘(낙하산)

漢字 字源 解説

1판 1쇄 발행 2022년 3월 23일

저자 김석용

편집 문서아
마케팅 박가영 **총괄** 신선미

펴낸곳 하움출판사 **펴낸이** 문현광

이메일 haum1000@naver.com **홈페이지** haum.kr
블로그 blog.naver.com/haum1000 **인스타그램** @haum1007

ISBN 979-11-6440-952-5 (03710)